全国高等教育自学考试指定教材
营养、食品与健康专业（独立本科段）

新型食品概论

（2006年版）

（附：新型食品概论自学考试大纲）

全国高等教育自学考试指导委员会　组编

主　编　孙长颢
副主编　李　颖　王舒然
编　者　（按姓氏笔画为序）
　　　　王　玉　王世平　王舒然　卢　江　石　华
　　　　田　垦　刘　颖　孙文广　那立欣　张玉梅
　　　　李　颖　李次力　宋　扬　周晓蓉　闻　颖
主　审　陈炳卿
参　审　石彦国　迟玉杰

北京大学医学出版社

XINXING SHIPIN GAILUN

图书在版编目（CIP）数据

新型食品概论：2006年版/孙长颢主编．—北京：北京大学医学出版社，2006.9（2025.2重印）
全国高等教育自学考试指定教材
ISBN 978-7-81116-082-6

Ⅰ．新… Ⅱ．孙… Ⅲ．新技术应用—食品工业—高等教育—自学考试—教材 Ⅳ．TS2-39

中国版本图书馆CIP数据核字（2006）第100742号

新型食品概论（2006年版）

主　　编：孙长颢
出版发行：北京大学医学出版社
地　　址：（100191）北京市海淀区学院路38号　北京大学医学部院内
电　　话：发行部 010-82802230；图书邮购 010-82802495
网　　址：http://www.pumpress.com.cn
E - mail：booksale@bjmu.edu.cn
印　　刷：北京信彩瑞禾印刷厂
经　　销：新华书店
责任编辑：简浦　　责任校对：杜悦　　责任印制：罗德刚
开　　本：787 mm×1092 mm　1/16　印张：17.5　字数：436千字
版　　次：2006年9月第1版　2025年2月第6次印刷
书　　号：ISBN 978-7-81116-082-6
定　　价：38.00元

版权所有，违者必究
（凡属质量问题请与本社发行部联系退换）

组编前言

21世纪是一个变幻莫测的世纪，是一个催人奋进的时代。科学技术飞速发展，知识更替日新月异。希望、困惑、机遇、挑战，随时随地都有可能出现在每一个社会成员的生活之中。抓住机遇，寻求发展，迎接挑战，适应变化的制胜法宝就是学习——依靠自己学习，终身学习。

作为我国高等教育组成部分的自学考试，其职责就是在高等教育这个水平上倡导自学、鼓励自学，为每一个自学者铺就成才之路。组织编写供读者学习的教材就是履行这个职责的重要环节。毫无疑问，这种教材应当适合自学者增强创新意识、培养实践能力、形成自学能力，也有利于学习者学以致用，解决实际工作中所遇到的问题。具有如此特点的书，我们虽然沿用了"教材"这个概念，但它与那种仅供教师讲、学生听，教师不讲、学生不懂，以"教"为中心的教科书相比，已经在内容安排、形式体例、行文风格等方面都大不相同了。希望读者对此有所了解，以便从一开始就树立起依靠自己学习的坚定信念，不断探索适合自己的学习方法，充分利用已有的知识基础和实际工作经验，最大限度地发挥自己的潜能，达到学习的目标。

祝每一位读者自学成功。

本教材由全国考委医药学类专业委员会遴选作者、安排编写、组织审稿，保证了医药学类自考教材的质量。

欢迎读者提出意见和建议。

全国高等教育自学考试指导委员会
2006年4月

目 录

新型食品概论

绪 论 ……………………………………………………………………………… (1)
第一章 速冻食品 ……………………………………………………………… (6)
　第一节 速冻食品的概念及发展简史 ……………………………………… (6)
　第二节 速冻食品的原理、生产工艺及设备 ……………………………… (7)
　第三节 速冻对食品品质、营养成分的影响 ……………………………… (12)
　第四节 速冻食品可能存在的卫生学问题 ………………………………… (13)
　第五节 速冻食品解冻过程及可能存在的营养学与卫生学问题 ………… (15)
　第六节 速冻食品的卫生监督与管理 ……………………………………… (16)
第二章 冷冻干燥食品 ………………………………………………………… (21)
　第一节 冷冻干燥食品的概念及发展简史 ………………………………… (21)
　第二节 冷冻干燥食品的原理、生产工艺及设备 ………………………… (23)
　第三节 冷冻干燥对食品品质、营养成分的影响 ………………………… (26)
　第四节 冷冻干燥食品可能存在的营养学和卫生学问题 ………………… (28)
　第五节 冷冻干燥食品的卫生监督与管理 ………………………………… (31)
第三章 超高温杀菌食品 ……………………………………………………… (35)
　第一节 超高温杀菌的概念及发展简史 …………………………………… (35)
　第二节 超高温杀菌的基本原理、方法及设备 …………………………… (36)
　第三节 超高温杀菌技术在食品工业中的应用 …………………………… (39)
　第四节 超高温杀菌对食品品质和营养成分的影响 ……………………… (40)
　第五节 超高温杀菌食品可能存在的卫生学问题 ………………………… (43)
　第六节 常见超高温杀菌食品存在的营养学和卫生学问题 ……………… (44)
　第七节 超高温杀菌食品的卫生监督与管理 ……………………………… (48)
第四章 微波食品 ……………………………………………………………… (51)
　第一节 微波食品的概述 …………………………………………………… (51)
　第二节 微波加热的原理、工艺及设备 …………………………………… (52)
　第三节 微波加热在食品工业中的应用 …………………………………… (54)
　第四节 微波加热对食品风味及营养成分的影响 ………………………… (57)
　第五节 微波食品可能存在的卫生学问题 ………………………………… (61)
　第八节 几种常见微波食品可能存在的营养及卫生学问题 ……………… (63)
　第七节 微波食品的卫生监督与管理 ……………………………………… (64)
第五章 辐照食品 ……………………………………………………………… (67)

第一节	辐照食品概述及发展简史	(67)
第二节	辐照原理、工艺及设备	(70)
第三节	辐照技术在食品工业中的应用	(72)
第四节	辐照对食品品质、营养成分的影响	(74)
第五节	辐照食品可能存在的卫生学问题	(75)
第六节	辐照食品的卫生监督与管理	(76)
第七节	目前辐照食品的研究重点和问题	(79)

第六章　超高压食品 (84)

第一节	超高压食品的概念及发展简史	(84)
第二节	超高压技术的原理、工艺及设备	(85)
第三节	超高压技术在食品工业中的应用	(89)
第四节	超高压对食品品质和营养成分的影响	(93)
第五节	超高压食品可能存在的卫生学问题	(95)
第六节	超高压食品的卫生监督与管理	(96)

第七章　膨化食品 (99)

第一节	膨化食品的概念及发展史	(99)
第二节	膨化技术原理、工艺及设备	(100)
第三节	膨化技术在食品工业中的应用	(103)
第四节	膨化对食品品质及营养成分的影响	(106)
第五节	膨化食品中可能存在的卫生学问题	(110)
第六节	几种常见的膨化食品可能存在的营养学与卫生学问题	(111)
第七节	膨化食品的卫生监督和管理	(112)

第八章　微胶囊食品 (114)

第一节	微胶囊食品的概念及发展简史	(114)
第二节	微胶囊化技术原理方法	(116)
第三节	微胶囊化技术在食品工业中的应用	(121)
第四节	微胶囊化对食品品质及营养成分的影响	(125)
第五节	微胶囊化食品可能存在的卫生学问题	(126)
第六节	微胶囊化食品的卫生监督与管理	(127)

第九章　纳米食品 (128)

第一节	纳米食品的概念及发展简史	(128)
第二节	纳米食品生产技术的原理、工艺及设备	(129)
第三节	纳米技术在食品领域中的应用	(132)
第四节	纳米技术对食品品质及营养成分的影响	(133)
第五节	纳米食品可能存在的卫生学问题	(134)
第六节	纳米食品的卫生监督与管理	(136)

第十章　膜分离食品 (139)

第一节	膜分离技术的概念及发展史	(139)
第二节	膜分离技术原理、工艺及设备	(140)

第三节	膜分离技术在食品工业中的应用	(145)
第四节	膜分离对食品品质及营养成分的影响	(148)
第五节	膜分离食品可能存在的卫生学问题	(149)
第六节	膜分离食品的卫生监督和管理	(150)

第十一章 超临界萃取食品 (152)
- 第一节　超临界萃取食品的概念及发展简史 (152)
- 第二节　超临界流体萃取原理、工艺流程及设备 (155)
- 第三节　超临界萃取在食品工业中的应用 (157)
- 第四节　超临界萃取对食品品质及营养成分的影响 (162)
- 第五节　超临界萃取食品可能存在的卫生学问题 (164)
- 第六节　超临界流体萃取食品的卫生监督与管理 (164)

第十二章 分子蒸馏食品 (167)
- 第一节　分子蒸馏食品的概念与发展简史 (167)
- 第二节　分子蒸馏的原理、工艺及设备 (168)
- 第三节　分子蒸馏技术在食品工业中的应用 (170)
- 第四节　分子蒸馏对食品品质和营养成分的影响 (175)

第十三章 转基因食品 (177)
- 第一节　转基因食品的概念及发展简史 (177)
- 第二节　基因工程技术 (179)
- 第三节　基因工程对食品及环境的影响 (180)
- 第四节　转基因食品可能对人体健康产生的影响 (181)
- 第五节　转基因食品的食用安全性和营养质量评价 (183)
- 第六节　转基因食品的卫生监督与管理 (186)

第十四章 酶工程食品 (189)
- 第一节　酶工程概述 (189)
- 第二节　酶工程食品的概念及其研究进展 (192)
- 第三节　酶工程食品的技术原理及工艺 (193)
- 第四节　酶工程食品的应用 (195)
- 第五节　酶工程食品可能存在的卫生学问题 (197)

第十五章 蛋白质工程食品 (200)
- 第一节　蛋白质工程概述 (200)
- 第二节　蛋白质工程食品的概念 (202)
- 第三节　蛋白质工程技术原理及工艺 (202)
- 第四节　蛋白质工程技术在食品工业中的应用 (205)
- 第五节　蛋白质工程可能存在的卫生学问题 (206)
- 第六节　蛋白质工程食品的卫生监督与管理 (208)

第十六章 绿色食品 (210)
- 第一节　绿色食品的概念及分级 (210)
- 第二节　绿色食品的发展和现状 (210)

  第三节 绿色食品主要生产技术…………………………………………………(211)
  第四节 绿色食品监督管理………………………………………………………(215)
第十七章 有机食品……………………………………………………………………(217)
  第一节 有机农业与有机食品的概念……………………………………………(217)
  第二节 我国有机农业与有机食品的发展简史…………………………………(217)
  第三节 有机农业生产技术要求…………………………………………………(218)
  第四节 有机认证的程序及操作…………………………………………………(221)
  第五节 有机生产的管理…………………………………………………………(223)
第十八章 保健食品……………………………………………………………………(227)
  第一节 保健食品的概念及发展历史……………………………………………(227)
  第二节 保健食品可能存在的卫生问题…………………………………………(228)
  第三节 几种常见保健食品可能存在的卫生问题及其管理……………………(231)
  第四节 保健食品的卫生监督与管理……………………………………………(233)
后 记…………………………………………………………………………………(236)

附 新型食品概论自学考试大纲

新型食品概论课程自学考试大纲出版前言……………………………………………(239)
目录………………………………………………………………………………………(240)
Ⅰ 课程性质与设置目的…………………………………………………………(241)
Ⅱ 课程内容与考核目标…………………………………………………………(242)
Ⅲ 有关说明与实施要求…………………………………………………………(269)
附录 试题类型举例……………………………………………………………………(271)
后 记…………………………………………………………………………………(272)

绪 论

随着我国经济的发展和人民生活水平的提高，居民的食品状况已经发生了深刻的变化。加快食品发展，改善食品结构，提高食品的安全性，增进人民身体健康，是国民整体素质提高的迫切需要，也是我国现代化建设的重大任务，这为新型食品的发展提供了基础。

一、新型食品的概念及发展简史

新型食品的概念目前尚无准确的定义，一般是指利用新技术或新的生产方式生产的食品。新型食品主要包括利用超高温、超高压技术、微波技术、辐照技术、微胶囊技术、纳米技术、超临界萃取技术、分子蒸馏技术、膜分离技术、转基因技术等新技术生产的食品；还包括利用新的生产方式生产的有机食品和绿色食品。

食品的发展过程与整个工业的发展历程息息相关。在工业革命之前，农副产品的生产方式主要是自给自足，直到1763年～1870年发生了以英国为核心的第一次工业革命，并推动了农业的迅速发展，出现了新型农作物，优良家畜品种，新的耕作方法，农业生产率迅速提高，同时工业革命推动了运输业，使剩余农副产品开始外销。1870年～1945年发生了以欧洲和北美为核心的第二次工业革命，特点是出现了电、内燃机和电气化，开始出现了农业现代化，使农产品外销得以扩展。全球经济增长最快时期出现于1946年～1970年，工业经济发展达到了鼎盛时期，世界贸易迅速发展，商业食品的流通出现前所未有的兴盛，为了延长食品的货架期、提高食品的安全性、大量的新技术被应用于食品加工业，各类新型食品应运而生。在上个世纪50年代出现了微胶囊食品、膜分离食品、辐照食品，60年代相继出现了超高温食品、膨化食品、超临界流体萃取食品、分子蒸馏食品、酶工程食品，到了80年代出现超高压食品、蛋白质工程食品、微波食品等。尤其是近20年来，随着经济的发展，人们生活水平的提高，对食品提出了更高的要求，并赋予食品保健功能，以及对回归自然的追求，使超临界萃取食品、分子蒸馏食品、绿色食品和有机食品备受青睐。我国于20世纪80年代末期才开始出现新型食品，伴随着我国经济的快速增长和人民生活水平的提高，人们对食品的要求越来越高，大量的新名词、新技术、新产品涌入市场，尤其到了90年代中期中国的新型食品工业呈现高速发展之势，占食品生产的比例越来越大。为适应新型食品的快速发展，加强对其认识，掌握新型食品对人类健康的作用与影响已势在必行。

二、新型食品的研究对象

（一）新技术、新方法和设备

传统的食品生产方法已经不能满足人们的需要，随着科技的进步，新技术被应用到食品生产工业中，并得到不断的更新和发展。每种新型食品都以新技术为基础，不同食品的生产技术和新方法赋予新型食品不同的内涵，因此，新技术、新方法和设备是新型食品研究中的主要研究对象。

(二）食品

食品的作用已不仅仅是为了解决饥饱问题，新型食品具有更多的功能作用。目前，人们开发出各种具有营养、保健、环保、安全的新型食品，以食品作为研究对象生产新型食品已经成为具有前途的新兴产业。

（三）对人体健康的影响和作用

对食品安全性要求的增高，特别是为研制和开发具有某些特殊营养功能的食品，出现了新型的食品生产技术和生产方法，但新型食品的生产技术、生产过程和生产方式不同于传统食品，其对人体健康的影响和作用还不是很清楚，这有待于深入的研究和探讨。

三、新型食品的研究内容

（一）新型食品的生产原理、工艺流程

每种新型食品的产生都要以新技术、新方法为背景，新技术、新方法克服了传统生产食品方法中的某些缺陷，但也可能引入了新的食品营养和食品卫生问题。了解新型食品的生产原理、工艺及设备有利于掌握食品生产过程对食品品质、营养成分的影响，并为其可能存在的营养和食品卫生学问题提供线索，为新型食品的卫生监督与管理提供技术支持。

（二）新技术对食品品质、营养成分的影响

新技术在应用于食品工业前，要进行大量的基础理论研究，探讨其对食品品质、营养成分的影响和可能存在的食品卫生学问题。不断出现的食品新技术最显著的特点是能够保持食品原有的品质，保留更多的营养成分。例如超高温杀菌的牛乳在 pH、颜色以及黏度等方面接近原乳，牛乳中许多化学成分的耐热性优于微生物的耐热性，在超高温杀菌时几乎不被破坏。超临界萃取、分子蒸馏等技术在提取纯天然物质中，能够保留其原有的成分及天然的色香味。这些特性促使这些新技术得以在食品工业中快速地发展。然而，超高温处理对奶制品中免疫球蛋白破坏较严重，维生素 C 也几乎全部损失，随着超高温工艺的不断改进以及维生素保护剂的应用，将来损失率可能会降低。这为不断完善方法和寻找新的替代方法提供了广阔的空间。

（三）新型食品可能存在的营养学与卫生学问题

新技术以其无可比拟的优势被引入食品工业的生产中，然而也带来许多争议和尚需解决的问题。例如，转基因食品的安全性和营养质量评价一直备受关注，由于转基因食品的技术特征，可能在营养学与卫生学方面存在问题，主要包括生物特征、主要营养成分、抗营养因子、天然毒性成分、致敏性成分、致病性等方面的作用。在超临界萃取中夹带剂的使用可能引入新的食品卫生问题，还有一些新技术包括膜分离技术、微胶囊技术、纳米超粉碎技术等也可能存在食品安全性和营养质量问题。根据新型食品的发展现状，依据我国食品、食品添加剂的卫生标准和标准检验方法，借鉴国内外先进的新技术，针对新型食品特点建立新方法，将为新型食品食用安全性和营养质量评价和验证工作提供技术保障。

（四）新型食品的卫生监督与管理

我国为保障食品的安全性和营养质量评价制定了相关的法律法规、规章制度和卫生标准，包括《中华人民共和国食品卫生法》、《新资源食品管理办法》、《保健食品管理办法》、《辐照食品卫生管理办法》、《食品添加剂卫生管理办法》、《农业转基因生物安全评价管理办法》，以及粮食、果蔬、鱼、肉与肉制品、豆制品、乳与乳制品、蛋与蛋制品、水产品、调

味品、蜂蜜、茶叶、酱腌菜、食用菌、糕点类食品等一批食品的卫生管理办法，为食品食用安全性与营养质量评价提供了法律保障。然而，新型食品的营养学与卫生学评价落后于新型食品的生产，多数新型食品的营养学与卫生学评价还不完善，现在主要采用参照的原则。随着新型食品发展，相关的卫生监督与管理体制会得到不断的完善。

四、新型食品研究方法和所涉及的相关知识领域

新型食品研究与开发涉及工业技术、生物技术、信息技术等多个领域，是多学科综合利用和相互交叉渗透的结果。随着科学技术的发展，不断涌现的新方法和新技术被应用于新型食品的研究与开发中，新型食品的研究与开发也伴随各学科发展而不断的发展和成熟。

（一）生物技术

1. 基因工程技术　基因工程又称重组 DNA 技术，对不同生物的遗传物质，在体外进行人工"剪切"、"组合"、"拼接"，将异源基因与载体 DNA 进行重组，通过微生物质粒、噬菌体、病毒等载体，将形成的重组子转入受体细胞，使异源基因在其中复制表达，从而改造生物特性，大量生产出人类需要的产物或创造新的食品类型。

多年以来，杂交选择一直是改良家畜和家禽的遗传特性的主要技术。随着现代生物技术的发展，分子育种技术越来越显现出强大的优势，逐渐成为动物育种的趋势和主流。将外源基因导入动物的基因组并表达，以获得改良的或新性状的转基因动物，如转基因家畜，通过基因工程手段达到改变家畜的育性、生长速度、产奶量等，还可以借助于转抗体基因和转病毒细菌蛋白基因培育抗菌、抗病毒及抗寄生虫的新品系。转基因技术也应用于家禽的生产上，以提高抗病性和改良生产性状为主要目的。利用转基因技术改变鱼的遗传品质，从而提高了鱼的生长速度。转基因技术也广泛应用于植物，主要包括增加产量，培育改良品种，增加作物抗病能力，提高作物加工和保藏性能等方面。

基因工程技术与细胞工程、发酵工程、酶工程、生化工程、蛋白质工程以及生物信息工程等现代生物技术密切结合，在新型食品的研究与开发中发挥越来越重要的作用。

2. 蛋白质工程技术　蛋白质工程是以蛋白质结构与功能为基础，通过化学和物理手段，对目标基因按预期设计进行修饰和改造，合成新的蛋白质；对现有的蛋白质加以定向改造、设计、构建和最终生产出比自然界存在的蛋白质功能更优良，更符合人类需求的功能蛋白质。例如，在制糖工业中，需要在糖化酶和其他酶的催化下将淀粉转化为高果糖浆，但该酶反应的温度和 pH 会使糖浆"焦化"，并产生有害物质。利用蛋白质工程技术改变糖化酶的最适反应条件，使反应顺利进行。

蛋白质工程技术是在遗传工程取得成就的基础上，融合蛋白质结晶学、蛋白质动力学、计算机辅助设计和蛋白质化学等学科而迅速发展起来的一个新兴研究领域。

3. 酶工程技术　酶工程又称酶反应技术，是指在一定的生物反应器内，通过对酶制剂的改组、修饰、固定或创造新的酶类制品等途径，改善酶制剂的稳定性、催化能力、专一性、调节性及使用条件，寻求和开发耐极端条件（如耐高温、耐酸碱、耐盐、耐有机溶剂）的酶产品。酶工程技术现已广泛应用于食品行业中，例如，在干酪的生产过程中，将凝乳酶加入到奶中，使乳中的酪蛋白凝固，从而生产出干酪。在焙烤饼干、曲奇、比萨饼等所需面筋力不需太强的食品时，可添加蛋白酶使产品易成型并准确压花，避免因面筋过强引起的面团难以操作、制品易碎、外形及表面不均一等缺点。

酶工程技术是蛋白质化学与工程科学相互交叉渗透、相互结合并发展而形成的一门新的科学技术。

（二）食品保鲜、贮藏新技术

食品安全是人类生存的永恒主题，是人民生活质量提高的标志。伴随食品工业的兴起，食品的保鲜、贮藏技术也得到了突飞猛进的快速发展，并涌现出了大量的新技术。传统的保鲜、贮藏技术主要是冷冻冷藏方法，近几十年来冷冻技术也得到了不断发展，为满足人们对保持天然食品原有的色、香、味和营养价值以及更高的食品安全性的需求，出现了速冻食品、冷冻干燥食品等新型食品。

农业和畜牧业的快速发展，农副产品的产量大幅提高，交通运输时间的缩短，冷链的完善，人们对跨地域食品需求量不断增加，这些促进了食品保鲜、贮藏技术的快速发展。传统的热杀菌法虽然能保证食品在微生物方面的安全，但热能会破坏对热敏感的营养成分，影响食品的质构、色泽和风味。由于消费者要求营养、原汁原味食品的呼声日益高涨，新型杀菌技术受到日益重视并迅速发展，成为国内外食品科学与工程领域的研究热点。伴随辐照技术、微波技术、超高温技术、超高压技术理论的相继出现和技术的完善，这些技术被陆续应用于食品保鲜、贮藏生产中，成为新型食品生产的强大技术体系。

（三）提取分离新技术

提取分离是指通过一定的手段将混合物分离成互不相同的几种产品的操作过程，通常包括提取和纯化两个部分。分离技术在食品工业中具有重要的作用，食品工业的迅速发展也对分离技术提出了更高的要求，并将进一步推动食品工业的发展。

传统的分离技术主要包括物理分级、浸提、离心、沉淀、压榨、结晶等，随着人们对食品安全性要求的提高，对健康和回归自然食品的渴望，以及分离技术从传统的化工领域向食品领域迅速发展，一批高新分离技术，如超临界流体萃取、分子蒸馏、膜分离等技术在食品生产中得到综合应用，并出现了大批高附加值的新型食品产品。由于新型分离技术具有高效、无污染地提取高纯度的产品，并避免高温、高压等因素对生物制品活性的破坏，对环境无污染等优势，新型分离技术在食品生产中将产生深远的影响。

（四）食品加工新技术

1. 微胶囊技术 是指将某些特殊的食料包埋于薄膜"胶囊"中。微胶囊化的食品可以保护敏感的食品成分，防止营养成分的损失；微胶囊化食品添加剂和营养素可使其免受环境影响而变质；微胶囊的缓释功能使有效成分的效能发挥更充分；将食品及原料微胶囊化可以把液态食品固体化，使用方便，质量可靠。微胶囊化的食品已经成为一种新型食品加工技术，并具有广阔的发展前景。目前，利用微胶囊技术已开发出许多微胶囊化食品并大量应用于生产中，如粉末油脂、粉末酒、胶囊饮料、固体饮料等，以及风味剂、天然色素、营养强化剂、甜味剂、防腐剂及抗氧化剂等。

2. 纳米技术 运用超微粉碎技术将食品加工制成粒径小于100nm的分子级的食品，又称为纳米食品。由于食品颗粒的微细化将导致表面积和孔隙率的增加，因此纳米食品具有许多独特的物理化学性能，例如，良好的分散性、吸附性、溶解性和化学活性等，在食物资源的利用、食品的充分吸收、新型功能食品的开发、传统工艺的改进、食品品质的改善、生产成本的降低等方面发挥重要的作用。

微胶囊技术与超微粉碎技术、生物技术、膜技术和热压反应技术等相结合，为食品工业开发应用高新技术展现了美好的前景。超微粉碎作为制备超微粉体的一种重要方法，其研究范畴也不再仅仅局限于粉碎分级等简单的物理单元操作，而是在大科学背景下和新技术平台上与现代物理学、化学、生物学、医学、材料学、机械、电子和自动化等多学科不断交叉融合，尤其是纳米粉体技术的出现又赋予了其新的研究内涵，但即使是在那些简单的物理和化学工作单元操作中，新材料、计算机和测控技术的应用，也在不断使这些传统技术和设备推陈出新、更新换代，并给传统食品加工业带来生机和活力。

五、展望

新型食品与传统食品相比具有显著的特性和优势，在食品中占有越来越重要的地位，其消费也越来越广泛，所占的消费比例也越来越大。然而，新型食品的营养学和卫生学评价滞后于新型食品的生产，新型食品出现的营养与食品卫生学问题可能越来越突出，对新型食品的卫生监督和管理提出了新的挑战，已引起人们的广泛关注。因此，加强新型食品的营养和卫生问题研究，并建立卫生标准及卫生管理办法已势在必行。

(孙长颢)

第一章 速冻食品

第一节 速冻食品的概念及发展简史

一、速冻食品的概念

(一) 概念

随着冷冻科学技术的发展和人们生活水平的提高、节奏的加快，以及大型超市、连锁店、便民店的普及，速冻食品已经越来越多地走进人们的生活，并以其品种多样、方便省时、减轻家务劳动等特点受到人们的欢迎，极大地方便了百姓的生活。

速冻食品（fast-frozen food）是指应用现代低温快速冻结技术，将符合要求的新鲜的原料（蔬菜、水果、肉类和米面等）以及各种配料在规定的时间内降低到一定的低温条件，并低温贮藏、运输的食品。由于冷冻技术的不断发展和对速冻食品要求的不断提高，速冻食品的概念也在不断地完善。一般认为，速冻食品应该是在－30℃或更低温度下冻结，在20min左右使被冻结食品中心温度达到－18℃，经过包装后在－18℃或更低温度下贮藏、运输和销售的食品。

(二) 速冻食品的特点

速冻食品正以其特有的优势受到越来越多的青睐，不断地满足人们日益增长的生活需要，速冻技术也被国际上公认为目前最佳的食品贮藏保鲜技术。速冻食品主要有以下特点：

1. 速冻食品能够最大程度地保持天然食品原有的色、香、味和营养价值。食品在低温快速冻结条件下，可以使食品内的水分在短时间内在细胞内外同时形成无数针状的极小的冰晶体，因为冰晶体的分布与原料中液态水的分布状态相近，因此最大程度上避免了因为冻结膨胀所引起的机械损伤。当食品解冻时，冰晶融化的水分很容易被细胞组织吸收，几乎不产生汁液流失或汁液流失很少。所以解冻后食品几乎能够恢复到冻结前的状态，营养成分的损失也很小。

2. 速冻食品品种多样，可以根据营养需要合理搭配，食用方便省时。目前市场上的速冻食品有3 500多种，从主食到副食，从小菜到盘菜，一应俱全。由于速冻食品稍微解冻即可烹调或直接食用，大大减少了家务劳动，节省时间和人力。同时，通过对速冻食品原料进行不同搭配，还可以控制各种营养素的含量和配比，改进食物结构，以适应不同消费人群的营养需要，如配制学生营养午餐。

3. 速冻食品贮存期长，可以调节供需平衡，弥补由于季节和地区差异所造成的食品余缺，节约资源。速冻食品的贮存期一般可达到一年或更长时间。当夏秋季水果、蔬菜等具有季节性的食品大量上市，常常供过于求。利用速冻技术可以将剩余的食品及时冷冻，等到冬春季再上市。这样既可以调节市场的淡旺季，又避免了食品资源的浪费。同时，很多食品由于新鲜时储存时间短，限制了在不同区域的流通。速冻食品则克服了这一不足，丰富了各地的食品市场，促进了饮食文化的交流。

4. 速冻食品卫生安全。速冻食品在冻结前经过整理、清洗、烫漂等工序加工，这些加工过程的卫生要求十分严格，因此，速冻食品一般都符合食用卫生标准。另外，在低温条件下，速冻食品中的各种微生物的生长繁殖和酶的活性均受到抑制，使食品卫生状况保持良好，保证了消费者食用安全。

二、速冻食品的发展简史

速冻食品起源于美国，美国是世界上速冻食品产量最高、品种最多、人均消费量最高的国家。速冻食品产生于20世纪20年代末30年代初，在最初一段时间发展十分缓慢。在第二次世界大战中，军需推动了美国速冻食品业的发展，因此战后速冻食品也得到迅速发展，速冻理论及技术得到不断完善，$-18℃$被提出作为合适的冷藏温度，并被世界食品行业公认为冷藏温度标准，同时被美国等一些国家载入了有关速冻食品的法规中。1945年，美国创立了速冻食品生产者协会。随后，著名的T.T.T.概念和《冷冻食品制造法规》相继诞生，速冻食品发展进入了快速前进阶段，速冻食品实现了工业化生产，速冻食品进入了超级市场，逐渐受到消费者的喜爱。到了20世纪60年代，国外食品冷藏链基本形成，速冻食品业得到了进一步发展。直到近年来，世界速冻食品行业的发展仍然呈现方兴未艾之势，平均每年以20%～30%的速度增长，成为世界上发展最快的食品行业，其销售量在发达国家占全部食品的60%～70%。

我国速冻食品业起步较晚，开始于20世纪60年代，主要集中在一些沿海城市，以生产速冻饺子和春卷等传统食品为主，供外销出口。20世纪70年代，我国速冻食品业真正起步，但由于技术落后，价格偏高，发展比较缓慢。到了80年代后期，随着国外先进设备引进的增加和国产设备的研制成功以及速冻理论的不断提高，我国的速冻食品加工工艺逐渐向国际水平靠拢。进入90年代，我国速冻食品得到迅速发展，速冻食品生产企业数量和规模都成倍增长。速冻食品的种类也更加丰富，各种地方风味小吃以及各大菜系的名菜也进入了速冻食品的行列。近10年来，我国速冻食品的年增长速度超过了20%，市场占有率在所有加工食品中位居榜首。

随着人们生活节奏的加快和生活水平的提高以及我国速冻食品在国际贸易中所占份额的不断增大，我国速冻食品业的发展空间将越来越广阔。我国一旦普及速冻食品，其消费潜力是其他任何一个国家都不可比拟的。所以我们应该充分利用现有条件，加快技术改革和创新，完善相关管理体制，推动速冻食品业迅速发展前进。

第二节 速冻食品的原理、生产工艺及设备

一、速冻食品的生产原理

食品速冻就是在一定条件下将食品中所含的水分大部分转变成冰的冻结过程。食品速冻的原理是将食品的温度降低到其冰点（冻结点）以下，使大部分水冻结，使微生物的生命活动停止，抑制食品中各种生物化学反应，从而使食品能够在低温下长期储存。速冻食品应该尽可能保持食品原有的营养价值和特性，在冻结过程中发生的各种变化应该能够最大程度可

逆。在冻结过程中，食品所发生的变化主要与食品的特性如水分含量和存在状态以及冻结条件有关。

(一) 食品中水分的存在形式及其与冻结的关系

水是各种食品主要组成成分之一，在速冻过程中水的变化将直接影响到速冻食品的品质。不同种类食品含水量不同，蔬菜水果中的水分较高，多者可达90%以上，肉类食品中的水分也达50%。食品中的水分以自由水和结合水两种形式存在。存在于细胞间隙或食品的组织结构中，由毛细管力维系着的那部分水称为自由水。自由水在动物细胞中含量较少，而在某些植物细胞中含量较高。自由水是食品中有机物和无机物的溶剂，能被微生物所利用，直接参与食品中的各种反应，容易结冰。冻结的食品在解冻过程中，自由水容易被食品组织重新吸收。食品中以氢键与有机分子结合，构成胶粒周围水膜的那部分水称为结合水。在一定温度限度内，不管食品的温度有多低，结合水都不冻结。结合水与食品的风味和稳定性等有着密切的关系，在加工中如果将其与食品强行分离，解冻过程中水就不能完全被食品组织吸收，将严重影响到食品的品质。

食品中水分可以为微生物的繁殖创造条件，也是组成食品的各种成分之间发生生化反应的溶剂，与食品的腐败变质有密切关系。由于食品中所含水分分布和存在状态不同，以及所处环境不同，单纯以食品中水分含量来衡量食品的稳定性是不科学的，水分活度是一个相对科学合理的衡量指标。水分活度是指食品中呈液态水的蒸气压与纯水的蒸气压之比，即

$$a_W = P/P_0$$

式中 P——食品中呈液体状态的水的蒸气压，Pa；

P_0——同一温度下纯水的饱和蒸气压，Pa。

食品中呈液体状态的水，其蒸气压随着其中溶解成分（盐、糖、有机酸）的增加而降低，所以食品中液态水的蒸气压都小于纯水的蒸气压，即水分活度都小于1。

食品经过冻结后，水分活度大大降低，食品中微生物的生长繁殖和酶反应等各种生化反应均受到了抑制，从而延长了食品的保质期。

(二) 冻结过程

冰结晶的形成

(1) 结晶条件：食品速冻过程实质上就是一个水变成冰的过程。食品温度降低至析出冰晶时的温度称为该食品的冰点。食品冰点的高低与食品中水分含量无关，而取决于食品中水溶液的浓度。水溶液中所溶解的无机盐、糖类和有机酸等物质越多，食品的冰点越低。当食品温度降低时，其中的液态分子运动减慢，结构趋向于结晶体。当温度达到食品的冰点时，液相与结晶相处于平衡状态。为了使液体变为结晶体，必须打破这种平衡，将液体温度降至稍低于冰点的温度，造成液体的过冷状态。过冷状态是食品中液体形成冰结晶的前提条件。

(2) 结晶过程：当液体处于过冷状态时，在其内部首先形成原始冰结晶核，同时释放出热量。结晶核不是自发形成的，而是在某些刺激因子（如液体振动或含有灰尘）的作用下产生的，所以液体中灰尘和杂质能够确定结晶核的位置。随着热量的不断散失，水分子聚集在结晶核周围，组成冰晶体的晶格排列，冰结晶体增大。由于在冰结晶体形成过程中要不断释放出热量，使液体温度上升，高于过冷温度。所以要使冰结晶形成过程持续完成，必须不断将结晶过程产生的热量转移。

(3) 食品冻结温度曲线和最大冰结晶生成带：在冻结过程中，食品温度随着冻结速度和

时间变化所绘成的曲线称为食品的冻结温度曲线，简称速冻曲线。不论食品冻结速度快慢，在冻结过程中，温度的下降都经历了三个阶段。

第一阶段：食品温度迅速下降，直至冰点，形成的曲线较陡。在这一阶段中所放出的热量是显热，与冻结全过程所放出的热量相比只占很小的比例。

第二阶段：冰结晶形成阶段。这一阶段温度在 $-5 \sim -1°C$ 左右，温度下降缓慢，经历时间较长，所形成的曲线较平缓。冰结晶形成时放出的潜热相当大，是冻结过程中产热最多的阶段。在这一阶段的温度范围内，食品中80%的水分都已经变成冰，食品在感官上已经具有很高的硬度。也就是说，食品中的冰结晶绝大部分是在 $-5 \sim -1°C$ 温度范围内形成的，所以将这一范围称为最大冰结晶生成带。最大冰结晶生成带对于食品的质量有着重要的影响。绝大多数冰结晶的形成、肉类食品的冻结变性、食品中α淀粉的β化以及一些低温微生物的发育都发生在最大冰结晶生成带。理论上讲，为了保证食品的质量，在冻结过程中应该尽快通过最大冰结晶生成带。

第三阶段：食品的温度继续下降，从冰点降至所规定的冻结食品的最终温度。在这个阶段里，食品中一部分没有结冰的水会继续结冰，同时已经形成的冰结晶体的温度也会继续下降。温度在开始的一段时间下降较快，随着食品温度的下降，食品与周围介质间的温度差逐渐减小，食品温度下降不断减慢。

（4）冻结速率对冰结晶的影响：冻结速率对于冰结晶的大小和分布起着决定性作用。不同的冻结速度条件下所形成的冰结晶的大小和分布不同。在冻结过程中，食品中无论是细胞外液还是细胞内液都可以冻结。由于细胞外液的浓度低于细胞内液，所以冰点高于细胞内液，先发生冻结。当细胞外液首先有冰结晶析出后，残留的外液浓度增大，蒸气压减小。这时，由于细胞内液尚未冻结，水蒸气压高于细胞外液的蒸气压，所以细胞内的水分向细胞外渗透，并附着在已经形成的冰结晶上，使冰结晶变大。这种细胞内液的外渗会一直持续到细胞内开始形成冰结晶为止。所以，如果冻结速度缓慢，就会在细胞外形成较大的冰结晶，致使食品中冰结晶分布不均匀，过大的冰结晶会刺伤组织细胞，造成机械损伤，破坏组织结构，使食品解冻后汁液严重流失。相反，如果冻结速度快，尤其是通过最大冰结晶生成带的时间短，细胞外开始形成冰结晶后不久，细胞内也开始形成冰结晶。这样就会在食品内部形成无数细小的冰结晶（直径小于$100\mu m$），且冰结晶的分布与食品中液态水的分布相似，这对食品组织结构的损伤最小，而且解冻后水分能够被食品组织细胞迅速吸收而不致流失，最大程度地保持了食品原有的风味。可见，速冻食品的品质要高于普通冷冻食品。

（三）冻结条件下食品内微生物和酶反应的变化

在食品的腐败变质过程中，微生物和酶起着很关键的作用，尤其是对动物性食品来说。在冻结过程中，食品中的微生物和各种酶的作用都发生了变化。

冻结过程可以杀死食品中的寄生虫，但是却不能完全消灭食品中的微生物（主要是细菌），只能起到抑制其生长繁殖的作用。在冻结状态下，虽然微生物停止了生长繁殖，但是由于其体内的酶还有一定的活性，生化过程仍然在缓慢进行，影响着食品的质量，所以速冻食品也有一定的贮藏期。当食品温度回升后，微生物很快就会繁殖起来。

食品中存在很多酶类，如胰蛋白酶、脂肪氧化酶、过氧化物酶等。这些酶类催化着食品中各种反应的进行，可引起食品营养价值和感官质量的下降。酶的催化活性受温度的调节，随着温度降低，酶的活性降低。冻结过程就是通过降低温度来抑制食品中酶的活性，从而延长食品的贮藏期。温度越低，对酶的活性的抑制作用越大。但是，在低温情况下，酶仍然会有一部分活性存在，所以它的催化作用仍然在缓慢地进行。当食品解冻时，酶的活性会重新恢复，加速食品的腐败变质。

二、速冻食品的生产工艺

由于速冻食品种类繁多，每一类食品又有很多品种，所以制定严格的统一的工艺标准是很不容易的，目前还没有统一的工艺标准。在国内，不同企业对于不同速冻食品加工工艺不尽相同。对于出口的食品，企业一般按照国外提供的加工工艺标准或企业标准进行加工。

一般可以将速冻工艺过程分为前处理、速冻和后处理三个阶段。

（一）前处理

在速冻前，需要对食品原料进行处理。植物性原料和动物性原料的前处理方式有一定的差异。植物性原料的前处理主要是指对水果蔬菜在速冻前进行的各种预处理，其程序大致包括：原料采摘→运输→原料处理→烫漂或浸渍→冷却→滤水→速冻前布料。而动物性原料的前处理相对简单，主要包括原料的处理和冷却两方面。前处理的每一个环节都必须认真操作，任何操作不当都会影响食品冻结的质量。

1. 原料采摘 食品原料的质量对于速冻食品的质量有着重要影响。在选取原料时要求选择适宜的品种和成熟程度，清洁干燥，没有病虫害和疤痕以及农药污染，在采摘过程中没有机械性损伤，采摘后尽快运送进行加工。

2. 运输 在运输过程中，主要应该注意原料的合理摆放，避免挤压伤和日光下长时间曝晒。

3. 原料的处理 植物性原料的处理主要包括剔除有病虫害、伤疤、畸形和成熟度不适宜的个体以及不可食部分。对于原料要按大小、等级划分进行处理。因为速冻蔬菜水果解冻后可以直接进行食用或进行烹调，所以前处理中还要对其进行清洗，使其达到相应的卫生要求。清洗后按照速冻要求切分成一定的规格形状。动物性原料的处理则主要包括宰前管理、宰杀、清理和清洗等过程。

4. 烫漂或浸渍 蔬菜中含有很多氧化酶类，包括过氧化酶、过氧化氢酶、维生素C氧化酶、多元酚氧化酶等。当蔬菜的组织细胞被冻结致死后，这些氧化酶类活性增强，使蔬菜产生褐变现象，影响了速冻食品的质量。所以在冻结前需要将这些酶的活性破坏，防止褐变的发生。由于这些酶一般在70～100℃或－40℃条件下才能失活，应用低温来破坏它们的活性在技术上有一定的困难，而热烫漂的方法则经济、简便得多。烫漂不仅可以破坏蔬菜中酶的活性，还能够消灭附着在蔬菜表面的虫卵和微生物，排除蔬菜组织中的部分空气，从而减小冻结膨胀压，同时适宜加热还可以使蔬菜的色泽更鲜艳。由于水果受热后味道容易改变，所以一般不进行烫漂。为了破坏其中酶的活性，常常需要将水果在糖液或维生素C液中浸渍。

5. 冷却 蔬菜烫漂后的余热会继续使某些可溶性成分发生变化，并使蔬菜的颜色变暗，干耗增大，微生物污染机会增加，所以烫漂后应立即进行冷却，在短时间内使其冷却到10℃以下。另外，冷却还可以提高速冻效率。水果在浸渍的过程中就兼有冷却作用。动物性原料也要经过冷却使其在速冻前尽量保持新鲜并有利于下一步的加工操作。

6. 沥水和布料 食品原料在速冻前必须沥干水分，防止水分在表面冻结成块，影响外观和质量，增加冷冻负荷。同时合理布料可以使冻结均匀，提高冻结质量。

（二）速冻

应该根据速冻食品的种类不同，选择不同的冻结方法、条件和设备。不论选择哪种冻结工艺和设备，冻结速度都是影响冻结质量的关键因素。与冻结速度有关的各种因素都会影响速冻食品的质量。因此，要掌握冻结过程中与冻结速度有关的因素，这样才能更好的控制冻结过程，取得更好的冻结效果。

（三）后处理

速冻食品的后处理主要包括包装和贮藏两方面。

1. 包装　包装能够保持速冻食品的卫生，防潮、防氧化、防脱水，延长食品贮藏期。同时包装还能够起到宣传作用。

2. 贮藏　速冻食品要求在$-18℃$条件下进行贮藏，温度的控制很关键，应该尽量减小贮藏温度的波动。食品进入冻藏库前，必须使其温度尽量等于冻藏温度。除了温度要求外，还要有足够的空气相对湿度和合理的空气流速及分布。一般要求空气流速在$0.05m/s\sim0.15m/s$，为自然循环，相对湿度$\geqslant95\%$。

三、速冻方法与设备

不同食品的特性和速冻工艺不同，所采用的速冻方法和设备也不同。目前使用的速冻方法很多，按照食品与冷却介质的接触情况可以分为三种：空气冻结法、直接接触冻结法和间接接触冻结法，其中每一种冻结方法中又包含了多种类型的冻结设备。冻结设备产生制冷效应主要有三个原理，即化学反应中的能量守恒、物理接触导热和机械做功耗热。目前所用设备多为三种原理的组合应用。

（一）空气冻结法及设备

空气冻结法以冷空气作为冷却介质，通过冷空气的自然对流或强制对流使其与食品进行热量交换，达到促使食品散热冷冻的目的。由于空气的导热性差，所需的冻结时间相对较长。在空气冻结法中，空气的流动速度很关键。如果空气静止或流动慢，则冻结速度缓慢，达不到速冻的要求。随着空气流动速度的加快，冻结速度显著提高。空气资源丰富，无任何毒副作用，对于冻结原料的种类和规格要求范围较宽，是目前应用最广泛的一种冻结方法。常用的空气冻结设备有隧道式冻结设备、螺旋式冻结设备和液态化冻结设备以及搁架式冻结设备。

（二）直接接触冻结法及设备

在直接接触冻结中，散装或有包装的食品与制冷剂直接接触，达到热量交换的目的。这里的制冷剂称为不冻液。因为食品尤其是无包装食品与不冻液直接接触，所以要求不冻液无毒无害，无异味，不易燃易爆，不与食品反应，不改变食品原有的成分和性质。根据食品与不冻液的接触方式，又可分为喷淋式和浸渍式两种。喷淋式冻结设备是通过不冻液与食品喷淋接触来实现冻结的。而浸渍式冻结设备是通过食品与不冻液浸渍接触达到冻结目的。

（三）间接接触冻结法及设备

间接接触冻结方法是指食品与板、盘、带等冷壁直接接触，而与制冷剂间接接触。制冷剂使冷壁始终保持一定的冷度，食品与冷壁通过接触交换热量达到冻结的目的。在冻结过程中食品与冷壁的充分接触和一定的接触压力是非常关键的。如果食品与冷壁之间存在空隙，就会产生很大的接触热阻，冻结速度显著降低；反之，食品与冷壁间压力越大，食品与冷壁接触越好，传热系数越大。当然，应该在不对食品造成损伤的前提下增大接触压力。根据冷壁的类型不同，间接接触冻结的设备可分为平板式、回转式和钢带式三种。

随着科学技术的进步和人们生活水平的不断提高，人们对速冻食品的质量要求也越来越高，所以速冻食品冻结工艺也会向着低温、快速的方向发展，相应地冻结设备也会越来越先进、实用。

第三节 速冻对食品品质、营养成分的影响

食品在速冻过程中要发生一系列的物理、化学和细胞组织学以及生物生理变化，这些变化的发生以及可逆程度在一定程度上影响了食品的品质。其中有些变化能够改善食品的品质，也有一些则是降低了食品品质和营养价值。

一、延长食品贮藏期

在正常情况下，食品在微生物、氧气和食品内部各种酶等因素的作用下较短时间就会腐败变质，尤其是在温度较高条件下。微生物的作用需要一定的温度和水分条件。酶的作用和氧化反应也需要适宜的温度。食品经过速冻，要求冻结最终温度要达到$-18℃$，并在这个温度下贮藏，抑制了上述三种作用的速度。同时速冻食品中形成冰结晶，液态水分减少，也抑制了微生物的作用。所以速冻延长了食品的贮藏期。冻结作用及冻藏还能够杀死食品中的一些寄生虫，提高食品卫生质量，间接延长了贮藏期。例如：猪肉中的囊尾蚴在$-12℃$条件下经12h可被完全杀死，旋毛虫幼虫包囊在$-17℃$下2d就会死亡，绦虫在$-18℃$时3d内就死亡。所以一些含有寄生虫的肉类食品在新鲜状态下不允许食用，但经过冻存一段时间，寄生虫被杀灭，即可食用。

二、对食品外观的影响

水在4℃时密度最大，为1.0g/ml，当在0℃时，水结成冰后密度变为0.9999g/ml，体积增大了约9%。虽然冰的温度每下降1℃，其体积收缩约0.005%~0.01%，但相比之下，膨胀要比收缩大得多，所以在冻结过程中，含水越多的食品体积膨胀得越大。食品冻结过程中，首先在食品的表层形成冻层，而后逐渐向内部延伸。当内部水分冻结体积膨胀时，会受到外部冻结层的阻碍，这样就产生了冻结膨胀压。同时液相中的气体在冻结时从溶液中分离出来，体积膨胀数百倍，也增大了食品内部的压力。当外层承受不了内部所产生的压力时，就会通过破裂的方式来释放内部压力，在食品表面形成龟裂，影响了食品的外观。一般来说，食品的含水量多、冻结速度过快和食品的厚度大都会增大冻结膨胀压。

在食品的冻结过程中，由于冻结室内空气的蒸气压小于饱和水蒸气压，而食品表面的蒸气压接近饱和蒸气压，所以在蒸气压差的作用下，会有一些水分从食品的表面蒸发出来，造成食品质量减少，这个现象叫做"干耗"。当食品表层水分蒸发后，内层的水分在扩散作用下向表层移动。理论上，这个过程直到冻结室内空气被饱和为止。由于在冻结过程中，冻结室内的空气要不断经过蒸发器，使其中的水蒸气凝结在蒸发器表面，所以在冻结过程中，冻结室内空气常处于不饱和状态，干耗现象一直会存在。冻结室内的风速、温度和湿度等因素

对干耗都会产生影响，其中风速的作用最大。干耗不仅影响了食品的质量和外观，也给企业造成了经济损失。

有些食品速冻时还会发生变色现象。例如：肌肉中的肌红蛋白由于氧化作用强烈会变成褐色，鱼肉中还原糖与氨化合物反应产生褐变，虾类中酪氨酸被氧化酶氧化，可以在虾的头、脚、关节等处发生黑变现象。

以上这些变化都影响了食品的外观，降低了食品的品质。

三、对食品风味的影响

速冻食品发生的变色反应不仅会影响食品的外观，而且还会产生异味。冻结过程中冰结晶的形成和食品体系应温度梯度引起的热应力都会对食品组织结构造成损伤，含水量较多的植物性食品尤其严重，会导致食品质地下降，风味流失，口感改变。食品中脂肪的氧化和蛋白质变性也会形成一些不愉快的味道。

四、对食品营养成分的影响

食品中营养成分包括蛋白质、碳水化合物、脂肪、无机盐、维生素等。在速冻过程中可能会导致一些营养成分的丢失或破坏。不同种类的食品和不同的冻结方法对食品营养成分的影响不同。速冻肉在冻藏过程中最不稳定的成分是脂肪，容易受到空气中的氧及微生物的作用而酸败，加上紫外线的作用，致使肉变为有苦涩味道的酸性肉。脂肪氧化导致脂肪酸尤其是不饱和脂肪酸和脂溶性维生素的损失。肌肉组织冻结时，由于汁液中的水分部分冻结成晶体，肌肉细胞中汁液浓度特别是盐的浓度增大，蛋白质发生盐析作用而自溶液中析出，发生冻结变性。由于发生盐析作用，溶液中蛋白质逐渐减少，并且蛋白质在水分冻结过程中受到破坏，蛋白质在溶液中所起的缓冲作用减弱，溶液中氢离子浓度增加，进一步促进了蛋白质变性。不可逆的蛋白质变性现象会使蛋白质胶体性质破坏，导致肌肉组织纤维化，口感变坏。蔬菜在冻结前处理加工时要经过烫漂和沥水，这个过程不可避免地会使蔬菜中的营养物质受到损失。主要表现在维生素、矿物质、有机酸和蛋白质的减少。这些营养物质的损失程度主要取决于烫漂的程度，一般为10%～30%。烫漂温度越高，时间越长，则损失越多。如果烫漂过度，这种损失就会更加严重。一般蒸气加热烫漂对营养物质的损失较热水烫漂方法小。但是研究表明，蔬菜经过烫漂处理后可以减缓在冻藏期间营养成分尤其是维生素C和胡萝卜素的损失。速冻食品在解冻过程中汁液的流失也会导致一部分营养成分的损失。

第四节　速冻食品可能存在的卫生学问题

一、原料卫生质量不合格

由于冻结过程对食品中微生物和酶的活性只起到抑制作用，所以冻结前食品原料的卫生状况和新鲜程度直接影响速冻食品的质量。食品初始质量越好，新鲜度越高，冻结后质量也就越好。如果原料的选择不严格，虽然在冻结过程中食品的腐败等变化缓慢不明显，一旦解冻食用，将可能危害人体健康。例如：果蔬类食品的农药残留、成熟过度、畜肉的微生物污染等，这些卫生质量不过关的食品在冻结状态下和质量好的食品在外观上不会有明显区别，所以一定要在冻结前严格筛选。还有一些食品在冻结前经过了一定的加工，其中含有食品添加剂，如面食中面粉的增白剂、甜味剂，肉制品中的护色剂、防腐剂等。食品添加剂自身的卫生学问题就是人们关注的一个焦点。如果食品添加剂中含有一些有害的杂质，虽然数量极少，也可能导致严重后果。日本发生的"森永奶粉中毒事件"就是由于奶粉的稳定剂中含有杂质砷。有些添加剂如糖精可引起过敏反应，某些防腐剂可能影响发育。在冻结和冻藏过程中，食品中的添加剂还可能自身或与食品其他成分发生反应，形成对人体有害的物质，如亚硝酸盐可形成亚硝基化合物，焦磷酸二乙酯可形成强致癌物氨基甲酸乙酯等。

二、冻结过程中发生污染

食品在冻结过程中，很多没有包装，直接暴露于操作环境中，很容易受到外界污染。而速冻食品解冻后一般都不需要清洗就可以直接加工或食用，这样就使得冻结过程中的污染可以直接危害人体健康。所以在冻结时对与食品直接接触的机器、操作人员以及生产车间内的卫生及操作环节都要严格要求，如设备与食品直接接触的部分都要冲洗消毒，操作人员必须体检合格持证上岗，车间设计合理，有清洗消毒设施定期消毒等，如果上述任何一个环节出现问题，都可能影响食品的卫生质量。

三、包装材料卫生问题

包装材料能够保持速冻食品的卫生，同时具有防湿、防气、防脱水等功能，延长食品贮藏期。但是食品的包装材料也存在着安全隐患。包装材料直接与食品接触，很多材料成分可能会迁移到食品当中，造成不良后果。例如：塑料、橡胶材料的包装，其可能存在残留单体、裂解物向食品的迁移；纸包装中存在荧光增白剂、印刷油墨中的多氯联苯等对食品的污染；金属包装中存在有害金属的溶出等。这些由于包装材料所造成的问题将大大影响食品的卫生质量。在加工中，要特别注意食品包装的安全性，注意包装材料不能向食品中释放有害物质，也不能与食品中的营养成分发生反应。

四、食品氧化变质和变色

速冻食品中脂肪会发生缓慢氧化，在冻存期间尤为明显，氧化生成一些低级的醛、酮等产物，降低了食品的营养价值和风味。这种现象在含有脂类较多的速冻鱼中发生较多。鱼体中高度不饱和脂肪酸含量多，在空气中氧的作用下生成了氢过氧化物和游离基，由于游离基反应，油脂自动氧化，加快了氧化酸败。而形成的氢过氧化物不稳定，分解为醛、酮、醇等，使鱼体发涩、发黏，产生异味。

五、反复冻结导致的食品品质下降

速冻食品如果反复解冻，或在冻藏运输中由于冷藏链的不完善导致温度波动较大时发生反复融化冻结过程，不仅会因为冰结晶增大对食品造成机械损伤。同时，食品中的微生物也会不断繁殖增多，酶的作用增强，加速食品的腐败变质。

第五节　速冻食品解冻过程及可能存在的营养学与卫生学问题

速冻食品在消费或加工前大多都要进行解冻，将食品的温度回升到一定的温度。一直以来，人们对速冻食品的解冻认识不够，认为只要融化就可以了，对于解冻过程对食品微观结构的改变、成分能否恢复到冻结前的状态以及是否会发生其他降低食品品质的反应等问题没有重视起来。事实证明，解冻过程不仅会影响食品的结构、成分，还会对加工后食品的质量和风味有直接影响。

由于冻结和冻藏过程对食品的影响，不论用什么样的方法解冻，食品都不可能完全恢复到冻结前的状态。但是，适当的解冻方法却可以保证最大程度地使食品质量恢复到冻结前的水平，提高食品的食用价值。

一、解冻过程和解冻曲线

理论上讲，食品的解冻是冻结的逆过程，在加热的条件下，食品中的冰结晶融化成水，被食品重新吸收，恢复到冻结前的分布状态。水分复原越充分，解冻后食品的质量越好。由于水和冰的热导率不同，在0℃时，水的热导率仅是冰的1/4左右，解冻过程中热量通过已解冻层向食品内部传导相对缓慢。同时，为了避免在解冻过程中先解冻的食品表面由于温度升高被微生物污染和变质，解冻过程中所用的温度梯度也远远小于冻结时所用的温度梯度。因此，解冻所用的时间要远大于冻结时间。

在解冻过程中，食品不同部位的温度随时间的变化可以用解冻曲线来表示，以食品外部加热解冻为例。在曲线中，−1～−5℃这个温度范围称为有效解冻温度带，正好是冻结过程中的最大冰结晶生成带。在有效解冻温度带内，曲线平坦，越处于食品深部，这一段越明显。在这个温度范围内，所加入的热量大部分用于冰融化的潜热，所以食品温度上升缓慢。越靠近食品的表面，解冻速度越快，达到冰点的时间越短。当食品深部已经完全融化时，食品表面任何一点的温度都在冰点以上。

食品解冻后温度升高到什么程度，通常由食品的用途决定，有半解冻和完全解冻两种情况。解冻后温度处于−1～−5℃的属于半解冻，主要适用于解冻后需要贮存一段时间的食品。在贮存时间里食品逐渐完成全部解冻。例如一些原料肉一般采用半解冻，硬度正好处于用刀可以切割的程度，便于加工。解冻后温度处于食品冰点以上的情况属于完全解冻，食品中的冰结晶完全融化。为了减少对食品质量的不良影响，完全解冻时解冻介质的温度应该低一些，解冻后的食品不宜长时间放置，应该尽快加工。

解冻的速度有快速解冻和慢速解冻之分，由食品的种类和用途决定。一些较薄冻结均匀的食品，解冻速度对其质量影响较小，有些食品可以在冻结状态下直接加热烹调。但是对于在冻结前处理中经过烫漂的蔬菜或经过热处理的蟹肉、虾仁、糕点等需要快速解冻，尤其是淀粉含量多的食品快速解冻可以改善食品的口感风味。对于家畜的胴体和大中型鱼类，厚度较大，应该采用慢速解冻，使食品内冰结晶融化生成的水分可以有充足的时间被肌肉重新吸收。

一般来讲，解冻终温比解冻速度对食品质量的影响更大。

食品解冻的方法很多，大致可以分为空气解冻、水解冻、真空解冻、电解冻、微波解冻以及上述方法的组合解冻。其中空气解冻、水解冻、真空解冻都是利用解冻介质温度高于食品的温度进行外部加热达到解冻目的的，而电解冻和微波解冻是利用电气在冻结食品的内部加热解冻的。组合的解冻方法克服了单一解冻方法的缺点，基本上都是以电解冻为主，再加上空气解冻或水解冻作为辅助手段。

为了保证解冻后食品的质量，解冻应该尽量满足以下要求：

1. 解冻过程中严格控制卫生条件，尽量减少微生物对食品的污染。
2. 解冻过程中食品各部位温差尽量小，达到解冻均一性。
3. 解冻终温度适当低一些，一般在0℃左右，最高不要超过5℃。
4. 解冻时间尽可能短。
5. 解冻后尽快加工或食用，不可久放。
6. 不要反复解冻。

二、解冻过程中可能存在的营养学与卫生学问题

（一）汁液流失及营养成分的损失

速冻食品的汁液流失是解冻过程中经常出现的首要问题。一般情况下，汁液流失是不可避免的。影响汁液流失的因素很多，如食品的切分程度、冻结方式、冻藏条件以及解冻方式等。食品切分得越细小，解冻后食品表面流失的汁液就越多。在冻结过程以及冻藏过程中，冰晶体越不均匀，体积越大，对食品组织结构造成的损伤越严重，蛋白质等变性越严重，汁液流失越多，营养成分损失也就越严重。如果冻结和冻藏过程中冰晶体对细胞组织和蛋白质破坏很小，在合理解冻后，融化生成的水分会缓慢地重新渗入到细胞内，在蛋白质颗粒周围重新形成水化层，汁液流失少，保持了食品营养成分和原有风味。解冻速度过快也会增加食品汁液的流失。在利用水解冻时，还会导致食品中一些可溶性营养物质的流失。

（二）微生物作用

速冻食品中的微生物只是在低温下停止了生长繁殖，并没有完全死亡。随着食品解冻温度的不断上升，微生物开始重新活动，且生长繁殖逐渐加快。尤其是食品用外部解冻法解冻时，食品表面温度升高较快，当食品深部温度达到冰点时，食品表面已经长时间处于冰点以上的温度，很容易发生微生物的腐败作用，使食品质量恶化。用水作为解冻介质时，还存在水中微生物污染食品的可能性。

（三）食品自身反应

解冻后，食品温度回升，食品中各种酶的活性增加，各种反应重新恢复，甚至速度更快。所以解冻后食品更容易变质，应该尽快食用。

（四）干耗和氧化作用

解冻过程中，食品表面温度较高，尤其当解冻介质温度较高时，食品表面水分蒸发快，形成干耗现象，同时表面在空气中氧的作用下发生氧化作用。空气作为解冻介质时干耗现象更容易发生。

第六节　速冻食品的卫生监督与管理

速冻食品生产在我国的发展历史较短，虽起步较晚，但发展迅速，相应的有关标准和规

范还很不健全，速冻食品的卫生监督管理措施相对滞后，这使得速冻食品在生产、流通各环节出现了较多的问题。作为正在快速发展的中国速冻食品，要能够步入符合国际要求的高标准发展轨道，为消费者提供安全、营养、美味的高品位产品，必须不断提高对其的卫生监督管理。

我国速冻食品生产和流通环节现状：目前，除了少数大型企业主要是独资或合资企业拥有较先进的生产设备之外，其余的一些中小企业生产设备仍然比较落后，具有国际先进水平的生产线设备屈指可数。大部分企业由于资金和技术力量不足，对新产品开发、生产工艺的改进和产品质量的检验等方面仍然有待提高和完善。成品的包装也存在很多安全隐患，一些包装材料和商品的标识不符合标准。近年来，市场上又出现了散装的速冻食品，存在很多卫生问题，也给假冒伪劣产品的销售提供了可乘之机。另外，部分成品的冻藏及管理不规范，在运输和流通环节中温度控制不严格的情况也很多。

由于速冻食品大多使用了新鲜的果蔬、肉类和水产品作为原料，而且目前手工操作比较多，使得食品的安全卫生更加不易控制，因此速冻食品生产必须建立优良的生产工艺规程，应该从原料的使用到成品出厂全程实施严格的质量管理，全面建立良好生产规范（GMP）和危害分析关键控制环节（HACCP）体系，尽早制定速冻食品相关的国家标准特别是卫生标准，建立和完善相关的市场准入制度。

一、速冻食品的相关标准和卫生监督管理条例

速冻食品作为一种商品，必须具有一定的生产标准。目前我国已有的标准：GB/T8863—88 速冻食品技术规程，GB/T8864—88 速冻菜豆，GB/T8865—88 速冻豌豆等。1997 年制定了《速冻面米食品行业标准》，2003 年制定了《速冻预包装面米食品卫生国家标准》。2006 年，卫生部批准了对《速冻预包装面米食品卫生国家标准》进行修改，使其更加完善。

速冻食品标准应包括工艺流程、产品质量、贮藏要求等部分，应该提出原料（品种、规格、质量）、冻前处理、冻结各环节的最佳条件，以及卫生指标、包装要求、不同食品的最佳贮藏条件等。另外，还应该有国家标准和国际标准。各生产企业只有按照统一的标准进行加工生产，产品质量才能够得到有效的保证，否则就无法衡量速冻食品质量的优劣。

二、速冻食品卫生监督管理的内容

对于速冻食品的卫生监督管理需要政府的卫生行政部门和食品生产经营企业共同参与、努力，是食品卫生执法监督和自身管理相结合的手段。随着社会主义市场经济体制的不断完善，食品卫生的自身管理显得越来越重要。对于速冻食品的卫生监督管理要抓住重要环节，明确存在问题。根据速冻食品的特点和目前生产经营的现状，应该主要从以下几个方面进行监督管理。

（一）速冻食品生产加工过程的监督管理

在速冻食品的生产加工过程中，卫生行政部门应该定期、不定时地对食品生产经营企业进行监督检查，包括生产涉及到的食品原料、添加剂、成品、设备、人员等各个方面，及时掌握食品卫生的动态质量和相关法律法规的贯彻、执行情况。对于在监测、检查中发现的问题，要依法办事，及时做出处理并指导食品生产经营者加以改进，以提高食品卫生质量。同

时，各级卫生行政部门要对食品生产经营企业给予大力支持，帮助进行技术培训，鼓励技术改革，为企业发展创新提供良好的环境。

食品生产经营企业自身的管理对于保证食品卫生质量至关重要。改善企业自身管理是提高食品卫生质量的最根本、最有效的途径。食品生产经营企业应该根据自身的特点建立健全食品卫生管理制度和生产法规，自动加强对食品生产的自我监督和检查。在生产过程中实施GMP和HACCP系统，抓住薄弱环节，重点监控，各项卫生和质量标准要逐步与国际接轨，增强速冻食品的市场竞争力。速冻食品生产经营企业的自身管理主要从以下几个方面抓起：

1. 原料　用来进行速冻加工的食品，其初始品质的好坏直接影响到速冻食品的品质。初始品质越好，冻结后的品质就可能越好。所以企业对于原料的品种、新鲜程度、卫生状况、冻前存放时间等都应该采用严格的标准，有专人监督检查，避免因为原料所导致的对速冻食品品质的影响，尤其是原料的卫生状况，原料的微生物数量对速冻产品的微生物数量有很大影响，所以尤其要注意检查原料的微生物污染状况，同时不要使原料在室温下暴露过久，不用的原料必须登记好日期，进行冷藏贮存。

2. 工艺流程和条件　不同的食品其前处理和冻结的流程和工艺条件各不相同，针对不同食品，企业应该制订不同的流程和工艺参数，采用不同的操作规范和卫生标准，在操作过程中严格遵守操作规程。在工艺条件中，要重点控制前处理过程和冻结的温度、速率这些对食品品质影响较大的因素。同时要做好清洁工作，对于操作人员、设备、环境的卫生严格要求，按照标准定期进行自我监督检查。这个过程对食品的影响最大，因素最复杂，任何一个因素的改变都可能会严重影响速冻食品的质量。所以对于这些因素的控制，企业应该形成一套完整的系统，如建立HACCP，对于不同食品的不同工艺，可以灵活改变其中的任何因素，这样可以减少监督检查的投入，减少资源的浪费，提高了管理的经济性和时效性。

3. 设备　食品的冻结可以根据不同的食品种类和工艺标准，采用不同的方法和冻结设备。具体采用何种设备要在经济合理的原则下，尽可能提高冻结设备的制冷效率，加快冻结速度，缩短冻结时间，以保证食品质量。在生产过程中，企业应该制定设备清洗的标准并予以实施，避免机器设备对食品的污染，同时要定期对设备进行维修和校正，保证设备的正常运转。

4. 操作人员　对于操作人员的管理主要包括卫生和技术两个方面。企业应该定期组织身体检查，在操作过程中对人员的个人卫生有严格规定，并有专人进行监督。对操作人员要进行技术培训，注重知识、技术的及时更新以及不同岗位人员的针对性培养，建立健全培训考核制度。

(二) 速冻食品冻藏期间的卫生管理

冻藏对于速冻食品的质量影响较大，在冻藏期间，速冻食品的品质不可避免地会发生变化。所以应该建立冷库的管理规范，尽量做好速冻食品冻藏的管理，将冻藏对速冻食品的影响降低到最小程度。

1. 各种食品合理存放　在冷库中冻藏的食品应该根据食品的种类和冻结最终温度分别堆码。如果由于冷藏间少而食品种类过多或冷藏间大而食品数量少，单独存放不经济时，可以将几类食品混合存放。但是有强烈气味的食品如鱼、葱、蒜等严格禁止放在一个冷藏间内，防止相互串味。食品禁止直接放在地面上，要堆放在清洁的垫木上，上面加覆盖物遮挡，防止污染。货堆与墙壁、排管之间以及货堆与货堆之间都要有一定的间距，以便于空气流通。

2. 定期进行质量检查，严格遵守速冻食品出入库原则

（1）速冻食品的 T.T.T. 概念：速冻食品 T.T.T.（time, temperature, tolerance）的概念是美国 Arstel 等人经过大量实验研究总结出来的速冻食品在生产、贮藏和流通各个环节中所经历的时间、经受的温度与其品质耐藏性之间的关系。速冻食品最初的品质主要受原料、速冻过程以及前处理和包装的影响，即 P.P.P.（product, process, package）。但是，根据 T.T.T. 概念，速冻食品最终的质量主要受温度和冻藏时间的影响。并且，速冻食品在流通过程中由于时间和温度条件所引起的质量下降是积累性的，而且是不可逆的。所以，即使是质量优良的速冻食品，如果在冻藏流通过程中马虎处理，食品温度高低波动，就会逐渐失去原来的品质，甚至不能食用。

（2）高品质保质期和实用冻藏期：高品质保质期（high quality life, HQL），当感官鉴定小组中有70%的成员能够识别出在某一温度下的速冻食品与冷藏在－40℃下的对照品有品质差异时，食品在该温度下所经历的时间就是该食品在该温度下的高品质保质期。在实际工作中，鉴定小组对食品品质的鉴定标准一般要适当放宽，以不失去食品的商品价值为限，得到的就是食品的实用冻藏期（practical storage life, PSL）。显然，在同一温度下，食品的高品质保质期较实用冻藏期短。感官小组对速冻食品所做出的鉴定结果一般与理化方法检测的结果是一致的，而且对于食品来说，感官鉴定的结果可能更为直接。所以，在国外，感官小组所做出的鉴定结果会受到高度的信赖。

（3）通过感官鉴定的结果并结合大量实验资料可以得出这样的结论：大多数速冻食品的品质稳定性随着食品温度的降低而呈指数关系增高。在－10～－30℃温度范围内，速冻食品的贮藏温度与实用冻藏期的关系可以用 T.T.T. 曲线表示。T.T.T. 曲线的斜率表示冻藏温度对于速冻食品品质稳定性的影响。根据曲线可以计算出各阶段食品品质的下降值，得出食品的保质期。

（4）不同的食品具有不同的保质期，在不同的贮藏条件下，安全贮藏的期限也不同。对于速冻食品要认真掌握其贮藏安全期限，严格执行先进先出的制度。要定期检查食品的品质，掌握食品质量的动态变化，对于变质的食品或者临近贮藏安全期限的食品要及时处理。

3. 严格控制库房贮藏条件和卫生　对于冻藏库的冻藏条件和卫生状况应该有严格的制度，专人负责监督管理。根据不同的食品选择适宜的贮藏温度和湿度。在贮藏过程中，温度对食品品质影响最大。我国目前冻藏库的温度一般为－18℃。近年来国际上很多冻藏库的冻藏温度逐渐趋于低温化，一般都在－22～－30℃，这样即使温度有些波动，也能保证－18℃的低温。冻藏温度的波动是重结晶的重要原因，所以库温只允许在短时间内有小的波动，正常情况下温度波动不得超过1℃。大批食品进出库时所导致的温度波动，一昼夜升温幅度不得超过4℃。对于温度超过－8℃的食品，应该在冻结间再冻结后才能入库冻藏。

冻藏库内应该进行严格的卫生管理，首先要防止微生物污染食品。冷藏库内包括楼梯、通道、空气冷却器、摆放食品的垫木等都要定期清洗消毒，运货用的工具和工作人员要保持清洁，冷藏库通风时所吸入的空气也应该先过滤。同时还要作好库房的灭鼠和排除异味工作。一般可采用臭氧来消除有强烈气味的食品或腐败变质的食品所产生的异味。灭鼠时若采用化学药物，因所用药物都是有毒的，要特别小心。

（三）建立完善的冷链，加强运输销售的管理

食品的冷链是指食品在加工、贮藏、运输、销售到消费者食用前的过程中，食品始终处于规定的低温条件下，以减少食品质量损失的一项系统工程。但是目前速冻食品在运输和销售过程中还存在很多问题，尤其是温度不能保障。如：运输过程中由于设备无温度显示器或温度显示器未定期校正，或者制冷系统故障或司机为省油而减少制冷机开机时间等导致食品融化变软，甚至结坨；销售过程中陈列柜达不到设计的温度要求或食品堆放太多、太高，超出风幕以外或者受到日光直射等使食品品质改变。这些由于温度的波动对速冻食品的质量造成的影响很严重。因此，对于速冻食品在运输销售过程中的卫生管理应该有专门的制度，同时卫生行政部门应该加强对速冻食品运输和销售过程中的监督检查，加强宣传教育，增强消费者的卫生安全意识，科学合理地保存、烹调速冻食品。

（那立欣　宋　扬）

复习题

一、名词解释

1. 速冻食品　2. 自由水　3. 结合水　4. 水分活度　5. 冰点　6. 最大冰结晶生成带　7. 速冻曲线　8. 干耗　9. 有效解冻温度带　10. 速冻食品 T.T.T.　11. HQL　12. PSL

二、简答题

1. 速冻食品的特点？
2. 冻结速度对冰结晶生成的影响？
3. 速冻生产工艺包括哪几步，烫漂具有哪些作用？
4. 常用的速冻方法有哪些？
5. 解冻过程有哪些要求？

三、问答题

1. 冻结条件下食品内微生物和酶反应的变化？
2. 影响冻结速度的因素有哪些，怎样影响冻结速度？
3. 速冻对食品品质、营养成分有哪些影响？
4. 速冻食品可能存在哪些卫生学问题？
5. 解冻过程中可能存在哪些营养学与卫生学问题？
6. 速冻食品卫生监督管理包括哪些内容？

第二章 冷冻干燥食品

第一节 冷冻干燥食品的概念及发展简史

一、冷冻干燥食品的概念

(一) 概念

冷冻干燥食品（freeze-dried food）是指用人工制冷的方法将食品速冻达到一定的温度要求后，在低温、低压的条件下进行冷冻干燥，使食品中的水分由固态直接升华成气态，从而使食品脱水干燥形成的干制品，又称冻干食品。冻干食品的质量要优于真空干燥、热风干燥、喷雾干燥等传统的干燥食品，冻干技术是生产高品质脱水食品的最好的加工方法之一。冻干食品以其自身的特点满足了人们对食品品质的方便、营养、安全并重的更高要求。

(二) 冻干食品的特点

1. 冻干食品最大限度地保留了新鲜食品的营养成分及色、香、味 冻干食品的干燥是在低温和真空状态下进行的，使一些热敏性和极易氧化物质的损失大大减少，最大限度地保留了食品中的各种营养成分。在冻干过程中，由于处于低温状态，各种化学反应速率较低，由色素分解导致褪色、酶及氨基酸引起的褐变几乎不发生，极大地保留了食品原有的色泽，不需要添加任何色素。同时，真空低温使食品成分挥发性降低，无氧化反应，不产生异味，冻干后食品中的芳香成分浓度相对增加，食品香气更加浓郁。

2. 冻干食品不失原有食品的骨架结构，保持了食品原有的形态 由于食品在水分升华前先经过冻结，形成了稳定的固体骨架，水分升华后，固体骨架基本保持不变，食品的收缩率远远小于其他干燥食品，能够保持食品的新鲜形态。

3. 复水性能好，更接近新鲜食品品质 食品冷冻过程中内部形成无数细小的冰晶，当冰晶升华变成水蒸气后，留下大量的空穴，使食品形成干燥的海绵状多孔性结构。所以复水时水分能够迅速渗入到食品中，使食品在短时间复水，复水率可达90%。大部分食品复水后在外观形态和口感上与冻干前没有差异。

4. 无一般干燥方法带来的表面硬化问题 使用一般方法干燥时，干燥过程中水分由食品内部向表面迁移，使可溶性的物质和营养成分在食品表面析出，使食品表面硬化。在冻干情况下，冰结晶升华时，食品中的可溶性物质在原来的位置析出，避免了硬化现象的发生。

5. 易于贮藏、运输 冻干食品的贮藏和运输都要优于速冻食品。冻干食品都采用真空包装或充氮气包装，避光保存，对于贮藏时环境的温度没有特别的要求，即使在常温下也能安全贮藏很长时间，可长达3~5年甚至10年。由于脱水彻底，重量小，适合长途运输和野外作业。在运输和销售过程中不需要低温保藏，节约费用。

当然，冻干食品也存在一些不足，例如：生产冻干食品的设备投资大，生产成本高，在一定程度上限制了冻干食品的发展。

（三）冻干食品的种类

任何食品都可以进行冻干加工，但是，由于冻干食品生产成本高，目前冻干食品还主要局限在高档食品。现可将冻干食品大致分为以下几类：

1. 果蔬类冻干食品：如菠菜、番茄、胡萝卜、葱、蒜、苹果、草莓、水蜜桃等。
2. 禽肉类冻干食品：如猪肉、牛肉、鸡肉、兔肉等。
3. 水产品类冻干食品：如虾、鱼、海参、干贝、海带、紫菜等。
4. 调味品类冻干食品：如果酱、汤料、调理料及香料等。
5. 方便食品及其他：如宇航食品、军用食品、旅游食品、茶叶、咖啡等。

二、冷冻干燥食品的发展简史

冻干技术可以追溯到 19 世纪末，最早应用在生物标本的制作中。将冻干技术应用到食品的研究始于 20 世纪 50 年代。由于食品脱水技术难度较大，直到 20 世纪 60 年代初，冻干食品技术才从实验研究发展到小规模生产，第一代食品冻干机投入生产使用，冻干食品技术在欧美地区开始发展。第一代食品冻干机存在着很多技术问题，冻干时间长，效率低，成本高，所以冻干食品发展比较缓慢。20 世纪 60 年代末 70 年代初，第二代食品冻干机开发成功，并沿用至今。第二代食品冻干机缩短了食品冻干周期，降低了生产成本，对冻干食品的发展是一个有力的推动。在冻干食品的发展初期，由于产量低，价格贵，仅限于宇航、极地考察、远洋航行以及山区作业等特殊工作人员使用。20 世纪 80 年代以后，冻干食品的品种和数量都在迅猛增长。冻干产品几乎包罗万象，如各种饮料、小食品、保健食品、调料、快餐食品、水产品、食用菌等；同时由于冻干食品质量优良，市场的需求量越来越大，也促进了冻干技术的不断改进，生产能力的不断提高。冻干食品由于品质优良，在国际市场上的价格是热风干燥食品的 5~10 倍，成为国际贸易的大宗商品。冻干食品在发达国家已经达到相当高的普及程度。

我国的冻干食品起步较晚，直到 20 世纪 60 年代后期才出现一些实验性冻干设备。在 1965 年~1978 年间，上海梅林罐头食品厂建成了年产 300 吨的冻干食品车间，使用的是第一代冻干食品设备，但由于成本高，国际销路差，国内消费水平低，最终倒闭。直到 20 世纪 80 年代后期才出现了上规模的冻干食品生产线，设备主要从日本、丹麦、意大利等国进口，生产的冻干食品除内销外，大部分用于出口，产品多数是我国的土特产品。90 年代初期，我国开始从事冻干食品技术的开发和冻干设备的制造。1993 年，中国科学院近代物理研究所开发了 JDG 系列食品冻干机，经过甘肃省科委鉴定，其技术性能为国内领先。自 1996 年投入生产以来，设备运转良好，生产的冻干食品品质极佳，推动了我国冻干食品工业的发展。我国生产的冻干食品主要包括方便面调料、汤料、保健品、虾仁和一些半成品，年产量不足 3 000 吨。我国是农业大国，有丰富的蔬菜、肉类以及水产资源，通过开发冻干蔬菜和肉类，将能够提高我国出口食品的档次，获得较高的附加值。

第二节 冷冻干燥食品的原理、生产工艺及设备

一、冷冻干燥食品的原理

冷冻干燥是指将食品冻结后在一定条件下将食品中的水分以升华的方式脱去，主要包括冷冻和升华两个过程。冷冻的目的是使食品中的水冻结成冰，并使食品形成合适的形状和结构，以利于升华。而升华过程是食品吸收热量，食品中的水分由冰直接形成水蒸气，并通过冷凝系统排出去的过程。因为升华是冷冻干燥的主要过程，因此通常所说的冷冻干燥主要指升华干燥这个过程。

（一）升华的原理

自然界中的水有三种存在状态：气态、液态和固态。在一定温度和压力条件下，三种相态的水可以共存和相互转化。例如，真空状态下，0.01℃和水蒸气压为610.5Pa时，三种相态可以共存且相互平衡，即此时水处在三相点。根据水的相平衡关系，一定温度的冰，当其周围的蒸气压高于该温度下冰的饱和蒸气压时，冰只能够先融化成水，再由水转化成水蒸气；当其周围的蒸气压低于该温度下冰的饱和蒸气压时，冰就可以直接升华为水蒸气，这就是升华干燥的基本原理。在常压下，升华干燥也可以进行，只不过此时冰、水和水蒸气在0℃处于平衡，蒸气压还是610.5Pa，只是总压力变成98kPa。

（二）维持升华的条件

冰在升华过程中要吸收热量和产生水蒸气。为了维持升华干燥的不断进行，必须满足两个条件，即热量的不断供给和生成的水蒸气的不断排除。在升华开始阶段，如果食品温度较高，升华所需的潜热可以取自食品本身，但是随着升华的进行，食品温度不断下降。当食品温度降低到与干燥室内蒸气分压相平衡的温度时，如果没有外界提供热量给食品，升华就会停止。当然，如果所提供的热量大于冰升华所需要的热量，多余的热量就会被冰作为湿热吸收，导致冰的温度上升，甚至融化。冰在升华过程中产生的水蒸气使冰周围的蒸气压不断增大，当水蒸气压增加到此温度下冰的饱和蒸气压时，冰与水蒸气达到平衡，升华也就停止。同时，蒸气分压升高时，食品温度也会随着升高，当食品温度达到食品的冻结点时，食品中的冰结晶就会融化，升华干燥就无法进行了。所以，及时去除升华产生的水蒸气也是必要的。一般情况下，冰的温度越高，冰的蒸气压越高，冰升华的速度也就越快。

（三）干燥过程中热量和水蒸气的传递

在干燥过程中，供给食品热量是一个传热的过程，而水蒸气的排除是一个传质过程，所以升华干燥是一个传热和传质同时进行的过程。

1. 热量的传递　在升华干燥过程中，升华所需要的潜热首先由热源通过外界传送到被干燥的食品表面，然后再通过食品内部传递到升华发生的界面，传热的驱动力是热源和升华界面之间的温度差。由于热量是通过食品表面向内部传递，所以食品表面的温度最高。在传热过程中并不是温度越高越好。对于固态混合溶液，在升温熔化过程中，当达到某一温度时，固体中开始出现液态，此温度称为溶液的共熔点。共熔点是产品升温过程中从固态开始出现液态的最低温度。在干燥过程中要避免使食品温度达到共熔点，否则食品就会开始出现冰结晶的融化，严重影响升华干燥过程和冻干食品的质量。冷冻干燥时，随着食品中的冰结

晶的消失，原先被冰结晶所占据的空间成为空穴，在冻干层形成了多孔蜂窝状结构。这种结构与温度有关。当温度较高时，蜂窝状结构的固体基质刚性降低。当温度达到某一临界值时，固体基质的刚性不足以维持蜂窝状结构，空穴的固形物基质壁发生塌陷，此临界温度称为冻干食品的塌陷温度。在解析阶段，如果食品温度超过塌陷温度，食品就会因为固体基质的刚性不足以维持蜂窝状结构，空穴的固形物基质壁发生塌陷，原来蒸气扩散的通道被封闭，空穴内的蒸气压随即升高，引起升华界面的温度升高。当达到食品的冰点时，冻结层融化。塌陷是一种不可逆的过程，食品会因塌陷而变性。不同的食品具有不同的限制温度。传递热量的过程既要使食品温度不超过限制温度，又要保证其尽量接近最高允许温度。在一定的加热方式下，干燥的升华和解析阶段，只有采用合理的加热温度才能够在保证食品质量的前提下，缩短干燥时间，提高效率，降低能量的消耗。

2. 水蒸气的排除　在升华干燥过程中会产生大量的水蒸气，在压强为 13.3Pa 的真空状态下，1g 冰能够产生 $100m^3$ 的水蒸气，要排除这么大体积的水蒸气，从经济角度考虑，一般采用蒸气捕集器（冷阱）装置。蒸气捕集器具有一个低温的表面，使水蒸气冷凝在上面。蒸气捕集器的温度要比干燥室的温度低，同时要能够维持足够低的温度，以保证升华出来的水蒸气能够有足够的扩散动力。水蒸气由升华界面产生，首先传到食品表面，然后由食品表面向外扩散到蒸气捕集器的表面。水蒸气传递的驱动力是升华界面与蒸气捕集器之间的蒸气分压差，分压差越大，水蒸气传递越快。常压下水蒸气在食品内部主要靠扩散传递，速率非常低，干燥时间相当长，所以目前一般采用真空状态下升华干燥。

二、冷冻干燥食品的生产工艺

由于食品的种类不同，在冻干过程中的要求和最终产品的要求也不同，所以目前还没有统一的通用工艺适合多种冻干食品的生产，要根据具体情况采用适宜的工艺和设备。总的来说，冻干生产的工艺大致上可以分为前处理、预冻、升华干燥、解析干燥、后处理等几个过程。

（一）前处理

前处理的目的是使食品在加工过程中能够尽量减少营养成分和色、香、味的损失，同时有利于升华干燥过程中的传热和传质。

1. 果蔬类食品的前处理　果蔬类食品冻干的前处理和在速冻工艺中的前处理过程大致相同，都要经过原料的筛选、清洗、去皮、切分、烫漂、冷却等处理。

2. 肉类食品的前处理　肉类食品的前处理主要包括原料的挑选→清洗→剔除骨、筋、脂肪→切分→滚揉加调料→装模→蒸煮→冷却→取模→切分等过程。需要注意的是，肉类冻干时，不允许带脂肪一起干燥，因为脂肪的熔点低，不容易干燥。当制品表面温度升高到某一值时，表层的脂肪组织就会熔化，形成的液体油脂将堵塞冻干层中的空穴，阻碍水蒸气向外传递，导致冰结晶融化。另外，骨头和筋腱与瘦肉的冻干条件也不同，因此也要剔除。

3. 液态、糊状食品的前处理　液态、糊状食品经过冻干后形成颗粒或粉末状食品，其前处理主要包括杀菌、浓缩、制粒、添加抗氧化和抗结块的制剂等过程。其中浓缩是最关键的步骤。浓缩可采用真空低温浓缩，温度控制在 10～15℃ 之间。但是有些食品在这个温度下浓缩仍然会有芳香物质的散逸、维生素的损失、微生物生长以及发生一些酶促反应，影响了产品的质量，这时可采用冻结浓缩的方法。

（二）预冻

预冻就是将经过前处理的原料进行冷冻，以便于接下来的升华干燥处理。干燥前食品的冻结有自冻法和预冻法两种。自冻法就是利用食品在真空状态下蒸发吸收潜热，使食品的温度降低到冰点以下进行冻结的方法。预冻法是采用常规的冻结方法，如空气冷冻、接触冷冻等将食品中的水分冻结的过程，这种方法适合于大多数食品的冻结。冻结可以在干燥箱内进行，也可以在干燥箱外冻结，因设备类型不同而定。

在冻结过程中，冻结速率对于冻干食品的质量和干燥时间影响较大。冻结速率快，食品内形成的冰结晶细小，分布均匀，对食品的损伤小，干燥后能够较好地反映出食品原来的组织结构和性能。但是，小的冰结晶升华后留下的空穴也小，升华产生的水蒸气逸出的通道也就狭小，阻力大，造成食品干燥速度减慢，时间延长，同时冻结速率大，耗能也大。反过来，如果冻结速率慢，形成的冰结晶大，分布不均匀，会导致细胞组织损伤，汁液流失，食品品质下降。但是大冰结晶升华后留下的空穴大，水蒸气逸出的阻力小，干燥速度快，干燥时间短。因此应该选择一个最优的冻结速率，能够在保证食品质量的情况下耗能最小。

（三）升华干燥

升华干燥是冻干食品生产过程中的核心工艺，要控制好各种工艺条件。不同的食品和质量要求以及采用不同的冻干机，工艺条件各不同。冻干机的装载量、干燥温度、干燥箱的真空度以及蒸气捕集器的温度都会影响干燥时间和质量。一般情况下，干燥箱的真空度和蒸气捕集器的温度的选择和确定主要在设计冻干机时考虑，在干燥过程中更多考虑的是冻干机的装载量和干燥温度。

1. 冻干机的装载量　干燥时冻干机上单位面积料盘上被干燥食品的质量称为冻干机的湿重装载量，它是决定冻干时间的重要因素。物料堆积的越薄，传热和传质速度越快，干燥时间越短，但是装载量小，对于提高单位面积和单位时间产量不利。所以，装载量应该根据加热的方式和食品种类以及干燥效率综合制定。

2. 干燥温度　在干燥过程中必须不断供给热量来维持升华过程。温度控制的原则是不引起被干燥食品内冰结晶的融化（食品温度低于共熔点），不导致已经干燥部分食品的热变性（已经干燥食品部分温度不超过塌陷温度）。

（四）解析干燥

理论上，当干燥后食品中的水分含量达到单分子层吸附水量时，最有利于食品的保存，实际生产中常将2%的残余水量作为食品干燥终结的指导原则。在升华干燥过程中，食品中所有的冰结晶都升华为水蒸气被去除，但是食品中还有一部分水分以玻璃态或结合形式存在，食品水分含量还是相对较高。这时候食品中的水分不再流动，必须通过提高温度的方法将其去除，这个过程就是解析干燥的过程。解析干燥的过程与升华干燥相似，通过解析干燥，可以使食品中的水分含量达到要求，这就涉及到干燥终点的判断问题。判断干燥终点的方法很多，在实际生产中常用食品与加热板之间的温度关系来判断。当食品温度与加热板温度基本趋于一致并保持一段时间就可以认为达到了干燥终点。

（五）后处理

冻干食品的后处理主要包括压缩、包装、贮藏等过程。冻干食品一般都具有较大的表面积，吸湿性强，为了运输、贮藏、携带的方便，通常在包装前要进行压缩。由于冻干食品是在低温低压下加工，组织呈多孔状，表面组织比原来扩大 100～150 倍，所以更容易氧化。

因此，冻干食品的压缩和包装要在充溢氮气的环境中进行。冻干食品常用的包装材料有聚乙烯袋和复合铝箔袋，聚乙烯袋常用做大包装，复合铝箔袋常用做小包装，一般采用真空包装或充氮包装，包装内应放入干燥剂。冻干食品要贮藏在低温、干燥、避光的环境中。

三、冷冻干燥的设备

冷冻干燥设备最早用于生物医药行业，如干燥人体血浆和各种疫苗等。在食品工业中应用较晚，发展相对缓慢。食品冷冻干燥设备有多种类型，根据运行方式不同，可以分为间歇式冷冻干燥机和连续式冷冻干燥机，但基本上都是由干燥箱、冷冻机、真空泵、水蒸气捕集器和加热系统等构成。

（一）间歇式冷冻干燥机

间歇式冷冻干燥是使食品物料分批次进入干燥箱进行干燥的方式。对于一批要干燥的食品，如果食品在干燥箱内冻结，要在食品温度达到共熔点温度以下时，水蒸气捕集器温度达到约-40℃时，再开启真空泵使干燥箱内真空度达到工艺要求。

间歇式冷冻干燥具有许多适合食品生产的特点，所以大多数食品冷冻干燥设备均采用这种干燥方式。间歇式冻干设备适合于冻干多种小量食品，在冻干过程中便于控制不同阶段的温度和干燥箱内的真空度等工艺条件，单机独立操作，各台机器之间不会相互影响，设备的加工制造和维护相对简单。当然，间歇式冻干设备也存在一些不足，如每一批食品冻干都要有装料、卸出、启动等预备操作，设备利用率低，同时单机生产量小，要满足大量生产时，多台机器均要配备相应的附属系统，设备的投入和操作费用比较大。

针对间歇式冷冻干燥设备生产能力低、设备利用率低等缺点，目前出现了多箱的间歇式设备。这种设备有一组干燥箱，每两个干燥箱的操作周期相互错开，各干燥箱之间实现顺序启动和交替工作，利用同一个集中系统进行控制，提高了设备操作的灵活性。

（二）连续式冷冻干燥设备

连续式冷冻干燥是指食品物料以连续的方式进入和排出干燥箱的干燥方法。这种设备结构的关键是要保证食品在连续进出过程中干燥箱内的真空度不被破坏，尤其是装卸料口的真空密封问题需要更高的工艺水平。食品在装料隔离室装好后，要使装料隔离室内的真空度达到干燥箱内水平时，才打开两者之间的闸阀，将食品移入干燥箱，干燥完毕后，也要使卸料隔离室的真空度达到干燥箱内水平时，才能将食品移出，同时另一组食品进入干燥箱，如此反复连续操作。

连续式冻干设备适合生产单一品种产品，处理能力大，设备利用率高。但是不适用于小批量多品种产品的生产，设备复杂，难于加工，投资费用大，目前主要用于浆状和颗粒状食品。

第三节　冷冻干燥对食品品质、营养成分的影响

冷冻干燥食品在加工过程中会发生一系列物理和化学变化，食品的品质和营养成分也相应的发生了改变。充分了解冷冻干燥对食品品质、营养成分的影响，有助于我们更好地认识冷冻干燥食品，同时不断改善食品冷冻干燥的工艺，提高产品的质量。

一、冷冻干燥对食品品质的影响

(一) 贮藏期

食品中的微生物及酶的作用是影响食品贮藏期的重要因素，二者的作用受温度和水分的影响。通常情况下，食品中水分含量低于8%时，微生物就不能生长，水分含量在2%～4%时，食品中没有形成芽胞的微生物在贮藏期将缓慢失活。冻干食品脱去了绝大部分水分（一般水分含量多在1.0%～2.0%之间），使得酶和微生物的各种反应受到抑制，所以大大延长了食品的贮藏期。一般冻干食品在常温下通常可以保存2年，如果用铁罐包装，可以保存更长时间。

(二) 风味

在冷冻干燥过程中，由于是在低温、低压的工艺条件下进行加工，食品中挥发性芳香物质的损失明显低于热风干燥时的损失量。通常情况下，当食品中水分含量降低到20%以前，被干燥食品的温度都在0℃以下，尤其是在干燥初期升华最旺盛的阶段，温度一般都在－30～－20℃左右，这时食品中芳香物质的蒸气压大多低于冰的蒸气压，因此在冰升华时，芳香物质很少蒸发掉。随着干燥的进行，温度不断上升，芳香物质的蒸气压增加，但是同时由于食品中水分的减少，脂溶性和水溶性成分浓度增加，芳香物质的蒸发阻力也相应增大。所以虽然在冷冻干燥过程中芳香物质的损失不可避免，但是损失的量非常小。不同食品及状态不同，芳香物质损失程度不同。其中食品在干燥时的状态对芳香成分损失的影响比较大。切碎的食品干燥时芳香成分的损失要比保持一定组织厚度的食品损失严重，干燥食品切得越细或磨得越碎，芳香成分损失越多。所以，有些食品虽然要制成颗粒或粉末状的冻干产品，但是在干燥过程可先将其切成一定厚度的切片，以减少芳香成分的损失。另外，一些蔬菜类食品在前处理过程中要经过烫漂，也会影响食品的风味。烫漂的方式和程度决定了食品风味的保留程度。在蒸气烫漂过程中风味物质损失要比热水烫漂少。

(三) 色泽

冷冻干燥过程是在低温、低压抽真空的条件下进行，产品受氧气的影响很小，各种化学反应很少发生，所以由于食品直接被氧化或发生酶促反应导致食品褐变、褪色的机会比较少。食品在冻干过程中可能发生非酶褐变，主要是畜肉类食品。食品中的还原糖与游离氨基酸等通过羰基反应形成褐色物质。褐变的速度主要取决于干燥的温度和食品中残存的水分，温度越高，残存水分越多，反应越快。所以在冻干过程中合理控制温度，可以避免或减少褐变反应。例如，畜肉在60℃以下干燥时，产品保持粉红颜色，但如果温度高于80℃，产品就会出呈现褐色。在前处理过程中，烫漂加工可能会对一些食品的颜色有一些影响。另外，如果食品中水分含量过多，可溶性食品中的水溶性成分如花青素、叶绿素、某些芳香成分和维生素在贮藏过程中就可能分解褪色；光照也会加速食品中色素的分解褪色，影响冻干食品的色泽。总的来说，冻干食品的色泽要较其他干燥方法生产的产品色泽好。

(四) 体积质量

冻干食品由于脱水呈现多孔状结构，组织表面积比原来增大100～150倍，产品的体积质量和相对密度与原料相比有很大差别。冻干食品的体积质量非常小，绝大多数都小于1。

(五) 质构和口感

冷冻或干燥过程可能会使一些食品的弹性和持水能力等物理性质发生改变，食品失去新鲜时所具有的物理特性。例如，植物细胞都具有胞胀压力，此压力由细胞壁维持。正是由于胞胀压力的存在，新鲜的蔬菜、水果才具有坚实挺脆的质感。但是一些植物性食品在冷冻和干燥过程中会因为结构被破坏，胞胀压力降低，失去了它们原来的刚性结构，如冻干番茄和芹菜就会发生这样的变化。相应地，随着食品质构的改变，食品的口感也发生了变化。如新鲜的芹菜具有酥脆的口感，但是其冻干制品复水后质地松软，咬劲较差。干燥前，在蔬菜中加入粉末状盐或者将蔬菜在盐液中热烫，可以缓解冻干加工对食品质构造成的影响。

二、冷冻干燥对食品营养成分的影响

在冷冻干燥过程中，会使食品中某些营养成分遭到破坏，或导致某些营养成分在加工过程中丢失，影响了食品的营养价值。冻干过程对食品中蛋白质和维生素的影响比较大。

（一）蛋白质

肉类食品中蛋白质的变性主要受干燥温度的影响，干燥温度越高，变性程度越严重。例如：生牛肉在20～30℃干燥时，牛肉蛋白不发生变性；在30～40℃时，会引起微量变性；在40～50℃时，蛋白链解开而与氢结合；当温度达到65℃时，蛋白质几乎完全变性。通常情况下，可以通过测定肌动球蛋白酶（通常称为ATP-ase，能够催化ATP水解为腺嘌呤核苷二磷酸和无机盐）的活性来判断蛋白质变性的程度。例如：在52℃干燥时，鲭鱼蛋白中ATP-ase活性的残存率为62%，而干燥温度为78℃时，鲭鱼蛋白中ATP-ase活性的残存率为55%，说明鲭鱼蛋白在78℃干燥时蛋白质变性程度较在52℃干燥时严重。对于植物性食品，在冻干过程中对氨基酸的影响不大。

（二）维生素

水溶性维生素不稳定，在冻干过程中比较容易损失。一般情况下，维生素C的损失率在10%～50%之间，其损失程度受干燥温度、食品的水分活度、溶解的氧、光和重金属的存在及种类等因素有关。例如：食品在金属盘中干燥时，由于金属传热快，维生素C的损失程度要较在木盘中干燥损失程度严重。硫胺素的损失主要取决于食品干燥的温度和时间及其水分含量。水分含量越大，损失越严重，干燥温度越高，时间越长，损失越多。肉类食品在冻干过程中硫胺素损失可达30%。维生素B_6在冻干时非常稳定，但是在前处理过程中会有25%～40%的损失。其他水溶性维生素的损失情况相差较大，少的损失率不足10%，多的可超过50%。

脂溶性维生素的损失主要是由于氧化造成的。由于食品的冷冻干燥是在真空状态下进行的，环境中含氧量少，因此食品中脂溶性维生素的损失较小。其中主要是β-胡萝卜素的损失，一般在10%～20%。

第四节 冷冻干燥食品可能存在的营养学和卫生学问题

食品在冷冻干燥过程中会发生一些变化，同时冻干食品的加工和贮藏过程中还存在许多工艺和卫生学方面问题，这些都可能会导致食品的品质降低。

一、复水能力对食品品质的影响

冻干食品在食用前必须浸泡在水里，使其尽量恢复冻干前的状态，即冻干食品的复水。

有些冻干食品在冻干过程中结构被破坏，引起了不可逆的变化，浸入水后难于使其恢复到冻干前的状态，降低了食品的风味和营养价值。复水能力的高低是衡量冻干食品品质的重要指标。常用复水时间、复水率、持水能力来衡量冻干食品的复水能力。复水率是指冻干食品复水后增加的质量与冻干时失去的质量的比值。持水能力实际上就是冻干产品复水后的水分含量。当然，不论冻干食品的复水能力多好，也不能完全复水到和原料一样的质量。

冻干条件会影响最终产品的复水能力。例如：干燥温度高、高温下预煮时间长都将降低食品的复水能力。畜肉、鱼冷冻干燥后的持水能力与冻干温度之间存在明显且密切的关系，随着冻干温度的升高，冻干产品的复水能力下降。

复水时的条件（如温度）也会影响食品的复水能力，间接影响复水后食品的质量。不同的冻干食品复水能力与温度之间的关系不同。例如：冻干蘑菇在98℃时的复水速率要低于在26℃时的复水速率。而切碎的冻干牡蛎在沸水中的复水要较在冷水中快。整个牡蛎冻干后不论在热水中还是冷水中复水都十分困难，有时还会出现异味。如果用蛋白水解酶将牡蛎中的蛋白质进行适度降解，就可以确保冻干牡蛎的成功复水，使其质构和风味都可以接受。

二、食品氧化

冻干食品由于表面积增大，与空气接触面积增大，食品中的油脂尤其是不饱和脂肪酸和一些脂溶性成分将会更容易被氧化，使食品变色、褪色，产生异味，影响了食品的品质。氧气、水分、高温、紫外线、过氧化物污染、脂肪氧化酶和易氧化的金属离子（铜、铁离子）等都是可以导致氧化的因素。食品中最容易氧化的是脂肪。对于蔬菜来说，虽然脂肪含量很少，基本上都不足1%，但是蔬菜中的脂肪也会发生氧化。冻干蔬菜中形成的"干草"异味可能就是脂肪氧化所导致的。对于含脂肪较多的肉类，氧化通常是从不饱和脂肪酸开始。其中水分含量对于氧化有着重要影响。当水分含量较高时，油脂被吸附于其上的水分包覆得较为严密，氧化的机会少，当水分含量较低时，吸附于油脂上的水分子层部分破裂，油脂暴露于空气中，与氧直接接触被氧化。随着温度的升高，氧化作用增强。冻干食品的氧化在包装和贮藏不当时更容易发生。所以，为了尽量减少食品的氧化，在冻干过程中应该尽量减少食品与氧接触的机会，严格控制干燥箱及各隔离室内氧的含量，采用真空或充氮气包装，使用不透明或有色的包装材料，低温（20℃以下）避光贮藏，还可以适当地使用抗氧化剂等。

三、水分含量过高引起食品品质变化

根据Brunauer-Emmet-Teller吸附理论，当物料中吸附的水分呈单分子层时，相应的水分含量最为理想，这时许多食品中水的质量分数为1.5%~2.0%。但是如果水分超过这个含量，食品就更容易发生色变，尤其是在食品贮藏过程中。

通常情况下，冻干食品发生的色变有三种类型：酶性褐变、非酶性褐变以及食品中水溶性成分分解导致的褪色。这三种变化的发生都与食品中的水分含量密切相关。在未经过酶（如果蔬中的过氧化物酶、多酚氧化酶）钝化处理的食品中，酶仍然具有活性。当食品中水分含量较高时，尤其是在贮藏过程中，酶会发生缓慢作用，使食品发生褐变、褪色，产生异味，或者黏性和弹性发生变化。对于非酶性褐变，它的反应速率也主要取决于食品温度和水分含量。当食品水分含量高于3%时，褐变速率很快，而当食品水分含量低于2%时，即使在相当高的温度下贮藏，褐变也不会进行得很快。同样，食品中的一些可溶性成分如叶绿素、花青素、维生素等，在水溶液状态时很不稳定，且容易受到环境因素影响，短时间内就会发生变化，引起食品褪色，营养成分损失。但是在水分含量少的情况下，这些成分则相对很稳定。例如：花青素处于水溶液状态时，1～2 周后，其特有的色调就会分解消失掉，但是在无水的冻干食品中，它们十分稳定，即使贮藏 10 年，也只有轻微的分解，甚至在阳光照射下也几乎不分解。

四、吸湿

一般来说，冻干食品的贮藏环境的相对湿度应该保持在 5%～10% 以下。冻干食品由于水分含量小，在贮藏过程中，如果保存不当，很容易吸收环境中的水分，品质发生变化。固体的冻干食品吸湿后会发生收缩，而颗粒或粉末状的食品吸湿后会粘结成块或潮解。这些吸湿后的冻干食品失去了其多孔性结构，严重时不能恢复其原有的形态。颗粒或粉末状的食品吸湿后变化最明显，它们在干燥状态下可以自由流动，吸湿后颗粒黏附在一起，失去了原有的松散性状，时间长了就会结块，导致其溶解性下降。如果食品继续吸湿，甚至可能变成流体完全失去其原来的特性。吸湿后，食品水分含量增加，如果水溶性成分发生变化，还可能发生变色、产生异味等现象。总之，因为吸湿而引起的各种变化，均将使食品失去原有的特性，导致食品品质劣变。冻干食品除了在包装和贮藏过程中应注意控制环境中的相对湿度外，还要注意采用具有防潮性的包装材料。

五、微生物对食品的影响

食品在冻干过程中，除了在预处理过程中采用杀菌措施的食品外，其余产品所含有的微生物数量和冻干前差别不大，所以，如果在洗涤、环境的清洁、产品的检验与包装方面不严格要求，将可能导致食品被微生物污染，引起食品变质。可以通过紫外线照射和微波加热的方法或使用杀菌剂来减少冻干食品中的细菌数量。

六、营养成分损失和感官风味的变化

食品中各种营养成分在不同的加工条件下稳定程度不同，在冻干过程中不可避免地会造成一些营养成分的损失（主要是蛋白质和维生素类）以及风味的变化。当加工条件控制不严格或者发生上述五种情况时，食品营养成分的损失和感官风味的改变会更严重，甚至导致食品失去食用价值。

七、运输的损失

冻干食品尤其是块状固体由于具有多孔海绵状疏松结构，质地酥脆，在运输、销售过程中容易破碎及粉末化，影响了食品的品质。采取能防止食品发生机械性损伤的硬包装，在运输过程中防止机械振动都有助于保护固体食品的形状。

因此，在食品的冷冻加工过程中应该严格规范操作，尽量减少由于加工贮藏不当对食品造成的不良影响，通过改进工艺和加工条件来不断提高冻干食品的质量。

第五节 冷冻干燥食品的卫生监督与管理

冻干食品技术含量高,有着优良的自然品质,是国内外公认的高档次脱水食品,越来越受到广大消费者的青睐。我国冻干食品的发展还处在起步阶段,在生产和管理上还存在很多问题,冻干食品的卫生质量还存在很多隐患。目前,我国对冻干食品的卫生监督和管理还是一个相当薄弱的环节。为了提高冻干食品的卫生质量,促进冻干食品产业的快速发展,保证消费者的身体健康,加强对冻干食品的卫生监督管理十分必要。

一、冷冻干燥食品的卫生监督

我国冻干食品生产发展时间还很短,缺乏对产品生产技术和管理的研究,还没有建立起完善的管理体系。目前国内还没有冻干食品标准,冻干食品生产也没有统一的行业标准和规范可以遵循,产品质量参差不齐。对于出口的冻干食品,在生产中,企业只能用外商提供的样品进行生产,产品质量难以得到保障,阻碍了我国冻干食品在国际上的竞争力。冻干食品的生产作为一个新兴的行业,我们国家应该对其进行宏观调控和指导,尽快制订全面的质量控制标准,使冻干食品生产的各个环节都有标准、规范可遵循,实现标准化、规范化管理。随着冻干食品的发展和规模的不断扩大,冻干食品生产中出现的问题会日益增多。冻干食品及生产的有关法律、规范以及标准等的制订是今后一段时间亟待解决的问题。

在实际的日常监督工作中,对于冻干食品的卫生监督应该重点做好以下几个方面的工作:

1. 定期或不定期地对生产企业进行检查 目前,我们对于冻干食品生产工艺的研究还不成熟,主要局限在各种工艺参数对速率的影响上,缺乏技术支持,同时相应的生产管理和产品质量的规范、标准不健全,卫生方面也存在很多问题,这些使得我们必须加强对冻干食品生产和产品质量的检查。应该对冻干食品生产的原料、加工设备、工具、生产环境、包装材料和终产品等的质量进行检测和评价,抓住生产中卫生和质量的薄弱环节,重点检查,掌握食品卫生的动态质量,及时发现存在的问题,指导生产经营者进行改进,提高食品的质量。对于违法行为,一定要严肃处理。

2. 协助企业完善自身管理,提供技术指导 为了加强企业的自身管理,要严格检查企业的生产、经营许可证,监督生产经营人员的健康检查,帮助企业完善自身生产的规章、制度,建立GMP和HACCP系统,协助企业作好食品卫生知识和法律知识的培训。

3. 对冻干食品生产经营企业的新建、扩建、改建工程的选址和设计进行严格的卫生审查 冻干食品的前景广阔,市场潜力大,企业发展冻干食品容易产生"一哄而上"的现象,只看到发展冻干食品带来的利润,而忽略了对生产建设、管理技术等方面的研究和投入,最终可能导致生产运作不合理,产品质量不过关。因此,对于冻干食品生产经营企业的新建、扩建、改建工程的选址和设计,应该依法进行预防性卫生监督,符合要求的予以施工,不符合要求的应提出卫生监督意见,符合要求后方准许施工。同时对竣工的工程要参与工程验收。这样,严把入行关,作到建一个合格一个,对冻干食品生产行业从企业的新建、投产到生产经营形成一个良好规范的管理,有利于保证冻干产品的质量。

二、冷冻干燥食品的卫生管理

我国的冻干食品有着广阔的发展空间，但是要想使我国的冻干食品健康发展，在国内开拓更大的市场，同时能够与国际接轨，在国际市场上占据一定的地位，首先必须保证冻干食品的卫生安全，加强对其的卫生管理。对于冻干食品的卫生管理，广义上还应该包括对原料的种植和养殖生产过程中的管理，即从"农田到餐桌"的全过程的食品卫生安全管理。它需要社会参与，是从源头上保障冻干食品卫生安全的措施。政府有关部门的管理起到宏观指导、督促和支持的作用，而企业自身的管理对于保证具体生产过程中的各环节卫生质量更为重要。

（一）政府的食品生产经营管理部门的管理

各级政府有关部门对冻干食品的卫生管理主要体现在协调领导、统筹安排、宣传组织方面，积极引导这个新兴的行业向着健康的方向发展。积极鼓励和支持企业进行技术研究和工艺改革，不断优化工艺参数，制订出最佳的工艺流程，完善质量检查标准，促进行业发展。同时，要对企业贯彻、执行相关法律条文的情况和生产过程进行监督检查，发现问题及时指出、批评、制止和纠正。

（二）企业自身管理

随着市场经济的不断发展和体制的完善，企业自身的管理显得越来越重要。只有企业针对自身具体情况，量体裁衣，制订一套适合的管理办法，将提高食品质量作为一项重要目标来抓，才能够真正保障食品卫生质量，提高食品的竞争能力。企业应该逐步建立和完善 GMP 和 HACCP 生产体系，从制度的制订和管理的执行方面实现科学、合理、规范。

食品企业首先应该根据食品卫生法律、法规和规章的规定，结合企业自身的实际，制订自己的食品卫生管理制度，这是食品生产经营企业使其所生产经营的产品达到卫生标准的基本保证。对于有国家卫生标准的项目，鼓励企业制订并使用严于国家标准的企业标准。国家关于冻干食品的各项标准、规章还不健全，企业应该在生产实践中善于摸索、总结，逐步建立起科学合理的管理制度和卫生标准。同时，为了保证各项制度的落实，应当配备专职或兼职食品卫生管理人员，具体负责贯彻执行相关的法律、法规和规章，组织实施企业内部的食品卫生管理制度，对食品生产经营过程进行管理、检查。

对食品生产经营过程进行管理、检查是保证冻干食品卫生质量的关键。根据冻干食品生产的特点，对冻干食品的卫生管理应该着重从以下几个方面进行：

1. 冻干食品加工原料的卫生管理　食品原料的卫生质量直接关系到终产品的卫生质量，所以对原料的卫生管理是保证冻干产品卫生质量的前提。食品原料首先要品种优良，新鲜，成熟度适宜，尤其是植物性原料，要没有虫害、破损，品质均一，去除杂物，没有或经过清洗等消除化学性污染（如农药残留、兽药残留），微生物指标符合要求。提倡采用绿色食品原料，绿色冻干食品将成为今后发展的一个热点。要严格把好原料进厂关。

2. 生产过程卫生、工艺流程和条件的管理　冻干食品生产中对于工艺条件要求比较严格，不同的食品由于其营养成分和生理活性不同，所需要的生产工艺条件也不同，很难确定一个统一的标准，企业应该根据不同的食品原料采用相应的合适的工艺和操作流程。在冻干食品生产过程中，工艺条件的控制对食品质量至关重要，尤其是冷冻和干燥阶段，任何一个工艺条件（如温度、时间、冻结和干燥速率、干燥箱内的真空度等）的微小改变都可能直接影响终产品的质量。因此在生产过程中应该严格控制工艺条件，遵守操作规程，进行自我监督管理，避免因操作不当造成的质量损失。同时，生产过程中机器设备、生产车间以及操作人员的卫生状况也直接影响着食品的卫生质量，应该注意及时清洁设备和车间，注意环境的杀菌消毒以及工作人员的个人卫生。

3. 包装的管理　由于冻干食品自身的特点，容易受到外界环境中各种因素（尤其是水分）的影响而发生品质的变化。因此，包装是维持冻干食品储存期内质量的重要保障。要注意包装间的湿度控制，包装环境的温度、真空度和卫生状况等因素，避免食品在包装过程中造成的质量下降。一般来说，冻干食品都要真空或者充氮气进行包装保存，防止冻干食品的氧化变质。另外，对于包装材料的要求也比较严格，除了要求材料无毒、卫生之外，还要求材料防潮性能好，不透气，能遮光，并有一定的机械强度，能适合机械填充、密封、抗震能力强。对于食品包装的问题，2006年起我国开始强制实行CQC标志认证，即食品包装安全认证。CQC标志的认证涉及产品安全、性能、环保、有机产品等。

4. 成品质量的检验　冻干产品的质量直接关系到消费者的营养和健康，企业必须作好产品的质量检验，保证消费者的健康。对于不同的冻干食品有不同的质量指标，企业要根据具体情况制定和采取不同的检验项目和检测方法。大体上对冻干食品的质量检验应该包括外观、含水率、营养成分和芳香成分的保留率、微生物指标和包装情况等几个方面。每批成品都应该进行检查，不合格者应予以适当处理，坚决杜绝不合格产品出厂。

5. 贮藏的管理　与速冻食品相比较，冻干食品的贮藏相对容易。冻干食品的贮藏管理首先也要遵循一般食品产品保存的条件。仓库应该设有防鼠、防虫等设施，并定期进行清扫、消毒。仓库出货时遵循先进先出的原则。食品摆放合理，轻拿轻放，尽量避免震荡、撞击，不与有毒有害物品混放。冻干食品要特别注意库房温度、湿度的控制调节，防止阳光直射。要针对食品特点制订合理的规章制度，有专人管理库房。

6. 人员和设备的管理　在生产过程中，人的因素是最不稳定的，应该尽量将人为因素的影响降低到最低限度。首先应该保证生产人员的健康卫生，操作人员必须定期进行身体检查，制订严格的操作规章，按章操作，严禁非生产人员进入工作间，防止对食品造成污染。同时要注意对工作人员进行教育和培训，根据不同岗位人员的需要，进行专业技术知识和法律法规的传授，提高他们的业务能力。对于设备的管理除了注意其卫生状况，避免在生产过程中对食品造成污染外，还要定期进行设备、工具、量具的维修校正，保障食品工艺条件。

三、HACCP在冻干食品中的应用

食品卫生监督管理是食品卫生执法监督和自身管理相结合的措施和手段。随着市场经济体制的不断完善，食品卫生自身管理显得更为迫切、重要。HACCP系统成为企业进行自我管理的一个有效的手段。

运用HACCP系统，能够对食品生产加工过程中可能造成食品污染的各种危害因素进行系统和全面地分析，从而确定能有效预防、减轻或消除危害的加工环节，进而在关键控制点对危害因素进行控制，并对控制效果进行监控，当发现偏差时予以纠正，从而达到消除食品污染的目的。HACCP管理方法覆盖了食品从原料到餐桌的加工全过程，对食品生产加工过程的各种因素进行连续系统地分析，是迄今为止人们在实践中总结的最有效保障食品安全的管理办法。由于HACCP系统在保证食品安全方面的成功经验，美国、欧盟、日本等国家和

国际组织在法规中均要求食品企业建立 HACCP 系统。我国的冻干食品想要在国际上占领一定的市场，也必须采用 HACCP 管理系统。

目前，HACCP 系统在国内冻干食品生产中还没有普遍应用。一些冻干食品的生产企业已经开始摸索着采用了 HACCP 系统，如出口的真空冻干大蒜、冻干葱等。但是，要在冻干食品生产行业广泛实施 HACCP 管理，还应该进一步加强这方面的研究和立法工作。

(那立欣)

复习题

一、名词解释
1. 冷冻干燥食品　2. 冻干食品的复水　3. 复水率　4. 持水能力　5. 共熔点
6. 塌陷温度　7. 解析干燥

二、简答题
1. 冷冻干燥食品具有哪些特点？
2. 冷冻干燥食品主要有哪几类？
3. 冷冻干燥的基本原理是什么？
4. 在干燥过程中温度的控制原则是什么？

三、问答题
1. 冷冻干燥对食品品质和营养成分有哪些影响？
2. 冷冻干燥食品可能存在哪些营养学和卫生学问题？
3. 怎样对冷冻干燥食品进行卫生监督管理？

第三章 超高温杀菌食品

第一节 超高温杀菌的概念及发展简史

一、超高温杀菌食品的概念

超高温（Ultra High Temperature，UHT）杀菌技术是利用热交换器或直接蒸汽，使流体或半流体食品在 130~150℃温度下，保持几秒或几十秒加热杀菌后，迅速冷却到 30~40℃的一种热杀菌技术。用超高温杀菌技术生产的食品称为超高温杀菌食品。该方法不仅杀菌效率高，而且物料产生的物理和化学变化小。因此，对食品的外观、风味和营养素等没有大的影响，几乎可以完全保持食品原有的色香味。在实际生产应用中，UHT 杀菌法常常和无菌包装技术联系在一起，超高温杀菌后的食品在密封无菌条件下，用六层纸铝塑等复合无菌材料灌装封盒而成，使食品保持无菌状态，可以无需冷藏而在常温下保存长达数月以上。解决了液态奶等食品运输、储存、保鲜难的问题，有效的增大了产品的销售范围。

二、超高温杀菌的发展简史

1956 年英国首创 UHT 杀菌法，1957 年~1965 年开展了大量的基础理论研究和细菌学研究后，用于食品工业生产，主要是生产超高温灭菌乳。1965 年英国的 Burton 提出了关于超高温灭菌乳在灭菌过程中微生物学、物理学和化学方面的变化及基本工艺原理的详细报告。报告的基本观点是细菌的热死率随着温度的升高大大超过此间牛乳的化学变化速率。

UHT 杀菌装置的开发是由荷兰斯托克（Stork）公司在 20 世纪 50 年代初率先研制，第一台 UHT 设备的加热方式为"直接蒸汽注射"，十年后，第一台直接灭菌设备进入市场。随后国际上又出现了许多类型的超高温处理装置。由于这种装置杀菌效果特别好，几乎可以达到"无菌"的要求，非常适合乳这类营养丰富而又容易发生腐败变质的食品。

20 世纪 60 年代初，无菌装罐技术获得成功，促进了超高温杀菌与无菌装罐技术相结合，从而使超高温灭菌乳生产工艺得到了发展，超高温灭菌装置获得较广泛的应用。无菌技术不仅使生产商的食品生产过程更为合理化，还降低了零售商的存储条件，为消费者提供更方便、更多元化的食物。事实上，无菌包装产品的数量正在不断增长。产品毋须冷藏和添加防腐剂，便可保持新鲜和极佳的口感达数月之久。

超高温技术主要应用于牛乳的杀菌。UHT 灭菌乳是 20 世纪 60 年代出现的液体乳产品。UHT 灭菌乳在室温可保存 3 个月，4℃条件下可保存 4 个月~6 个月，同时 UHT 灭菌乳方便携带和运输，可远距离销售，扩大了销售渠道和销售半径。在有些奶源短缺的地区，普通乳由于货架期短，很难有很大市场。可见，UHT 乳的发展优势在奶源缺乏的地区以及中小城市更明显。

国际乳业市场中 UHT 液体奶产品产量增长很快，在 1979 年~2005 年间，液体奶消费在全球范围内以每年大约 2%（即 2 500 万吨）的速度增长。调查显示西欧 UHT 乳的销量近年成倍增长。在美国 UHT 乳的年增长速度在 60% 以上。

我国从 20 世纪 80 年代引进国外超高温（UHT）瞬时杀菌技术，发展至今已有二十几年的历史。我国的乳品制造业发展也较快，国外先进的 UHT 设备不断被进口，超高温杀菌乳产品在我国蓬勃发展。2000 年全国乳制品产量为 82.92 万吨，2003 年达 140 万吨，3 年增长 68.8%，平均年增长 22.9%。

20 世纪 80 年代后，UHT 技术得到了更大的发展，其应用范围不仅仅限于乳这样的液体产品，目前已经应用于固液混合产品和固体粉状产品等。杀菌装置也有很大的发展，如欧姆加热装置、气流式杀菌装置、塔式杀菌装置等的开发，进一步促进了超高温杀菌技术的发展。

第二节　超高温杀菌的基本原理、方法及设备

一、超高温杀菌的基本原理和工艺过程

超高温杀菌所依据的基本原理是在食品品质及营养成分等遭受热力破坏的温度与微生物受热死亡的温度两者之间有很大差异。通常温度越高，杀死微生物所需要的时间越短。损害食品色泽、风味、质地和营养价值等方面更重要的因素是加热时间过长而不是高温。伯顿等发现温度每上升 10℃，杀死嗜热脂肪芽胞杆菌 TH24 芽胞的速率上升约 11 倍；杀死枯草芽胞杆菌芽胞的速率上升约 30 倍；而杀死普通细菌芽胞的速度上升平均约 20 倍。但是牛乳褐变速率变化不大，温度每上升 10℃ 其褐变速率上升不到 3 倍。因此，温度每上升 10℃ 时，对普通细菌芽胞来说，杀死芽胞效应的速率上升与牛乳褐变效应的速率上升之比为 20∶3。

研究表明，在杀菌条件相同的情况下，超高温杀菌与低温长时间杀菌相比，不仅杀菌时间显著缩短，而且与质量有关的食品成分保存率也很高。在 120℃ 以下杀菌食品成分的保存率为 70%，在 130℃ 以上的超高温瞬时杀菌中食品成分的保存率上升到 90% 以上。例如在 154℃ 下加热 1.8s 时维生素 B_1 的破坏率仅为 1%。就超高温杀菌对食品中耐热性酶的影响而言，由于酶的钝化速度与细菌芽胞受热致死的速度不同，有时会出现细菌芽胞被杀死，但耐热性酶却依然残存的现象。一般耐热性酶的钝化速度与细菌芽胞死亡速度相等的温度范围是 132.2~143.3℃。

超高温杀菌的工艺过程很复杂，不同的食品工艺条件和方法也不同。UHT 乳的设备是一个密闭的系统，乳被泵入系统后，在流经途中被预热、高温处理、均质、冷却和无菌包装。乳在超高温处理的同时，伴随有真空脱气和均质过程。真空脱气的目的是去除乳中的溶解氧，避免乳脂肪氧化。均质过程使乳脂肪均匀分布于乳中，降低油水分离和脂肪上浮的速度。

将灭菌的产品在无菌条件下灌装于灭菌的容器中，称为无菌包装。若与食品的超高温杀菌法相互配合，可以获得品质优良、货架期长的 UHT 食品。无菌包装的特点主要有以下几方面：①采用无菌包装的食品一般采用 UHT 杀菌。②与普通罐装食品不同，用于无菌包装的食品与容器是分别进行杀菌处理的，不存在装罐后再进行杀菌的那种传热障碍。不管容器大小如何，都可得到稳定的产品，特别是还能生产普通罐装法根本无法做到的大型包装食

品。③在食品与容器间没有普通罐装食品杀菌时的共热过程，食品与容器间也就不易发生反应，因而容器成分向食品中的溶出也少。④由于容器的表面杀菌可采用先进的冷杀菌技术或其他有效的表面杀菌技术，因而使得那些耐热性不强的包装材料能够应用于无菌包装。故有利于降低成本，适于自动化连续生产，节能省工。

二、超高温杀菌的方法及设备

发明超高温杀菌的方法已经有半个世纪了，所使用的方法和设备经过不断的更新和改革，目前已经很成熟，实现了生产设备的商业化。表3-1所示为世界各国使用的UHT杀菌装置。

表3-1 世界各国使用的UHT杀菌装置

加热方式		装置名称	制造商	国家
直接加热方式	蒸汽喷射式	Uperiser	APV公司	英国
		VTIS	Alfa Laval公司	瑞典
		Aro Bac	Cherry Burrel公司	美国
		UHT	岩井机械	日本
	食品喷射式（浸渍式）	Pararistor	Paasch & Silkeborg公司	丹麦
		Thermo Vac	Brell & Martel公司	法国
		Vac-Heater	Cremery Package公司	美国
间接加热方式	板式	Sigma	Cherry Burrel公司	美国
		Thermodule	Alfa Laval公司	瑞典
		Ultramatic	APV公司	英国
		Ahlborn	Ahlborn公司	德国
		Steriglak	Sordi公司	意大利
		UHT	日阪制作社 岩井机械	日本
	管式	Sterideal	Stor公司	荷兰
		Thermutator	Cherry Burrel公司	美国
		Spiratherm	Cherry Burrel公司	美国
		CJ-Ste-Vac-Heater	Chester Jensen公司	美国
	刮板式	Contherm	Alfa Laval公司	瑞典
		Thermo Cylinder	岩井机械	日本
		Thermutator	Cherry Burrel公司	美国
		Votator	Votator公司	美国
		Scraped Surface	Fran Rica公司	美国

引自涂顺明，邓丹雯，余小林等编．《食品杀菌新技术》．北京：中国轻工业出版社，2005

（一）超高温杀菌设备的种类及优缺点

超高温杀菌设备种类很多，按照物料与加热介质是否接触，UHT灭菌有直接加热式和间接加热式两大类别，各有不同的优缺点。

在直接加热式UHT灭菌中，存在将蒸汽直接喷入食品中的蒸汽喷入式和将食品喷入蒸汽中的食品喷入式两种方法。直接加热式UHT灭菌可在约几秒钟的时间内使食品温度上升到目标温度，因此对热敏性食品非常有利，更接近于理想加热模式，对食品中化学物质的影响相对较小。但在后面需除去蒸汽凝结的水分。在除去多余凝结水分时，食品风味也有一定的损失，所以有的在后段工序中添加一定的风味物质。此外，在除去汽化水分的同时，也会去除物料中的氧气，这对防止产品氧化有益。在豆乳生产时，真空法去汽化水分和脱氧的同时，也去除了豆腥味，因此对豆乳而言，直接式 UHT 灭菌是非常好的选择。直接法大多用于乳品的加工。其工艺过程如下：经过滤的蒸汽直接喷入原料牛乳中，在真空罐中除去多余的水分，以无菌冷却机进行冷却，然后将无菌牛乳送往无菌灌装系统。130℃ 10s 杀菌，则可完全达到灭菌的程度。乳的闪蒸过程破坏了乳脂肪球的稳定，需要在系统中使用后置无菌均质机对乳进行均质以保证乳制品在贮存过程中不产生脂肪上浮现象，从而增加了设备投资。并且直接加热系统的热回收能力差，生产成本高。

间接加热 UHT 是采用中压蒸汽或中压水为加热介质，热量经过固体换热壁转传给待加热杀菌物料。在间接加热方式中，有板式加热和管式加热以及刮板式加热等装置。目前，我国大多数 UHT 乳制品生产企业使用间接加热系统，采用板式或管式换热器。板式装置在设计上因能使物料产生更为激烈的湍流而具有良好的换热效率，同时板式换热器组装拆卸容易，便于手工拆卸清洗，这一点尤其是在板上沉淀过厚或焦片的情况下有益。但同时由于板间液体通过的空间较窄，容易产生沉淀堵塞通道，引起系统压力急剧上升，使生产运转时间比管式换热系统要长，增大了生产成本。由于系统必须保持 3bar 以上的内压以防止乳在系统中沸腾和乳中的空气逸出，要求换热器的垫圈必须是具有良好耐热、耐酸碱和耐老化的优质材料，并且要定期更换，尤其是手工清洗次数较多的情况下更要注意，以保证系统的密封。管式装置可以承受更高的内压，每班生产运转的时间要比板式系统的时间长，并且处理产品的范围较大，如有些不适合板式系统的黏性产品可以用管式系统加工。另外，管式系统拆卸以及观察内壁的清洁情况明显易于板式系统。刮板式 UHT 杀菌装置一般用于高黏性食品和含有固形物的流动食品的加热杀菌。间接式加热方式没有去除汽化水分的工序，且升温需要一定的时间。液体和低黏度食品利用板式或管式装置灭菌时，升温比较快，但高黏度食品和含固形物的液体食品采用刮板式灭菌机时，升温则需要一定的时间。另外，食品中有溶存氧对产品品质产生影响时，若采用间接加热方式，应在加热前先除去溶存氧之后再进入灭菌工序。管式和板式间接加热系统的热回收率一般在 90% 以上，与直接加热系统相比，大大降低了生产成本。

（二）超高温杀菌设备的简介

食品企业应综合考虑物料的性能、工艺要求和经济性等因素，选用适合的 UHT 设备。下面分别介绍不同种类的设备：

1. **环形套管式 UHT 设备的生产工艺过程（无菌乳生产线为例）** 从调味储罐来的原料乳经过平衡罐缓冲后，由泵送入环形套管第三层进行预热（由对流的热乳供给热量）。预热后的乳进入均质机进行第一次均质，均质压力为 4MPa。均质后的乳进入第四层进行第二次预热（由对流的热乳供给热量）。然后直接进入环形套管第一层进行超高温杀菌（由中压蒸汽供给热量）。灭菌温度为 135℃，加热 2s 后，乳再进入环形套管第三层和第四层的夹层中进行热能回收再利用。杀菌后的乳从环行套管第三层出来后进行第二次均质，均质压力为 25MPa。最后进入环形套管第二层进行冷却，出料温度在 25℃ 左右时，即可包装或灌装贮存。

2. **直接加热式 UHT 的生产工艺过程（应用于豆奶生产线）** 豆奶经过平衡罐准备后，由板式换热器预热到 85℃ 后进入蒸汽喷射器直接与蒸汽混合杀菌，为达到杀菌目的，在蛇形管中142℃保温4s，最后进入脱臭、闪蒸系统。此系统采用真空泵负压抽气，豆奶因减压而急剧膨胀，温度很快降至75℃左右，并去除水分和腥味，恢复豆奶中原有的水分，再对豆奶均质、冷却，最后无菌储存或直接灌装。

3. 板式换热式UHT的生产工艺过程（应用于果汁生产线） 板式换热式UHT是间接加热式超高温杀菌设备，广泛的使用于果汁、茶等饮料生产线中。果汁经过平衡罐准备后，泵打入板式换热器，预热到75℃后，再进入均质机进行均质。然后由两个板式换热器很快加热到115℃，并保温3s以上，这样果汁中的细菌立即被杀死。杀菌后的果汁返回预热板式换热器的另一侧，预热后进来的冷果汁的同时，冷却已杀菌的果汁。最后果汁可直接热灌装或进入冰水热交换器中，使其温度降至5℃左右，进行冷灌装和无菌封口。

4. 欧姆超高温杀菌设备 欧姆加热杀菌法是近年来发展起来的新型加热杀菌方法之一。利用该方法开发的欧姆超高温杀菌设备备受人们关注。目前市场上商业化的欧姆加热系统是APV公司最新开发的杀菌装置，受到人们的极大关注。该系统的特点：①利用食品的电阻进行加热，加热可以保持均匀；②装置结构非常简单；③加热杀菌的固形物最大粒度可以达到25mm。目前，在高黏性、含粒状固形物的食品无菌加工生产中，欧姆加热法具有逐步取代刮板式加热法和管式加热法的趋势。欧姆加热法是诱使导电性流体自身内部产生电阻热的加热方法，它不但可以处理高黏性食品，甚至可以加热处理含25mm方丁粒状物的固液混合食品。在设备方面，除进料泵外，它几乎不需要刮板式那样的运动部件，因此对剪切敏感食品的机械损伤可以控制在最低程度。

5. 超高温杀菌的其他辅助设备

（1）就地清洗系统和中间清洗系统：无论什么方式加热，UHT系统的清洗是保证所有杀菌设备正常运转的基本条件。因此，一般UHT设备都需要就地清洗系统（clearing in Place，CIP）和/或中间清洗系统（Aseptic Inter-mediate Clearing，AIC）的支持，在UHT工艺上CIP和AIC是十分必要的。

（2）真空罐：使用真空罐一般有两种情况，一是在加热杀菌前从食品中除去氧气，另一种是在加热杀菌后进行瞬时闪蒸冷却。

（3）均质机：均质机是使食品粒子微粒化的均质化加工设备。均质的目的是为了防止液体食品中粒子沉降或上浮而产生分层现象，同时使食品产生纯厚爽口的口感。一般蛋白饮料，如牛乳、豆乳等均需要均质处理。

（4）无菌包装系统：为了使杀菌后的食品在常温下长期保存，无菌包装作为节能的食品保存方法受到人们极大的关注。目前，各种灌装方式基本都是以液体食品为主。

第三节 超高温杀菌技术在食品工业中的应用

超高温杀菌是在传统热杀菌的基础上发展起来的食品新型杀菌方法，食品经高温（142℃）短时间（3s～10s）的处理，微生物杀灭率达到99.99%，使食品达到商业无菌效果。然后，根据不同食品保质期需要，选用复合共聚的高阻隔塑料膜，进行无菌灌装，可使食品在常温下保质期达到30d～90d。在此过程中，食品发生的物理、化学变化很小。食品的外观、风味、营养素等几乎没有变化，最大程度的保持食品原有的色香味。所以超高温杀菌技术在食品工业上有广泛的应用。

UHT处理是一连续加工过程，设备局限于能够用泵输送产品的加工。超高温杀菌工艺与无菌包装技术最初主要用于牛乳及其制品的生产。牛乳及其制品的超高温杀菌与无菌包装工艺的开发和应用，在欧美始于20世纪60年代。这一新技术的出现导致了乳品及饮料工业的革命性变革，使鲜乳、果汁等无须冷藏的理想变成了现实。

如今UHT设备被用于许多不同的产品，除了各种乳制品（牛奶、风味奶、浓缩乳、各种奶油和甜点等）外，现已广泛应用于果汁、茶、酒、矿泉水等多种液体饮料和大豆制品、可可制品、汤和沙司等。常见的UHT产品包括：新鲜及再制液体乳、浓缩乳、稀奶油、风味乳饮料、发酵乳制品（酸奶和酪乳等）、乳清饮料、冰淇淋混合料、甜食（蛋奶沙司和布丁）、蛋白饮料、豆乳饮料、婴儿食品、果蔬汁、饮料（如茶和咖啡）、以植物油脂为基料的顶端料（加在蛋糕上面）和奶油、汤类、沙司、果菜泥类、佐料类、营养液类等。

经超高温杀菌和无菌包装的产品在工业发达国家已得到广泛应用。就乳品工业而言，日本95%以上的鲜乳都采用超高温杀菌和无菌包装。西欧各国起步虽早于日本，但普及程度不如日本。德国、瑞典为70%，法国为60%，英国和意大利仅有50%的鲜乳应用此项技术。在其他方面，美国约有50%的浓缩果汁采用无菌袋式大包装，意大利有80%的番茄酱采用无菌袋式大包装。1986年美国共生产无菌小包装约37亿只，达100万吨。

据统计1980年已有80多个国家安装了4 000多台利乐包装机。我国改革开放以来，先后引进了瑞典阿法-拉伐公司及利乐包装国际有限公司的超高温杀菌和无菌包装机为主体的饮料生产线50多条，用于橘子汁、荔枝汁、西瓜汁、猕猴桃汁、菊花茶、可可牛乳等的生产，效果甚佳。目前，在我国UHT杀菌乳已经占乳制品的主流，UHT饮料产品在市场中也相当普遍。

第四节 超高温杀菌对食品品质和营养成分的影响

一、超高温杀菌对食品品质的影响

早在1973年，Zadow就指出，UHT杀菌的牛乳制品比以杀死病原性微生物为目的的低温杀菌处理的牛乳风味好。同高压釜式热杀菌的罐装牛乳比较，采用UHT杀菌牛乳产品在pH、颜色以及黏度等方面接近原乳，且直接加热和间接加热的UHT产品几乎没有差别，在颜色、风味、口感等感官品质方面比高压釜式热杀菌产品好得多。尽管如此，UHT杀菌仍是一种热杀菌方法，对食品的品质还是存在一些不良影响。下面以乳和茶为例介绍UHT杀菌引起的食品风味变化。

（一）UHT杀菌引起乳风味的变化

牛乳的香味成分构成复杂，现今已得到证实的物质有二甲基硫醚、羰基化合物（如丁酮、乙醛、甲醛等）、低级脂肪酸、内酯、脂类、硫化物、含氮化合物和脂肪族以及芳香烃等。

乳在加热过程中会发生风味的变化，主要会产生蒸煮味。热处理程度不同，产生的加热异味类型也有所差异，高温处理后则会产生"蒸煮味"。一些专家认为这种风味是β-乳球蛋白等蛋白质变性产生的，推测这种风味是美拉德反应的产物，因为它几乎与美拉德反应的褐色及其他可测量的产物同时产生。

乳脂肪是 UHT 牛乳"蒸煮味"的另一来源。牛乳受热后羟基酸会转化为内酯，后者会影响牛乳的感官特性。牛乳受热后还能形成乙醛和甲基酮等羰基化合物，它们也会影响牛乳的风味。UHT 牛乳比巴氏消毒牛乳含的内酯和羰基化合物更多。UHT 牛乳的气味主要来自 2-烷（烃）酮、内酯和含硫化合物。

正常 UHT 乳应为乳白色或稍带黄色。当乳色泽较深时，则可能发生了不同程度的褐变。褐变主要是在加热过程中乳中的氨基化合物（胺、氨基酸、肽和蛋白质）和羰基化合物（糖类）发生了美拉德反应。美拉德反应过程分为 3 个阶段，反应所处阶段决定褐变后乳颜色的深浅。褐变导致乳的营养价值明显降低。正常的 UHT 灭菌条件（135～140℃，3s～4s）一般不会导致乳明显褐变。新鲜牛乳只有在灭菌温度过高或时间过长时，才会有明显的褐变现象。因此，控制灭菌参数的稳定是预防褐变的主要方法。原料乳质量不好或生产时间过长或是温度突然过高会使乳蛋白变性程度增大并产生焦糖化现象，它的发生会影响杀菌效果。另外，乳中添加的稳定剂也会影响 UHT 杀菌过程，如发生加热表面结焦；UHT 温升过快（平均每小时超过 1℃）；UHT 管内壁的结焦还会影响清洗效果，造成恶性循环。因此遇到 UHT 温升太快，或者清洗后刚开始使用就温升过快，就要首先分析配方组成，改变一下配方。其次跟踪清洗效果，调整 CIP 清洗程序。当无菌灌装设备因任何原因停止灌装时，或牛乳因某种原因在 UHT 灭菌器中反复循环时，会造成牛乳严重褐变，该情况下应将灭菌器排空后，对换热器及灌装机重新杀菌，待可以灌装后重新进料。此外，原料乳中残存微量尿素、乳中维生素 C 发生氧化反应、牛乳中含有自由氧、乳黏稠度过大、乳固形物含量过高或者生产高钙乳时添加的钙剂不合理均能生成大量褐色物质，引起乳的颜色褐变。相应的预防措施是：①控制原料乳质量，使乳中不要含有尿素；②乳要通过脱气机，减压脱气除去自由氧；③生产高钙乳时，选择的钙剂和添加量要适宜；④必要时在乳中添加防褐变剂。

（二）UHT 杀菌引起茶风味的变化

对于茶饮料，香气成分的多少和含量的多少直接影响它的品质和口味。灭菌是对茶饮料香气影响比较大的工艺之一。由于茶的香气物质沸点不同，并且受到温度影响比较大，经过 UHT 灭菌后，香气的组分和比例都发生了很大的变化，茶叶香气之间的平衡被破坏，从而产生不同的气味物质。UHT 灭菌后，茶叶低沸点香气总量增加，高沸点香气总量以及所有香气总量均比灭菌前低。低沸点香气中，正己醛和顺-3-己烯醇的含量处理后减少，正己醛只有原来的 16.6%。高沸点香气中，正丁酸变化不大，其他香气成分均减少。说明茶饮料香气品质下降，这与感官评审的结果一致。

经过 UHT 灭菌后的茶饮料发生褐变。主要机理是茶叶中的氨基酸与某些带羟基的物质在高温下脱水缩合及化学键断裂重组，生成色素初产物和类黑色素，从而产生褐变。在茶饮料发生褐变的过程中，香气物质中带羟基的物质主要是醇类物质发生相应的变化，从而影响了茶饮料的香气物质。

UHT 灭菌处理对绿茶饮料的香气组分影响主要表现在醇类减少、醛类香气含量降低的同时，酮类香气、酯类香气大量增加，茶的花香及甜香也有所增加。

此外，关于 UHT 杀菌食品在贮藏中品质变化情况，1983 年对甜玉米汤产品进行了研究。产品在常温及 35℃下贮藏 3 个月，观察 pH、颜色、维生素 B_1 的变化情况。结果在整个贮藏期间，UHT 杀菌的产品品质均优于回转式高压釜杀菌产品。但 UHT 杀菌食品的品质劣化速度比较快，UHT 杀菌食品虽然可以在常温下贮藏，但为了品质更好，最好在低温下贮藏。此外，UHT杀菌食品的耐藏性与温度、容器中的氧、包装容器的特性，尤其是容器的透氧性和遮光性有很大关系。因此，在确定产品保质期时，应充分考虑上述这些重要因素。

二、超高温杀菌对食品营养成分的影响

牛乳的许多化学成分的耐热性优于微生物的耐热性，在UHT杀菌时几乎不被破坏。有许多关于牛乳采用UHT杀菌后成分发生变化的研究报告，综合报告内容，UHT食品的脂肪、脂溶性维生素、碳水化合物、无机物矿物质等变化很少，但某些水溶性维生素和蛋白质会产生一些变化。

（一）蛋白质的热变性

蛋白质是一种对热不稳定的物质，它受热后会发生空间结构的变化，受热时蛋白质的二级结构和三级结构发生变化。牛乳中含量最多的是酪蛋白，酪蛋白中的脯氨酸能阻止蛋白质凝聚时氢键的形成，所以酪蛋白对热较稳定，在低于100℃的温度加热30min时，化学性质不受影响。乳清蛋白不含磷，而且脯氨酸含量低（占总乳清蛋白的5.2%），而胱氨酸、半胱氨酸和蛋氨酸含量较高，导致乳清蛋白对热非常敏感，间接加热式UHT乳中的乳清蛋白70%～80%变性，直接加热式UHT乳中的乳清蛋白40%～60%变性。变性的乳清蛋白体积变大，这会引起牛乳黏度的轻微升高，在原料乳中添加β-乳球蛋白或乳清粉来增加牛奶乳清蛋白的含量，从而推迟UHT乳后凝胶现象。添加低浓度β-乳球蛋白通常可使乳的凝结时间推迟4周～8周。热处理对免疫球蛋白破坏较严重，UHT和加热蒸发可以使几乎所有的免疫球蛋白失活。

牛乳蛋白质变性后易于消化。实验发现热变性蛋白质在胃内被胃酸水解后形成的颗粒分散能力非常好，胰蛋白酶、胃蛋白酶更容易黏附在变性蛋白上。牛乳蛋白质经热变性后结构变得松散，所以变性牛乳容易被酶降解，UHT灭菌乳的蛋白质比天然牛乳更容易消化吸收。热处理还会灭活乳中的胰蛋白酶抑制剂，不干扰机体胰蛋白酶的活性，这也能促进乳蛋白的降解和消化。

蛋白质变性后产生大量巯基（SH），形成硫化氢、硫化物等挥发性物质，导致"蒸煮味"。据测定在超高温灭菌乳中游离SH浓度为0.7μmol/L，会使其带有少量"蒸煮味"。

在碱性条件下加热，乳蛋白会发生化学变化，形成赖氨酸-丙氨酸（Lysinoalanine，LAL），使赖氨酸由L型转化为D型。实验证实2 000ppm LAL可使老鼠的肾脏受到损害。正常热杀菌牛乳LAL的含量极少，只有在加工的热处理强度过高时，才会引起LAL含量偏高，可见，控制加工过程中的温度和pH等参数非常重要。

（二）脂肪上浮

乳脂肪的97%～98%是三酰甘油（甘油三酯），其他组分还包括甘油二酯、单甘酯、自由脂肪酸、自由固醇和磷脂等。加热时脂肪球发生冷凝集、脂肪结晶、磷酸酯（尤其是酪蛋白磷酸酯）的水解等。乳制品工业上使用的UHT杀菌条件对牛乳的脂肪几乎没有不利影响，不会对健康有害。

脂肪上浮现象在UHT乳中最为常见，有的UHT乳在贮存3个月后出现，时间最短的在2周就会发生脂肪上浮现象。当剪开包装盒，会发现上层有明显可见的白色流动液体，有时浮有少量白色碎片，而且会粘在盒的内壁。当把乳煮开后会形成一层脂肪膜，即奶皮。尽

管如此，这种乳口味纯正、无异味，经测定其黏度（20℃时）、酸度（pH）均在正常乳的范围。因此，理论上这种无异味的乳可以饮用。尽管在大多数情况下造成乳脂肪上浮的原因可能与生产过程均质不当和乳化剂的乳化效果不好有关，但是不能排除微生物污染的可能，一般微生物污染的乳有异味，因此，对有异味的乳要慎用或不饮用。UHT乳在生产中要求采用二级均质，首先是低压均质（4MPa），然后是高压均质（15MPa～20MPa），均质时乳的温度为70～75℃时效果最佳。均质的作用是将大的脂肪颗粒破碎成小的脂肪球，并均匀分布于乳中，不至于脂肪聚集或与乳蛋白结合形成大颗粒。在长货架期，UHT乳生产中乳化剂的选用尤其重要，而且添加量要适宜（0.1%左右），过量和不足都会影响产品的稳定性。此外，UHT乳出现脂肪上浮现象还有一种可能，就是乳中天然蛋白酶（碱性蛋白酶）的分解作用所致。影响乳蛋白酶的因素主要有牛的健康状况和乳的卫生质量。所以应控制原料乳的菌落总数$\leqslant 2\times 10^5$ cfu/ml，嗜冷菌$\leqslant 1\times 10^4$ cfu/ml。酶引起的脂肪上浮也会伴有乳滋味和气味的改变。

（三）乳中维生素的变化

维生素A、维生素D和维生素E、核黄素（维生素B_2）、泛酸、生物素、尼克酸及复合维生素对热相对稳定。脂肪对维生素A有保护作用，Ford发现全脂牛乳加热和保存过程中维生素A基本是稳定的，但脱脂牛乳（0.04%脂肪）经UHT杀菌可以造成维生素A 40%的损失。Lau发现含脂为0.5%的牛乳在5℃保存3个月，而含脂为0.15%的牛乳在26℃保存8天，维生素A的损失都是50%。在乳的一般热处理过程中，UHT使β-胡萝卜素损失率达到6.1%，使维生素E损失率达到5%。UHT造成的维生素B_{12}的损失是巴氏杀菌工艺的3倍多，损失率达到18%。比利时的Mortar研究发现维生素B_{12}、叶酸和维生素C的损失程度直接UHT法为17%～20%、间接UHT法为30%～35%。研究都证明牛乳中的维生素C基本起不到营养作用。因为无论是加热还是贮存，牛乳中的维生素C都损失严重，如间接UHT处理时维生素C几乎全部损失。随着UHT工艺的不断改进以及维生素保护剂的应用，将来UHT杀菌乳中维生素损失率可能会降低。

（四）乳中矿物质的变化

加热使乳中可溶性钙和磷含量下降，如UHT牛乳中可溶性钙和磷含量下降40%～50%，下降程度取决于加热强度。沉淀不会影响到牛乳中钙的含量，而且不会影响矿物质的营养价值，这种过程是可逆的。钙、镁与磷酸盐、柠檬酸盐结合形成沉淀，UHT杀菌引起的钙沉淀不会导致牛乳变成胶体。每升牛乳含约4mg锌，约32%的锌直接与酪蛋白结合，约63%与酪蛋白磷酸钙肽（CCP）结合，约10%的锌与蛋白质或酪蛋白微团结合，形成非常稳定不沉淀的物质。锌与CCP在pH6.6环境中非常稳定，几乎不受UHT杀菌的影响。

第五节　超高温杀菌食品可能存在的卫生学问题

同其他食品一样，超高温杀菌食品中可能存在的污染物有三类：生物性污染物、化学性污染物和物理性污染物。

一、食品的微生物污染

食品中富含多种营养成分，适宜微生物的生长繁殖，是天然的培养基。在原料准备、生产和成品储存等过程中极易遭受微生物和其他方面的污染，微生物污染食品后，大量繁殖并分解营养成分，造成腐败变质，失去食用价值。因此，UHT 正是有效杀灭微生物并最大限度地保留营养成分的好方法，在无菌环境内灌装、密封，达到商业无菌并保持无菌状态。

1. 食品原料污染　根据超高温杀菌设备的杀菌效率分析，杀菌后微生物残留数量与原料乳中的微生物数量的比值成正比。如果原料乳中微生物含量过高，经过超高温杀菌后就会残留大量的微生物，除强调原料乳中细菌总数外，还应特别重视以下几方面微生物，即芽胞、耐热性芽胞、嗜冷性细菌、引起乳房炎的细菌。这些细菌在超高温条件下可以被杀死，但是它们产生的酶是相当耐热的，尤其是嗜冷菌产生的酶类，这些耐热的酶类分解蛋白和脂肪而产生一系列非微生物的质量缺陷，导致食品中蛋白质和脂肪被分解，影响 UHT 食品的货架寿命。

微生物通过多种途径污染原料。因此我们不仅要有严格的质量标准，更重要的是必须提高从业人员的素质，加强质量卫生意识教育，更新技术设备，控制加工前各个环节上可能对原料造成微生物污染的因素，从根本上提高原料的质量。

2. 生产过程中存在的各种危害因素　由于忽视生产线的设计，造成了生产线设计不够合理、生产线上的设备简陋、管线施工质量不高，加之生产工艺不当、操作人员素质不高、操作不规范，工艺及卫生管理差等因素，导致生产过程中产品受到污染。

3. 后污染　后污染是指乳在灌装时主要由包装机、包装膜和无菌间及储存间的环境所引起的污染。

二、食品的化学性污染

对于食品中可能存在的抗生素、农药残留量、霉菌毒素污染、容器包装材料的溶出物污染、加工生产过程的意外污染物等应给予足够的重视，超高温杀菌技术只是一种杀菌方法，不能排除乳中的化学性污染物。

三、食品的物理性污染

物理性污染物来源复杂、种类繁多并且存在偶然性，以致于食品卫生标准无法规定全部物理性污染物。根据污染物的性质将物理性污染物分为两类：污染食品的杂物和食品的放射性污染物。虽然有的污染物可能并不直接威胁消费者的健康，但是严重影响了食品应有的感官性状，使食品质量得不到保证。食品物理性污染物的检测是食品企业自身卫生管理的重要内容。

第六节　常见超高温杀菌食品存在的营养学和卫生学问题

超高温杀菌技术作用于食品的时间较短，使食品产生的物理、化学变化小。因此，对食品的营养成分没有大的影响，几乎可完全保持食品原有的色香味。在超高温杀菌食品中，应用最为普遍的是超高温杀菌乳，因为乳的营养成分丰富，适宜微生物的生长繁殖，是天然的培养基。因此乳也是最容易出现食品卫生问题的食品，下面具体介绍超高温杀菌乳可能存在的食品卫生问题。

一、乳的微生物污染

UHT乳又叫超高温乳。UHT乳可以说是最难生产的液体食品之一。其主要原因是乳营养丰富，在挤奶、收奶、送奶直至生产的全过程中极易遭受微生物和其他方面的污染，不仅影响奶的感官性状，而且失去食用价值。

(一) 原料乳的微生物污染

UHT仅仅是一种杀菌方式，要想获得高质量的UHT乳产品，必须选用高质量的原料乳，应尽量采取多种方法防止细菌进入牛乳中。微生物污染原料乳的主要途径有乳头表面、手工挤奶、机械挤奶对原料乳的污染；送奶器具及贮奶器具对原料乳的污染；不合格乳收购后混入原料乳引起的污染等。

从灭菌效率的角度考虑，原料中含有的大量细菌可能不会导致UHT乳中的细菌残留，因为绝大多数的细菌并不耐热，经过UHT之后，原来每毫升牛乳中含有的几百万甚至上千万的细菌都可以被杀灭。因此，有一种错误的观点认为原料乳中细菌总数超标没问题，这样的乳经过UHT灭菌后是安全的。但UHT乳是长货架期产品，原料中含有过多的细菌，其繁殖过程当中产酸能导致原料乳的酸度增高，蛋白热稳定性下降，产品游离脂肪酸增高。细菌产生的蛋白分解酶、脂肪分解酶是相当耐热的，尤其是嗜冷菌产生的酶类，这些耐热的酶类存在于UHT灭菌乳中，并在产品的贮存期内复活，分解蛋白和脂肪而产生一系列非微生物的质量缺陷，使UHT乳变质，影响它的货架寿命。根据生产实际操作经验，用于加工UHT乳制品的原料乳，细菌总数最好控制在$2×10^5$ cfu/ml以下，最多不超过$5×10^5$ cfu/ml。

芽胞杆菌在原料乳中普遍存在。根据生长温度范围芽胞菌主要分为两大类，即中温芽胞菌和高温芽胞菌。在灭菌过程中能存活的主要中温芽胞菌为枯草芽胞杆菌；主要的高温芽胞菌为嗜热脂肪芽胞杆菌。原料乳中的中温芽胞菌和高温芽胞菌数随季节有明显的变化，夏季最少，冬季最多。冬季乳中芽胞含量高的原因主要是牛在室内喂养，使原料乳受到干草和粪便的污染。加热温度不够和时间不足、原料乳中芽胞杆菌含量过高、包装材料的灭菌和预灭菌不彻底、清洗不良和无菌系统出现故障等原因可引起UHT乳被芽胞污染，它们导致UHT乳出现变质现象。另外，再次污染也是芽胞杆菌污染的原因。革兰氏阴性菌污染是灭菌后系统的完整性被破坏引起的，常见的有封合不良、冷却段泄漏、无菌输送过程中泄漏等；革兰氏阳性菌污染的原因是管道清洗不彻底、预灭菌不彻底、无菌灌装环境的破坏及不卫生操作等。原料乳芽胞菌总数应少于10^2 cfu/ml，耐热芽胞菌少于10 cfu/ml。

嗜冷菌最适生长温度为15℃，在0~5℃也可生长繁殖。因此，从牧场到乳品厂即使采用冷链，也不能抑制嗜冷菌的生长。这就是冷藏牛乳为什么要受时间限制的原因。嗜冷菌在低温条件下大量繁殖并产生分解乳营养成分的耐热性酶类（耐热性蛋白酶、脂肪酶、磷脂酶等）引起产品酸包、异味包、乳清分离、变色、腐败、凝固、发黏等变质现象。嗜冷菌污染是影响UHT灭菌乳保质期的重要原因之一。原料乳中所含的嗜冷菌及其所产生酶的浓度直接影响产品寿命。UHT能杀灭乳中嗜冷菌，但不能完全杀灭嗜冷菌所产生的耐热酶，有研究表明在140℃灭菌5s，蛋白酶的残留量为29%、脂肪酶残留量为40%。UHT乳中的嗜冷菌耐热性酶类最终导致UHT乳发生苦味、凝结、腐烂味、肥皂味和酵母味等腐败现象。低温菌还引起设备堵塞、清洗困难等问题。因此当UHT灭菌乳出现上述异常现象时提示原料乳受到了嗜冷菌的污染。

（二）生产过程中造成的微生物污染

生产过程中造成的微生物污染包括①包装材料采购和储存时可能存在微生物超标或混入杂质；②原乳中微生物总数过高，原乳收购过程中还可能污染致病菌；③预杀菌不彻底使乳中残留有耐热菌、芽胞，冷却期间嗜冷菌大量繁殖；④冷却储存可能存在管路细菌污染，贮存时间过长或温度控制不当会引起细菌大量繁殖；⑤原乳在贮罐中贮存可能存在微生物污染；⑥不适当的UHT杀菌使致病菌或芽胞残留；⑦无菌输送系统中出料背压阀、平衡板膜片损坏会造成细菌污染；⑧包装材料灭菌效果不好可能造成细菌、芽胞、真菌残留；⑨无菌灌装时，不适当的包装机清洗、消毒造成的细菌残留；⑩封合不严密、包装渗漏会造成二次污染。

二、乳的外来物质残留

超高温技术不能排除乳中的化学性污染物以及原料储存过程、加工过程中可能混入的外来物质。除了原料乳中存在的外来污染物以外，超高温杀菌乳在生产过程中，可能混入的外来物质如下：

1. 碱液残留问题　UHT生产过程中除了正常的CIP清洗外，还经常使用中间清洗（AIC）。AIC是指生产过程中在保证完全无菌状态的情况下，对热交换器进行清洗，确保而后的灌装可在无菌的情况下正常进行的过程。采用这种清洗是为了去除加热面上沉积的脂肪、蛋白质等垢层，降低系统内压力，对牛乳进行充分有效的杀菌，从而延长系统运转时间。AIC的程序是一般先用水顶出乳，然后加入碱运行一段时间后，用水洗去残留的碱液，如果水洗时间不够就进料，会使乳中残留碱液，而使乳呈现碱味。为了生产出优质的超高温乳，车间工作人员应该严格按照生产规范进行操作。

2. H_2O_2的残留　无菌包装机的灌注头一般是用H_2O_2杀菌，所以刚生产出的几袋乳是不能留用的，废弃的袋数根据生产实践来定。

3. 容器、包装材料的溶出物质　包装膜、包装容器等材料的溶出物质进入乳中，而这些外来物质可能对人体健康有危害，因此具有食品卫生学意义。

三、存在食品卫生问题的超高温乳的变化

（一）蛋白质凝块和乳清析出

蛋白凝块和乳清析出一般在UHT乳贮藏较长时间（4个月以上）后常会出现这一现象，有的在贮存2个月甚至2周即会出现。在早期只是出现少量小凝块，随着贮存时间延长，凝块逐渐增大并沉于底部，而上部则析出少量澄清的乳清液。测定其酸度不超过18°T，营养琼脂平板上也查不到菌落。目前，普遍认为UHT乳出现蛋白凝块主要是由于酶水解乳蛋白引起的。酶水解出现的蛋白凝块现象通常伴随有苦味的出现，这些酶主要有两类：天然乳蛋白酶（纤维蛋白酶）和微生物蛋白酶。这些酶类耐热性很高，能存活于UHT乳中，因此可在乳贮存期间发挥水解作用。乳房炎乳中纤维蛋白酶活性较高，因为大量的体细胞中含有多种酶类，这些酶类中含有纤维蛋白酶原激活剂，将酶原激活为纤维蛋白酶，从而水解乳蛋白。微生物蛋白酶则主要水解蛋白质，破坏蛋白质的稳定性，使蛋白聚集，乳清析出。

对于蛋白酶引起的UHT乳变质应从原料乳的质量控制方面入手：一方面控制原料乳的体细胞数，即不以乳房炎乳为生产用乳，控制原料乳的体细胞数≤$5×10^5$个/ml；另一方面，严

格控制原料乳的微生物指标。控制原料乳的菌落总数≤$2×10^5$ cfu/ml；嗜冷菌≤$1×10^4$ cfu/ml。此外，另一有效措施即缩短原乳的贮藏时间，在挤奶、验收和运输环节，及时将乳降至 2～8℃低温，并快速运到乳品厂。有条件的奶站应及时对奶先进行一次巴氏杀菌处理，温度为 75～85℃，保持 15s，然后冷却到 4～6℃再进行冷藏直至生产。

另外，影响蛋白稳定性的因素还包括乳中盐类平衡。因为乳本身是一个缓冲体系，蛋白质在各种离子组成的平衡体系中处于稳定状态，当乳中固有的盐类平衡体系被破坏时，导致乳蛋白聚集形成沉淀。一般来讲，由盐类失衡引起的蛋白沉淀现象出现的较快，可能在 2 周内就会发生，而对于这种现象的预防，一方面，生产高钙乳时，选择合适的钙剂及确定合理的钙含量，并调整乳中盐类平衡。另一方面则主要是把好原料乳的质量关，严禁高酸度乳、酒精阳性乳、热不稳定乳和掺假乳的混入。

（二）酸包和胀包

UHT 乳出现酸包和胀包一般是由微生物引起的。包装袋呈明显的鼓起状。袋装灭菌乳打开后，有的呈蛋白凝固状；有的呈蛋白分离状；有的出现发霉点；有的有粘条物；有的出现酒精味、酸败味；有的带有红色、黄色、绿色、黑色。乳是微生物生长最好的培养基，当乳杀菌不彻底有微生物残留时，微生物会在适宜的环境下繁殖，一方面会产酸，使产品 pH 降低，使产品具有酸味臭味；另一方面会产气，使包装膨胀即出现胀包现象。乳品出现这种现象的情况极少，每批中可能偶尔存在几包，一般允许坏包率为 1/5 000～1/10 000 以下。否则应查找原因，是 UHT 杀菌机出现了故障，还是包装机的无菌灌装出现了问题。如 UHT 灭菌机至无菌灌装嘴间所有通道，高温预杀菌不彻底；UHT 灭菌机温度显示不准或灭菌温度有波动，UHT 灭菌机管道内有结垢，CIP 清洗不彻底，影响传热效果；有菌空气进入无菌灌装区域，无菌灌装环节有其他因素污染；双氧水灭菌液浓度偏低及包装膜灭菌不彻底；横封、竖封密封不严，有微细通气点；包装材料质量有问题，包装袋表面不同程度存在微细针孔点、磨损点；贮存、运输及搬运环节，某些包装袋表面有磨损点、压痕点，造成氧气、湿空气能通过等。此外，对原料乳的微生物指标也应引起注意。尤其对一些比较耐热的芽胞菌，应控制其在原料乳中的数量。

UHT 乳酸包和胀包的控制措施：①控制原料乳中芽胞总数和耐热芽胞数。芽胞总数的测定方法是原料牛乳样品经 80℃ 10min 杀菌处理，用营养琼脂平板培养基，37℃培养 72h 后计数。耐热芽胞数测定的方法是原料牛乳样品经 100℃ 10min 杀菌处理，用营养琼脂平板培养基，经 55℃培养 72h 后计数。②UHT 灭菌机至无菌灌装机灌装嘴间所有通道流过灭菌牛乳前，用 120℃高温水循环灭菌 30min。③UHT 灭菌机在班后和工作中间，按规定进行有效 CIP 清洗，使 UHT 灭菌机处于正常工作状态，温度显示准确。④无菌灌装区域工作期间，始终处于无菌状态。⑤使用食品级双氧水，确保有效杀菌浓度。包装膜在无菌灌装期间严格处于双氧水、紫外线、无菌热空气杀菌程序之中。⑥横封、竖封严密，防止有微细通气点袋装产品混入包装箱。⑦根据不同保质期要求，选取 3～5 层高阻隔复合膜，从抗拉伸强度、层间剥离强度、热封强度、透氧率、透水性、印刷效果等几个方面，选取合适的包装材料，以达到相应的保鲜、保香、阻氧、避光、阻湿等高阻隔性能要求。⑧在贮存、运输和搬运环节，防止人为造成磨损和压痕。在销售环节，避免产品在阳光下直射。

（三）异味

包装袋打开后，有的乳呈苦味，有的呈煤油味，有的呈氧化味、腐败味，有的呈涩味、辣味。其原因为：①原料乳菌落总数过高，UHT 灭菌后，残存有脂肪分解酶、蛋白酶及某些微生物代谢后的产物，酶水解乳蛋白会产生苦味，脂肪氧化水解会产生氧化味和哈喇味；②无菌灌装过程造成污染，某些微生物代谢产物可致酸败味和腐败味；③灌装过程双氧水渗入可能产生辣味和涩味；④包装材料阻隔性、溶剂及印刷油墨，可以导致腐败味、煤油味。

采取的控制措施为：①控制原料乳菌落总数含量；②严格无菌灌装操作；③使用高阻隔性能包装材料，包装材料本身不能带有异味；④严防双氧水在包装膜上残留及混入乳中。

第七节　超高温杀菌食品的卫生监督与管理

超高温在食品杀菌方面的应用具有很多优点，工艺技术也已成熟，如果能按照正确的工艺进行生产，产品的质量是能够得到保证的。为了保证食品安全，保护广大消费者的合法权益，增进健康，必须对超高温食品进行严格的卫生监督和管理。

一、超高温杀菌食品的卫生监督

在监督方面，建立和完善超高温杀菌食品的卫生标准和卫生规范，加强对超高温杀菌食品生产企业的监督和技术指导。以乳制品为例，目前我国制定了《乳品厂卫生规范》、《生活饮用水卫生标准》、《食品添加剂使用卫生标准》和《乳与乳制品卫生管理办法》等一系列法律规范，从奶牛的饲养到乳制品的生产要求都作了规定。

在我国适用于 UHT 乳的卫生标准是《巴氏杀菌乳》（GB5408.1-1999）标准，该标准规定消毒乳（包括 UHT 乳）的卫生质量应达到以下要求：①感官指标　色泽为均匀一致的乳白色或微黄色。具有乳固有的滋味和气味，无异味。无沉淀，无凝块，无黏稠的均匀液体；②理化指标　脂肪≥3.1%，蛋白质≥2.9%，非脂固体≥8.1%，杂质度≤2mg/kg，酸度（°T）≤18.0；③卫生检验　硝酸盐（以 $NaNO_3$ 计）≤11.0mg/kg，亚硝酸盐（以 $NaNO_2$ 计）≤0.2mg/kg，黄曲霉毒素 M_1≤0.5μg/kg，菌落总数≤30 000cfu/ml；大肠菌群 MPN≤90 个/100ml；致病菌不得检出。

二、超高温杀菌食品的卫生管理

在管理方面主要是行业管理、政府管理和企业自身管理。生产 UHT 乳对广大的乳品企业来讲既是机遇又是挑战，良好的质量是企业成功的前提条件。在激烈的市场竞争中，企业必须自觉遵守食品卫生法规，严把食品卫生质量关，建立一整套完整的自我管理体系，这样才能在市场竞争中立于不败之地。国家鼓励食品企业制定严于国家标准的企业标准，在产品的质量上严格管理。可见，在诸多管理当中，企业的自身质量管理是最重要的。质量控制首先应从原料乳着手，在 UHT 乳生产环节上加强管理，制定并严格执行 HACCP 控制体系，全面推行 GMP 系统，使影响 UHT 乳质量的因素降为最低，而最终使 UHT 食品企业持续、稳定地发展。

（一）原料乳的卫生管理

新鲜、不受污染的乳具有良好的感官性状。尽量将生乳的污染程度降到最低是保证 UHT 乳具有良好口感的基本前提。在收乳时尤其应该严格把关。酒精试验能有效检测蛋白质的热稳定性。它能在最短的时间内反映牛乳是否因微生物污染而濒临变质、牛乳的盐平衡是否正常、是否含有较多的初乳。如果能通过75度的酒精试验，通常能保证在生产和货架期间产品的质量稳定。

（二）生产环节的卫生管理

严格控制加热时间和加热温度。应避免或严格控制不正常回流。对具有双速的UHT，尽量减少半速的运行时间，既达到灭菌效果，又避免过度加热引起的蒸煮味和焦糊味，影响质量。

乳是一个十分复杂的稳定体系。某些添加剂对乳体系产生不良影响，而且一些胶类稳定剂还会使生产条件恶化。如造成加热表面结焦，影响传热效率；造成UHT温升过快，浪费生产时间；UHT管内壁的结焦还会影响清洗效果，造成恶性循环。因此，要合理使用添加剂。

在生产中应该竭力避免UHT不正常排空，因为这会浪费乳液，浪费生产时间，破坏UHT无菌条件。

在开机和停机时UHT有一个乳顶水、水顶乳过程。在程序设计时既不应该只考虑到产品质量指标，而将所有有水进入的乳都排掉，也不应该只考虑经济指标而将混有大量水的乳送去灌装。设置好设备的程序参数，控制最理想的乳顶水、水顶乳的时间。

为避免交叉污染，对配料罐、UHT和输出到无菌罐的管道做到严格进行中间清洗和大清洗，禁止超时生产。遇停机超过40min的情况下，要对包装机及其管路进行CIP清洗后才能继续生产。

经过彻底灭菌的乳，必须有严密的包装。从抗拉伸强度、层间剥离强度、热封强度、透氧率、透水性、薄膜厚度诸方面，选取高阻隔性能复合包装膜。还必须防止氧气渗入使鲜乳氧化变质。保证UHT产品在常温条件下安全流通。灌装机生产时，应注意封口质量，通过温度、压力、左右位移的调整，保证封口整齐，无漏袋和打折现象。

如果发现存在产品质量问题，企业第一时间应确定问题产品批次、数量和存放位置，尽早标识隔离，防止问题产品和正常产品混放而流入市场。其次，应尽快检验分析，初步确定原因，同时进一步查明问题产品的批号、确切生产数量和生产时间段。第三，对现有生产工艺、记录、检验数据全面分析，进一步查找问题原因，同时加强设备清洗和检修，环境卫生的消毒处理，加强过程控制的力度和监测点。第四，根据全面分析的结果总结事故原因，吸取经验教训，采取有效措施，杜绝事故隐患。第五，对问题产品销毁处理，同时改进现有质量保障体系，减少潜在危害因素，提高质量防范意识和能力。

（三）GMP和HACCP体系的建立

为了生产出高质量的UHT产品，应该重视原料乳的质量问题、生产过程中人员的操作和环境的卫生问题。制定严格、合理、科学的操作规范、质量管理规范，严格执行产品的质量监督。GMP、HACCP体系是食品企业参与国际竞争的必要条件。

超高温杀菌技术的关键是对生产过程的有关参数进行控制。传统的控制方法复杂、效率低，而且一旦工作疏忽，会导致食品杀菌质量下降。因此，采用不断发展的计算机监控系统实现对超高温杀菌监控，实现工业控制网络化、智能化管理，实现生产过程智能化和实时控制。对于提高企业的自身管理水平，保证食品质量具有重要的现实意义。

（王舒然）

复习题

一、名词解释题

超高温杀菌食品

二、简答题

1. 超高温杀菌所依据的基本原理是什么？
2. 直接加热式、间接加热式 UHT 灭菌工艺的优、缺点有哪些？
3. 欧姆超高温杀菌工艺的特点是什么？
4. 就地清洗系统和中间清洗系统的用途有哪些？
5. 采用 UHT 技术生产的食品有哪几类？
6. 超高温杀菌食品的企业自身卫生管理内容有哪些？
7. 超高温杀菌乳可能残留的外来物质有哪些？
8. UHT 杀菌技术对乳、茶品质的影响有哪些？
9. 超高温杀菌对乳营养成分的影响有哪些？

三、论述题

1. 超高温杀菌乳被微生物污染的途径有哪些？
2. 超高温乳变质时出现哪些变化？

第四章 微波食品

第一节 微波食品的概述

一、概况

微波是指波长在 1mm～1m，频率在 300MHz～30GHz 之间的电磁波，在食品工业中常用的频率有 915MHz 和 2 450MHz。微波技术是应用微波对物质的场致作用来对食品进行加热、干燥、灭菌、膨化、解冻等加工的一种特殊的加工工艺，也是当今食品加工的高新技术，在食品工业中应用非常广泛。而且随着技术的成熟和家用微波炉的进一步普及，微波食品已走入寻常百姓家。有研究表明微波炉的家庭普及率达到 10% 时，微波食品就有了比较现实的需求。

二、微波食品的概念

微波食品是指用微波炉加热烹制的食品。其英文名称为"Microwavable food"或"Microwaveovenable food"（微波炉食品）。关于微波食品，有两个概念需要区分：一个是微波专用食品（Microwave‐only food），另一个是"双炉通用型"食品（Dual‐ovenable‐food）。前者是指非微波炉加热不可的食品，如微波爆玉米花（Microwave popcorn）；后者是指该食品既可以用传统的热力炉加热烹制，也可以使用微波加热烹制。实际上，这种食品也即"可微波"的食品。目前，在欧美国际市场中可见到很多这样的食品，在其外包装上印有一条波浪线，并配有"Microwavable"的文字说明作为标志。从广义上来说，微波食品既包括微波专用食品，也包括双炉型的食品，除非特别加以说明。通常我们所见到的微波食品绝大多数指的是后者，既可以用微波加热又可以用传统方法加热的食品。

三、微波食品的种类

一般人们把微波食品分为两类。第一类是指常温下流通之食品，通常采用杀菌釜杀菌、热包装或无菌包装，常温下可贮藏半年到一年左右。这些食品并非烹制加工后食用，而是使用微波炉加热后直接食用，其主要以咖喱类、汤类和肉类居多。第二类是指低温贮运之食品，其大部分选用对微波炉适用的容器来包装，而其按照贮藏方式的不同又分为冷藏和冻藏两种。

四、微波食品的发展简史

微波食品是随着微波技术的发展而产生和发展的。美国、日本等国，由于微波炉的家庭普及率较高，微波食品发展较早，目前已初具规模。如美国的 Cambell 公司，从 20 世纪 70 年代中期就开始致力于微波食品的开发，并于 1986 年成立了很有影响的 Campbell 微波研究所（CMI）。目前，该公司有60%的产品近300余个品种已贴上"可微波"的标志。1976年根据日本东芝公司统计，该公司生产用于糕点、米面等微波功率容量已占其工业微波总容量的34%。德国、丹麦等国早已把微波杀菌用于包装切片面包的工业化生产。

与国外微波食品的发展相比，我国在这方面起步较晚，发展相对落后。我国食品工业内的微波能技术应用始于20世纪70年代初期，1975年上海儿童食品厂首先成功应用隧道式微波炉（2 450MHz 45kW）加热干燥乳儿糕。新疆八一糖厂自1978年起先后建成3条方糖微波干燥生产线，对糖块进行微波干燥处理，取得了较好的效果。经过几十年的发展，我国在微波食品加工方面取得了长足的进步，我国在微波加热设备方面已经完全能够国产化，磁控管的寿命和质量大大提高，整机生产技术已经过关，并能向国外出口。尽管我国在微波能技术应用方面已经有了一些成功的范例，但从整个食品行业来看，装机功率仍然非常低，与发达国家相比仍有很大差距。

第二节 微波加热的原理、工艺及设备

一、微波加热原理

（一）微波的物理特性

微波是一种电磁波，其波长在1mm～1m，频率为300兆赫（MHz）至30吉赫（GHz）。在食品加工中，常用的频率为2 450MHz和915MHz。其相应的波长分别为12.25cm和32.8cm。

在微波领域中，通常采用所谓"场"的概念来分析系统内电磁波的结构，并采用功率、频率、阻抗、驻波等作为微波测量基本量。微波由微波发生器产生，是由电能转化而来的。微波的组成中有电（E）和磁（H）两部分，两者成90度，在微波烹煮中，电的成分起主要作用，而磁的成分对加热有屏蔽作用。电和磁的两种波形（E和H）都是正弦波，其大小都是在互相垂直的方向上从零达到最大（E和H的高度），E和H的高度代表着波的强弱。在微波发生管上加上高电压后可以产生微波能量辐射。微波炉中最常用的微波发生管是磁控管。

（二）微波生热

微波本身并不生热，它只是在被物体吸收后才会发热。众所周知，组成物质的基本化学粒子是原子和分子，多数分子是电中性的，它们可被电离后带电极化。极化的分子（极化分子）形成正负两极，在电场中会产生定向排列，如铁在磁铁上一样。我们知道水分子是极性分子，即水分子中的正负电荷重心不重合。在通常情况下，由于分子热运动的结果，其分子排列是无规则的，故不会成为极性状态。在微波外电场的作用下，极性分子有序地排列。当外电场方向反复变动时，极性分子也相应随之反复转换，频繁地摆动，在摆动过程中造成分子间类似摩擦作用而生热。水是食品中最易被极化的分子，它很容易形成正负两极，其他电解质如食盐或细胞介质等，因有带不同电荷的离子存在，很容易形成离子化电导体。交流电场的方向因频率不同而呈现不同的速度，频率越高，则电场方向的交替变化速率越快，从而导致电场中的分子以不同的速度改变方向而产生震动和摆动。微波是高频的电磁波，微波场中的极性分子处于高速摆振状态，如在2 450MHz的微波下，食品中的水分子以每秒24.5

亿次的速度随微波场的变化而来回运动，分子运动的结果造成分子间的摩擦和剧烈碰撞，使分子势能增加，从而产生大量的热量。

（三）微波加工的特点

1. 微波设备加工食品方便、卫生、快捷，保鲜程度高，营养损失少。
2. 能够得到常规设备加工所不能得到的感官质量。
3. 用微波设备加工的食品种类多。
4. 在工业应用上，大规模的集约化生产方式为消费者提供了只需稍加烹调即可食用的预制食品和冷冻食品。
5. 微波加工食品可以节省大量能源。

（四）微波加热与其他加热方式的区别

传统加热方式中，热的传递有传导、对流和辐射三种形式。在传统加热方式中，被加热的物体必须处于某一热环境温度之下，而且加热时间一般要求较长。而微波对食品的加热与传统的加热不同，它不需要预先形成食品所处的热环境而直接作用，而且被微波加热的食品内也不存在大的温度梯度，加热时间比传统方法短得多。

（五）影响微波加热的因素

1. **频率** 微波加热时，频率越高加热的速度越快，但频率越高，波长便越短，其穿透深度越小。

2. **物料的介电性质** 不同的物料有不同的介质相对介电系数和损耗角的正切值（损耗系数），水的介质相对介电系数和损耗角的正切值的比值比一般的介质大。因此，在一般情况下加工物料含水量越大，其介质损耗越大。某些物料在温度上升时，其介质损耗系数降低，这时，就出现了所谓的自动平衡，微波的这种自动平衡会使物料的加热更均匀，同时也避免了出现过热现象的缺陷。但是有些物料加热时，温度升高其介质损耗系数也升高，这时会出现恶性循环。所以在实际应用时要根据物料的特性对物料进行微波加热。

3. **电场的强度** 电场的强度与微波加热速度相关联，功率大，电场强，加热速度快。

4. **物料密度** 物料密度不仅影响微波对物料的加热，而且还影响物料的介电系数，从而影响微波的加热效果，物料的密度越大，升温速度越慢。空气是很理想的透过体，即物质损耗角的正切值很小。空气的介电系数也较小，约为 0.1，因此，物料中空气含量越多，物料的介电系数越小，越难被加热。

密度高的物料对微波的吸收差，且对微波有反射作用，因此带有骨头的禽肉和牛排等在微波加热时，在骨头的附近会出现冷带区域，冷带区域的食物比其他部位后被加热。

5. **物料的比热容** 食品往往是由多种性质的材料组成的多组分的混合体系，不同成分有不同比热容，从而有不同的升温速度，不同组分又呈现不同的介电性质，故有不同的吸收微波功率的能力，比热容小的升温速度快。

上述这几种因素是互相关联的。例如物料的比热容和介电性质不仅受温度影响，而且还与食品的含盐量有关，含盐量增加，加热速度便更快，穿透速度越小。因此，实际应用时应慎重选择和把握各项控制条件。

二、微波食品加工工艺

（一）微波真空冷冻干燥工艺
预冻→冷井→真空泵工作→微波功率加热升华→干燥

（二）微波膨化食品加工工艺
将豆、谷类和薯类等原淀粉加水调浆→加热使其α化→再加入必要适量的食品添加剂→成型后进行预干燥→再用微波加热→发泡膨化→包装→成品。

（三）微波焙烤工艺
选料→原料的预处理→微波焙烤→包装→成品

（四）微波杀菌工艺
食品→微波加热→杀菌→冷却

（五）微波解冻工艺
食品（原料）→解包→微波解冻

（六）微波灭酶工艺
选料→原料的预处理→微波灭酶→干燥→包装→成品

三、微波食品加工设备

目前用于食品加工的微波设备主要有 915MHz 和 2 450MHz 两个系列。在微波食品加工工艺中，物料的加工是在加热器中进行的，微波加热器是微波场和物质场相互作用的空间，微波设备的类型往往就是加热的类型。

由于被加热物品的种类和样式各不相同，所以微波加热器的类型也不能是千篇一律，而是多种多样的。按工作特性，大致可分箱型、腔型、波导型、辐射型和慢波型（表面波型）等几种。这些类型各有各的特点和应用范围，在实际应用中必须根据被加热物品的类型以及它们的加热要求来选择使用。

第三节　微波加热在食品工业中的应用

一、微波干燥

（一）概念
微波干燥是指利用微波生热技术使物料脱水，从而降低物料中水分含量的一种干燥方法。

（二）微波干燥的分类

1. 微波常压干燥

（1）概念：微波常压干燥是指在常压下利用微波生热技术来干燥的一种方法。

（2）微波常压干燥的优点：①干燥速度快、时间短。由于微波能够深入到物料内部中而不依靠物料本身的热传导进行加热，因此，只需一般方法的 1/10～1/100 的时间就能完成整个加热和干燥过程。②产品质量高。由于加热时间短，可以保持食品的色、香、味，营养素的损失也少。③反应灵敏，易控制。用常规加热法不论使用的是电，还是热空气等，物料达到一定的温度都需要预热一段时间，当机器发生故障或停止加热时，物料的温度下降又需要较长的时间。而利用微波干燥，通过调整微波输出功率，物料的干燥情况可以立即瞬间改变，从而便于实现自动化控制。④干燥均匀。微波干燥是在物料的各个部位同时进行，避免了传统方法由外向内形成的温度梯度导致的物料表面的硬化或不均匀现象。⑤加热过程有自动平衡能力。当频率和电场强度一定时，物料在干燥过程中对微波功率的吸收主要决定于物料的介质损失。不同的物质介质损失不同，如水比干物质大，故吸收能量多，水分蒸发快。微波不会集中在已干的物质部分，这就避免了物质的过热现象，具有自动平衡的能力，由此可以保证物质原有的特性。⑥热效率高、设备占地少。微波加热设备本身不耗热，热能绝大部分（>80%）都作用在物料上，热效率高，对环境温度几乎没有影响。微波加热设备的体积比传统方法所用设备也小得多。

(3) 微波常压干燥的应用：微波常压干燥主要用于谷物和各种米粉的干燥。

2. 微波真空冷冻干燥

(1) 概念：微波真空冷冻干燥是集微波、真空、冷冻技术于一体的干燥技术，它是在真空冷冻干燥的基础上，应用微波能加热技术使物料水分在冻结状态下脱水，即从冰晶体直接升华成水蒸气，因此微波真空冷冻干燥脱水又称为微波真空升华干燥脱水。真空冷冻干燥技术目前在食品工业方面应用很广，但微波真空冷冻干燥技术应用还仅处于起步阶段。

(2) 微波真空冷冻干燥的优点：①具有良好的感官质量。②效率高，时间少。③控制及时，没有热惯性。微波功率的大小可方便地进行调节。当停止微波辐射，物料就得不到升华热，而加热板具有一定温度惯性。④结构完整性好。⑤复水性好。⑥无需冷藏。⑦干燥均匀。利用微波穿透加热为冻结食品提供热能，不会出现制品内外温差大的负效应，内部冰层得以迅速升华。微波可以打破干燥层的传热壁垒。而且微波辐射加热不受加热真空度的影响，而常规加热的热辐射在真空状态下热效率下降。⑧成本低。微波真空冷冻干燥所需的时间是普通冷冻干燥过程的1/9~1/3，因此，综合加工成本低。

(3) 微波真空冷冻干燥的应用：微波真空冷冻干燥技术在食品加工中主要用于制作速冻食品和长期储存的食品，如肉类、海产品、蔬菜、调味品等。

二、微波膨化

(一) 概念

微波膨化是指微波能量到达物料深层转换成热能，使物料深层水分迅速蒸发形成较高的内部蒸气压力条件，迫使物料膨化的一种方法。

(二) 微波膨化的优点

1. 加工时间短，节能省时。
2. 营养成分保存率高　微波膨化可以最大限度的保存原料原有的营养成分，同时膨化使淀粉彻底熟化，膨化食品内呈多孔状，水溶性质增加，有利于胃肠消化酶的渗入，提高了营养素的消化吸收率，便于消化吸收。
3. 膨化，杀菌，干燥同时完成。
4. 克服传统油炸膨化含油量高，能耗大等缺点。

(三) 微波膨化的应用

微波膨化食品的加工应用主要有三个方面：淀粉膨化食品加工，蛋白质食品膨化加工，瓜果蔬菜食品的膨化加工。

三、微波焙烤

(一) 概念

微波焙烤是指微波生热技术与焙烤工艺相结合进行食品加工的一种焙烤方法。

(二) 微波焙烤的优点

1. 能量转换率高，加热速度快。
2. 焙烤温差小。
3. 具有膨化作用。
4. 杀菌和焙烤同时完成。
5. 营养成分损失少。
6. 使用操作方便。
7. 改善生产环境。

(三) 微波焙烤的应用

微波焙烤主要用于面制品、油炸制品和坚果的焙烤。

四、微波杀菌

(一) 概念

微波杀菌就是将食品经微波处理后，使食品中的微生物丧失活力或死亡，从而达到延长保存期的目的。

(二) 微波杀菌的原理

微波杀菌主要通过以下两方面作用来完成：一方面，当微波进入食品内部时，食品中的极性分子，如水分子等不断改变极性方向，导致食品的温度急剧升高而达到杀菌的效果。另一方面，微波能的非热效应在杀菌中起到了常规物理杀菌所没有的特殊作用，细菌细胞在一定强度微波场作用下，改变了它们的生物性排列组合状态及运动规律，同时吸收微波能升温，使体内蛋白质同时受到无极性热运动和极性转动两方面的作用，使其空间结构发生变化或破坏，导致蛋白质变性，最终失去生物活性。因此，微波杀菌主要是在微波热效应和非热效应的作用下，使微生物体内的蛋白质和生理活性物质发生变异和破坏，从而导致细胞的死亡。

(三) 微波杀菌的优点

1. 时间短，速度快。
2. 低温杀菌保持营养成分和传统风味。
3. 节约能源。
4. 均衡彻底。
5. 便于控制。
6. 设备简单，工艺先进。
7. 改善劳动条件，节省占地面积。

(四) 微波杀菌的应用

微波杀菌主要用于天然营养食品、袋装食品、豆类制品、奶类制品、肉类制品、蔬菜、饮料等食品的杀菌。

五、微波解冻

（一）概念

微波解冻是指将制品的温度由冻藏温度提高到一个较高的温度但仍然低于冰点，而不是升到环境温度，此时制品仍是硬的，但不再是冻结的固体的过程。

（二）微波解冻的优点

1. 解冻时间短。
2. 风味、新鲜度、营养成分保持率高。
3. 解冻均匀。微波能的穿透深度较深，保证冻结制品受热均匀。
4. 工作环境整洁，无污染，冻品不滴水。

（三）微波解冻的应用

微波解冻主要用于快速解冻各种冻肉、水饺、包子、锅贴、比萨、汉堡、盒饭等。

六、微波灭酶

（一）概念

微波灭酶就是将食品经微波处理后，使食品中的酶丧失活力或死亡，从而达到保持食品性状，延长保存期的目的。

（二）微波灭酶的优点

1. 时间短，升温速度快，对食品品质的影响较小。
2. 工艺先进，操作简便、运行可靠、节能显著。

（三）微波灭酶的应用

微波灭酶主要用于蔬菜水果、稻谷、小麦和面粉等的灭酶加工。

第四节 微波加热对食品风味及营养成分的影响

一、微波加热与食品风味

（一）风味物质对食品风味的影响

风味化学理论认为每一种食品的特征风味取决于它的主体香和基香，食品中的主要风味化合物和各种微量挥发物质对食品的风味都很重要。某一种食品的特定风味是由主体香和构成基香的各种微量风味物共同作用的结果。食品中的风味化合物有些是在动植物生长过程中天然合成的；有些是通过酶作用或酶反应的间接作用将前体物质转化为风味化合物；有些是通过高温化学反应如美拉德反应，生成一系列挥发性较大的有机物所产生的；还有的通过食品加工过程中人为的加入香精、香料和各种抽提物等所产生的。这些能体现食品风味的化合物称为风味物质。食品风味物质种类很多，但一般含量甚微。在微波加热中，各种风味化合物的不均衡性挥发是导致食品风味变异的主要因素。同时，各种风味化合物的极性和介质的介电常数对食品风味变异也有很大影响。在微波加热条件下，各种风味物质的挥发快慢和蒸发比例受到各种因素的影响，使食品的特征风味出现变化。

（二）微波食品导致风味改变的类型

1. **反应风味不足** 指一些需要在高温下进行的化学反应，在微波加热条件下不能发生或很少发生进行，由此产生的反应风味就不充分。因为微波加热条件下微波加热由表面至内部一定距离内存在着温度梯度，而且微波加热时间短、表面温度低，使高温化学反应不充分以及蒸发损失过快、过高就会引起食品风味缺乏反应风味。尤其影响了既要有温度又要有时间的褐变反应的发生，食品表皮往往没有脆性，缺乏金黄色特征，香味也不充分。例如在面包、蛋糕、咖啡和茶焙烤以及肉类的烧烤中，缺乏赋予它们特有的风味。面团焙烤制品颜色像馒头一样，不能产生美拉德反应，没有焦糖化作用，不能使制品产生芳香族化合物，缺乏用烤炉制作食品的反应风味。

2. **风味变异** 指在微波加热的条件下，食品的风味发生变化，甚至产生了不愉快的风味。由于微波加热有加热速度快、时间短的特性，用微波炉烹调食品存在风味弱化的问题；用微波炉加热熟制好的牛肉、炒饭、盐水虾等，其风味也会出现程度不同的变异，这些现象说明微波加热对食品的风味有重要影响。

3. **风味减弱** 即经过微波加热后，食品风味的弱化。由于微波加热是由里向外同时加热，水分等物质在食物内部的迁移，以及由表皮向环境蒸发的速度非常快，损失大，这样，某些风味化合物的挥发损失量也非常大，造成食品的风味弱化。

4. **出现再烹调风味** 指食物经过烹调加工和冷冻后，再由消费者用微波炉重新加热熟制，食品风味发生了改变。

（三）食品中一些组分在微波加热中对食品风味的影响

有些低沸点、易挥发的醇、醛酸酯和芳香族杂环化合物等微量有机物质，主要影响食品风味，但食品中碳水化合物、蛋白质、脂肪和水分等营养物质，对这些风味物的形成及释放有不可忽视的影响。

1. **碳水化合物** 碳水化合物如淀粉等对食品风味有较大影响。植物来源的淀粉是以颗粒状态存在的，可用热水分成两部分，溶化的部分称为直链淀粉，不溶的部分称为支链淀粉。支链淀粉和直链淀粉在结构和性质上有一定的差别，它们在淀粉中的比例因来源不同而不同。淀粉分子结构是由许多右旋葡萄糖聚合而成的。淀粉的螺旋状结构对食品风味的释放有重要影响，一些憎水性的风味化合物往往会被包含在螺旋状结构内部，与淀粉形成复合物。能形成稳定复合物的最高温度为65℃，温度越低，对复合物的稳定越有利。被淀粉吸收的风味物质可以通过口腔中的唾液淀粉酶作用于淀粉，打破维持螺旋结构的化学键而使风味物质的吸收增强。另外，食品中支链淀粉比例越高，则对风味的影响就越小。

食品经微波焙烤后，支链淀粉分子之间会出现结晶区域，使食品的口感变差。淀粉分子之间的这种变化与食品中的水分含量有关，通过添加甘油单酸酯抑制甘油单酸酯的脂及酸与直链淀粉的羟基结合，可防止结晶区域的形成，从而改变食品风味。

2. **蛋白质** 蛋白质在决定食品的色、香、味及质量特征方面也起着重要作用。蛋白质中含有很多化学键，蛋白质的水解或裂解会释放出许多异味物质，以致影响到食品的整体风味。而且，蛋白质水解产物可能是许多风味物质的前提，会影响食品的整体风味。

蛋白质的分子越大，对风味物质的吸收能力也相应提高，多孔性蛋白质吸收风味物质的能力增强。蛋白质变性后对风味物质吸收能力增大。

3. **脂肪** 在微波焙烤中，由于温度较低，奶油不能产生出预期的风味，因此常常需要使用奶油香精。焙烤制品的奶油香精要求对热稳定，并且能长时间加热，经微波加热后，才能释放出满意的风味。

4. 水分　用微波加热，由于水分从食物内部向外迁移较快，使食品中水分损失较快。一些食品因水分损失过多，使制品变得干硬，造成其品质下降。有些食品的物质构成与水分迁移有密切关系，如面包，水分损失过快会使制品的黏弹性增大，柔韧性下降，膨胀率不够。

5. 香味成分　由于微波加热使温度急剧上升，导致在微波食品中的香精风味物质蒸发殆尽，食用时比现炒菜肴风味、口感劣化。如在微波爆玉米花中各种配料要经受 200～220℃的高温，一些不耐高温的香料如奶酪味香精和焦糖味香料就会烧掉，影响食品的味道。

因此在微波焙烤中使用的奶油要求其对热稳定，并且能长时间加热，经微波加热后，才能释放出满意的风味。

6. 食品中多重组分　在微波食品的制作中，多组分食品的情况最为复杂，因为体系中不同组织的介电性质、比热和热导率都可能各不相同，而这些都将影响微波加热的效率。如汉堡包、馒头等，有可能面食部分已因过度加热而发硬，但中间馅料则还未充分加热，影响食品风味。

二、微波加热与食品营养

食品具有营养功能、感官功能以及保健功能。其中提供营养素是食品的第一功能，因此没有营养素的食品即不能称之为食品。食品是人体所需碳水化合物、蛋白质、脂肪、矿物质、维生素等营养素的主要补给来源，人体通过摄取食物，以满足机体的正常生长发育、新陈代谢和工作、劳动的需要。本节将讨论微波加热对食品营养素的影响。

（一）微波加热对食品中维生素及矿物质的影响

微波加热对维生素的影响早已开始研究。有研究结果表明与其他加热方法相比，由于微波炉加热保持了食品中大量水分，所以对维生素的影响要小。

1. 焙烤食品中的维生素保留率　在焙烤制品中引起维生素大量损失的原因是煎炸和烧烤时，制品的表面温度很高，加热时间长。如用微波炉焙烤，加热速度快、时间短，制品中维生素能得到很好的保留。但同样，如果在微波炉中长时间的焙烤，也会引起维生素的大量损失。

2. 蔬菜中维生素的保留率

用微波能对不同的蔬菜进行热烫处理，所需时间远远少于沸水或蒸汽热烫所需时间，维生素 C 的含量几乎不受影响。经研究表明采用微波热烫方法固形物中的维生素含量与传统蒸煮法中的相同。

在微波加热、加压蒸煮和高压锅蒸煮三种方法中，微波加热时蔬菜中维生素 C 的保留率情况最好，蒸汽加热对维生素 C 的破坏很明显。但要注意的是只有在微波加热时间精确加以控制的情况下，才能最大限度的保存水溶性维生素。研究表明无水微波处理比加水微波处理或传统方法蒸煮能保留更多的水溶性维生素，而且用微波处理蔬菜的风味较新鲜；使用功率不同的微波炉其试验结果对维生素的影响不大。此外，用微波烹调能避免金属烹调器皿中的金属离子促进水溶性维生素的氧化作用。总之，在用微波处理蔬菜时，多数的情况是水溶性维生素的保留率均高于传统的烫煮方法。

3. 肉制品中维生素的保留　传统加热方式是先将炉温升高到一定程度，然后放入制品。

加热过程中，制品外部的温度总是比内部的温度高。微波加工没有必要像普通方法那样为保证达到合适中心温度而必须使外表加热过度。使微波加工肉制品中的维生素保存得更多一些。

有研究表明微波可引起植物油中饱和脂肪酸水解、不饱和脂肪酸氧化，油中游离基和过氧化物增加，维生素E分子中苯环上的羟基与之结合形成酯，失去氧化能力。

4. 微波再加热法对预制食品中维生素的影响 预制食品通常是指食品原料用一定方法烹调后，以小包装的形式包装并立即快速冷却，然后冷冻至$-25℃$，在$-18℃$下冷冻的制品。预制食品在食用前只需进行再加热处理即可，而不需再作进一步加工，因此食用非常方便。预制食品主要有肉制品和蔬菜。预制食品由冷冻状态到食用状态需要再加热、解冻、升温。

有研究证明由于微波加热速度快，加热时间一般较短，对食品中维生素B_1、B_2、B_6及维生素C、叶酸的保留能力与传统再热方式相同或优于传统方式。

5. 微波烹调对食品中矿物质的影响 微波烹调对食品中矿物质的影响损耗的相关研究较少，有人比较了肉类经微波烹调和电炉烹调后的营养成分，认为微波烹调较好地保留了肉类食品中的铁、钙元素，以及维生素B_2、维生素PP和维生素B_6。

（二）微波加热对食品中蛋白质的影响

食物中蛋白质的存在形式、结构都影响其营养价值，由于食物中常含有不利于蛋白质吸收的因素，因此同一种食物经不同的加工处理，其营养价值可能发生改变。有报道8.7%大豆水溶性提取物的豆奶，经微波处理240s可得到最高的氨基酸评分和蛋白质功效比值。微波加热可能引起大豆球蛋白四级结构发生不可逆的破坏，氮溶解率降低，随着处理时间的延长，美拉德反应产物褐色物质增加，该物质具有抑制蛋白质水解的作用。微波加热也会使鹰嘴豆中赖氨酸、色氨酸、芳香族氨基酸和含硫氨基酸的浓度降低。将全奶、脱脂奶经中等功率加热和$80℃$水浴加热10min，两种加热方法在营养价值上无重大影响。另外，有研究表明微波烹调鱼肉过程中，可溶性蛋白通过二硫键构成二聚体或多聚体，出现了两种高分子量的可溶性蛋白质。

（三）微波加热对食品中脂肪的影响

研究发现传统烹调中高温对食用油脂中脂肪酸组成有很大的影响：高温使脂肪氧化加速，其分解和聚合的过程也加快，随着时间的延长，必需脂肪酸和亚麻酸的含量均逐渐下降，饱和脂肪酸的含量却随着时间的延长而增加。油脂的分子结构是极性的脂肪酸分子，能吸收微波能。在微波辐射下可被加热到$210℃$（常压）。在微波作用下，不饱和油脂因氧化作用产生的环氧化合物可控制其水解作用的进程，故微波处理有利于保持不饱和脂肪酸的稳定性。油脂在微波加热与传统方式加热相比，加热前几分钟，微波加热油脂温度上升的速度高于传统方式，第5min～6min后，传统加热方式的加热速度高于微波加热速度；微波作用对油脂酸价的影响，在开始加热阶段，用传统方法加热的油脂，其酸价升高较微波加热快，在四五分钟后，用微波加热的油脂的酸价升高超过传统加热。有研究表明微波可引起植物油中饱和脂肪酸水解、不饱和脂肪酸氧化，油中游离基和过氧化物增加。

（四）微波加热对食品中碳水化合物的影响

干燥的淀粉很少吸收微波。一般情况下，淀粉都含有水分，所以微波对其有一定作用。食品经微波烘焙后，直链淀粉与支链淀粉或支链淀粉之间出现结晶区，同时微波加热时内部受热不均，淀粉溶化和糊化不一致，使食物内部结构粗糙，破坏食品口感。糖类中的低聚糖能吸收微波能，随着加热时间的延长，食品中蔗糖、葡萄糖可以吸收微波而融化；食品中的碳水化合物也会发生美拉德反应、焦糖化等一系列反应。

(五) 微波加热对水分的影响

微波加热速度快，在加热过程中，环境温度较低，因而从制品内部至表面形成了水蒸气分压从高到低的急剧落差，导致水分向制品周围剧烈扩散和流失。微波加热与其他方法相比，水分的损失明显要高得多。

比较微波加热与传统方法加热牛肉制品，发现微波加热使食品中的水分显著损失。但有人认为，高湿环境的微波加热与传统烤炉相比，牛肉制品在烹调后水分损失没有显著差异；微波加热导致大量的水分蒸发引起制品最终的质量损失，但不同烹调方法对汁液损失的影响相差不大。

(六) 微波烹调对食品中天然植物化学物的影响

植物性食品中含有多种低分子量的次级代谢产物，其重要成分之一就是植物化学物。有研究发现，短时微波烹调对蛋白酶抑制物活性的灭活作用较传统热烫方法低。也有报道微波处理对于干燥豆类中含有的胰蛋白酶抑制物的破坏能力与传统的烹调方式相近，且微波加热对浸泡的大豆中胰蛋白酶抑制物的破坏量更高。微波烘焙处理也能使甘薯、芋块中的淀粉酶抑制物失活。

第五节 微波食品可能存在的卫生学问题

一、微波食品中农药、兽药的残留问题

微波烹调对食品农药、兽药残留的去除作用小，传统烹调加工制作的食品一般对食品中的残留农药等有害物质有一定的破坏去除和稀释作用。有学者研究了加工、烹调对兽药、农药残留的影响，发现微波处理对于肉类食品中的兽药（磺胺二甲苯、左旋咪唑、克仑特罗）残留均无明显消除作用，微波加热1h后的巴伦西亚柑果酱中杀真菌剂噻苯达唑残留量几乎不变，2-苯基苯酚的消除率较采用平底锅加热4h低，残余抑霉唑经处理后甚至增加了原来的一半。因此微波烹调过程对大部分农药、兽药残留的影响不大。

二、外包装物对微波食品的污染问题

微波加热对微波食品外包装物有特殊的要求，使用劣质微波包装材质微波加热时，选择不当的食品用包装或器具，可能引起机械污染和化学污染物向食品中迁移。

微波食品选用微波包装材料的要求主要有：具有耐热性，耐热程度需大于食品加热后的温度，并能耐急速温度变化；材料介电系数小，微波穿透性好；包装材料要符合卫生标准；耐油、水、酸、碱；具有耐寒性，由于微波食品需低温流通，需耐-20℃的温度；方便、价廉，符合环保要求。玻璃、陶瓷、纸张、塑料、金属和非金属以及这些材料的复合物，都能用作微波食品包装材料。

因此微波食品外包装物生产过程中使用的助剂迁移污染，成为对食品造成污染的主要因素。

微波烹调常用的包装及加热容器的材料包括塑料、纸板及合成材料等，除聚合材料外，塑料中包含稳定剂、阻氧化剂、润滑剂、增塑剂及聚合过程剩余物等成分，在接触食品时可能造成食品的污染。如填充型聚丙烯容器，填料多采用滑石粉，因为滑石粉具有提高耐热性和刚性的双重功能，并缩短生产周期，从而降低容器成本。滑石粉的用量一般在30%左右，容器耐热可达到130℃以上；个别品种的填充型聚丙烯微波容器，其填料的含量在50%左右，可耐140℃高温和－30℃的低温。含有滑石粉的食品用包装材料在加热过程中可能向食品中迁移，长期食用可能造成胃肠道不适，甚至致癌等危害。有人研究发现聚二氯乙烯/聚氯乙烯（PVDC/PVC）薄膜中的增塑剂邻苯二甲酸二壬酯（DOA）、乙酰柠檬酸三丁酯（ATBC）可在微波烹调中转移到绞肉中，转移率与加热时间、肉类的脂肪含量以及薄膜中的增塑剂的初始浓度有关。

环氧化大豆油（ESBO）作为增塑剂和热稳定剂已被运用于聚氯乙烯薄膜和衬垫加工工艺，虽研究未发现其在微波烹调过程向食品大量转移，但其与食物直接接触所造成的转移量仍较仅将其作为防溅遮蔽使用时高。苯作为聚合引发剂而被用于热固聚酯的生产中，零售的热固聚酯饮具中苯含量在微波加热后，转移至食品中的量较低；使用蜡纸作为食品的加热容器按推荐方式进行微波加热，发现食品中的污染物有上升趋势。

另外由于对微波加热食品使用不当，也可能造成包装容器，如玻璃器皿、微波用纸等碎裂、烧焦，造成机械污染。PVDC和PVC只可用于低脂含量食品的微波烹调，高脂食品烹调只能使用赛伦薄膜。因此微波烹调食品包装材料及加热容器造成食品污染的问题日益受到重视，选择合适的烹调器皿、烹调方法是减少食品中污染物的正确方法。

三、微波烹调食品微生物残留问题

微波电磁场不仅对微生物具有热力作用，同时具有电磁场辐射作用；微生物在微波交变电磁场作用下改变了其生物性排列组合状态及运动规律，电容性细胞膜结构被电击穿破裂，细胞中RNA和DNA的氢键松弛、破坏，使微生物的最基本单元细胞的生命化学活动过程中所必需的物质、能量和信息交换的正常条件和环境遭受严重破坏，以致微生物死亡。

曾有微波烹调食品引发沙门菌肠炎的案例报道。使用微波炉烹制荷包蛋，若加热不完全蛋黄部分未完全凝固，则人工接种的6种血清型的沙门菌均可存活。许多研究认为，微波对肠道细菌具有较好的杀菌效果。使用微波加热牛奶至72℃15s消毒效果同常规巴氏消毒类似。但有文章报道微波加热的杀菌效果不及传统加热方法，原因是实际烹调过程中食品中通常含有盐，含盐量越高，越易在食物表面形成感应电流环流，使微波能量在没有深入到食物中心部位之前就被消耗，食物中心的细菌仍然存活。

四、微波加热过程中可能产生有毒有害物质问题

微波食品制作的操作者由于卫生意识和文化素质参差不齐，对执行微波炉操作规程的重视和熟练程度不一致，容易造成错误操作，尤其时间掌握不好，会导致加工的微波食品过熟，可能产生有毒有害物质污染等。

五、微波食品在生产和销售过程中存在的卫生问题

在一般普通食品原料选购过程中存在的粮食农药残留、霉变、异物，畜肉制品中存在动

物的传染病、兽药残留、油脂的酸败、毒素污染，食品添加剂及销售过程中存在的贮存、运输等卫生问题，在微波食品中同样可能存在。

第六节　几种常见微波食品可能存在的营养及卫生学问题

一、微波爆玉米花

（一）使用的食品添加剂卫生问题

为保证爆出后的玉米花味道各异、感官纯正，一般在微波爆玉米花中向油中加入盐、调味料、糖浆和色素等。可能存在添加非食品用、伪劣及超量添加食品添加剂等食品卫生安全问题。

（二）高温反应产生有毒有害物质

有研究表明油脂在160~180℃以上加热可产生过氧化物、低分子分解产物、脂肪酸的二聚体和多聚体羰基和环氧基等，导致油脂变色、黏度上升、脂肪氧化，具有一定毒性，并破坏氨基酸营养。

一般一袋1.9升的玉米花在功率为1 000W的微波炉中只需2min就可以爆开，微波爆玉米花中水分含量很低，在微波爆玉米花过程中油脂、调料等要经受200~220℃的高温，所以如果时间掌握不好，油脂、玉米花都可能被烧焦产生有毒有害物质。

（三）外包装物中有毒物质迁移造成二次污染问题

在爆玉米花时要将搅拌好的混合物放入玉米包装袋中，放入微波炉中烹制，可能造成食品用包装物中的有害物质通过直接接触迁移到食品中，造成污染。

二、冷藏、冷冻等预制微波食品

此类微波食品经选料、调配后冷冻或冷却，冷冻冷藏的肉类等制品食用时只需打开包装或直接连同包装放入微波炉解冻、加热即可。冷冻微波食品加热烹调时，烹饪方法简单、方便，而且营养损失小，在微波食品中占有很大比例。

（一）低温储存过程中微生物和有害化学物的污染

微波冷冻食品在储存过程中，由于储存条件中的光线、氧气、产品用水及金属触媒等因素的不适宜，导致脂肪氧化、肉类超期氧化、鱼类的油烧等现象。0℃以下一般微生物已不能繁殖，也不能分解食品；-10℃以下能生存的微生物已极有限，但个别嗜冷菌仍可繁殖，不能达到无菌水平，仍可造成食品品质改变，甚至腐败、霉变等。

（二）微波食品中微生物的残存

有研究表明姆班达卡血清型沙门菌污染的烤肉经微波加热4min，可杀灭该菌，若缩短加热时间，肉块中的沙门菌仍可存活；有时由于加工时间不够或不正确，导致微波加热制作的微波烤肉食品未熟透，可能有一些人畜共患寄生虫残存，食用后可能造成胃肠道症状和寄生虫感染。

（三）食品添加剂残留问题

为保证食品的原有风味，一般在烹调的肉制品上涂抹一层发色剂等，可能造成使用超量等问题。

（四）高温反应产生有毒有害物质

微波加热短时间内温度可达到几百摄氏度，有报道称蛋白质中色氨酸、谷氨酸等在190℃以上可热解产生杂环胺类化合物。

三、微波烤面包

（一）外包装物中有毒物质迁移及造成二次污染问题

微波烤面包常用的微波材料是塑料、玻璃和纤维纸等，这些材料往往不能耐受太高温度，容易造成对食品的迁移污染。

（二）使用食品添加剂的卫生问题

为保证食品色泽和膨松效果，要直接在食品表面涂覆可食用涂层，这类涂层主要是由水、面粉、面包屑、淀粉、化学膨松剂、蛋清等调料混合组成的面糊体系，且涂层可食用、成膜性和持水性好，配合膨松剂可产生外脆内软的效果，涂层中所含的色素和褐变剂，可以使食物表面产生诱人的色泽。可能带来由此产生的外来添加的化学污染等卫生问题。

第七节 微波食品的卫生监督与管理

一、加强微波食品生产企业、经营单位的卫生监督管理

为保证微波食品的卫生质量，应当对微波食品生产陆续制定对产品生产经营条件，包括选址、设计、厂房建筑、设备、工艺过程等进行卫生学评价的标准。现阶段微波食品生产企业应当根据各自生产品种的特点，严格按照《食品企业通用卫生规范》要求进行施工设计，合理布局，顺应工艺流程。卫生监督部门要加强对新改扩建食品企业设计时的卫生学审查、工程验收时的管理，在做好卫生许可证前置管理的同时加强日常卫生监督管理。要求企业提高食品卫生质量的安全意识，督促建立并严格执行包括卫生指标在内的食品质量标准；建立企业卫生管理机构；建立健全企业的卫生检验机构；成立以提高食品卫生质量为主要任务的产品质量管理部门。建议应用良好生产工艺（GMP）和危害分析与关键控制环节（HACCP）。

二、加强市场上微波熟制品的卫生安全检验、监测工作

卫生部门应当聘请食品卫生、食品工艺、营养学、毒理学等有关方面的专家组成微波食品安全评审委员会或科研协作组，负责微波食品的卫生安全性的审评。通过制定对产品卫生质量有控制意义的理化、微生物指标、感官指标以及针对微波食品中有害化学物质进行的安全性毒理学评价，制定微波食品卫生标准，作为卫生监督部门对微波食品生产、经营实施卫生监督的衡量标志和科学依据。在对微波食品进行检验时，应该用统一规定的卫生检验方法即食品理化学检验方法、食品微生物学检验方法、食品中放射性物质检验方法、食品安全性毒理学鉴定程序。保障对产品的安全性检验真实、可靠。

三、加强微波食品合理烹调技术和微波炉正确使用等相关知识宣传

正确使用是严格按照微波炉使用要求规范操作，从而最大限度地避免风险，保证安全。

如使用微波炉专用的器皿来加热,不能使用纸质或者金属质地的器皿。纸质容易烧焦食物,金属可能引发打火,使食物被烧焦,也可能引发微波炉爆炸事件。牛奶、咖啡、饮料加热时,最好倒入口杯或浅圆的容器中,若采用高颈、小口容器加热,将造成上下温差过大的不均匀现象。尤其要注意袋装牛奶、咖啡、饮料不能连袋直接加热,应倒入广口杯或瓷碗中加热。微波加热时间加上关闭微波炉后放置的时间才是总的处理时间。如食物被烧焦,则会引发食物分子的一些化学性改变,对人体健康不利。

另外,目前对微波辐射危害性研究发现微波对机体免疫功能的影响表现出明显的双向效应,适宜剂量微波短期辐射对免疫功能起到正向调节作用,而过量微波长期慢性辐照可抑制机体的免疫功能。因此进行微波烹调时应正确选择加热时间、烹调器具,避免烹调方法不当对人体造成的危害。市场上的微波炉门体虽然均采用防护金属网屏蔽微波和双联锁安全门锁扣装置,保证炉门一旦打开,所有的电路都被自动切断,微波烹调过程更无需人员近距离操作,有效地保证了使用者的安全。采取一些措施防止过量的电磁辐射是必要的。

四、尽快建立健全微波食品相关法律、法规、卫生标准体系

微波食品在我国目前仅处于起步阶段,却拥有非常广阔的市场前景。应当在严谨、客观、科学评价的基础上,制定符合我国国情的"微波食品生产厂卫生规范、微波食品卫生管理办法及微波食品卫生标准"等相关微波食品的卫生安全规章、卫生标准。明确规定生产企业如何申报微波食品生产、监督部门如何审批许可、产品应达到的卫生和营养要求及合理的烹调制作方法等,对微波食品进行有效的法制化卫生监督管理。现阶段应当参照相应的食品法律、法规、规范和标准进行监督,建立预警机制,发现微波食品危害的确凿依据应当立即停止生产和销售,并收回已经售出食品,有效控制危害。

(石 华)

复习题

一、单项选择题(下列五个备选答案中只有一个是正确的,请选出并将其代码写在题干后面的括号内。)

1. 微波波长范围为下列哪一项 [ ]
A. 1mm～1m   B. 1mm～10m   C. 10m～1km   D. 10km～100km   E. 0.1mm～1mm

2. 在食品工业中常用的微波频率为 [ ]
A. 10 MHz 和 100 MHz   B. 980 MHz 和 1 580 MHz   C. 808 MHz 和 2 497 MHz
D. 917 MHz 和 1 845 MHz   E. 915MHz 和 2 450MHz

二、多项选择题(下列备选答案中有二至五个是正确的,请将其全部选出并将代码写在题干后面的括号内,多选、少选、错选均不得分。)

1. 影响微波加热的因素是 [ ]
A. 频率   B. 电磁强度   C. 物料的介电性质   D. 物料密度
E. 物料的化学性质

2. 微波食品导致的风味改变有哪些 [ ]
A. 风味变异   B. 反映风味不足   C. 风味减弱   D. 出现再反映风味

E. 容易出现焦糖化

三、名词解释题
1. 微波食品　　2. 微波干燥

四、简答题
1. 举例说明微波加热在食品工业中有哪些应用？
2. 微波加热可能存在哪些卫生学问题？

五、论述题
试论述微波加热对食品中维生素及矿物质有哪些影响？

第五章 辐照食品

食品辐照技术作为一种食品加工方法目前已受到世界各个国家的重视，已得到了大力发展和推广应用，并逐渐卫生标准化、法规化和商业化，辐照食品也愈来愈受到消费者的欢迎。随着辐照食品的研究与开发，辐照食品将会更趋向商业化、产业化，将会有着更加广阔的发展空间。

第一节 辐照食品概述及发展简史

一、辐照食品的概念及剂量单位

（一）辐照食品概念

辐照食品是指用钴—60、铯—137产生的γ射线或电子加速器产生的低于10MeV电子束辐照加工处理的食品，包括辐照处理的食品原料、半成品。对食品进行辐照处理的目的是为了延缓新鲜食物某些生理过程（如发芽和成熟）的发展、延长保藏时间及提高食品质量。

（二）辐照剂量单位

吸收剂量是电离辐射授予某一体积单元中单位质量物质的平均能量。它用于描述食品预期的辐射处理效果与辐照装置性能参数相关的量。其单位为戈瑞（Gray，简称Gy），1Gy等于1kg受照射物质吸收1J的辐射能量。过去使用的专用单位为拉德（rad），1Gy＝100rad。

吸收剂量率是指单位质量被照射物质在单位时间内所吸收的能量。其单位为Gy除以适当的时间单位，如$Gy \cdot s^{-1}$。

二、辐照食品发展简史

（一）辐照食品在国外的发展

食品辐照处理技术早在20世纪20年代X射线发现后已进行了初步探索，为了解决军队中战备食品的贮藏保鲜问题，美国于40年代开始了系统的研究和应用，他们曾进行过人体试食试验。1958年苏联批准了可以对马铃薯进行辐照抑芽处理，因此成为世界上第一个批准辐照食品供人食用的国家。20世纪50年代以后各国开始对辐照食品的卫生安全性进行研究，为此投入了大量的人力和资金。经过30多年世界各国对辐照食品的卫生安全性研究，1980年FAO/IAEA/WHO辐照食品安全性联合专家委员会（JECFI）指出经平均剂量10kGy以下辐照的任何食品都不存在毒理学和营养学方面的问题，不存在卫生安全性问题。1997年FAO/IAEA/WHO高剂量研究小组宣布超过10kGy高剂量辐照食品也是安全的，关于1999年得出不必设置更高剂量上限和在当前技术条件下的任何剂量处理的任何食品都是安全的和具有营养适宜性的结论。

（二）辐照食品在国内的发展

我国于 1958 年开始研究辐照食品。1958 年由中国科学院同位素委员会组织了全国 12 个单位对稻谷杀虫、马铃薯保鲜等进行了有计划的研究，包括营养成分的分析，毒理学试验，人体试食等。

20 世纪 70 年代初在原国家科委的支持下，先后在郑州、成都、济南、上海、北京等地成立了食品辐照研究协作组，开展了辐照杀虫、抑制发芽、鱼、肉、蛋的辐照保藏、水果保鲜及葡萄酒促进陈化等工作。1991 年原国家科委下达了"农副产品辐照加工贮藏保鲜商业化研究"项目，由中国农科院原子能利用研究所主持，全国 13 个单位承担，对 11 种食品进行商业化研究，取得可喜成果。"九五"期间，原国家科委又设立了攻关项目，研究制订 30 多种辐照食品的加工工艺标准，这就极大地推动了食品辐照加工技术的发展。

从 20 世纪 80 年代开始我国进入批准辐照食品卫生标准的阶段。我国高度重视和支持食品辐照技术的国内外合作与交流以及辐照食品卫生标准的制订工作，原国家科委、卫生部、核工业总公司、外贸部、农业部、国内贸易部等组成了国家食品协调委员会，提出了有关食品辐照的指导原则，并针对不同类别食品进行了补充与验证试验。卫生部于 1984 年 11 月第一次正式颁布了洋葱、大米、马铃薯、大蒜、蘑菇、香肠、花生仁等 7 种辐照食品的卫生标准，1986 年 9 月又增加了辐照苹果的卫生标准，1994 年 2 月批准了扒鸡、花粉、果脯、生杏仁、番茄、猪肉、荔枝、薯干酒、熟肉制品等 10 种辐照食品的卫生标准，1997 年 6 月 16 日批准颁布了豆类、谷物及其制品、干果果脯类、熟畜禽肉类、冷冻包装畜禽肉类、香辛料类、新鲜水果、蔬菜类等辐照卫生标准。2001 年 12 月又公布了 17 个辐照工艺标准。这些为我国辐照食品的商业化发展奠定了法律依据。

我国最早进行产业化辐照的食品是薯干酒（辐照加工目的是加速陈化、脱涩、增香），当前批量最大的辐照食品是大蒜（辐照加工目的是抑芽）。此外我国在辐照处理调味品、功能食品、保健食品和水产品等方面均已取得了很好的经济效益和社会效益。到 2002 年为止，我国共装源 17 000kCi，在宁波有一台应用于食品辐照处理的加速器。

三、辐照食品的安全性问题

（一）是否会在食品中产生放射性

辐照食品虽然经由射线照射，但并不与辐照源直接接触，因此经过辐照处理的食品不存在放射性核素污染的问题。

那么辐照是否会产生感生射线呢？一般组成食品的基本元素在发生核反应时所需的能量均在 10MeV 以上，实际生产辐照食品的辐照能量远低于此。Glass 及 Smith 用牛肉做研究证明，用 24MeV 能量辐照牛肉，吸收剂量达到 50kGy，在食品中诱发放射性的数量级低于食品天然放射性核素 ^{40}K 及 ^{14}C 所产生的放射性。有资料证明用能量 10MeV 直线电子加速器产生的电子束照射的食品中未测出放射性。1964 年 FAO/IAEA/WHO 在罗马召开的专家委员会上规定食品辐照最大容许照射能量为 10MeV。在实际生产情况下，辐照源所用能量 ^{60}Co 仅为 1.33MeV 及 1.77MeV，^{137}Cs 只有 0.66MeV。所以在辐照食品中，肯定没有诱发放射性的存在。

（二）辐照食品杀菌效果

不同生物对射线的敏感性各不相同，越高级的生物对射线越敏感。灭菌食品要求应能杀灭所有污染的微生物。在非酸性食品、含水量高的食品中肉毒梭状芽胞菌容易生长，达到灭菌效果需要 12D 值，对于抗力最强的肉毒梭状芽胞菌 A 型，其 12D 值剂量为 4.0kGy。

辐照食品杀菌效果是肯定的。在实际应用中，辐照杀菌有三种类型：①杀灭一切微生物，称为辐照灭菌；②以消除无芽胞菌为目的，称为辐照消毒；③以杀死部分腐败菌、延长保存期限为目的，称为辐照防腐。辐照杀菌的主要意义在于后两种照射方式，即在低剂量照射下，延长大量、多种食品的货架寿命。

（三）辐照食品是否有毒性

辐照食品是否诱发有毒物质，从而引起对人体的潜在危害，一直是辐照食品研究和应用的重要课题。多年来在许多国家中进行了大量毒理学实验研究，并组织了国际性的协作研究。为了确保辐照食品食用安全，一般要求进行至少两种动物为期两年以上的动物实验，包括生长实验，四代以上繁殖实验（有的进行了 7~8 代），以及致癌、致畸、致突变性试验，终生饲养寿命观察，以及有关生理、生化、组织病理测定等。

1969 年 FAO/IAEA/WHO 联合专家委员会，组织建立了辐照食品安全性专家委员会（Expert Committee on the Whosomeness of Irradiated Food），负责辐照食品审批及安全性评价。1970 年制定和建立了辐照食品国际合作计划和机构（International Project on the Field of Irradiation IFIP）由 24 个国家参加，重点推进国际性辐照食品安全性试验。世界各国和国际组织数十年的辐照食品安全性试验表明，食用辐照食品对生长、繁殖、寿命无不良影响，且无致癌、致畸、致突变性。

世界卫生组织（WHO）根据各国提出的科学依据，认为 10kGy 以下剂量不会有放射性残留和感生放射性，辐照后营养成分和营养价值与其他加工方法没有区别，所谓辐射产物，从性质上与其他方法的产生没有差异，基本上属于食品的固有成分，而且量很少。

至今尚未发现因辐照所产生而且是有害的物质，相反有些传统加工方法，如高温油炸、烟熏、烧烤、腌制等产生的有害物质更高。因此认为应用 10kGy 以下剂量辐照的食品是安全的，不需要进行安全毒理学评价试验。

四、辐照工艺的特点

（一）辐照处理对于杀虫、灭菌和抑制根茎类食品发芽等效果良好，可以起到化学药剂所不能起到的作用

辐照杀虫比药物熏蒸节省时间，杀虫彻底，且无残毒。某些果核深部的害虫，熏蒸剂往往无效，但可以被穿透力强的 γ 射线所杀灭。辐照能推迟香蕉、芒果、番木瓜、香菌、蘑菇的成熟过程，减少腐烂，延长贮运期。对于贮藏期和出售时间较短的杨梅、樱桃、无花果、橘子、木瓜、菠萝、梨、油桃等进行低剂量辐照处理均可收到满意的结果。辐照处理抑制马铃薯、大蒜、洋葱发芽的效果显著。辐照处理还可以用于杀灭冷藏、冷冻的家禽家畜中沙门菌和弯曲杆菌，灭活猪肉旋毛虫，去除香料和其他食品配料的污染。

（二）食品辐照处理可以减少食品添加剂和农药使用量及其在食品中的残留量

辐照灭菌可以使加工火腿时，亚硝酸盐及硝酸盐的使用量减少 80%，从而减少对人体的危害。

（三）辐照加工为"冷加工"，不改变食品感官性状及营养成分

食品在辐照过程中仅有轻微的升温，在照射剂量恰当的情况下，食品感官性状及营养成

分很少改变。

（四）辐照处理效率高

由于射线具有较强穿透力，可以照射小包装，也可照射大型包装，适于工业生产，且可在不揭开包装的情况下辐照，工作效率高。有的辐照装置每小时生产能力达 6.3 吨。

（五）辐照处理可极大延长食品货架期，促进国际贸易

食品经辐照处理后可不用冷藏保存，其货架期可达数月到 1 年之久，且便于运输以满足边远地区和特殊作业人群的需要。辐照处理对某些食品尚可以进行有效的检疫处理，有助于促进国际贸易。

第二节 辐照原理、工艺及设备

一、辐照原理

辐照对生物体系的影响分为直接影响和间接影响。直接影响是指射线与食物直接相互作用，可导致核酸的直接离子化，对遗传基因造成伤害，破坏 DNA 链和双链。对单链的破坏可以修复，但可能会导致突变，而双链的破坏则是致命的；间接影响是由于细胞内有将近 80% 是水，射线与水相互作用会产生羟基自由基等活性粒子，这些活性粒子极易与细胞核内其他成分发生反应，可导致细胞核内分子间的交联反应。辐照效果不仅取决于细胞内 DNA 的状态（单链或者双链），还取决于受损伤细胞的损伤修复情况（修复酶群及其动力学）。

（一）辐照杀虫的原理

昆虫对辐射是比较敏感的，辐射对昆虫的效应与其细胞的分裂和组织分化的程度密切相关，正在分裂的昆虫细胞对辐射敏感。成虫除了性腺细胞外，极少有细胞分裂。而性细胞对辐射是敏感的，由于辐照使生殖细胞的染色体产生断裂、移位，造成不对称组合，形成带显性致死突变的配子，使与正常虫交配后所形成的合子死亡，所以一定剂量辐照处理后的害虫交配后所产的卵不能孵化从而丧失生殖能力，达到了不育的目的或导致卵的死亡。

（二）辐照杀菌的原理

辐照杀菌是一种杀菌彻底而无任何有害物质残留的，并能控制会导致食品腐败和引发食源性疾病的微生物的方法。当食品辐照时，微生物细胞中 DNA 的任何改变都会引起细胞功能和繁殖的变化。当辐照剂量超过一定限值时，这些变化将不能修复，引起细胞死亡或丧失繁殖能力。辐照导致的直接和间接的影响均可以对细菌产生近乎致命的伤害，使得细菌对周围环境特别敏感（如热、酸性、冷冻等）。电子加速器产生的电子束对细菌的致命影响与 γ 射线等同。2kGy 射线不管是电子加速器或者是 γ 射线对牛肉中的大肠杆菌 $O_{157}:H_7$ 都有着同样的杀菌效果。食品中的微生物如沙门菌、李斯特菌、大肠杆菌等对辐照较为敏感，辐照杀菌是一种适宜的手段。表 5-1 提供了 7 种常见病菌的 D_{10} 值（D_{10} 值是指杀灭此种污染菌 90% 所需的辐照剂量）。辐照杀菌的效果受到细菌种类、细菌浓度或数量、吸收剂量、辐照温度、介质的化学组成和辐照后的储存状况等方面的影响。一般食品温度在 0~65℃ 范围内影响不大，但在高温或 0℃ 以下时影响较大，主要是受到高温杀菌的协同效应，在 0℃ 以下辐射，微生物因冻结损伤，其抗辐射能力减弱。另外氧的存在使细菌的营养细胞对辐射的敏感性增加 2~3 倍。

表 5-1 七种常见病菌的 D_{10} 值

病　菌	D_{10} 剂量值（kGy）
气单胞菌（Aeromonas）	0.14～0.19
弯曲杆菌（Campylobacter）	0.19
大肠杆菌（Escherichia coli）$O_{157}:H_7$	0.25～0.3
李斯特菌（Listeria）	0.77
沙门菌（Salmonella）	0.38～0.77
葡萄球菌（Staphylococcus）	0.36
肉毒杆菌（Clostridium botulinum）（芽胞）	3.56

（三）辐照抑制发芽的原理

辐照处理通过干扰 ATP 的合成，使细胞核酸减少，从而抑制生物体的发芽。生物体内的 ATP 是通过许多复杂的酶系统作用才合成的。而射线可使酶钝化或激活。如生物体利用糖所必需的己糖激酶，经辐照后其强度可下降 75% 到 80%，而分解 ATP 的酶强度大约可提高 3 倍。所以，辐照处理能使马铃薯等的芽部呼吸强度下降，ATP 及核酸含量减少，从而导致发芽被抑制。

二、辐照工艺

辐照工艺是利用电离辐射按照规定的工艺规范对食品进行辐照，使食品获得适宜的辐射剂量并在食品中产生特定的辐射效应，以达到某种技术要求或提高卫生安全性的措施和方法。辐照食品虽然由于加工的目的和品种不同，其具体的辐照前处理、辐照剂量和再辐照等工艺环节有所区别。但是辐照食品总体工艺流程大体如下图：

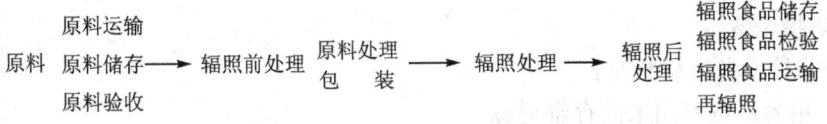

图 5-1 食品辐照工艺流程

（一）原料

为了保证辐照食品的安全和能够有效地达到辐照处理的目的，对于将要接受辐照的食品原料从其运输和储存阶段就应当按照相关的规定进行处理。在原料入库后，应当按照有关规章制度进行验收或检验，以确定原料是否符合要求。

（二）辐照前处理

根据辐照目的和工艺要求，给予原料适当的处理（如肉类的分割）和包装。

（三）辐照处理

应该根据辐照目的和辐照对象，按照工艺标准正确选定并设置辐照工艺剂量。产品最小吸收剂量应大于并尽可能接近最低有效剂量，产品最大吸收剂量小于最高耐受剂量，总平均剂量限值在卫生标准的限制内。如批量静态辐照时，产品一般应放在等剂量线上，不宜离源太近，要考虑产品密度与包装大小、堆码的工位与方式、翻转移位方式和辐照时间等。动态辐照时，要考虑产品密度与包装大小、在辐照箱中的装载方式、传输速度或工位停顿时间等。注意辐照条件，如温度。每批产品都应进行辐照剂量监测。

（四）辐照后处理

辐照食品应该与原料分库存放，并及时检验。按照辐照食品的种类和保障其卫生安全的规定要求进行运输和储藏。除了法律法规允许再辐照的食品外，其他辐照食品不得再接受辐照处理。

三、辐照设备

目前加工和试验用的辐照源有 ^{60}Co 和 ^{137}Cs 产生的 γ 射线，及电子加速器产生的低于10兆电子伏（MeV）的电子束。辐照装置有固定式和流动式两种，固定式是将辐照源置于辐照场的深水池内，辐照时用机械卷扬装置将辐照源提升到地面。食品辐照分为静式和动式两种，静式是在辐照前将包装好的食品预先摆在辐照源所在地的周围，定时进行翻转，以保障辐照均匀。动式是用机械装置将食品输入场内不断回转进行辐照。达到预定剂量后，将辐照源送回深水池内。为保证环境周围人员安全，辐照场所周围建造有厚达1m以上的钢筋水泥围墙，隔断射线。操作人员在操作室内进行遥控操作。流动式辐照系将辐照源置车、船内，运至食品库进行辐照，目前主要采用固定式。

（一）辐射源

1. 人工放射性同位素　在食品辐照处理时供电离辐射用的放射线主要为 β 和 γ 射线，通常采用人工制备的放射性同位素 ^{60}Co（钴，半衰期5.26年）和 ^{137}Cs（铯，半衰期30.3年）。^{60}Co 经 β 衰变后放出两个能量不同的 γ 光子，最后变为 ^{60}Ni；^{137}Cs 经 β 衰变后放出 γ 光子，最后变为 ^{137}Ba。目前在商业上采用 ^{60}Co 作为 γ 射线源。

2. 电子加速器　利用电磁场作用，使电子获得较高能量，即将电能转变成辐射能，这样的仪器设备装置有静电加速器、高频高压加速器、绝缘磁芯变压器。X射线转换率不高，一般不用于食品辐射。

（二）防护设备

常用于防护设备的材料有：

1. 铅　铅容器可以用来储存辐射源。
2. 钢材　容器和设备的结构骨架。
3. 铁　用于制作防护门，铁钩和盖板等。
4. 水　将辐射源（如 ^{60}Co、^{137}Cs 等）储存在深井内。
5. 混凝土墙　既是建筑结构又是屏蔽物。

（三）输送与安全系统

工业用食品辐照装置是以辐射源为核心，并配有严格的安全防护设施和自动输送、报警系统。所有的运转设备、自动控制、报警与安全系统必须组合得极其严密。

第三节　辐照技术在食品工业中的应用

辐照食品采用放射性钴的 γ 射线、X射线或高能量的电子束等穿过食物机体，使其中的水分和各种营养物质发生电离作用，抑制蔬菜的发芽和生根，辐照后的粮食在良好的保藏条件下3年内不会生虫、霉变；大蒜、土豆、洋葱经过辐照后能延长保存期6个月～12个月；肉禽类食品经过辐照处理，可全部消灭真菌、大肠杆菌等腐败性和致病性微生物。表5-2

中提供了辐照加工技术在食品中的一般应用。不同种类的食品有不同的特性和不同的辐照目的，这就要求辐照处理要有不同的剂量。辐照处理根据所使用的剂量可分为低（<1kGy）、中（1～10kGy）、高（>10kGy）三类。

表 5-2　食品辐照的一般应用

分 类	目 的	剂量（kGy）	食 品
低剂量（1kGy）	1. 抑制发芽	0.05～0.15	土豆、洋葱、大蒜、姜等
	2. 灭害虫和寄生虫	0.15～0.5	谷物、豆类、鲜果、干果、干鱼、鲜肉等
	3. 延缓生理过程	0.5～1.0	新鲜水果、蔬菜
中剂量（1kGy～10kGy）	1. 延长货架期	1.0～3.0	鲜鱼、草莓等
	2. 杀灭腐败菌和致病菌	1.0～5.0	新鲜冷冻海产品，生的或冷冻肉禽
	3. 改进食品品质	2.0～7.0	葡萄、脱水蔬菜等
高剂量（10kGy～50kGy）	1. 商业杀菌消毒（结合轻度加热）	30～50	肉、家禽、海产品、加工食品、医院无菌食品
	2. 某些食品添加剂调味品的去污染	10～50	调味品、酶制剂、天然植物胶等

一、低剂量辐照

可以抑制蔬菜发芽（0.05kGy～0.15kGy剂量的辐照处理即可阻止马铃薯、大葱、洋葱或姜储存期的发芽）、防止食品虫害（1kGy剂量的辐照处理可以消灭大米、小麦、干菜豆、谷粉和通心粉中的象鼻虫和面象虫；0.25kGy剂量可使昆虫在数周内死亡或使存活的昆虫不孕；1kGy剂量足以使昆虫在数日内死亡）、延长水果和蔬菜的生理过程（1kGy以下的剂量辐照可抑制多种水果、蔬菜中的酶活性，也可相应降低植物体的生命活力，从而延长其成熟，减少腐烂，延长保藏期）。

二、中剂量辐照

可用于食品的辐照巴氏杀菌能保证食品在室温条件下保藏的货架稳定性和改善食品的工艺品质。辐照巴氏杀菌就是利用辐照对食品进行消毒与防腐。消毒就是杀灭食品中除病毒与芽胞菌以外的非芽胞病原菌，主要是沙门菌，所需剂量2kGy～8kGy；防腐就是杀灭腐败微生物，延长食品的保藏期，剂量范围在0.4kGy～1.0kGy之间。此方法特别适用于保藏在冷冻条件下的未经烹调预包装食品及真空包装的未经烹调肉类制品，例如，用1.5kGy～2.5kGy的剂量辐照处理鳕鱼，在2～3℃的冷藏条件下可保藏三个月，而未辐照的鳕鱼只能保藏一个月。实验表明，在指定的剂量下对肉类及家禽类的产品进行处理，可以杀灭其中的沙门菌，或者使其数量减少到不会感染正常人的水平，并可延长食品冷藏温度在冰点以上的储藏期。造成新鲜农副产品（如鱼肉、水果或蔬菜等）霉变的大多数微生物对低剂量辐照很敏感，采用1kGy～5kGy剂量辐照可使霉变微生物减少好几成，因此可以延长这些食品的货架期，若采用较低剂量（1kGy～2kGy）辐照草莓、芒果、桃子等水果，可以有效地控制真菌生长，减少这些水果在运输销售过程中的损失，保藏期得到延长。但辐照技术与其他技术一样，不可能使质量低劣或已经腐败的食品变好。用2.5kGy或5kGy的剂量辐照大豆后，可改进豆奶和豆腐的品质,提高产出率;以 2kGy～4kGy 剂量辐照薯干酒和劣质酒,可以加速陈化、消除杂味儿、提高品质;牛肉经 1kGy～10kGy 剂量辐照后,其蛋白纤维会产生降解而使牛肉变得特别鲜嫩;对葡萄进行辐照处理,可以增加葡萄汁的产量;辐照脱水蔬菜,可以提高其复水性能,减少烹调时间。

三、高剂量辐照

常用于香料、调料和调味品的消毒。天然香料与调味品易生虫长霉,传统的加热和熏蒸消毒法不但有药物残留,而且容易导致香味挥发,甚至生成有毒化合物。采用辐照技术对香料和调味品进行杀虫灭菌,不仅可使传染性微生物失去活性,而且可保持原有风味。如辣椒粉经 5kGy 剂量辐照后,样品检测不出真菌;干香葱粉经 4kGy 剂量辐照后,微生物数量明显减少,经 10kGy 剂量辐照后,细菌数量减少到十个以下。目前,在国际市场上有近百种辐照香料与调味品销售,其中有的辐照剂量高达 30kGy。

第四节 辐照对食品品质、营养成分的影响

一、对感官性质的影响

食品经辐照处理后内部成分可以发生系列变化,对感官性质有一定的影响。例如,蛋白质照射后产生硫化氢、硫醇、胺类、甲基硫化物,以及黏度改变等。脂肪照射后产生过氧化物、酮基化合物。糖类和氨基酸混合物照射后产生褐变反应。特别肉类食品照射后,使肉呈砖红色,有类似蘑菇味的"辐照味"。但低剂量照射,或在低温、真空条件下高剂量照射,以及高剂量照射前加入维生素 C、食盐、碳酸氢钠、三聚磷酸钠等物质,可以改善食品的感官性质,对食品质量起保护作用。

美国陆军 Natick 研究中心将肉类食品在辐照前于 65～75℃下进行预处理,抑制了肉中水解蛋白酶及自溶酶活性,减少了食品异味,增加了食品成分的稳定性。经 70℃预热处理,真空包装,−30℃条件下进行高剂量辐照处理,获得了高质量全灭菌的辐照牛肉。

二、对食品营养成分的影响

大剂量照射会使食品营养成分受到一定程度的损失,主要是维生素,特别是维生素 C。但在低剂量、低温、无氧条件下照射,能够较好地保存营养素。

辐照对食品蛋白质、碳水化合物、脂肪的营养价值基本上无影响。Raica 和 Howie 报告,经 56kGy 辐照处理的食品,蛋白质、碳水化合物、脂肪的消化率无改变。Read 等用 9 种辐照完全杀菌食品组成的饲料喂养四代大鼠,与未辐照饲料相对照,蛋白质、脂肪、碳水化合物利用率均未因辐照而降低。

食品经过电离辐射后会发生部分化学变化,剂量越高变化程度越明显。组成食品的分子经过电离辐照后会产生离子、自由基等活性粒子,活性粒子引发的化学反应会影响食品成分的分子结构的变化,其程度与辐射条件有关。

1. 蛋白质分子经辐照会发生变性现象。有些蛋白质中的部分氨基酸可能发生分解或氧化,部分蛋白质还会发生交联或裂解作用,实验证明经 50kGy 以下辐照的食品蛋白质营养

成分无明显变化,其氨基酸组成稳定;

2. 脂肪分子经辐照后会发生氧化、脱羟、氢化、脱氢等化学反应,产生典型的氧化产物、过氧化物和还原产物。具体产物取决于脂肪的种类、不饱和程度、辐照剂量、氧存在与否等条件。饱和脂肪一般是稳定的,不饱和脂肪容易氧化,它的氧化程度与辐照剂量成正比。研究表明:经 40kGy～50kGy 的辐照后,脂肪的同化作用和热能价值并不发生改变,营养价值毫无变化;

3. 只有大剂量的辐照才能引起碳水化合物的氧化和分解,释放出 H_2、CO、CO_2 等气体。一般情况下,碳水化合物对辐照是稳定的。20kGy～50kGy 的剂量不会使糖的品质发生变化;

4. 维生素分子对辐射较为敏感,脂溶性维生素中以维生素 E、K 最为敏感,水溶性维生素中以维生素 C、B 族的敏感性最强,只有维生素 B_1 对辐照不敏感。维生素与食品中的其他成分复合存在将会降低对辐射的敏感程度。研究表明:20kGy～25kGy 剂量的辐照对维生素的破坏程度与食品加热处理相同。

第五节 辐照食品可能存在的卫生学问题

作为一种新型食品,辐照食品还可能存在各种各样的卫生学问题,虽然我国正在努力建立各类辐照食品标准,但是对于快速发展的辐照食品产业仍然有所滞后。目前,辐照食品可能存在以下卫生学问题:

一、对伪劣食品进行辐照处理

食品辐照技术如同食品冷藏、高温处理和化学处理等技术一样,能够去除食品中引起食品腐败和导致食源性疾病的微生物,达到保障食品安全、延长食品货架期的目的。但是有不法食品生产商利用辐照加工技术处理过期、腐败食品,用以欺骗消费者,严重危害了消费者的食用安全。

二、辐照处理超出规定的剂量范围

对于不同的食品根据辐照的种类和目的的不同,所接受的辐照处理剂量范围也不一致。如果食品接受的辐照剂量低于最低吸收剂量值,将无法达到辐照目的。而食品接受的辐照剂量高于最高吸收剂量值,将会产生异味、变褐色等改变。目前由于缺乏对辐照处理剂量的规范化管理,不可避免发生辐照处理超出规定的剂量范围的现象。

三、再辐照问题

再辐照是指对经过辐照处理的食品或者由经过辐照处理的原料制成的食品再次进行辐照处理。《辐照食品卫生管理办法》中规定食品不得进行再照射,仅对下列食品可进行再照射,但其总的累积吸收剂量不得大于 10kGy:①为控制病虫害而进行辐照的含水分低的食品,如谷类、豆类、脱水食品及类似产品;②用低剂量(小于 1kGy)辐照过的原料制成的食品;③为达到预期效果,可将所需的全部吸收剂量分多次进行照射的食品;④含 5% 以下辐照配料的食品。

目前发生再辐照现象主要有以下情况：①进出口检疫辐照处理，由于很多辐照食品没有标识，而进口国为了保障进口食品的安全采取的辐照处理措施可能造成再辐照。②企业管理混乱，企业的库房管理混乱，未辐照食品和辐照食品存放在同一个库房，容易使已辐照的食品发生再辐照现象。

四、包装问题

使用被辐照处理后会显著改变结构特性的包装材料和被辐照处理后会产生有毒物质并能通过接触传递给食品的包装材料会造成辐照食品的污染，从而危害消费者的健康。

五、检测问题

目前尚未建立完善的辐照食品检测方法。开展辐照食品检测方法的研究，建立辐照食品的测试方法，将促使生产商按国际标准进行辐射加工，防止劣质辐照食品上市，有利于开展国际贸易，以达到国际贸易的互相监督、检查，以利于严格管理和有效控制，并增加消费者对辐照食品的信任。此外，确立了辐照食品的检测方法，就可以为海关检疫部门提供把关手段，同时亦可避免出现重复照射及防止无标记的辐照食品进入国际贸易市场。

六、标志问题

世界各国对辐照食品标签的规定趋于一致，经过辐照的食品必须标明"辐照食品"，"经电离辐射线或电离能量处理过的任何配料，必须在配料表中加以说明"。我国《辐照食品卫生管理办法》和《食品标签通用标准》中都对辐照标识有明确规定，但很难在我国市场上看到有标识的辐照食品，这种现状影响了消费者的知情权。

第六节 辐照食品的卫生监督与管理

一、有关法规、标准及组织机构

对食品进行法规管理的目的是保护人们经济利益和保护人民身体健康，辐照技术应用于食品杀菌是食品加工的重要工艺环节，和其他食品一样必须加强卫生监督管理。辐照食品的管理法规涉及三个方面：①辐照设施安全性管理；②食品卫生管理；③有关辐照工艺和剂量管理。各个国家都制定有相应的管理办法和标准。在荷兰，食品辐照受《纯食品法》和《核能法》的制约。《纯食品法》对食品成分和卫生方面均有一定要求。联合国粮农组织（FAO）和世界卫生组织（WHO）的食品法典委员会（CAC）也提出了《辐照食品通用标准》和《用于处理食品辐照设施的实施细则》。

在我国，为了确保辐照食品的卫生安全性和辐照食品剂量的准确性，辐照食品要受如下各项法规的制约：

《辐照食品人体试食试验暂行规程》卫生部发布 1986.10

《放射性同位素与放射装置放射防护条例》国务院发布 1989.10

《食品安全毒理学评价程序和方法》GB15193.1 - 1994

《中华人民共和国食品卫生法》1995年10月30日颁布实施

《辐照食品卫生管理办法》卫生部 1996 年 4 月发布

《γ 辐照装置食品加工实用剂量学导则》GB16334-1996

为了方便辐照食品的国际贸易，1962 年联合国 FAO/WHO 共同成立了食品法典委员会，现有包括我国在内的 130 多个成员国。其主要职能是制定食品（包括辐照食品）、食品添加剂和食品中农药残留方面的统一法规标准。辐照食品安全性专家委员会和食品添加剂委员会均为食品法典委员会所属添加剂部门委员会的建议机构，定期对辐照食品进行评价审批。早在 1976 年该委员会即无条件批准了鸡肉、番木瓜、马铃薯、草莓、小麦 5 种辐照食品，暂时批准了洋葱、大米和鱼。蘑菇因资料不充分未作评价。

1984 年 FAO/IAEA/WHO 联合组织了国际食品辐照咨询组（ICGFI），所有有关辐照食品的重大事项均在 ICGFI 上讨论。1994 年该咨询组提出了辐照食品模式法规。其中提出了对各类食品辐照目的的有效剂量范围。见表 5-3。

表 5-3　辐照食品模式法规各类食品辐照目的及剂量

食品分类	目的	推荐有效控制剂量范围（kGY）
根茎类	抑制发芽	0.05～0.2
新鲜蔬菜、水果	杀虫	0.1～1.0
	延长成熟/货架期	0.5～2.0
谷类、豆类（脱水食品及含脱水成分）	杀虫	0.2～1.0
鱼、海产品、蛙腿及其产品（生或冷冻）	延长货架期	1.0～3.0
	抑制致病菌或腐败菌	1.5～5.0
禽、肉及其产品（生或冷冻）	延长货架期	1.0～3.0
	抑制致病菌或腐败菌	1.5～5.0
	抑制寄生虫	0.3～1.0
调味品及脱水蔬菜	抑制致病菌或腐败菌	3.0～10.0

1984 年以来我国卫生部批准发布了辐照食品卫生标准共 18 项，随后为了和国际辐照食品类别标准接轨。1997 年卫生部发布了 6 类辐照食品国家标准，并保留了 3 项辐照食品国家标准，其他各项辐照食品国家标准作废。有效的标准见表 5-4。

表 5-4　辐照食品国家标准

辐照食品卫生标准名称	编号	平均吸收剂量（kGy）
辐照熟畜禽肉类卫生标准	GB14891.1—1997	8.0
辐照花粉卫生标准	GB14891.2—1997	8.0
辐照干果果脯类卫生标准	GB14891.3—1997	0.4～1.0
辐照香辛料类卫生标准	GB14891.4—1997	<10.0
辐照新鲜水果、蔬菜类卫生标准	GB14891.5—1997	1.5
辐照猪肉卫生标准	GB14891.6—1997	0.65
辐照冷冻包装畜禽肉类卫生标准	GB14891.7—1997	2.5
辐照豆类、谷类及其制品卫生标准	GB14891.8—1997	豆类 0.2，谷类 0.4～0.6
辐照薯干酒卫生标准	GB14891.9—1997	4.0

上述标准中对辐照后食品的感官性状、卫生质量、农药残留以及平均辐照吸收剂量、剂量均匀度，辐照加工食品的许可、市场销售、辐照加工设施的安全性防护、操作人员的资格

等都作了严格规定。

二、我国辐照食品卫生管理原则及措施

为保证辐照食品卫生安全，保障消费者的健康，根据《中华人民共和国食品卫生法》和《中华人民共和国放射性同位素与射线装置放射防护条例》的有关规定，制定了《辐照食品卫生管理办法》。对食品辐照加工单位、人员及辐照食品的卫生监督管理作了具体的规定。国家"十五"重大科技专项"食品安全关键技术"中专门规划并研究了《辐照食品良好辐照规范（辐照食品GIP）》，对从事食品辐照的企业（以下简称辐照食品企业）的设计与设施、过程控制、辐照后处理、储存和运输、标签、再辐射、品质和卫生管理以及人员等方面应达到的条件提出了详细的要求。

从事食品辐照的企业应从以下几方面加强卫生监督管理。

（一）设计

辐照食品企业应按照《中华人民共和国职业病防治法》和《中华人民共和国放射性污染防治法》的要求分别编制职业病危害评价和环境影响报告书，报安全生产部门审查批准并取得许可或批准文书，同时向卫生行政部门申报厂区选址与厂房平面设计，审查批准后方可进行施工。

（二）设施

辐照食品企业的厂房布局应根据辐照食品的种类、生产技术要求设置生产车间，必须包括以下生产车间和辅助设施：辐照前食品及食品原料储存库房（区域）、辐照食品传送车间、辐照处理车间、成品库（区域）和更衣室、淋浴室、厕所、洗手池等卫生设施。

辐照处理车间应设置于独立厂房内，并按照放射源和工作场所的级别按有关规定进行设计和建造，其内部要做到合理布局，合理采用各种操作器械和设备，使各区域的辐射照射及对环境的影响控制在相应的数值之内。有良好的通风设施，辐照室内臭氧和氮氧化合物的浓度低于国家《工业企业设计卫生标准》中的限值。必须设置永久性屏蔽，确保人与源之间有可靠的防护措施。还必须设置联锁门、报警设备，对γ辐照装置还应备有迫降装置和其他安全连锁装置。

（三）辐照前处理

辐照食品企业应制定辐照前食品储存、使用、检验和记录等制度，并有专人负责，记录应存档。食品辐照前必须符合相关食品标准，辐照食品企业必须向提供需进行辐照的食品的企业索取该食品的检验单或合格证。食品辐照前必须按规定进行包装，以避免辐照后的细菌污染和昆虫滋生，其包装材料应符合相应规范和其他相关管理办法、标准的要求，辐照食品企业要索取该包装材料的有效检验报告单。

（四）辐照处理

辐照食品企业应制定辐照处理工艺规程和岗位作业指导书。辐照处理工艺规程应保证辐照食品与非辐照食品分开，辐照处理能够达到既定的工艺目的，从业人员的辐射防护及防止可能产生的对环境影响危害因素管理制度。岗位作业指导书应对辐照处理工序的各个岗位的具体职责、操作要求、个人辐射防护（其中必须要求从事辐照处理的操作人员配戴个人剂量计和报警仪）和异常情况报告、处理做出详细而明确的规定。生产操作人员应按照制度的规定记录每批辐照食品的数量、辐照处理时间、辐照目的、放射源暴露时间、产品移动速度或运输系统运行速度、产品停留时间。辐照食品企业应按照GB18871的要求建立有效的辐射防护监测和监督制度，禁止无关人员进入辐射工作场所，经常检查辐射防护计划和措施的有效性，发现异常情况，及时采取改进措施。辐照食品企业应按照GBZ128的要求制定职业照射监测和评价制度，并将监测和评价结果记入档案，以备有关部门检查。

为了达到食品辐照的目的，食品应接受达到希望效果的最低有效吸收剂量，并保持适当水平的剂量均比。食品接受的吸收剂量应符合相关国家标准。食品接受的总体平均最高有效吸收剂量不得超过10kGy。在辐照食品过程中，辐照食品企业应选取加工生产线上有代表性的点，使用公认有效或标准方法测量辐照剂量。剂量测量应按照有关规定进行，以确保辐照食品质量。剂量测量必须完整记录，记录应存档并保存3年以备有关部门检查。

（五）人员

辐照食品企业必须具有足够的、经过培训的、胜任的从业人员。专职技术人员不得低于职工总数的80%。直接从事辐照加工的放射工作人员和辐照食品企业负责人必须进行放射防护知识培训，经考试合格的，由省级卫生行政部门发给《放射工作人员证》。未取得《放射工作人员证》者不得上岗从事放射工作和辐照食品企业管理工作。放射工作人员放射防护知识培训工作由省级卫生行政部门指定的专业机构负责。从业人员必须遵守《中华人民共和国食品卫生法》、《辐照食品卫生管理办法》和GB14881中的关于个人卫生与健康管理的相关规定，从业人员或临时雇佣人员必须进行健康检查，取得健康体检证明后方可上岗，以后每年至少进行一次健康检查。辐照操作人员、从事辐照监测的人员和可能受到辐照的其他工作人员应按照相关规定进行健康检查。辐照食品企业必须建立完善的个人健康档案，个人健康档案至少保留到该从业人员离开企业10年后。

（六）其他

《辐照食品良好辐照规范（辐照食品GIP）》还规定了辐照后储存、运输、再辐照、标签、品质管理、卫生管理等制度。

第七节　目前辐照食品的研究重点和问题

一、目前辐照食品研究的重点

（一）食品辐照杀菌工艺

我国目前在食品的保质、保鲜技术方面还存在许多亟待解决的问题，食品中还存在相当严重的卫生安全问题。应用食品辐照杀菌工艺将有助于解决上述问题。①由于我国食品的特性，特别是预包装熟食很难采用常规的高温、高压消毒处理工艺。而随着人们生活节奏的加快、超市等流通渠道的扩展使预包装熟食需要量激增。因此辐照小包装熟食技术是目前的研究热点。②预包装冷鲜肉或鲜禽肉的辐照处理。冷鲜肉在营养、品质和使用方便上都要优于鲜肉和冷冻肉，但是普通冷鲜肉保存期仅5d～7d，不利于运输和在超市中销售，而真空包装的冷鲜肉经过2kGy～3kGy剂量的辐照处理后，其保存期可延长至20d～30d。③调味品、脱水蔬菜、功能食品的辐照处理。这三类食品都可能直接使用，对卫生标准要求较高，而且目前生产厂家在设备和工艺上还达不到净化、密闭、无菌的要求，所以密闭包装后进行辐照处理是目前惟一可行的消毒杀菌办法。

(二) 进出口的辐照检疫处理

进出口检疫既是保护中国农业生态环境的重要措施,同时也是提高出口食品卫生质量、增强国际市场竞争力的有效方法。中国是世界进出口贸易大国,据海关统计,近年来进出口贸易居世界第六位,其中,农副产品、食品以及一些可能生虫、染菌的产品的进口量约占1/3,数量达到9 000万吨,价值约为450亿美元。大量货物的进口,中国海关不可能做到全部检验,这就不可避免地会有一些病菌、害虫、化学毒素等被带入国内,不仅严重损害人们身体健康,也严重地破坏了中国的种植业和养殖业。

(三) 风味食品和土特产的辐照杀虫保鲜

中国有许多传统食品是不能通过高温高压灭菌的,如菌类食品、山野菜、保健食品以及要求保留原有营养成分、传统色香味的包装食品(如方便食品、旅游食品)等。

(四) 粮食贮存中的辐照杀虫技术的推广应用

中国战备粮贮存量大约在9 000万吨左右,目前主要是依靠各粮库定期采用熏蒸杀虫剂来进行处理,但是日积月累其残留量不断增加,有的虫类已滋生抗药性,要依靠增加熏蒸程度来抑制,这就直接危害了人们的健康,同时操作人员也身受其害。中国年进口粮食2 000多万吨,其中进口美国的数百万吨小麦种的矮星黑穗病(TCK)的检出率高达2%。为了杜绝TCK传入中国,清华大学开展了这方面的研究并取得了突破性的成果,为辐照杀虫的应用开辟了道路。

二、目前辐照食品存在的问题

中国既是食品工业大国,也是辐照食品大国,虽然发展辐照食品有许多有利条件,但也存在不少问题,主要有:

(一) 钴源装置规模小,效率低

目前中国各类钴源辐照装置数量虽然不少,但实际装源量只有设计装源能力的1/2,多数辐照装置的装源量也就200kCi～300kCi,若用于食品杀菌消毒,例如小包装熟肉制品杀菌的辐照剂量约为6kGy,则需要辐照5h～8h,平均处理量(动态)也只有100kg/h～200kg/h,远远满足不了大型肉食厂的要求。

(二) 辐照消毒用加速器开发滞后

常用的工业处理辐射源有两种,即γ射线和电子辐照加速器。钴源装置由于设备简单,运行维护方便,因而发展很快。但从环保角度考虑,钴源的安全防护要求高、且存在废源回收处理等问题,而加速器在环保上更为有利。特别是近十年加速器技术有了突破性进展,比利时IBA已经成功地研制了10MeV150kW的大功率加速器,俄罗斯、法国、日本也制造了可用于消毒的高能量大功率加速器。而中国辐照消毒用的大功率加速器的开发研制才刚刚起步。

(三) 标准尚不齐全配套

中国政府已经公布了6大类辐照食品卫生标准和17种辐照工艺标准,但是与食品工业的迅速发展和人民生活的迫切需要还有差距。1998年水产品总产量达到3 000万吨,相当于肉类产量的一半。水产品中大多易感染寄生虫、致病菌,是引发食源性疾病的一个重要来源,个别地方的水产品甚至被肝炎病毒污染,会造成严重的卫生问题。希望早日颁布水产品的辐照卫生与工艺标准。

（四）辐照食品的检测滞后

食品辐射加工的剂量一般在 0.01kGy～10.0kGy 之间，其中有相当数量的食品，辐照加工剂量在 0.01kGy～1.0kGy 之间。辐照引起食品的外观、形状、温度以及组成的变化是十分微小的，因而，检测食品是否已被辐照和辐照食品接受的吸收剂量是十分困难的。

中国在"七五"（1986年～1990年）期间，北京大学等单位开始了辐照食品检测的研究，主要研究用化学法、电子自旋共振（ESR）法、电化学法、生理学方法等检测猪肉、扒鸡、家禽、酒、水果、土豆和酱油的辐照，标志着国内的研究工作已和国际接轨。此后，计量科学研究院、浙江大学等单位也开展了上述工作，但在估测辐照食品的吸收剂量方面，依然缺少可用的检测手段。

（五）辐照装置的建设缺少有力的和协调的监管

辐照食品市场需求大、经济效益明显，各地纷纷扩装辐照源或新建辐照站，仅南京到上海一线，据不完全统计就有9个新装置在建或筹建。但 γ 辐照装置毕竟是利用放射源的特殊装置，根据国家质量技术监督局1998年11月发布的"γ辐照装置设计建造和使用规范"这一国家强制性标准的规定，对于业主、设计单位、制造单位、施工单位、安装单位、运营单位都有相关的资质要求，但至今还没有对"市场准入"进行管理。"核无小事"，一旦出了问题必将对产业发展造成危害。

（六）对辐照标识的认识有待统一

国际上号召对辐照食品加以标识，但人们的认识尚不统一。由于在1976年世界三大组织召开的国际会议上，明确指出了"辐照是一种处理食物的物理过程"。如果冷藏技术都没有规定加贴统一标识的话，对辐照食品贴标签就缺少说服力。1981年 FAO/IAEA/WHO 辐照食品卫生安全联合专家委员会指出："辐照食品既符合有关食品总的规定，又符合辐照食品各类规定"，基于这些认识，1982年国际食品添加剂法规委员会第15次会议上做出了删除关于必须在零售的辐照食品上贴标签的要求，但是在零售以前的大包装上以及出口食品上必须加以标明，但这一要求被美国的一些食品协会以"歧视性条款"为由加以拒绝，甚至上诉到联邦法院。总之，标识问题未得到统一的认识与有效的解决。1994年中国国家技术监督局颁布的"食品标签通用标准"、1996年4月颁布的《辐照食品卫生管理办法》以及2001年12月国家质量监督检验检疫局发布的"食品辐照通用技术要求"均规定，必须在食品名称附近标明辐照食品标签，若辐照配料，还必须在配料表中加以说明。但对如何具体实施还不明确。

三、对策和建议

（一）加强政府部门对辐照食品的管理

首先由国防科学技术工业委员会出台相应法规对辐照装置的设计、建造、运营等实行严格的"市场准入"制度，并会同卫生、公安、技术监督等部门联合执法。为了避免重复与多头管理给企业造成不必要的负担，建议由一个部门主管，逐步建立辐照食品卫生安全质量检查抽检机制，严格执行有关辐照食品法规标准，以促进辐照食品健康发展。

（二）加快法规与标准的制订

为了促进辐照食品商业化和国际贸易，应迅速颁布辐照水产品类（海、淡水）卫生标准及相应的工艺标准，并对已经制订的卫生标准和工艺标准的，参照国际标准进行调整和修订。

(三）加快对辐照食品的前沿问题组织科技攻关

重点攻关方向是辐照食品的鉴别问题及食品通过辐照处理降解农药残留的问题，食品中农药残留问题是阻碍中国食品出口的主要问题。2002年宁波率先提出并研究了电子束辐照冻虾仁降解其中氯霉素的试验并取得了成功，开辟了辐照处理新的应用领域，但对其他食品的农药残留是否可以降解，降解产物是什么，对人畜有无危害等问题尚不清楚。建议对阻碍中国主要辐照出口食品如水产品、蜂制品、茶制品的农药残留进行降解研究。

（四）加快发展加速器技术在食品辐照中的应用

近十年来，国外已有170台电子加速器开展食品辐照工作，主要用于处理谷物、冻虾、冻禽和各种预包装食品。中国加速器制造业已具备一定规模，应开展食品辐照加速器的研制。

（五）加大宣传普及力度、提高消费者的接受性

要加强辐照食品的宣传力度，出版科普读物和音像片，开办辐照食品专卖店等，消费者对辐照食品的态度，随着人民群众保健意识的增强和对核技术认识的提高是可以进一步改进的。至于辐照食品的标签问题，因为涉及到国内外贸易的发展，国外对此也未真正解决，故宜采取慎重态度。建议只在大包装上注明用科学方法灭菌，我们相信随着人们对辐照食品认识的加强，这一问题会逐步解决。

（卢　江）

复习题

一、单项选择题（下列四个备选答案中只有一个是正确的，请选出并将其代码写在题干后面的括号内。）

1. 辐照抑制发芽的食物品种不包括下列哪一项　[　　]

　A. 土豆　　　B. 洋葱　　　C. 海产品　　　D. 大蒜

2. 蛋白质照射后不产生下列那些物质　[　　]

　A. 硫化氢　　B. 硫醇　　　C. 胺类　　　　D. 氰化物

二、多项选择题（下列备选答案中有二至五个是正确的，请将其全部选出并将代码写在题干后面的括号内，多选、少选、错选均不得分。）

1. 关于辐照食品下列哪些是正确的　[　　]

　A. 食品辐照主要是将放射能用于食品灭菌、杀虫、抑制发芽等

　B. 食品辐照能延长食品的保藏期限

　C. 食品辐照能促进成熟和改善食品品质

　D. 目前加工和试验用的辐照源有 ^{60}Co 和 ^{137}Cs 产生的 γ 射线，及电子加速器产生的低于10兆电子伏（MeV）的电子束

　E. 辐照剂量单位为 Gy（Gray 戈瑞）

2. 食品辐照应用于下列哪些方面　[　　]

　A. 抑制发芽　　B. 增加食品的色泽　　C. 延长货架期　　D. 使食品具有保健作用

　E. 杀灭腐败菌和致病菌

三、名词解释题
1. 辐照食品　　2. 吸收剂量

四、简答题
哪些材料常用于辐照设施的防护?

第六章 超高压食品

第一节 超高压食品的概念及发展简史

一、超高压食品的概念

食品超高压技术（Ultra-High Pressure Processing，UHP）简称高压技术（High Pressure Processing，HPP）或高静水压技术（High Hydrostatic Pressure，HHP）是一种冷杀菌技术。将包装好的食品放入装有液体介质的高强度容器中，保持100MPa～1 000MPa压力一段时间，以达到杀灭食品中微生物的目的，经过这样处理的食品称作超高压杀菌食品，简称超高压食品。液体介质通常采用食用油、甘油、油与水的乳液。超高压杀菌技术是上世纪90年代由日本明治屋食品公司首创。从诞生之日起，该技术就受到各国食品工业界的高度重视。超高压技术成为目前世界上食品加工的一项高新技术，引起各方面的广泛关注，被誉为"当前七大科技热点"和"21世纪十大尖端科技"之一。

食品的超高压处理过程是一个纯物理过程，具有瞬间压缩、作用均匀、操作安全和能耗低的特点，有利于生态环境保护。超高压加工技术除节约能源、减少污染、保证食品在微生物方面的安全等优点外，其最大优越性在于这种技术是目前人们发现的能最好保持食物天然色、香、味和营养成分的加工方法。

二、超高压食品的发展简史

超高压处理技术是随着现代高压物理学的诞生而发展起来的。超高压杀死微生物在1895年由Roger最早报道，其后1899年美国化学家Hite证明了牛奶、果蔬和其他食品、饮料中的微生物对压力敏感，并首次发现了450MPa的高压能延长牛乳的保藏期。

美国物理学家Bridgeman在1906年开始对宏观物理行为的高压效应进行了系统的研究，并于1914年报告了蛋白质在700MPa的高压下会凝固。当时研究还发现常温下加压到500MPa时淀粉会α化，在400MPa时能杀死使食物腐败的乳酸菌、酵母、大肠杆菌等微生物。

20世纪80年代末，人们又重新开始考虑高压技术在食品行业中的应用价值。1986年，日本京都大学的林力丸教授率先开展了高压食品的实验，发表了高压技术在食品工业中应用的研究报告。1989年在科隆召开的第5次国际食品工业学术会议上，林力丸教授报告了题为"高压在食品加工贮存中的应用—设想及发展趋势"的文章引起欧美国家的反响。法国、韩国、德国等相继开展了与此有关的试验与研究。

1990年4月世界上第一号高压食品—果酱问世，引起了日本国内的轰动，被人们誉为"21世纪食品"。1992年日本和欧洲共同举办了"加压食品和高压生物工程"学术会议，1995年11月在京都召开了第一届"超高压食品"国际性学术会议，这些会议使研究工作不断扩大和深入。

目前，从总的食品市场来看，超高压杀菌食品并未占领市场和实现大产业化，主要是因为有关超高压科学的理论研究与理论体系尚不完善；食品超高压处理设备批处理能力小，达不到连续化大批量生产的要求，并且设备昂贵；食品法规的规定是以热加工为基础的标准参数，食品的压力方面指标标准尚须研究制定。

同发达国家相比，我国超高压技术落后，超高压处理食品技术正处在早期研究阶段，市场上尚无超高压食品出售。近年我国已取得了一些阶段性成果，如在酸性食品超高压杀菌方面进行了大量试验并获取了可靠的技术参数。目前，超高压西瓜果肉汁、柑橘汁等已在实验室研制成功。由于我国在超高压容器设计方面尚无十分完善的标准，因而给设计工作带来一定的难度。在高压装置的设计、试制方面我国正在努力探索。

除了在基础技术研究和产品开发方面需要加强外，还要结合我国的饮食习惯和食品卫生现状，利用超高压技术解决实际问题。如我国大、中型宾馆餐桌上的生鲜鱼肉及火锅用的生鱼片、生牛肉条、生羊肉片等均为"半烹调"食品，若这些生食品先经超高压处理再经简单加热食用，不但没有改变原生鲜风味，而且大大提高了食用安全性，这是一个重要的应用领域。此外，针对我国广西、云南等地少数民族喜吃生猪肉等畜肉，易被感染旋毛虫等人畜共患疾病的情况，采用高压技术，常温下杀死肉中的旋毛虫，这对于提高边远地区广大居民的健康将是十分有益的。

第二节　超高压技术的原理、工艺及设备

一、超高压技术的原理及杀菌研究

（一）超高压技术的原理

根据 Le Chatelier 定律，外部高压会使受压系统的体积减小。因此食品的加压处理会使食品成分中发生的理化反应向着最大压缩状态的方向进行。根据帕斯卡定律，外加在液体上的压力可以在瞬时以同样的大小传递到系统的各个部分，故如果对液体在外部施以高压的话，将会改变液态物质的某些物理性质。

食品物系是多成分的分散系。其中以水为分散介质的水分散系和以油为分散介质的油分散系占有主要的地位。以水分散系食品为例，其分散介质可以是简单分子、高分子、晶质或非晶质粒子、细菌、生物细胞组织残片等。这些生物材料中的蛋白质本身结构中也含有水分子，而且对外围介质是开放的，又如细菌的外表面虽有细胞壁膜，但它对周围的水介质也是可透的。对于食品物系来说，这些生物材料不仅是可透水的，而且是可压缩变形的。有了这些条件，整个物系内部各点的压力都能基本达到均衡的状态。

可见，食品加压处理的可行性，其关键在于采用如水之类液体作为传递压力的介质。一旦水变成了冰，它便失去了创造体系内部各点压力均衡的条件。因此必须考察水的状态与压力、温度之间的变化关系。对水在外部施加 200MPa 压力时，水的冰点将降至 -20℃。

食品的高压处理过程中，高压也会改变食品中某些生物大分子物质的空间结构，发生某些不可逆的变化。食品在液体介质中，加压 100MPa～1 000MPa 并保持一定的作用时间之后，超高压产生极高的静压，不仅会影响细胞的形态，还能使形成大分子物质立体结构的氢

键、离子键和疏水键等非共价键发生变化，结果食品中的酶、蛋白质、淀粉等生物大分子物质将分别失活、变性和糊化，达到了杀死食品中细菌等微生物的目的。

超高压杀菌技术的基本原理就是基于食品中各物质的压缩效果，在高的压力下生物材料发生了不可逆的变化。食品中的微生物因细胞膜受到破坏、酶的活性被抑制和 DNA 等遗传物质受损而死亡。但在此过程中，与加热处理不同的是超高压基本是一个物理过程，提供能量小，不足以使食物营养物质中的共价键断裂，高压对形成蛋白质等大分子物质以及维生素、色素和风味物质等低分子物质的共价键无任何影响，故此高压食品很好地保持了原有的营养价值、色泽和天然风味。高压处理也可用来改善食品的组织结构或生成新型食品。

（二）超高压对微生物的影响

微生物在超高压下受到的影响，从 19 世纪末就已在形态学、生理学和生物化学等方面进行了研究。超高压可以引起细胞形状、细胞膜和细胞壁的结构和功能发生变化。研究发现在 200MPa 的压力下，双形热带念珠菌（dimorphic Candida tropicalis）的细胞壁遭到破坏，细胞的亚显微结构也发生变化，线粒体的嵴受到不同程度的损伤，核膜孔张开且被破坏。Isaacs 等发现压力和受压时间是影响大肠杆菌细胞质渗透液浓度上升的主要因素，并证明细胞质渗透液中可能含有芳香氨基酸如苯丙氨酸、色氨酸及酪氨酸和核苷酸。Paul 等也证实细菌受到压力后细胞膜破裂。超高压使 DNA 发生断裂，因此细胞内物质的丢失被认为是细胞死亡的原因之一。正常细胞对盐不敏感，但高压后的细胞对盐非常敏感，压力越大对盐的敏感性越高。Mozhaev 等认为细胞膜破裂的原因在于超高压使细胞膜的物理结构发生变化，膜蛋白与膜脂质的结合能力降低，蛋白质从膜上脱落，使膜破裂。细胞膜磷脂分子的横切面减小，细胞膜双层结构的体积随之降低，细胞膜的通透性改变。

Patterson 等将大肠杆菌 $O_{157}:H_7$ 给予 15 分钟不同的压力处理，再分别接种到 TSAYE（胰蛋白胨大豆琼脂＋0.6％酵母浸膏）和 TSAYE＋3％NaCl 平板上（NaCl 抑制细胞膜损伤的细胞在平板上生长），观察发现在 300MPa 以下，两个平板上的菌落数没有明显差别；在 400MPa 以上，含盐平板上的菌落数明显降低，表明 NaCl 进入细胞膜损伤的细菌，并引起细菌死亡。认为细菌的细胞外膜在某种程度上可以自发地修复，而细胞内膜却不能，它需要细胞内某些物质如蛋白质、ATP、RNA 和肽聚糖等的生物合成。

电子显微镜观察到超高压对大肠杆菌 DNA 有显著的影响。受压后遗传物质凝集成块，胞浆 RNA 漏出，核糖体亚单位或胞浆蛋白质聚集。这些明显的变化常发生在细胞静止期和对数生长中期。凝胶电泳可以测出细胞中 DNA 和 RNA 发生的断裂。认为超高压致死细胞的原因是使原本分开的遗传物质和核酸内切酶混在一起。因此核酸的破坏是高压致死细胞的另一个原因。超高压对质粒 DNA 的影响不显著。

经高压后蛋白质的疏水结合及离子结合会因体积的缩小而被切断，于是立体结构崩溃而导致蛋白质的变性。当压力在 100MPa～200MPa 时，蛋白质的变性是短暂的、可逆的，一旦释压后则会恢复到未变性状态。而压力太大时，此种变性为永久的、不可逆的。酶蛋白受到高压后不可逆地失活也是细胞死亡的主要原因之一。如当大肠杆菌受压后，参与呼吸作用的枸橼酸脱氧酶的活性明显降低，在 400MPa 5min 后其活性完全丧失。逆转录酶的灭活是超高压引起 HIV 死亡的主要原因之一。相同的压强对不同毒株 HIV 的逆转录酶灭活程度是不同的：400MPa 时，HTIV-ⅢB 的逆转录酶完全灭活，而 KK-1、KK-2 和重组 HIV-1 的逆转录酶保持了部分活性；500MPa 时 KK-2 保持了 57％的活性，550MPa 只保持了

20%。

微生物的耐压能力由弱到强的顺序依次是：真菌、革兰阴性菌和革兰阳性菌。多数生物经100MPa以上加压处理即被杀灭，而微生物因实验条件不同有所差异，一般说细菌、真菌、酵母等营养体在300MPa～400MPa加压后可以杀灭，病毒则经稍低的加压即可使其失去活性，寄生虫的杀灭和其他生物体相近，只要低压处理即可杀灭。

在常温100MPa～700MPa的静水压和5min～60min的处理时间内，活菌数随压力的增高和时间的延长而减少。在300MPa～400MPa处理10min后，大部分微生物被杀死。但是一些耐热的微生物如芽胞杆菌，在常温下600MPa的压力不能杀灭耐高压的芽胞（如肉毒杆菌），所以该条件达不到商业无菌状态。如果高压与其他方法如加热、超声波、电磁场、高压脉冲等结合会更有效地杀死微生物。适当提高温度，可提高杀菌效果，若在600MPa、60℃的温度下对食品杀菌，基本可达到无菌的目标。间歇加压也是一种有效的杀死芽胞的方法。这是因为超高压处理对芽胞具有活化作用，促使芽胞发芽，发芽的芽胞对压力更为敏感。因此压力处理一段时间后，重复压力处理具有明显杀灭芽胞的作用。

（三）环境因素对超高压杀菌的影响

利用超高压进行杀菌时要正确地把握环境因素的影响，如高压处理时间、处理的温度、食品或培养基的化学组成等。

1. 加压时间　加压的压力越高，则加压处理的时间就越短。在20～25℃时加压处理黏质沙雷氏菌、乳链球菌、荧光假胞菌和产气杆菌，当加压200MPa～300MPa时，必须加压处理60min才能使细菌死灭；如在340MPa～400MPa时，仅需10min；而加压到580MPa～680MPa时，只需5min。又如酵母（低发酵度酿酒酵母和白酵母）在200MPa～240MPa压力下必须处理60min才死灭，而370MPa～400MPa时仅10min，570MPa时5min即可。

2. 加压时温度　从蛋白质受热或加压后变性这一点来说，热杀菌和压力杀菌结果是一致的，而且随着受热温度的升高，受压变性所需的压力可以降低，也就是说温度对压力有增加效果。

通常进行高压杀菌时，采用常压下细菌增殖的最适温度研究杀菌效果。大肠杆菌通常在27～42℃增殖最快，在37℃时高压处理的大肠杆菌，比在22℃处理的大肠杆菌死亡速度更快，29.1℃是其中间值。处在稳定期的细菌在100MPa的压力下，40℃ 12h或20℃ 124h也会全部死亡。有研究表明鲜果汁在适度加温下加压，酵母、真菌和一般细菌所需致死压力可以降低。

杆菌属和梭菌属的芽胞，对加热、杀菌剂、放射线等有很强的抵抗性，在常温下对高压也有很高的抵抗性，但高温时高压有显著的杀菌效果。要杀灭芽胞，加压时间越长，或温度越高，效果越好，但使用的压力不一定越高越好。枯草杆菌等芽胞杆菌的耐热性芽胞，在常温下耐压性很强，可在加温至45～60℃时加压至600MPa即可杀灭，这种杀菌条件下，食物的性状改变很少。

对13种微生物在不同温度下进行加压试验，结果在-20℃的杀菌效果要比20℃高，并且发现食品在5℃以下时杂菌数减少，因此，5℃以下的低温区就成为加压杀菌关注的温度。所以-20～5℃的低温和压力合并应用也有增强作用，而且在-20～5℃的温度下有利于保持食品的风味及其物理性能。

但也有出现热变性和压力变性相互削弱的现象，如在常压下变性的蛋白质经加压后其变性的程度反而减少,同样压力变性的蛋白质也可能由加热而削减其变性效果。应尽可能克服压力和热的相互削弱现象,选择适当的温度和压力提高杀菌效果。例如大肠杆菌在47℃时常压下会迅速死亡,可是在同温度下加压至400MPa时反而能生存。

3. 化学组成的影响　微生物的耐压性还与其化学组分和食品的组成有关。研究发现细菌在蛋白质和盐份浓度高时,耐压性就强,并随营养成分的丰富耐压性有增高的趋势。例如大肠杆菌和葡萄球菌随食盐的浓度上升而杀菌效果下降;比较沙门菌在鸡肉培养基和磷酸缓冲液中高压杀菌的效果,也是营养培养基中杀菌效果差;又如在温州蜜柑果汁中,含糖量越高,则加压杀菌效果就越差。目前倡导的低糖和低盐食品非常适合加压杀菌处理。

上述数据大多数是从单纯的培养基实验得到的,还很少在实际操作中来验证压力对各种复杂食品的杀菌效果。针对不同的食品,压力杀菌效果应是不一样的。因此,今后还必须研究食品的温度、pH、盐浓度、糖浓度等环境因素的影响。

4. 加压杀菌所要注意的问题　高压时食品的物理性质会发生变化,所涉及的各种物质的加压特性及其变化对加压杀菌条件的选定极为重要。因此对食品进行高压杀菌试验时应考虑的问题有如下几方面:①必须研究每种食品相适应的环境因素;②温度对高压杀菌效果影响很大。加热和加压并用时,压力效果和加热效果既有协同也有拮抗现象,在不适当的温度和压力下杀菌效果反而降低。这点对细菌以外的病毒、枯草杆菌的孢子、蛋白质、酶也是如此。冰点以下的低温高压杀菌作用效果也需要研究。已有报道,低温高压较常温高压有更好的杀菌效果;③对食品进行压力杀菌时,要注意物性变化,为了保持食品新鲜,需要精心设定压力和温度条件,以避免因压力引起物性变化;④在高温下加压,由高温引起的食品色、香、味、营养成分变化的化学反应在高压下的效果还有待研究;⑤微生物在低于100MPa的压力下处于抑菌的状态,这一特性非常适用于生鲜食品的保藏和运输;⑥需要修订加压杀菌食品的食品标准和法律规范。

二、超高压技术的工艺及设备

常见高压食品加工装置的主体部分,即加压装置是由高压容器和压力发生器(或称加减压系统)两大部分组成,高压容器是整个装置的核心,它承受的操作压力可高达数百甚至上千兆帕,对其技术要求也较高。一般是采用液体压缩装置产生高压,而不用高压气体装置。液压又分为泵加压式和活塞加压式,泵加压式的高压容器和高压发生装置分别独立,活塞加压式的压力容器与加压装置是直接连在一起,加压的媒体直接通过活塞使加压容器受压,其结构较简单,但其主机体积较大。

结合食品工业的行业特色,超高压装置的特点是承受的压力高(100MPa～1 000MPa),循环载荷次数多(2.5次/h),因此,超高压容器的设计必须要求容器及密封结构的材质有足够的力学强度,高的断裂韧性,低的回火脆性和时效脆性,一定的抗应力腐蚀及抗腐蚀疲劳性能、高效率;鉴于食品加工工业中的特殊要求,即要有一定的处理能力和较短的单位生产时间,有效保证产品的高质量要求,故而要设法缩短生产附加时间(如密封装置的开启时间),把装置设计成可快装快拆、密封效果好的轻便形式。

密封问题是超高压容器设计所考虑的关键问题。超高压容器的密封结构是整个超高压设备的一个重要组成部分,食品加压装置的有效运行取决于密封结构的合理设计。根据食品加工的特点,要求密封结构具有快装快拆、快启次数频繁、密封可靠、装拆维护方便等特点。

密封结构可分3类：强制密封、半自紧密封和自紧密封。由于前两种密封需要很大的预紧力且结构笨重，因此超高压密封现多采用自紧密封。

超高压食品加工工艺大体可分为两类：超高压静态处理方式（压力在300MPa～700MPa）和超高压动态处理方式（压力在100MPa～360MPa）。

超高压静态处理方式是将食品置于特定超高压处理的容器中，以水或液体为加压介质，升压到设定值时压力静态保持一定时间（10min～30min），从而获得加工后的高压食品或微生物杀菌功能。由于受超高压容器体积小和造价昂贵的限制，只能适用于小批量固液体食品，目前所有设备中占大多数的还是超高压静态处理设备。

超高压动态处理方式，是指将液态或液固混合物食品直接加压到预定压力，然后通过超高压对撞发生装置，直接进行超高压力释放，在发生装置中形成超高压射流对撞，从而把物质乳化破碎和超高压快速杀菌。它的优点是可以用比静压处理压力低得多的压力处理而获得相同的效果，能耗大大降低，可以连续生产加工，实现产业化生产。适用于液态或液固混合物固体含量不超过35%物质的加工处理，其处理工艺也比较简单。不足是不能加工固体物料和黏稠不能流动物料。超高压动态装置是利用容器上部空气的抽空将液体食品吸入到高压容器内，达到生产连续性的目的。其最高生产能力可达每小时4吨产品。这种装置已用于天然果汁的杀菌。欧美各国也已开发制造容积达30L、压力达450MPa的大型设备超高压动态设备，并应用这些装置试生产出小面饼，鹅肝小面饼等低酸性食品。

食品的无菌包装与超高压杀菌密不可分，如果没有科学合理的食品无菌包装，超高压食品就无法长期保持无菌状态和食品的新鲜状态。因此，无菌包装设备是生产超高压食品中必不可少的重要组成部分之一，应该引起足够重视。

在食品的超高压处理工艺中，要求包装材料应该能够传递压力，在高压下不被破坏并能防止高压介质的渗入。研究发现，螺旋式玻璃瓶在升压过程中被压碎；962型马口铁罐在加压时二重卷边受损，并且产生渗漏；而聚酯瓶虽然可基本满足要求，但不易抽取真空，负压时瓶盖容易掉入瓶内，避光性和透气性也不理想；真空热封的复合蒸煮袋不存在以上不足之处，加压处理后食品风味不受损失，能保持食品天然色泽，是常用包装材料中性能最为理想的一类。但是要考虑到加压食品在再加热时，不会影响内在食品的风味与气味，甚至产生异味。

作为高压加工食品包装材料和容器，要考虑如下几方面的适应性：①必须具备在压力作用下变形的柔韧性，且经压力作用变形后能够复原；②顶隙尽可能少；③包装容器最好用热封口；④现阶段纸复合容器还无法在高压食品中使用。

第三节　超高压技术在食品工业中的应用

利用超高压技术处理的食品较多，有固体的食品也有液体食品。其中，生鲜食品有蛋、鱼、肉、大豆蛋白、水果、香料等，还有牛奶、豆浆、天然果汁、矿泉水等液体食品。发酵类食品如酱菜、果酱、豆酱、酱油、啤酒、原浆酒等。此外，药品中的中药以及输血用的积压液等，也都可以用超高压处理来防止微生物污染。

最近二三年，超高压作为加工手段在多种食品物料上进行了广泛的研究，其成果已汇集成册，最初较多地集中在果蔬汁饮料类产品上。果汁类是最能体现高压处理优势（不加热）

的应用领域，特别是鲜果汁。含固形物的甜点类（尤其是水果咖喱）也是可以利用高压加工的食品。腌渍食品的发展方向是低盐化，为了提高其保存性就必须用煮沸杀菌法或超高压杀菌处理。从保持腌渍食品色泽、风味的角度来看，超高压处理更适合。蔬菜应尽可能不经加热进行流通，但现在绝大多数都是通过沸点杀菌或采用低温方式流通，不尽如人意。人们希望有未经热加工处理、保留原风味、耐贮藏的蔬菜，因此，高压处理在该领域也是很适合的。最早在市场出现的加压食品是草莓酱。

一、水果蔬菜类

日本的明治屋食品公司于1990年4月生产了第一个高压食品——果酱，之后又有果味酸奶、果冻、色拉和调味料等问世。该公司于1991年4月推出了7种高压处理果酱，将草莓、猕猴桃、苹果酱等软包装后，在室温下以400MPa～600MPa的压力处理10min～30min，不仅达到了杀菌的目的，而且促进了果实、砂糖、果胶的胶凝过程和糖液向果肉的渗透，保持了果实原有的色泽、风味，具有新鲜水果的口感，维生素C的保留量也大大提高，果汁的质量得到提高。王雪青等对猕猴桃酱进行了高压处理，经高压处理的猕猴桃酱较传统热处理的产品色泽翠绿，维生素含量高。在700MPa的高压下杀菌，产品稳定色泽和防止维生素C氧化的作用最佳。

1991年9月日本帕卡公司也推出加压杀菌柚子汁，该产品是按日本食品规范先经中等热处理后加高压，再无菌灌装在玻璃瓶中。日本的Pokka和Wakayama公司则用半连续高压杀菌方法处理橙汁。

水果饮料中，果汁含量为100%的天然果汁要尽可能保持水果特有的新鲜香味、颜色及营养成分。不使其变质，保持新鲜度非常重要。依据食品卫生标准，几乎所有的清凉饮料都必须经过加热杀菌处理。目前，在果汁的生产工序中，使用的大多是加热法，目的是对果汁进行杀菌，使酶失去活性或浓缩（真空蒸发法）。在这个过程中，很容易产生加热异味或使一些具有特征风味的物质挥发、褐变及营养成分的流失，造成不可避免的品质下降。

若用超高压技术处理果汁，在300MPa～400MPa下可以杀死引起变质的酵母和真菌，而果汁成分不会受到影响，颜色和香味都得到了保持。pH低的果汁一般不会产生耐热性强的细菌芽胞。即使不能完全杀死细菌芽胞，也可以达到商业无菌标准，可见果汁饮料特别适合采用超高压处理方式。

用温州蜜橘经榨汁、精滤后的原果汁，常温（23℃）300MPa～400MPa 10min处理，果汁中易生长的酵母、真菌及一般细菌（如乳酸菌）完全死亡，部分耐压细菌的残留菌数降至千分之一以下，残留的主要是芽胞菌。这些芽胞菌在pH3.5的介质中均不能生长。

日本、美国的一些饮料厂家已开始利用这项新技术，分别对柑橘类果汁在pH为2.5～3.7范围内，进行加压范围为100MPa～600MPa，保持5min～10min的高压灭菌试验。结果表明一般细菌和酵母、真菌数都随着压力的提高而减少。经过超高压处理的果汁可以达到商业无菌状态，处理后果汁的风味、组成成分都没有发生改变。在室温下可以保存数月。所以，对果汁进行超高压处理是原果汁长期保存的有效方法。

研究热敏性果汁——纯草莓汁超高压处理与微生物存活量之间的关系。考察了菌落总数、真菌、酵母菌数和大肠菌群数的变化。结果表明：在温度为29℃下，草莓汁中大肠菌群对压力非常敏感，压力为350MPa，保压3min即可全部杀灭；真菌和酵母菌较大肠菌群耐压，压力为 350MPa，保压 10min 可全部杀灭；果汁中虽含多种耐压菌，但经 500MPa，保压 15min 处理，菌落总数可降至 30cfu/ml，达到了国家食品卫生标准要求。

1990 年 4 月，日本推出了不用加热的果浆。由于高压促进了果实、砂糖及果胶混合物的凝胶化，糖液向果肉内浸透，并可同时灭菌。实际生产时，在室温下加压到 400MPa～900MPa 的压力，保持 10min～30min 即可得到这些产品。感官评价加压处理的果浆比加热法的味道更好。

尽管目前高压处理食品的费用比高温杀菌高，但是产品质量的改善使顾客愿意购买，而且超高压处理比高温处理要节约能量，它在常温条件下就可取得高温下相同的灭菌效果，特别是对于果汁和含挥发性香味的食品，这种方法更为优越。超高压食品除超高压果酱系列外，超高压调味汁、超高压饮料等也相继在国外市场上问世。

含凝结芽胞杆菌、地衣芽胞杆菌、蜡状芽胞杆菌和枯草芽胞杆菌分别为 10^6 个/ml 的茶叶饮料，选择 70℃ 300MPa 20min 的杀菌参数，仍会有 10^2 个/ml 活菌残存。但在常温 7d～12d 的保存过程中细菌会全部死亡，而芽胞也会在 7d～21d 的保存过程中全部死亡。其原因可能是经超高压处理的菌体及芽胞产生外壁松弛或龟裂现象，使具有杀菌作用的儿茶素渗透到营养细胞或芽胞的内部而产生的杀菌效果。因此茶叶饮料的高压杀菌是可行的。

生啤酒和果酒中存在的微生物以酵母菌为主，经 400MPa 的高压处理，可制成能长期保存，并且具生酒风味的产品。超高压技术还用于蜂蜜、番茄汁及海胆等杀菌的研究。

饮料等液体食品的生产量大，不需要加包装，直接进行高压处理，这样高压装置会和食品直接接触，因此要注重装置表面的卫生要求，除了保证食品不被污染外，还要做到食品在装置内无残留，易洗净。选材也要注意耐腐蚀等。

将切片芒果真空包装后，于 300MPa 和 600MPa 处理后置于 3℃ 下贮藏，在贮藏期间鲜芒果的风味下降、异味增加，但色泽、质构及其他感官指标基本没有变化，经 9 周的贮藏后，微生物指标分别为 10cfu/ml 和 10^3cfu/ml。处理鲜芒果风味只轻微降低，异味和甜度略有增加。他们将杨桃用同样的方法处理，在 600MPa 和 800MPa 压力下处理一段时间后，贮藏在 3℃ 2 周～4 周，将杨桃暴露在空气中后颜色会加深，800MPa 压力处理的杨桃能抑制褐变。

5 种小菜采用塑料袋真空包装后，以 300MPa～400MPa 的压力处理，杀死酵母菌，提高了产品的保存性，实现了腌菜向低盐化方向发展。

二、肉类、鱼类

研究超高压对肉类品质的影响，结果表明麦穗鱼在 200MPa～300MPa 时，腊肉在 200MPa 时肉色变白，肉质细腻，肌肉纤维变粗、松散、断裂；鱼肉在 300MPa 时 17 种氨基酸不降低，挥发性盐基氮无明显改变，保持了肉品的营养和新鲜度。

对猪肉、狗肉、麦穗鱼中的菌落总数和大肠菌群进行了不同压力和时间下杀伤作用的观察。发现菌落总数在 200MPa 20min 开始减少，在 300MPa 20min 时作用显著；大肠菌群在 100MPa 20min 开始减少，在 300MPa 20min 作用显著，减少到每 100g 小于 30 个。参照国家现行肉类食品卫生标准，这三种经超高压 300MPa 45min 处理的生鲜肉类，在菌落总数和大肠菌群方面是安全的。

动物性食品易携带寄生虫，寄生虫病流行广泛，危害严重，仅肠道寄生虫病感染率就高达 62.68%。该病绝大部分是寄生虫经口或通过食物感染所致,严重危害人类健康。超高压对肉中寄生虫杀灭作用的研究发现,华支睾吸虫囊蚴在 300Mpa、旋毛虫在 200MPa 时,囊壁凹凸不平,虫体结构模糊,表现为不运动状态。经动物感染和活力测定表明,300MPa 时,华支睾吸虫的虫体回收率为 0;200MPa 20 min 时旋毛虫繁殖能力指数为 0;猪囊尾蚴 200MPa 40min 时头节伸出数为 0。

实验证明肉类食品经过 300MPa 以上的超高压处理,不仅可杀死寄生虫和微生物,而且保持了肉品的营养、新鲜度及生鲜风味。因此,可以直接作为一种食品烹调的手段,开辟食品加工的新途径。

生猪肉在 400MPa 或 600MPa 保持 10min,处理后的生猪肉的蛋白质已经变性,肉色已转白,细菌检查大肠杆菌为阴性,可以食用。法国的研究人员用 200MPa 压力对牛腿肉进行实验,制成超高压牛排食品。味道可与柔软的脊肉媲美,杀菌结果也很理想。

在日本,超高压技术已经用来生产不同类型鱼糜的胶凝。在杀菌后其口感、风味都比较理想。将狭鳕鱼糜装入乙烯袋内放入水中,从四周均匀地加压到 400MPa 保持 10min,就能制成鱼糕。加压后的鱼糕呈透明状,咀嚼感坚实,破坏强度达 1 200g,鱼糕的弹性比原来产品(加热 90℃,保持 30min)高出 50%。

利用高压进行牡蛎去壳及延长其货架寿命的研究,结果表明压力 207MPa~310MPa 经不同时间处理后,贮藏在 4℃以下 27d 后,样品的 pH 只降低 0.5,水分含量略有上升,不仅可减少 2~3 个数量级的微生物的数量,且牡蛎有较高的品质。而手工去壳的牡蛎 pH 下降了 2.2,水分含量轻微下降。可见,经过高压处理的贝类可以长期贮存。

三、其他食品

1992 年美国 FMC 公司、英国凯氏食品饮料公司(Campedn Food & Drug)开始建立商业化的超高压杀菌食品的工艺设备。法国 1993 年 6 月表示可以试产超高压小面饼,1993 年年底推出超高压杀菌鹅肝小面饼,这是世界上首次用高压处理生产出商业化的低酸性食品。

超高压杀菌技术在乳制品、鸡蛋、水产品、高黏性食品如蜂蜜等领域的应用研究已经广泛展开,并取得良好的成果与应用前景。例如可以通过超高压杀菌技术杀灭对鸡蛋和畜肉品质有重要影响的冰核菌(ice-nucleating bacteria, X campertris INXC-1);用阻隔性材料包装的食品经超高压处理后,能保持其原有风味特征;以-20℃,400MPa 的低温高压处理贝类水产品,获得满意结果,并成为专用体系加以开发,还可利用超高压加工可可豆,利用超高压进行可可脂的调和及可可豆的发酵;利用超高压还可以对高黏度食品和食品材料进行杀菌,且保持其品质不受破坏;利用高压与 100℃以下热联合杀菌的绿茶饮料具有清香透明和功能性好的特点;与 60℃加热处理同等杀菌作用的 300MPa~400MPa 压力处理乳酸饮料,开发出新型发酵乳;还有利用超高压技术使冻制品迅速解冻与冻结,或在 0℃以下加压,可能食品不发生冻结现象,既保持食品原有风味和组织状态,还能抑制微生物生长适合于长期保藏,这就使水果、蔬菜可能在低温加压不冻的状态下长期冷藏。

超高压技术不仅被应用于各种食品的杀菌,而且在食品低温速冻、淀粉的糊化、肉类品质的改善、钝化食品中酶类、烹调加工和疫苗的制备等领域也有了成功的应用。

研究在低温条件下,应用高压技术及高压技术与其他技术相结合来处理食品。有人提出用高压冻结和高压解冻方法来取代现有食品冻结和解冻的方法,已生产出高品质的冻藏食品。采用此方法在-18℃ 200MPa冻结豆腐,在高压下形成的冰晶比普通空气鼓风冻结法形成的冰晶小得多,此豆腐在常温下自然解冻也不会出现普遍冻结法所发生的汁液流失和豆腐变形,保持了豆腐原有的感官品质。对不同压力条件下的高压冻结豆腐的质构和品质进行了研究,结果表明在200MPa～400MPa的高压下可有效地改善冻结豆腐的质构。研究高压冻结果蔬时发现,压力和温度对冻结果蔬的品质有明显的影响,这是由于不同压力和不同温度下冰晶的种类和密度不同。对胡萝卜和大白菜的研究表明在200MPa(液体),340MPa和400MPa条件下冻结时对蔬菜的质地和组织结构没有什么损害,品质比常压下-30℃冻结的好。

对影响高压解冻牛肉的条件进行研究,得出有效的解冻压力范围为210MPa～280MPa,最低的有效解冻温度为(-24±2)℃,且能改善解冻牛肉的品质。有人还比较了高压解冻和常压解冻金枪鱼背肌和鲤鱼肉,发现超高压解冻能更好地保证鱼肉的品质。

在高压技术和其他技术相结合,更能有效地杀灭微生物,抑制酶活性,延长货架寿命。把2mmol/L的二氧化碳(CO_2)充入橙汁,用500MPa的压力处理,果胶甲酯酶的活性比单独用500MPa压力处理产品的酶活性低,在500MPa～800MPa下,CO_2也同样能显著地降低多酚氧化酶的活性。进一步利用高压CO_2和超高压技术相结合的方法处理胡萝卜汁,结果表明4.9MPaCO_2和300MPa高静水压结合处理可使需氧菌完全失活,多酚氧化酶、脂肪氧化酶、果胶甲酯酶残留活性分别低于11.3%、8.3%、35.1%。但这种结合处理对胡萝卜汁的品质有些影响。

有人将绿豆用2次脉冲高压处理,经1个月的贮藏后,与常规保藏方法相比,绿豆的硬度较好,维生素C损失较少,并且使99%以上的过氧化物酶失活。

把加压后的米用水煮大约5min,就和直接水煮20min的米粒一样具有米的香味,此外,陈米经过超高压处理10min,煮出来的米饭与新米一样可口,其原因是陈米中的淀粉经超高压处理后能充分地糊化。

鸡蛋黄在25℃下施加400MPa压力,保持30min就会变成凝胶。并能保持原有的颜色、柔性和黏性,当压力提高到500MPa时,可以获得较硬的凝胶。加压后的鸡蛋其色泽和未加压前一样鲜艳,维生素含量和其他成分均无损失。

超高压食品的种种特点使它还特别适合于加工熟制品,在快餐领域广泛应用。

超高压对病毒具有明显的灭活作用,且灭活程度在一定范围内与压强高度及作用时间呈正比。在病毒感染性降低过程中其免疫原性保存不变。许多学者采用超高压技术的这种特性将其应用于疫苗制备及血液等生物制品的筛选净化过程,为防治病毒的感染找到了一种较理想的方法。

第四节 超高压对食品品质和营养成分的影响

一、超高压对食品品质的影响

压力杀菌与热力杀菌相比,前者有着很明显的发展潜力,它的独特优点如下:①不加热,施加几千个大气压时,不会发生共价键的切断或生成。因此超高压处理食品能保持原有的营养价值、色泽和天然风味,不产生异臭或毒性因子。可抑制某些不良物质的生成或转变。最大程度地保持感官特性，获得高质量的食品；②蛋白质和淀粉类物质在高压处理时，其物性方面的变化与加热处理后的状态有很大的不同，可以获得新的口味和口感。如鱼肉糜经常温下加 300MPa 压力 10min 处理后得的鱼糕，外观细腻，吃起来富有弹性、有咬头，比加热处理的要好。又如常温下陈米经 50MPa～300MPa 压力 10min 处理后再蒸煮，米粒柔软有黏性、口感好，具有新米饭口味。食品中的淀粉属于压致糊化，不存在"回生"现象；③压力能瞬时一致地向食品中心传递，被处理的食品所受压力的变化是同时发生的，均匀性好。不像加热处理的样品内部会出现温度梯度，受热处理不均匀。而且杀菌效果好，其杀菌的效果已完全被食品业界所肯定。同时压力处理循环周期短耗时少、节约能源、无"三废"；④由于超高压灭菌比较彻底，抑制了酶活性、食品褐变及微生物腐败，所以超高压食品在避光、避氧情况下可比同类加热处理的食品有更长的保藏时间。

加压处理的食品在处理过程中除了杀菌和钝化酶以外，压力处理食品基本上保留了食品在处理前的原有品质。按照食品保藏的传统朴素观点，食品保藏的理想目的是最大限度的保留食品原有品质，据此可以认为压力处理食品的品质优于热处理食品。但从辩证法的角度看，这种观点也不全对，因为食品最终是为了食用，而且习惯上是经烹调后食用方有美味。食品在热处理过程中所引起的不可逆变化使食物易于消化，符合人们烹调后食用的习惯。因此，热处理食物的这些变化也正是热处理法的优点。

超高压食品经加热，基本可以达到最初加热烹调时相同的风味。人们习惯于食用加热烹调的食品。对于入口时温热的食品具有美味的感觉。但是，加热后冷却的食品再使其温热（如主食的再加热），此时食品的风味和口感会发生微妙的变化，感觉不如初次加热的食品味道好。因此，利用高压处理食品，使其保持原有的风味又能进行杀菌，并在食用前进行加热，这样可以拓展"半烹调"食品的用途。高压处理技术在食品中的应用，以此类"半烹调"食品或部分烹调食品为目标，可以充分发挥其最大的作用和优点。

加压处理后食品原有的风味不会失去，并不意味着能保存风味。为了抑制加压后食品天然的色、香、味的变化，要排除空气和光的影响，对包装材料和包装形式有一定的要求。加压处理后不太被注意的风味变化问题成为新的研究课题。

超高压处理时由于对食品进行密封包装，所以就无法减轻或去除原料中本身已有的有毒有害物质（如残留的农药等）。为解决这一问题必须在预处理中严格除去有害有毒物质或采用纯净的不被污染的原料。

二、超高压对食品营养成分的影响

超高压处理使食物的体积缩小了 5%～15%，植物细胞由于加压体积缩小，细胞膜功能消失，成为单纯的半透膜，可利用此特点来提取动植物的精华和制造咸菜等。超高压处理会使营养成分发生特异变化。即蛋白质凝胶化、淀粉 α 化、果胶果冻化，而对脂类、风味物质、维生素、色素等无影响。

1. 超高压对蛋白质和酶的影响　在蛋白质的四级结构中，二级结构是由肽链内和肽链间的氢键来维持的，而超高压的作用有利于氢键的形成。故而超高压对蛋白质一级结构无影响，有利于二级结构的稳定，但会破坏其三级和四级结构，导致蛋白质的变性，使其易于消化吸收。

酶是蛋白质中的一类，加压失活的根本机制在于超高压改变蛋白质分子的内部结构并使其活性部位上的构象发生变化。酶受到超高压作用后，维持其空间结构的盐键、疏水键等遭到破坏，其活性部位不复存在，导致了酶的失活。一般来讲，只有处理压力达到350MPa以上时，才会使酶产生永久性的、不可逆的失活，否则在压力撤除之后会有酶的再生现象发生。值得注意的是超高压对某些酶能起到激活作用。

2. 超高压对淀粉的影响　在常温下把淀粉加压到400MPa～600MPa，并保持一定的作用时间后，淀粉颗粒将会溶胀分裂，内部有序态分子间的氢键断裂，分散成无序的状态，即淀粉糊化为α淀粉，并呈不透明的黏稠糊状物。研究还发现，超高压所致完全糊化的淀粉无老化现象，而超高压所致未完全糊化的淀粉有老化现象，且低于700MPa的压力不足以使淀粉产生类似热加工的颜色变化。

3. 超高压对脂类、风味物质、维生素、色素等的影响　研究发现超高压处理后，豆浆中的脂肪球将会增大，从而豆浆的黏度降低。但陈迎春等指出，脂类的耐压能力较低，通常100MPa～200MPa即基本使其固化，不过解压后仍会复原。只是对油脂的氧化有一定的影响。食品中的风味物质、维生素、色素及各种小分子物质结合状态为共价键的形式，故而高压处理过程对它们几乎没有任何影响。

第五节　超高压食品可能存在的卫生学问题

　　超高压食品所涉及的食品种类很多，几乎包括所有的常见食品。食品从农田到餐桌的整个过程中的各个环节，都有可能出现某些有害因素，使食品受到污染，以致降低食品卫生质量或对人体健康造成不同程度的危害。

　　超高压技术是一种冷杀菌技术，在正常情况下，采用适合的工艺和杀菌条件能够全部杀灭这些微生物、寄生虫、昆虫及病毒。但是对于这些有害生物所产生的毒素是否能够破坏，还值得深入的研究。因此超高压食品可能存在生物毒素的污染。此外，超高压杀菌技术不能排除食品中的化学污染物，因此超高压食品可能存在化学性污染和物理性污染。食品化学性污染涉及范围较广，情况也较复杂。主要包括：①农药、兽药、有毒金属、致癌物等；②食品容器和包装材料的有害溶出物质；③滥用食品添加剂。食品的物理性污染可能并不威胁消费者的健康，但是严重影响了食品应有的感官性状和/或营养价值，食品质量得不到保证。可见，超高压食品也必须严格进行食品卫生监督和管理。

　　作为一种较好的杀菌技术，超高压在食品领域的应用有着广阔的前景。为了使超高压杀菌处理成为实用化方法，有必要对高压杀菌的效果进行科学的论证。研究高压杀菌谱和加热杀菌谱的异同，制订出超高压杀菌的各项卫生标准。目前，在超高压杀灭食品中常见微生物的效果方面进行了许多研究。

　　以0MPa～600MPa处理柑橘汁，结果其杀菌效果随压力的增高而增大。300MPa～400MPa，需处理10min可以杀灭酵母和真菌。而细菌芽胞即使压力达600MPa也有残存，不过在原汁（酸性）或调至pH3.5的培养基中，细菌芽胞是不会发芽生长的。堀江将葡萄球菌、沙门菌、大肠菌群接种在苹果酱中，结果加压300MPa 20min后即可达到商业无菌的要求。

　　在25℃下以100MPa～600MPa处理盐渍物10min，结果酱油糟渍的杂菌数即使加压至600MPa还会有残存菌，且都是耐热的芽胞菌，而酵母则在400MPa下就死灭。盐渍白菜杂菌数在500MPa下大部分死亡，酵母则在300MPa下就大部分死亡。铃木对猪肉火腿（盐渍肉）超高压处理，结果在温度为10℃以下，压力在392MPa以上30min，一般微生物大量减少。

将肉制品中常见的腐败细菌及食物中毒菌接种在猪肉浆中，于25℃下加压100MPa～600MPa，结果大肠杆菌在200MPa下未见减少，而300MPa以上就可达到杀菌目的。另外还发现弯曲杆菌属（Campylobactoer）、绿脓杆菌、沙门菌或耶尔森氏菌属等都和大肠杆菌一样，在300MPa以上就可全部杀灭。微球菌、葡萄球菌、肠球菌等在300MPa下都未减少，但达到400MPa以上时就开始减少，而600MPa可全部杀灭。酵母在300MPa下几乎未减少，超过400MPa就达到杀菌效果。可见，微生物的耐压性因种类而异，但是在600MPa下可全部杀灭。

以鲤鱼的背肉鱼浆在0℃加压0MPa～500MPa30min和在500MPa下不同时间处理后，观察其杂菌数，结果经350MPa处理后杂菌明显减少，增至500MPa后杀菌效果更高，但尚不能完全杀灭杂菌，随着加压时间延长，杂菌数进一步减少。

第六节 超高压食品的卫生监督与管理

超高压是一种新的杀菌技术，在食品杀菌方面的应用具有很多优点，但是仍有许多原理和技术方面的问题目前还不清楚，为了确保广大消费者食用安全的食品，增进健康，必须对超高压食品进行严格的卫生监督和管理。

一、超高压食品的卫生监督

在监督方面，建立和完善超高压食品的卫生标准，加强对超高压食品生产企业的卫生监督和技术指导。食品生产企业应远离污染源，周围环境应经常保持清洁。目前我国还没有商业化的超高压食品，因此关于超高压食品的研究主要集中在产品生产的技术方面，未见对超高压食品卫生学和安全方面的研究，因此在我国制定超高压食品的卫生标准还需要相当长的一段时间。

在超高压食品发展最早的日本，食品卫生法对常见食品的成分规格、制造标准及保存标准等各项规格标准都做了规定。例如，冷冻食品、常温食品等非加热流通的盒饭及家常菜类的产品规格和保存标准，对乳制品、饮料、肉制品的具体杀菌条件等都一一做了规定。如果是加热杀菌，加热的温度、时间等都有要求。但是，法律也认同"与此具有同等杀菌效果的方法"，却没有规定如何来判断"具有同等效力"的方法。一般情况下，肉毒杆菌的杀菌条件为12D，（杀菌后菌数下降为10^{-12}），一般的细菌是5D。但通常认为像枯草芽胞杆菌及地衣形芽胞杆菌等能大量混入食品中的菌类，杀菌条件必须达到10D。

二、超高压食品的卫生管理

在管理方面主要是行业管理、政府管理和企业自身管理。我国加入世贸组织后，面对激烈的市场竞争，企业必须将自身的食品卫生管理作为以优取胜的切入点，自觉遵守食品卫生法规，严把食品卫生质量关，这样才能稳固的占领市场，取得良好的经济效益。因此在诸多管理当中，企业的自身管理是最重要的。自身管理包括食品原材料的管理、包装材料的管理、生产过程的管理、从业人员的管理和成品的管理等。

（一）超高压杀菌食品原材料的管理

超高压食品所用原辅料种类繁多，其质量的优劣直接关系到终产品的质量，食品原料应保持新鲜清洁状态。水果类原料应无虫蛀、无霉烂、无锈斑和无机械损伤，不同的品种还应有适宜的成熟度。畜禽肉类必须经严格检疫，不得使用病畜禽肉和变质肉作为原料。原料应严格修整，去除毛污、血污、淋巴结和粗大血管。水产品原料挥发性盐基氮应在15mg/kg以下。生产用水应符合国家《生活饮用水卫生标准》。食品添加剂的使用范围和剂量应符合相关的国家卫生要求。

（二）超高压杀菌食品包装材料的管理

材料必须符合安全无毒、密封良好、抗腐蚀（即耐酸、耐碱、耐高温和耐老化）及机械性能良好等基本要求。材料必须经过严格消毒，禁用回收材料，直接进行无菌包装。

（三）超高压杀菌过程的管理

高压杀菌是一个十分复杂的过程，在生产过程中，在充分了解仪器设备性能和特点的基础上，根据生产食品种类、食品的组分、pH、水分活度和可能污染微生物种类、数量的不同，采用适当的超高压条件，包括压力大小、加压时间、温度等多种因素，获得最佳的效果。

生产工艺和设备布置要合理，原料库和成品库要分开，并设有防蝇、防鼠、防尘设施。生产过程中所使用的设备、管道、模具应保证内壁光滑无痕，便于拆卸和刷洗，其材质应符合国家有关的卫生标准，焊锡纯度应为99%以上，防止铅对食品的污染。

（四）从业人员的管理

建立规范的操作规程和工作人员管理办法，有监督检查和反馈机制。对食品从业人员进行健康检查，持证上岗。为了减少人为的错误，可以采用微机自动化管理，有实力的企业最好能如同高温杀菌食品管理一样，制定出超高压食品的良好生产规范（GMP）和危害分析关键控制环节（HACCP）。

（五）成品的管理

成品检验是企业管理和确保产品卫生质量的关键。一般包括外观和保温试验。外观检查主要包括容器有无缺口、折裂、碰伤以及有无锈蚀、穿孔、泄露和胀罐等情况。保温试验是检查成品杀菌效果的重要手段。按照国家规定的检验方法（标准）抽样，进行感观、理化和微生物等方面的检验。符合标准的产品才可以出厂。

（王舒然）

复习题

一、名词解释题

　　超高压食品

二、简答题

1. 超高压杀菌技术的原理是什么？
2. 世界上第一号超高压食品是什么？什么时间生产的？
3. 超高压食品加工工艺大体可分为哪两类，各有哪些优缺点？

4. 可利用超高压技术处理的食品有哪几类？
5. 超高压对食品营养成分的影响有哪些？
6. 温度对超高压杀菌的影响有哪些？
7. 食品的组成对超高压杀菌有哪些影响？
8. 超高压食品可能存在的生物污染和化学污染？
9. 超高压对食品品质的影响有哪些？

第七章 膨化食品

第一节 膨化食品的概念及发展史

膨化是利用相变和气体的热压效应原理，使被加工物料内部的液体迅速升温汽化、增压膨胀，并依靠气体的膨胀力，带动组分中高分子物质的结构变性，从而使之成为具有网状组织结构特征，定型的多孔状物质的过程。膨化食品是采用膨化技术制得的成型食品。

一、膨化食品的分类

（一）按膨化加工的工艺条件分类

1. 高温膨化　高温膨化技术是一种现代化的机械挤压成型技术与比较古老的油炸膨化、沙炒膨化等处理工艺结合起来从而生产膨化食品的一种技术。

油炸膨化：是利用油脂类物质作为热交换介质，使被炸食品中的淀粉糊化、蛋白质变性以及水分变成蒸汽，从而使食品熟化并使其体积增大。油炸膨化的油温一般在 160~180℃，最高不超过 200℃。

热空气膨化：包括气流膨化、焙烤膨化、沙炒膨化，是利用空气作为热交换介质，使被加热的食品淀粉糊化、蛋白质变性以及水分变成蒸汽，从而使食品熟化并使其体积增大。

微波膨化：是利用微波被食品原料中易极化的水分子吸收后发热的特性，使食品中淀粉糊化、蛋白质变性以及水分变成蒸汽，从而使食品熟化并使其体积增大。

2. 温度和压力共同作用的膨化

低温真空油炸膨化：在负压条件下，食品在油中脱水干燥。采用真空油炸所制得的产品有显著的膨化效果，而且油炸时间相对缩短。

挤压膨化：一般食品物料在压力作用下，定向地通过一个模板，连续成型地制成食品，被称为"挤压"。

（二）按膨化加工的工艺过程分类

1. 直接膨化法　又称一次膨化法，是指把原料放入加工设备（目前主要是膨化设备）中，通过加热、加压再降温减压而使原料膨化。

2. 间接膨化法　又称二次膨化法，就是先用一定的工艺方法制成半熟的食品毛坯，再把这种坯料通过微波、焙烤、油炸、炒制等方法进行第二次加工，得到的酥脆的膨化食品。

（三）按原料分类

淀粉类膨化食品；蛋白质类膨化食品；混合原料膨化食品。

（四）按生产的食品性状分类

小吃及休闲食品类；快餐汤料类。

二、膨化食品的发展

膨化技术作为一种新型食品加工技术，在国外发展的很快。早在 1856 年美国的沃德就申请了关于膨化食品的专利。1936年，挤压法生产膨化玉米果首次成功，1946年开始商业化生产。20世纪50年代初，膨化技术开始广泛应用于饼干的生产、淀粉的预处理以及糊化中。20世纪60年代中期，开发膨化的谷物早餐食品，以及用谷物、油、蛋白质、肉、调味料和半干食品制作成的既食品苹果酱和水果馅饼等。同时膨化技术也用于水果蛋糕和脱水苹果的生产。

目前，国外利用膨化技术生产的膨化食品主要有：膨化主食、人造肉、马铃薯食品、脱水苹果、快餐食品、小食品、速溶饮料和强化食品等；还有采用膨化技术生产淀粉及处理谷物；膨化大豆可用来酿造酱油；膨化谷物则可以作为动物饲料。

食品膨化技术在我国有着悠久的历史，古代就有把油炸作为使食品膨化的重要方法之一。油炸出现于青铜炊具诞生之后，周代"八珍"中的"炮豚"已有炸法。高温油炸富有淀粉质的原料，一般都有松软的特质。唐代有炸制"缒子"的尚食令的故事，所讲述的炸制技术已很精湛。到了宋代，炸法的应用就比较多见。

我国膨化技术的发展比较缓慢，直到20世纪70年代末，才开始膨化技术和膨化食品的研究。一些高等院校和科研单位相继研究出多种膨化挤压机，黑龙江商学院首先研制出膨化食品。1986年黑龙江商学院吴孟发表了"谷物膨化技术的研究与应用"的论文。1987年中国农业大学沈再春等研制出了6SLG54-18型双螺杆食品挤压机，并带领研究生在这基础上进行了挤压食品膨化技术和膨化物料物性方面的研究。1992年江苏工学院（现江苏理工大学）孙一源等以法国BC-45型双螺杆食品挤压机，指导一批博士、研究生，就玉米等食品原料在挤压过程中的各种因素对淀粉、蛋白质等结构α变化的影响，对食品风味的变化的影响作了深入地研究，目前他们的理论研究在国内外处于领先水平。1996年北京化工大学朱复化、林炳建和陈存社等人自行设计制造了可视双螺杆挤压机，将中国食品挤压技术的研究手段提高了一大步。

第二节 膨化技术原理、工艺及设备

一、膨化技术原理

（一）膨化的形成机制

1. 膨化　膨化是利用相变和气体的热压效应原理，使被加工物料内部的液体迅速升温气化、增压膨胀，并依靠气体的膨胀力，带动组分中高分子物质的结构变性，从而使之具有网状组织结构特征，定型的多孔物质的过程。

2. 膨化的构成要素　只有当物料和环境同时符合膨化所需的特定条件时，膨化才有可能顺利进行。特定条件是：

①汽化剂：在膨化发生以前，物料内部必须含有均匀安全的汽化剂，即可汽化的液体。

②弹性小室：从相变段到增压段，物料内部能广泛形成相对密闭的弹性气体小室，同时，要保证小室内气体的增压速度大于气体外泄造成的减压速度，以满足气体增压的需要。

③能量：外界要提供足以完成膨化全过程的能量，包括相变段的液体升温需能、汽化需能、膨胀需能和干燥需能等。

(二)膨化动力的产生机制

膨化动力的产生主要由物料内部水分的能量释放所致。

同样的外部供能条件下,在物料内部的各种物质成分中,由于水具有分子量小、沸点低、易汽化膨胀的特性,水分子热运动最先加剧,分子动能同时加大。当水分子所获能量超出相互间的束缚极值时,就会发生分子离散。水分子的分子离散使物料内部水分发生变化,产生相变和蒸汽膨胀。其结果必然造成对与之接触的物料结构的冲击。当这种冲击作用力超出维持高分子物质空间结构的力,并超出高分子物质维持的物料空间结构的支撑力时,就会带动这些大分子物质空间结构的扩展变形,最终造成膨胀物料的质构变化。

(三)物料中高分子物质在膨化中的作用

1. 淀粉在膨化中的作用

淀粉是由D-葡萄糖单元以苷键形式结合形成的大分子链状物质。淀粉团粒内水分的含量与分配,较大程度上取决于多糖链的密度与叠集的规则性。这对淀粉的理化性质和膨化加工特性至关重要。

在热压条件下,团粒内部的变化大致分为四个过程:①向微晶区域引入结合水;②无定形区中凝胶相的有限润胀;③微晶的熔融,同时已熔微晶与非晶性凝胶区的共同水化和润胀;④熔融微晶的水化导致团粒内水分重新分配,最终润胀产生的应力使微晶变形又加速了熔融。水分含量低时,微晶以熔融变化为主;而当水分含量高时,则微晶的熔融、水合和极度不可逆的膨润同时发生;在常压下60~70℃范围内可完成,也就是通常所说的糊化过程。当然,淀粉的热炼与糊化之间存在着一定范围内的弹性可调过渡区域。所以,工艺上即可通过适当增加低水分物料的含水量,降低环境的温度压力,获得熔融充分、润胀适度的制品。微波膨化就应用上述调节原理,先通过低水高压预热炼制备出含湿量低、可挤压成型的膨化坯料,再经干燥除去多余水分,制成炼化干坯再进化微波膨化,以满足微波能量均匀辐射特性的需要。

2. 蛋白质在膨化中的作用

蛋白质是一大类以氨基酸为基本构成单元的分子量巨大的高分子物质,通常分为单纯蛋白质和结合蛋白质两大类。在膨化过程中,蛋白质作为膨化物料的成分,主要是其中的结构性蛋白质易受外部能量的影响和作用而发生分子结构变化,如变形、变性等。结构性蛋白质的这种变化通常与其在膨化过程的功能变化同步发生。蛋白质在膨化过程中的主要功能有:①以水化、水合作用持水、膜囊包裹作用存水和网状结构吸水等方式维持物料的部分含水;②充当密闭气体小室的可塑壁材,在气体膨胀时实现扩展性拉伸并逐渐变性,随后在室壁瞬时破裂、蒸汽外泄的过程中因失水和自身所带热量的干燥作用而被固化。干燥后的汽室内壁在膨化成品中维持着类似淀粉功能的力学上的网架结构。

物料中蛋白质的含水量过高和蛋白质的低程度组织化,以及物料中蛋白质的比例含量过高,对膨化都存在一定的困难。高度组织化的蛋白质易于被进行膨化加工。同样,膨化加工过程也有利于蛋白质的组织化。

二、膨化食品生产的工艺流程

膨化食品因设备不同,生产工艺也不相同。下面以油炸膨化、气流膨化以及挤压式膨化食品为例,分别介绍其基本的生产工艺。

(一) 油炸膨化食品的生产工艺

油炸膨化工艺是将淀粉在糊化老化过程中结构两次发生变化，先α化再β化，使淀粉粒包住水分，经切片、干燥脱去部分多余水分后，在高温油中过热水分急剧汽化喷射出来，产生爆炸，使制品体积膨胀许多倍，内部组织形成多孔、疏松的海绵状结构，从而形成膨化食品。该工艺是一种古老的膨化方法，近年来它已与现代的膨化方法（挤压法、气流法）完美地结合在一起了。油炸膨化食品的生产工艺流程，如图7-1所示。

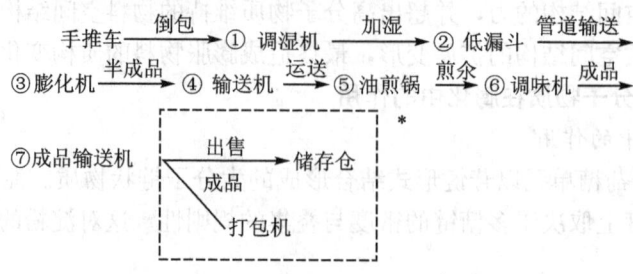

图7-1 油炸膨化食品的生产工艺流程图

(二) 气流膨化食品的生产工艺

气流膨化食品的生产工艺流程如图7-2所示。

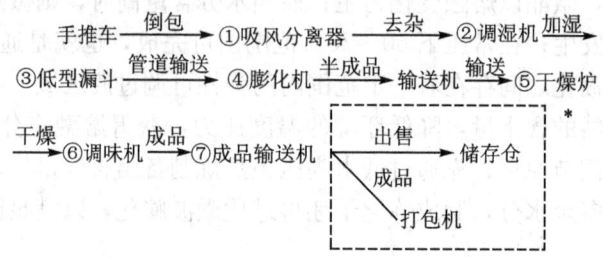

图7-2 气流膨化食品的生产工艺流程图

* 虚线部分不属膨化设备之内，打包机另外选用

(三) 挤压式膨化食品的生产工艺

挤压膨化是通过水分、热能、机械剪切和压力等综合作用形成的，是高温、高压的短时加工过程。当含有一定水分的原料通过供料器进入套筒后，随着螺杆的转动而向前输送逐渐受到机头的阻力作用而被压缩，通过压延效应和吸收机筒外部所加热量以及物料在螺杆与套筒间的强烈搅拌、混和、剪切等作用而产生的高温、高压，使物料在挤压腔内呈熔融状态，淀粉组织中排列紧密的胶束被破坏，淀粉由生淀粉（β-淀粉）转化为熟淀粉（α-淀粉），即淀粉糊化，此时，物料中的水分仍处于液体状态，当熔融态物料进入成型模头前的高温高压区时，呈完全的流态状，最后通过模孔被挤出到达常温常压状态，物料中的超沸点水分因瞬间的急剧汽化并喷射出来，物料中的溶胶淀粉体积也瞬间膨化，致使食品内部爆裂出许多微孔，体积迅速膨胀，从而形成质构疏松的膨化食品。

三、膨化食品生产的主要设备

(一) 油炸膨化食品的主要设备

油炸膨化食品主要设备为油炸设备，油炸设备分为浅层油炸设备、深层油炸设备，一般包括加热元件、盛油槽、油过滤装置、承料构件、温度控制装置等。典型的设备有水油混合式油炸锅和真空低温油炸机。

（二）气流膨化食品的主要设备

气流膨化与挤压膨化具有截然不同的特点，它需要外部给膨化机加热。可以用过热蒸汽加热、电加热或用燃料直接加热，使机内的被膨化物料达到200～280℃的高温和0.5MPa～0.8MPa的压力，使谷物中积蓄大量的能量。在膨化的瞬间，高温高压降为常温常压而释放大量的能，使物料中的水分突然汽化，体积可膨胀2 000倍，即所谓的"爆炸"，使物料组织受到"破坏"呈海绵状，体积增大几倍到十几倍。利用这种原理的膨化设备可分为间歇式膨化设备和连续式膨化设备两大类。

（三）挤压膨化食品的主要设备

挤压膨化食品使用的挤压机主要为螺杆式挤压机，是目前市场上膨化食品生产的主要设备。按结构可分为单螺杆和双螺杆两种类型。与挤压机相配套的膨化食品加工设备有：混和搅拌机、成型（切割）机、烤炉、冷却输送机、喷油机、调味机、夹馅机、包装机等。

1. 单螺杆挤压机　单螺杆挤压机在机筒内只有一根螺杆，它是靠螺杆和机筒对物料的摩擦来输送物料和形成一定压力的。

2. 双螺杆挤压机　食品加工常采用单螺杆挤压机连续生产面团类产品；近年来，结构复杂、物料输送能力强、操作更稳定的双螺杆挤压机在食品加工上的应用受到食品界的重视。

第三节　膨化技术在食品工业中的应用

一、小吃食品和休闲食品生产

小吃食品和休闲食品的挤压加工是挤压技术的重要应用实例。用挤压技术加工的小吃食品和休闲食品有3种，第一种是马铃薯片、锅巴等脆片小吃食品。第二种是常规的挤压膨化食品，即利用含一定水分的玉米粉、小麦粉、大米粉或其他谷物及淀粉，经挤压膨化后，干燥至含水量<4%，然后调味和涂油；对于高水分的淀粉基物料，在挤压后直接油炸，然后调味。第三种小吃食品主要指挤压加工为各种形状和组织结构的半成品和成品。这种挤压食品的结构十分致密。经挤压成型后，形状有平面、立体、穿孔等多种多样。

二、早餐谷物的加工

早餐谷物食品可分成许多种类，目前有15%的早餐谷物食品是由挤压加工得到的。早餐谷物食品中含有各种成分形成的不同组分。高度糖化的产品是由普通谷物产品在表面涂上糖、调味料和其他如用于防止产品粘结的脂类物质成分等所形成的。普通的或预加糖的谷物也可以在接下去的生产中混入其他非谷类食品，如水果或干果。所有的早餐谷物食品都是由相当简单的"普通"谷物发展而来的，并且适当增加诸如糖和盐等其他原料形成产品，这些添加物在谷类食品中占很高的比例，甚至随后还将添加维生素和矿物质。

三、面类食品的生产

通心面起源于中国，发展于意大利，现已成为西方国家中最为常见的面食。随着我国人民生活水平的提高，国内通心面销量日见增长。通心面具有较高的机械强度，不易断裂，久煮不粘连，口感格外滑爽而有咬劲。通心面一般以小麦面粉为原料，经和面、挤压和干燥而成。

四、速溶粉末类婴幼儿食品

挤压膨化技术能够有效地用于速溶粉末类婴幼儿食品、老年食品及组合食品的加工。挤压加工速溶粉末类食品的显著优点是工艺简单、多种食品原料可以自由组合加工。由于最终产品需要磨碎，因而对挤压机挤出产品的成型性要求不很严格。原料在喂入挤压机前根据营养平衡的需要进行合理的营养搭配，可以利用各种谷物、油料、豆类进行加工，加工后的产品易于储藏，食用方便。

五、在糖果加工中的应用

近几年来，膨化技术在食品的加工中已得到了越来越广泛的应用，其中用蒸煮式挤压机进行糖果的生产虽然是一个相当新的领域，但已取得了很大的发展。传统的糖果生产线占地面积大、生产周期长、劳动强度大、生产过程难以控制。而采用蒸煮挤压加工方法把原先的间歇操作变成了一种连续的加工方式。由于可对食品生产过程中糖的转化、美拉德反应、起泡和胶凝过程中蛋白质的分解、糖的结晶、脂类物质的同素异构现象、酶的反应及淀粉的胶凝等这些反应进行控制，故而能有效地控制食品的营养、物理特性、成分等，并且还能开发出新型的糖果食品。

六、植物蛋白的加工

植物蛋白的组织化在食品加工中已得到较大的发展，植物蛋白一经组织化和复水后具有极其广泛的用途，例如作为一种鱼类、肉类加工品的增量物，作为许多即席食品或方便食品中的类似肉组分。植物组织蛋白当作传统肉类的替代物，在价格、能量效率、增加蛋白质食品的供应上有明显的优点，而且与通常的动物饲养和屠宰相比，减轻了对环境的压力。单位土地面积上蛋白质生产能力最大的农作物是大豆，动物蛋白质的生产效率比大豆低20%～30%，并且动物仅能将摄入的粗蛋白质的6%～38%转换成可食用的蛋白质。直接使用植物蛋白的主要障碍是它缺乏肉类的组织、味道和外观。完善的植物组织蛋白产品应该具有常态肌肉的结构或纤维特征、吸水率和脂肪，以便与肉类有一个相似的成分，并经加热和加工后能保持其完整性。

一般说来，可作为组织化原料的植物蛋白种类范围很广，但实施上被广泛使用的原料仅是一种植物蛋白——大豆。其原因是它易于得到、价格低、质量高，此外它最适于作人类食品。

七、膳食纤维的挤压生产工艺

膳食纤维不能被人体的消化酶在上消化道中分解成能吸收的寡糖、多糖以及其（亲水性的）衍生物，膳食纤维的组成成分主要包括纤维素、半纤维素、木质素、胶质以及它们在加工过程中形成的化合物。根据在水中的溶解特性不同，膳食纤维分为水溶性膳食纤维和非水溶性膳食纤维。膳食纤维可以抑制某些疾病，具有一定的生理作用，因此，对于膳食纤维食品的研究具有重要意义。国内外许多学者在研究了挤压技术对膳食纤维的改性后,获得了对制定挤压加工膳食纤维工艺很有帮助的结论。研究证明,利用挤压技术生产豆渣、麸皮、米糠膳食纤维,能大幅度提高纤维原料中的 SDF(可溶性膳食纤维)的含量(从 2%提高到 28%),改善其生理功能和贮藏功能,产品口感也有较大改善。

八、变性淀粉和变性谷物粉的应用

挤压膨化技术是近年来在变性淀粉生产中的一种新技术,它是以集输送、混合、加热、加压和剪切等多项单元操作于一体的挤压膨化机作反应器,进行淀粉的热化学变性。

早期在生产预糊化复合变性淀粉时,主要利用的是搅拌反应釜和滚筒干燥机。生产时,将淀粉、水及其他添加原料加入到搅拌反应釜中,经过较长时间的加热反应,淀粉发生变性,然后排放(或洗涤)输送给滚筒干燥机进行干燥,淀粉同时预糊化和干燥;干燥后的薄片状变性淀粉被输送给磨粉机磨碎后获得粉末状的预糊化复合变性淀粉。利用挤压膨化工艺,将淀粉、水、添加剂直接喂入螺杆挤压机,经挤压加工后,淀粉同时完成化学变性、预糊化和干燥,然后冷却输送给磨研机粉碎。

九、工程肉食品的生产

利用挤压机进行工程肉制品的开发,其主要特点是能利用许多价格低廉的原料,如脱脂豆粉、猪皮等肉制品厂和食品厂的下脚料,利用价格低廉的鱼糜等制造模拟蟹肉、海蜇皮等产品,其营养丰富,口感与真肉相似。由于这种产品使用的原料价格低,色、香、味、口感均与天然食品相似,可以作为天然动物食品的替代品,满足人们对天然动物食品的需求。

大豆蛋白是最为重要的工程肉原料,与其他原料相比,大豆蛋白的营养价值最为突出。用大豆蛋白代替部分动物蛋白可以降低食品的热能密度,提高营养素密度。用大豆制品可代替一部分热能过高的肉制品。

十、在其他食品加工中的应用

挤压膨化加工在乳制品中的应用是近期发展起来的。挤压膨化加工在乳制品中的应用的主要目的是通过连续加工改善传统制品及其替代物的功能特性和开发具有新的组织特性的食品。膨化技术应用于淀粉糖生产可提高出品率。玉米经过膨化后,内部淀粉颗粒呈蜂窝状或片状结构,淀粉链间的氢键断裂获得较高的 α 化度,接近于完全糊化状态,而出现较大的空间,α-淀粉酶能够很容易地进入到淀粉分子中间,切断 α-1,4 糖苷键,生成小分子糊精和少量的麦芽糖、葡萄糖及低聚糖,能迅速地使玉米淀粉糊的黏度下降,呈现出较好的液化状态,从而使出品率得以提高。原料处理是酱油生产过程中的重要环节,直接影响成曲的质量和酱醅的分解、浸出难易程度、产品的品质、出品率,更重要的是直接影响了全氮利用率。挤压膨化技术应用在酱油生产中,具有提高原料利用率、节约能源、简化工艺等优点。目前食醋生产分为传统的固态发酵工艺和液态发酵新工艺两类。为了保持固态发酵传统工艺的食醋口味、提高原料利用率、缩短生产周期,取得较好的经济效益,我国科研人员应用膨化技术改革食醋生产工艺,取得了可喜的成果。

第四节 膨化对食品品质及营养成分的影响

食品加工的过程即是食品的熟化过程,在这个过程中,物料中的营养成分会发生一定的变化。膨化加工过程亦不例外,我们仅就挤压膨化热加工对食品营养成分的影响做一阐述,来说明膨化加工对食品品质及营养成分的影响。

一、蛋白质

消化率被认为是评价蛋白质营养价值的最重要的指标。在一般挤压条件下(指低温、高含水量、低螺杆转速),植物蛋白的营养价值通常有所增加,这主要归功于对蛋白质第3、4级高级结构的结构修饰和原存在于植物食品中蛋白酶抑制剂的变性失活作用,例如大豆中胰蛋白酶抑制剂的失活及棉籽中的抗生长因子(棉籽酚)、菜豆类植物凝血素的失活等。

在剧烈的挤压条件下(指高温、低含水量、高螺杆转速),蛋白质的消化率和氨基酸的利用率会降低(表7-1)。一个主要的原因就是美拉德反应导致氨基酸利用率的降低。赖氨酸是谷物中的限制性氨基酸,其利用率的降低会立即导致蛋白质营养价值的降低。

实验研究表明,食品在挤压膨化过程中,营养素损失较少,而其消化率有所提高。例如,将沙丁鱼肉进行挤压膨化(含水量为50%,挤压温度为164℃,螺杆转速为50r/min),其蛋白质的消化率高于90%,只有少量的氨基酸和(饱和及不饱和)脂肪酸流失;挤压脱脂大豆粉和大豆蛋白浓缩物的消化率也分别达到66.3%和63.4%,牛肉蛋白质高达73.2%;挤压膨化大米与普通米饭相比,其蛋白质的消化率由76%提高到84%;用膨化大豆酿造的酱油与普通酱油相比,其蛋白质的利用率从65%提高到90%。

挤压膨化与转筒干燥(如婴儿食品)、蒸汽高温灭菌(如豆籽加工)、烙制(如玉米粉圆饼)、微波加热(如即食麦片)、烘焙(如饼干和面包)等加工方法相比,其蛋白质的营养价值和上述任何一种加工方法所得到的效果是一样的好,或更好。

表7-1 不同挤压食品氨基酸损失百分比(%)

混合物	赖氨酸	蛋氨酸	胱氨酸	精氨酸	色氨酸	组氨酸
小麦、玉米、淀粉、大豆分离物、蔗糖、酪蛋白酸钠	0~50	14~28	7~25	0~19	0~12	0
小麦、蔗糖、牛奶	15~52	0~100	0	0~7	0	0~7
大豆、脱脂乳、谷物	28					
牛奶蛋白质、玉米胚芽	28					

注:未标注的为未测定项

二、碳水化合物

1. **淀粉** 挤压膨化食品原料的主要成分是淀粉。食品中淀粉的含量、直链淀粉与支链淀粉的组成、加工工艺参数都对膨化食品质量有直接影响。挤压膨化过程中,淀粉链间的氢键断裂,淀粉粒解体,淀粉被充分α化(糊化);支链淀粉的一部分侧链被"切割"下来,使较短的直链淀粉、糊精和还原糖的比例增加,有利于膨化食品溶解、吸收与消化;挤出膨化的糊化淀粉分子相互交联,形成了网状的空间结构。在挤出时闪蒸掉部分水分后定型,使

α化定型，不易回生，成为膨化食品的骨架。从而延长了食品的货架期。

淀粉糊化过程是一个低水分状态下的过程。淀粉糊化程度与螺杆的转速、温度和水分含量有着十分密切的关系。螺杆转速提高，降解糊化作用也有提高的趋势；温度高、水分含量高则糊化度高。温度高、水分低产生降解糊化作用显著，使挤出物的还原能力提高，物料在机内的停留时间短，糊化度下降。Senol Ibanoglu 1996年研究了双螺杆挤压对土耳其传统食物Tarhana的影响，发现当谷物、发酵奶混合物含水量恒定为43%，腔体温度为60～120℃、喂料速度为10kg/h～20kg/h、螺杆转速为100r/min～300r/min时，各工艺参数对淀粉糊化影响程度的大小依次是腔体温度＞喂料速度＞螺杆转速，相应面分析结果表明：高腔体温度和螺杆转速，配合低喂料速度可以获得较高的淀粉糊化度。

对淀粉进行磷酸酯化交联能提高其冻融稳定性、抗剪切的稳定性和对酸、热的稳定性，如减少大米淀粉的热损失和吸水率。M. seker（2003）先用0.2MNaOH调节50%的淀粉溶液至pH值为10，再用磷酸二钠7.5g与300g淀粉混合，并使混合物的最终含水率控制为55%，最后用单、双螺杆挤压机分别对混合物进行挤压试验。结果表明在滞留时间相同时，淀粉磷酸酯化程度受混合装置的影响不大。

在挤压膨化过程中，如果启动过速，食物高分子容易在数分钟内胶联结块，造成堵塞；而启动太慢，可能造成原料的浪费。Seung Ju Lee等以玉米面粉为原料，对水分补给速率、原料补给率、螺杆转速与扭矩等变量采用模糊运算法则进行控制，而比例积分微分（PID）运算法则被用来控制腔体的加热、冷却系统的运行，较好地解决了过去完全依赖经验才能完成工作的自动化控制问题。

淀粉种类对膨化效果的影响表现为支链淀粉含量高，能促进膨化，使产品变轻、变松脆；而直链淀粉的含量提高，则膨化率下降。控制直链淀粉含量略高于20%，生产过程消耗动力少，挤出物表面光亮，表面和组织均匀有弹性，溶解度低，吸水速度慢，产品浸于水中或牛奶时保持形状不变的相对时间较长。

2. 糖　糖作为甜味剂经常被混合在原料中，它在挤压过程中呈熔融状态，如温度大于250℃易发生焦糖化，不仅使产品色泽变暗，口感变苦，严重时还可造成堵机。还原性糖还会与氨基酸作用产生美拉德反应，这能造成氨基酸，特别是赖氨酸的无谓消耗。尽管轻度的美拉德反应会诱发人的食欲，但美拉德反应产物被认为有潜在的诱变作用，因此，很多工作是探讨如何努力避免其发生或有效控制其发生的程度。

自从人类会烹煮食物起，美拉德反应就被不自觉地用来制造食物诱人的色泽和香味。在现代食品加工业中，如咖啡生产、面包生产中仍然依赖美拉德反应来获得市场需求的色泽和香味。现代的食品加工业者努力掌控美拉德反应发生程度：产生恰好的色泽且不致引起过度变色；要产生诱人风味且不会出现异味；提高膨化食品的抗氧化性且防止产生潜在毒性及其造成的营养价值下降等。Jennifer M. Ames（1998）借助于高压液相色谱（HPLC）和毛细管电泳（CE）等分析手段，分离和鉴定了在蔗糖—氨基酸水溶液系统中有色物质的形成特点及各组分对色泽的贡献率。探讨了时间、温度、pH和高压对美拉德反应引起的色泽与风味物质形成的影响。采用小型实验装置模仿实际的挤压膨化生产过程和应用。用定量描述分析（quantitative descriptive analysis，QDA）法研究了不同pH对淀粉、葡萄糖、赖氨酸体系中色泽形成的影响，为成功预测挤压膨化生产过程美拉德反应引起的色泽形成提供了科学依据。

3. 膳食纤维　膳食纤维经挤压膨化后可提高其溶解性，并改善其生理特性。在较剧烈的挤压条件下（高温、高转速、低水分含量），通常可观察到那些不可溶膳食纤维的溶解作用，这便会增加其在大鼠肠道中的发酵降解作用；在较温和或中等剧烈挤压条件下，膳食纤维含量没有明显的改变，但仍有部分纤维组织溶解。

三、脂肪

挤压膨化可能会降低脂肪的营养价值，其机制包括氧化、氢化及顺反异构化作用。挤压膨化后，脂肪含量会随直链淀粉-脂复合物的形成而减少；不饱和脂肪酸与饱和脂肪酸之间的比例会有所降低，反式脂肪酸会有所增加。但这种变化太微乎其微，以至于不会对营养价值造成显著影响。很明显，挤压膨化对脂肪组成、稳定性和营养特性的影响需进一步研究探索。

原料中混入一定量的脂肪，虽可改善产品质构和口感，但会影响到产品的膨化率。脂肪含量在10%以下时，它对产品膨化率的影响很小，但含量较高时，会使产品的膨化率明显下降。脂肪含量相同的情况下，脂肪复合体的生成量越多，产品膨化率越高，脂肪复合体的生成量与产品膨化率之间有密切的相关关系。

四、维生素

在挤压膨化过程中，食品中的维生素会有所损失。表7-2总结了加工因素对维生素存留的影响，表7-3给出了挤压膨化加工以及经过一定时间贮存后维生素的存留比例。

表7-2　挤压条件的改变对维生素存留的影响

挤压参数（增加）	维生素 B_1	维生素 B_2	维生素 C	维生素 A
温度	增加，没有效果	增加，没有效果	降低	没有效果
水分	增加	降低，没有效果	降低（高温下，低水分含量存留更多）	
螺杆转速	降低，没有效果	降低	降低	增加
螺杆压力比值	没有效果			
模具直径	增加，没有效果	没有效果	增加	
压力			没有效果	

注：未标注的为未测定项

表7-3　挤压和贮存后维生素存留百分比（%）

维生素	挤压后		贮存后	
	单螺杆	双螺杆	单螺杆	双螺杆
维生素 B_1	19~100	10~70	71~85	80~88
维生素 B_2	54~100	83~85		76~86
维生素 B_6	91	71~90		
维生素 B_{12}		65~99		
叶酸	100	35~56		86~90
泛酸（盐）		91		

续表

维生素	挤压后		贮存后	
	单螺杆	双螺杆	单螺杆	双螺杆
生物素		74		
维生素 C	32～100	79～92	2～43	57～93
维生素 A 原（β-胡萝卜素）	25～27			4～12
维生素 A	53～100	57～87		31～75
维生素 E	86～100	37～90		

注：未标注的为未测定项

维生素在挤压膨化过程中的存留研究大部分是以维生素 B_1 和维生素 B_2 为对象的。在所应用的一系列条件下，物料水分含量是一个比温度更重要的因素。在 14% 水分含量下，维生素 B_1 损失为 60%～90%，与此相对照的是，在高水分含量下，即使在 200℃，维生素 B_1 含量也只有微小的变化。一般来说，高的进料速率会改善维生素的存留率。

在挤压膨化之前加入到强化玉米大豆混合物中的维生素 C 会有大量的损失（50%～66%），但是，当把维生素 C 在挤压后加入的话，则贮存期间的损失只有 14%～20%。这说明维生素在挤压膨化食品中的有益作用与降低水分活性有一定的关联。

与水煮相比，挤压膨化玉米、大豆、花生混合物会引起其中胡萝卜素的较大损失（53% 和 25%），所有维生素 A 的存在形式在较高螺杆转速下是比较稳定的，这可能归结于物料较短的滞留时间。

叶酸的损失主要是氧化作用，特别是在 100℃ 以上的温度下；但在加热期间叶酸的损失可由维生素 C 的存在而防止。

通常，维生素 B_1、叶酸、维生素 C 及维生素 A 等属于对挤压膨化较为敏感的维生素。这一结果是非常重要的，因为谷物是 B 族维生素的来源之一，而挤压膨化又广泛应用于婴幼儿食品的生产。

五、矿物质和植酸盐

矿物质的生物可利用率受植酸盐的影响，因此加工方法对植酸盐含量的影响便具有了一定的意义。

谷物中富含植酸盐和细胞壁物质，它们与矿物质有螯合作用。研究证明，高的植酸含量对人体矿物质的吸收是一个不利因素。但是在原料谷物中，植酸酶（EC3.1.2.26）的活性可消除植酸盐对矿物质吸收的不良作用。但是，通过挤压膨化，即使在温和的条件下也会使植酸酶失活。

六、食物纤维的变化

食物纤维是指食物中不能被人体内消化酶所消化吸收的一类物质，它通常包括纤维素、半纤维素、木质素、果胶和胶质等物质。它具有与已知"六大营养素"不同的生理作用，被称为"第七营养素"。挤压膨化能够改善食物纤维的物理、化学以及生理特性。有试验结果表明，面粉经挤压膨化处理后其纤维的含量由原来的 4.0% 增至 4.9%（干重），同时部分食物纤维由非水溶性变成水溶性。因此，挤压膨化技术适应于处理高纤维含量的原料，如麦麸、米糠等，并以此加工营养保健食品。

第五节　膨化食品中可能存在的卫生学问题

影响膨化食品质量的主要因素有原材料的细菌污染、农药残留情况及生长环境的污染、储藏过程及运输过程的污染等各方面的污染。

一、微生物污染

食品中的细菌来自产、储、运、销各环节的外界污染，食品细菌的数量表示食品清洁状态，由于细菌通过自己产生的酶分解食品成分物质，因而食品细菌数量越多，越能加速食品腐败变质。因此膨化食品中菌落总数超标（国家标准规定不得超过 10 000cfu/g）说明该产品受到外界污染，含有各种细菌，保质期缩短，容易变质。膨化食品一般都是机械化流水线生产，产品与人员接触机会较少，但当机械出现故障或平时工人检查生产线上产品质量时，就会接触到产品。这时如不注意，就会造成产品局部污染。目前有许多膨化食品的表面都喷洒固体调味料，使产品口味更多更好。而固体调味料中微生物污染较严重，国家对固体调味料也没有具体标准规定要求，如企业不加处理和控制，直接使用在膨化食品中，也会造成膨化食品中微生物超标。另外产品在包装、运输、销售等环节中如保管不当，也容易使产品中细菌繁殖。由于食品生产过程中，每一个环节都会受到外来污染。因此，必须严格要求和控制，才能保证产品质量。微生物超标严重的产品会加速产品腐败变质。人食用这些产品，就有可能发生食物中毒，出现发热、呕吐、腹泻等中毒症状，严重的将威胁生命。

二、农药残留

膨化食品中的农药残留即其原材料的农药残留，主要来源于控制病虫害及杀菌、除草的直接农药污染和环境中空气、水、土壤的间接农药污染，残留农药随原材料的使用进入膨化食品中，进而随膳食进入人体损害机体健康。随着农药的广泛长期使用，残留量呈逐渐增加的趋势。

三、铅和铝的残留

膨化食品在加工过程中需经过高温、高压或添加相关添加剂，极易受到铅污染。食品加工过程中会通过含铅的金属管道，高温时铅会汽化，污染膨化食品。膨化食品的消费者多数是儿童，他们对于铅危害的承受能力只是成人的一半。特别是儿童处于生长发育阶段，对于铅的吸收量是成人的 5 倍，但是对于铅的排泄功能却比较弱，所以铅特别容易蓄积在儿童体内。

摄入人体的铅 90%～95%形成不易溶解的磷酸铅，沉淀于骨骼中，一旦转变为可溶性形态进入血液，就会引起铅中毒。铅对人类健康的主要损害有神经、消化系统的障碍，生殖系统的损害，心血管系统的影响等。所以应该尽量避免膨化食品中微量的铅对孩子造成危害。

铝是一种非人体必需的微量元素，食品中含有的铝超过国家标准会对人体造成危害。膨化食品生产中，生产商为追求酥脆的口感和良好的外观，常常加入一些膨松剂（或俗称发酵粉），它能够在经过烘烤或油炸过程中加热产生气体，在食品内部形成均匀、致密的孔性组织，体积增大，制品松脆。按照 GB2760-1996 规定，膨化食品中允许使用的膨松剂有碳酸氢钠、碳酸氢铵、硫酸铝钾（钾明矾）、硫酸铝铵（铵明矾）、酒石酸氢钾等，添加量按照生产需要适量添加，但在产品中，铝的残留量必须小于 100mg/kg（干样品）。目前市售的发酵粉多为复合膨松剂，由碳酸盐、酸性盐或有机酸以及助剂淀粉等组成，明矾与碳酸氢钠等复配，可以一方面提高膨松质量，另一方面由于明矾的价格比较低廉，可以降低成本。铝在毒理学上虽属于低毒性的金属元素，不会引起急性中毒，但进入细胞的铝可以与多种蛋白质、酶、三磷酸腺苷等人体重要物质结合，影响体内的多种生化反应，干扰细胞和器官的正常代谢，导致某些功能障碍，甚至出现一些疾病。食用铝超标的膨化食品，铝会在人体内不断累积，引起神经系统的病变，干扰人的思维、意识和记忆功能，严重者可能痴呆。摄入过高的铝，还可能导致沉积在骨质中的钙流失，抑制骨生成，发生骨软化症。

四、油脂氧化污染

当膨化食品表面喷涂油脂（或油炸膨化坯料）以后，油脂会由于长时间贮存后受光线、空气、温度等因素的影响易发生酸败，使食品的营养价值降低，感官性状恶化，同时在酸败过程中产生对人体有害的过氧化物和自由基，可导致人体衰老、肿瘤、心血管病等发生，我国特别是北方居民习惯长期贮油，食用后易对人体造成较大危害。

五、美拉德反应

在膨化小食品进行调味时，糖作为甜味剂经常被混合在原料中，它在挤压过程中呈熔融状态，如温度大于 250℃易发生焦糖化，不仅使产品色泽变暗，口感变苦，严重时还可造成堵机。还原性糖还会与氨基酸作用产生美拉德反应，这能造成氨基酸，特别是赖氨酸的无谓消耗。尽管轻度的美拉德反应会诱发人的食欲，但美拉德反应产物被认为有潜在的诱变作用。

第六节 几种常见的膨化食品可能存在的营养学与卫生学问题

薯片、雪饼、虾条等膨化食品，口感爽脆、香气浓郁，具有较大的消费群体，仍然占据着膨化食品市场的主流地位。

薯片、雪饼、虾条等膨化食品的营养价值并不高，由于这些食品甜、咸较重的口味，迎合了儿童讲究味觉的需求。但从营养与保健来说，高糖高盐是这些休闲小食品制作的一个共同点，人吃了以后往往会口干舌燥。而对孩子来说，高糖会引起肥胖、多动，且容易产生龋齿。同样，高盐会增加儿童的肾脏负担，对心血管系统存在着潜在的不良影响。

从卫生角度来讲，膨化食品存在以下问题：

一、丙烯酰胺的产生

丙烯酰胺是一种化学物质，是生产聚丙烯酰胺的原料，可用于污水净化等工业用途。淀粉类食品在高温（>120℃）烹调下容易产生丙烯酰胺。动物试验结果显示，丙烯酰胺是一种可能致癌物。职业接触人群的流行病学观察表明，长期低剂量接触丙烯酰胺可出现嗜睡、情绪和记忆改变、幻觉和震颤等症状,并伴随末梢神经病变(手套样感觉、出汗和肌肉无力)。尽管丙烯酰胺对人体健康的影响还有待进一步研究,但此问题应引起关注。

卫生部食品污染物监测网监测结果显示,高温加工的淀粉类食品(如油炸薯片)中丙烯酰胺含量较高,其中薯类油炸食品中丙烯酰胺平均含量高出谷类油炸食品4倍,我国居民食用油炸食品较多,暴露量较大,长期低剂量接触,有潜在危害。

二、食品添加剂超标

食品添加剂项目不合格。甜蜜素和糖精钠均属食品添加剂——甜味剂,无任何营养价值,其甜度均为蔗糖的几百倍,在产品中添加甜味剂的目的,是将其用作糖的替代品。强制性国家标准GB2760-1996明确规定,油炸小食品和膨化食品中不得检出甜蜜素和糖精钠,现在市场上销售的膨化小食品多数能够检出甜蜜素和糖精钠。

三、油脂氧化

酸价、过氧化值和羰基项目是否合格,直接反映出油炸食品中油脂的新鲜程度。膨化食品油炸用油,容易造成此项目不合格。油炸、膨化小食品在贮存期间,因受阳光、温度的影响,其中油脂成分与空气中的氧生成过氧化物,因此,过氧化值是表示油脂氧化的初期阶段,是反映含油脂食品新鲜度的灵敏指标。油炸与膨化小食品的过氧化值有很大的差别,原因是油炸与膨化小食品的生产工艺、含油脂不相同。油炸小食品的生产关键技术是原料成形后在真空或常压下油炸,而膨化小食品的生产工艺是采用在膨化机里首先膨化成型,再用经过调味的植物油喷洒,或者喷洒植物油后再洒上调味品,有的是将膨化小食品先在植物油中浸渍一下,再撒上调味品。这三个项目的指标值越高,酸败就越严重。酸败油脂会造成人体胃肠不适,对机体酶系统有损害作用,进而会影响食用者的身体健康。

第七节 膨化食品的卫生监督和管理

一、控制微生物的污染

食品中细菌的数量表示食品清洁状态,由于细菌通过自己产生的酶分解食品成分物质,因而食品细菌数量越多,越能加速食品腐败变质。因此膨化食品中菌落总数超标(国家标准规定不得超过10 000cfu/g),说明该产品受到外界污染,含有各种细菌,保质期缩短,容易变质。另外,国家对固体调味料也没有具体标准规定要求,如企业不加处理和控制,直接使用在膨化食品中,也会造成膨化食品中微生物超标。产品在包装、运输、销售等环节中如保管不当,也容易使产品中细菌繁殖。由于食品生产过程中,每一个环节都会受到外来污染。因此,必须严格要求和控制,才能保证产品质量。

二、防止农药污染

经过膨化加工过程,可能会掩盖农药对食品污染和残留,农药污染的原料经高温等膨化过程可能使化学物质转化为其他有毒有害物质。因此,在膨化食品生产时,要严格选择谷物原料,防止将有农药污染的谷物作为原料,应合理制约化学农药的销售,加强对农药注册、生产、销售和使用的管理，制定与国际接轨的农产品农药残留限量标准，加强对产品农药残留量的检测和监督，政府协助农民取得绿色产品认证。

三、防止有害金属污染

生产膨化食品所选择的设备，应当严格控制重金属的含量，以防止在膨化食品生产过程中，重金属融入膨化食品里，造成食品污染。还应当防止膨化食品原料的生产环境中有毒金属污染，即要加强"三废"排放的治理，严格控制工业污染源，杜绝膨化食品加工过程中的有毒金属污染等。

四、油脂氧化的控制

由于膨化过程的工艺特点，容易导致油脂氧化，因此膨化食品所用油脂，可以加入抗氧化剂，同时采用优质的包装材料，并进行抽真空、去除氧；避光、避射线；采取防潮措施。

（李次力　孙文广）

复习题

1. 淀粉、蛋白质、脂肪在膨化过程中有何变化？
2. 如果膨化食品出现卫生问题，应从哪些方面解决？
3. 丙烯酰胺在膨化食品中是如何产生的？
4. 间歇式气流膨化食品主要存在什么卫生学问题？
5. 如何对膨化食品进行卫生监督和管理？

第八章 微胶囊食品

第一节 微胶囊食品的概念及发展简史

一、微胶囊食品的概念

所谓的微胶囊化是将一种物料包裹在另一种物料之中，被包裹的物料称为心材，而包裹心材的物料称为壁材。从理论上讲，大多数气体、液体、固体均可以被包裹。为达到不同的包裹效果，可以根据心材的物理性质和胶囊的应用要求来选择壁材。利用这种微胶囊技术获得的食品就是微胶囊食品。

二、微胶囊食品的发展简史

胶囊化，即将药物或有效成分装在明胶胶囊中，已有 150 多年的悠久历史了。微胶囊技术就是在这传统胶囊化技术基础上发展起来的。早在 1930 年，美国 National Cash Register 公司就研究过微胶囊技术。微胶囊技术的商业化是在 1954 年，用于无碳复写纸，在这一应用中，无色染料经过化学方法进行微胶囊化处理，使其成为小于 $20\mu m$ 的细粒，然后将其涂在纸上，并在其外层涂有无色试剂，当微胶囊颗粒受到钢笔或铅笔的压力而破裂，并与试剂发生反应产生颜色。这种隐色压敏复写纸在 1981 年的产量为 $5\times10^6 t$，并有继续增长的势头。

由于微胶囊化产品的独特性能，人们进行了大量的研究。通过对微胶囊化技术的研究与开发，形成了许多微胶囊化的商业产品。到 20 世纪 70 年代中期，微胶囊化技术已经在医药、农业和化工等方面得到了广泛的应用。

食品行业中微胶囊化技术的研究虽起步较晚，但其在应用上并不落后。美国 Southwest Research Institute 对微胶囊技术也作过早期的研究，开发了一种机械方法将液态或固态物质包在一种在室温下为固态的壁材中。在 1950 年，他们成功地开发出一系列具有一定规模的微胶囊包埋设备，并将其成功地应用到食品领域，研制出微胶囊化橘油。美国 Wisconsin 大学药学博士 Dale. E. Wurster 发明了药片的包衣和制粒工艺——气流悬浮技术，即将壁材喷在悬浮的微粒表面。后来这一技术演变成现在大量使用的流化床制粒系统，广泛应用于食品的微胶囊加工。

在食品工业中，微胶囊化技术主要应用于香精香料、油脂、维生素、矿物质、生物活性物质、焙烤工业、乳品工业等。那些原来由于许多技术障碍无法开发的产品和受某些条件限制不能扩大应用的品种，今天都可以通过微胶囊化技术得到实现。

微胶囊应用于食品工业的控释已有 60 多年的历史了。由于食品工业要求的原料必须为可食用的，并且要低成本、低消耗工艺，相对于其他应用领域来说控释技术在食品工业上的应用发展仍较为缓慢。

在食品工业中，控制释放的优点主要包括微胶囊阻止了味道及有效成分的散失，应用一定的技术手段处理微胶囊，可使其达到缓慢释放或定点释放的效果，以延长释放时间；微胶囊可以阻止有效成分因光照、氧气等造成的分解作用及蒸发作用，减少或避免烹煮过程中维生素、矿物质等成分的损失；还可以用于分隔相互混合在一起的具有不同风味的物质。总而言之，任何需要保护、分隔、缓释的物质都可以被包裹。被包裹的物质包括香料（香料油、调味品、调料）、甜味剂、颜料、营养品（维生素、氨基酸、矿物质）、精炼油、水、酶、发酵剂、酸剂、食用盐、食用碱、抗氧化剂、杀菌剂、防腐剂等。

三、微胶囊化的目的

（一）改变物质的物理状态

1. 液态转变成固态　液态物质通过微胶囊化后，可得到细粉状产物，称之为拟固体。这类产品在使用上具有固体特征，但其内部相仍然是液相，因而可良好地保持液相的反应性，该性质在某些场合中特别有用。最典型的例子是无碳复写纸的发明，虽然这不属于食品工业范畴。微胶囊化可以使液态反应物变得"易于操作"，可以在任何指定的时机使微胶囊破裂，发生预期的化学反应。

2. 改变密度　微胶囊化可改变物质的密度。最典型的例子是空心的微胶囊，由于包裹了空气从而使物质的体积增加，因此密度大的固体经微胶囊化后可以转变成能漂浮在水面上的产品，这一技术对生产高档水产品饲料十分有用。一般而言，由于微胶囊化过程中形成的颗粒度的变化，使得体系的堆积密度发生了改变。

3. 改变产品的分散状态　微胶囊化的分散特性有利于它的各种应用。用于涂层工艺的微胶囊的优点之一是在相同浓度下，其黏度较低。在涂层工艺中微胶囊的另一优点是能以粉末状态使用。所用的微胶囊芯内仅含有一种活性成分，其他的活性成分则被置于囊壁之外。非常细的粉末可降低絮集问题，当微胶囊与乳液相结合后其表观黏度比等量固体浓度的乳液的表观黏度大大降低。

（二）实现有效成分的控制释放

在控制的条件下，微胶囊中活性组分的释放可以采用立即释放、延时定时释放或适当的长效释放等释放形式。这可以通过控制壁材的结构得以实现。心材的释放机制与具体的产品密切相关。囊芯物质的即刻释放可以采用机械方法，例如加压、摩擦、加热融化，或者采用化学方法如酸的作用、溶剂及水的溶解等；囊芯物质的逐步释放是用非水溶性材料为壁材，通过改变壁材的化学组成，调节壁材的厚度、硬度、囊壁的组成层次和孔径大小，控制水溶性心材的释放速度，从而控制风味物质的释放，减少其在加工过程中的损失，降低生产成本。如焙烤制品和糖果用香精经微胶囊化处理，在生产加工过程中的香气损失可减少一半以上。

（三）保护心材免受环境影响

1. 提高抗氧化性　微胶囊具有保护物质的作用，使其免受环境中的氧气、紫外线辐射和温度、湿度等因素的影响，有利于保持物料特性和营养。例如，大蒜所含挥发油中的大蒜辣素和大蒜新素在光线、温度的影响下容易氧化，并对消化道黏膜有刺激性。将大蒜挥发油制成大蒜素微胶囊后可提高其抗氧化能力，增加贮藏稳定性，并掩盖强烈的刺激性辣味，而其生理活性不变。高脂肪及富含维生素的材料经微胶囊化后，由于隔断了与环境中空气的接触，降低了其在储存过程中的氧化。

2. 保护具有吸水性的心材物质　磷酸铁和具有强吸水性的 B 族维生素（维生素 B_1 盐酸

盐、维生素 B_2 和烟酸）的混合物通过微胶囊化可减少其吸收空气中水分的机会，保持其物理性状。经适当的涂层材料处理还可以提高由其包裹物质的性能。

3. 降低挥发性 易挥发的物质经微胶囊化后，能够抑制挥发，因而能储存很久。保存易挥发物质，减少食品香气成分损失，并掩盖不良气味的释放。例如对食品香料、香精进行微胶囊化，制成粉末香精的香料不易挥发，可防止因光化学反应和氧化还原反应形成的食品变质，并能控制香味的释放速率。

（四）屏蔽味道和气味

微胶囊化可以用于掩饰某些化合物的令人不愉快的味道或气味。

（五）活性成分物质的隔离

由于微胶囊化后隔离了各成分，故能阻止两种活性成分之间的化学反应。两种能发生反应的活性成分若其中之一被微胶囊化，再与另一种成分相混合时，直到在要求它们发生反应之前它们是不发生反应的。但是，当微胶囊被损毁时，会促使两种活性成分相互接触，于是反应即可发生。

第二节 微胶囊化技术原理方法

一、微胶囊技术原理和性质

（一）微胶囊化的基本步骤

在微胶囊化工艺中，其基本步骤为：首先将心材分散成细粒，然后再用微胶囊的壁材包裹。在细化被包封的心材时，若心材与壁材分散于两不相溶的液相时，可应用乳化方法，也可采用机械搅拌、超声振动或其他手段，总之最终要使心材分散成小球体。如果微胶囊化的心材为气体，则可应用喷雾法、离心力法、重力法或流化床法等方法细化心材。如若心材为固态，可将其研磨成细粉并过筛，亦可将其先制备成溶液，然后按照纯液态心材的情况，以同样的方式形成小液滴。微胶囊化的步骤可通过图 8-1 说明。（a）将已细化的心材分散入微胶囊化的介质中。（b）再将壁材加入该分散体系中。（c）通过某一种方法，将壁材聚集、沉积或包裹在已分散的心材周围。（d）在很多实例中，经（c）形成微胶囊的膜壁是不稳定的，尚需用化学方法或物理方法处理以使其达到一定的机械强度。

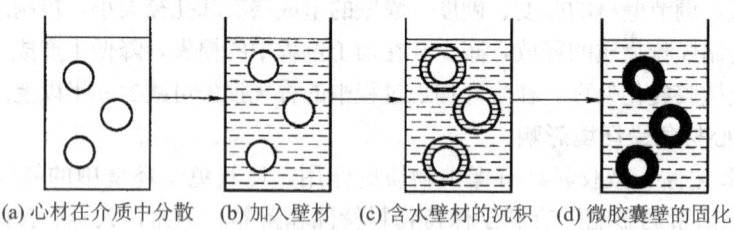

(a) 心材在介质中分散　(b) 加入壁材　(c) 含水壁材的沉积　(d) 微胶囊壁的固化

图 8-1 微胶囊化的基本步骤

微胶囊心材和壁材的种类繁多，性能各异，在材料和工艺选择上必须正确合理，才可能制备成功。食品工业的心材可以是固体，也可以是液体；可能是亲油性的，也可能是亲水性的。微胶囊的壁材可以有很多种，常用的有天然高分子化合物、半合成的纤维素衍生物和合成高分子化合物三大类。食品微胶囊的壁材首先要求安全无毒、可降解，因此常用天然高分子化合物做壁材。

随着壁材性质的不同以及制备微胶囊产品方法的不同，微胶囊的形状和结构变化较大，典型微胶囊如图8-2所示。对连续的心材被连续的涂层环绕的微胶囊称为单油滴或单心。对具有心材被分成若干部分，嵌在壁材的连续相中结构的微胶囊称为絮集或模块形式，其中包括多核、多核无定形、微胶囊簇等情况。连续心材被多层连续的涂层环绕的微胶囊称为多膜微胶囊，图8-2中还给出了双壁微胶囊的结构。对于包裹多个微胶囊的称为复合微胶囊。

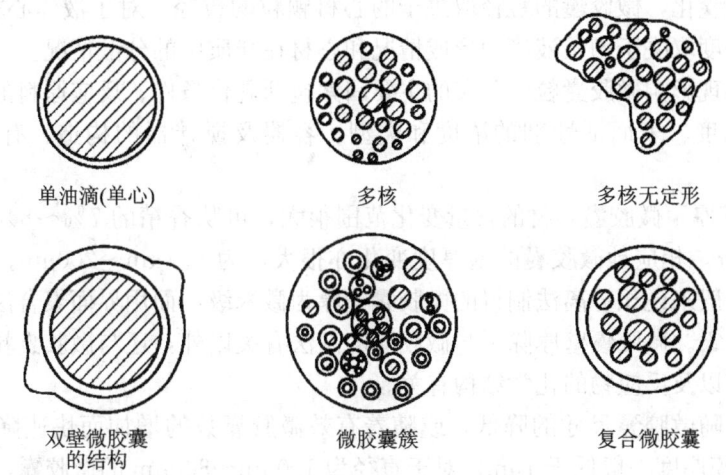

图8-2 常见的微胶囊的形状和结构示意图

（二）微胶囊的基本组成

微胶囊是一种具有聚合物壁壳的微型包覆体，能够包埋和保护其囊芯内物质微粒。囊壁通常是由无缝、坚固的薄膜所构成。微胶囊不但可以包埋固体粉末和液体材料，如若采用特殊的制备方法还可以包埋气体。被包埋的材料可以是亲水材料，也可以是疏水材料。

微胶囊化指将团体颗粒、液体微滴或气体作为胶囊的心材并在其外形成一层连续而薄薄的包裹的过程。微胶囊化产品是指用涂层薄膜或壁材包裹微小的固体颗粒、液滴或气泡。含固体粒子的微胶囊的形状几乎与囊内固体形状一样，而含液体或气体的微胶囊的形状一般是球形的。

微胶囊的直径一般为$1\mu m \sim 1\,000\mu m$的颗粒。直径$<1\mu m$的颗粒，称之为纳米颗粒或纳米胶囊，直径$>1\,000\mu m$的颗粒称为微粒胶囊或大胶囊。微胶囊是由心材和壁材组成的，包裹于内部的材料一般称作活性物、活性剂、内相、核、有效载荷或填充物，壁材通常称作壁、载体、涂层或膜。它可以是有机聚合物、水溶胶、糖、蜡、脂肪、金属或无机氧化物等。微胶囊的基本组成见图8-3。

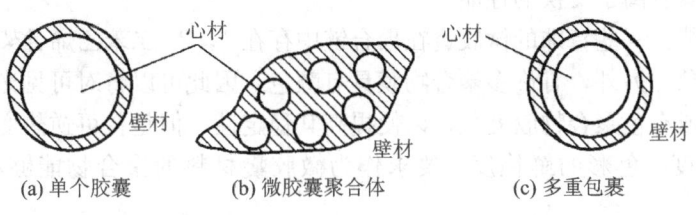

图8-3 微胶囊的基本组成示意图

微胶囊有许多种外形与结构,微胶囊的特征参数包括粒径大小、粒度分布、外形、活性物的含量、组成及其分布,储存稳定性,心材释放速度和其他参数。

(三) 微胶囊的性质

1. 粒度分布 微胶囊的粒度总是不均匀的,而且变化范围相当宽。工艺条件对于最终产品的粒度分布有很大影响。可以采用许多粒度测量技术来测定产品粒度分布,从前人们曾经用显微镜和计数器测量微胶囊的粒度分布。

在微胶囊化工艺中,一般首先是将心材分散成细粒,然后再用微胶囊的壁材包裹。对于固态心材的微胶囊化,微胶囊的粒径取决于心材颗粒的粒径。对于液体心材的微胶囊化,微胶囊产品的粒度取决于初始液滴的形成情况和心材在介质中的分散情况。

通过研究发现影响微胶囊粒度分布的主要因素包括乳化条件、反应原料的化学结构、聚合反应温度、黏度、表面活性剂的浓度和类型、容器及搅拌器的构造、有机相和水相的量等。

2. 微胶囊壁厚 微胶囊心材的含量变化范围很大,可从香精的 7%～8% 变化至微胶囊维生素 C 的 95%。相应地微胶囊的壁厚度变化亦很大,为 $0.1\mu m \sim 200\mu m$。微胶囊壁厚还与制法有关,一般来说相分离法制得的微胶囊壁厚为微米级,而用界面聚合法制得的微胶囊的壁厚则是纳米级。微胶囊壁厚除了与微胶囊的制法有关以外,还与微胶囊粒度、微胶囊壁材料含量和密度以及反应物的化学结构有关。

微胶囊壁厚随微胶囊尺寸的降低,或随着有效微胶囊数的增加而快速降低。直径小于 $10\mu m$ 的微胶囊膜厚度一般低于 $1\mu m$;对于直径为 $100\mu m \sim 300\mu m$ 的微胶囊,其壁的厚度也只有 $2\mu m \sim 10\mu m$。

微胶囊壁的厚度可以采用直接法或间接法测定。直接法是指用装有测微计和浸没物镜的光学显微镜对微胶囊直接测定;间接法是指将微胶囊产品包裹后切片或冻凝后切片,制成电子显微镜的试样进行间接测定。

3. 微胶囊壁的渗透性 对于微胶囊的许多用途来说,微胶囊壁的渗透性能是微胶囊最重要的功能特性之一。根据不同微胶囊化产品的应用要求,某些微胶囊具较低的渗透性能,它可以防止心材流失或防止外界材料的侵袭;而另一些微胶囊化产品具有设定的渗透性能,从而使其具有缓释或控释功能。微胶囊的渗透性与囊壁厚度、微胶囊直径、囊壁渗透性能、壁材种类及心材分子量的大小等许多因素有关。

4. 影响微胶囊性质的其他性质

(1) 电位——膜的带电性质:对于用界面聚合法制备的并在水溶液中悬浮的微胶囊来说,只要水溶液含有高分子量的电解质,那么在电场中微胶囊就会迁移到阳极或阴极上。

(2) 离子交换性:如果形成微胶囊的聚合物链上含有在水介质中可以电离的官能团,那么这种微胶囊即具有离子交换的性能。

(3) 光学性能:一些特殊的微胶囊在聚合链中存在1,2-二苯乙烯骨架,因此在紫外光下会产生荧光现象。另外,有许多聚合物膜具有颜色,因此可以将对可见光或紫外光敏感的化合物用荧光性或有色聚合物胶囊化,以便提高其稳定性。但是在可逆热变色领域中为了能保证变色的灵敏度、色彩的鲜艳度,要求作为微胶囊材料的聚合物能够不吸收光或吸光率低。

(4) 流动性:为了模拟血管内红细胞的流动,人们研究了明胶微胶囊水悬浮液的流动性质。研究发现明胶微胶囊由于具有比较坚硬的壁并缺少表面电荷，所以它们应该比红细胞的变形性小，因而更容易形成聚集体。所以在明胶微胶囊构成的体系中，微胶囊悬浮体的假塑性流动中的聚集作用比变形作用更重要。

（5）心材装载量：通过将微胶囊分离、溶解或粉碎微胶囊壁测量壁材和心材的量，可以直接测量微胶囊的聚合物涂层和心材的量。

（6）微胶囊的机械性质：关于微胶囊的机械性质报道很少，一般来说与通常的球体相似，在壁材确定的情况下，微胶囊的强度取决于胶囊的直径和囊壁的厚度，符合于球体强度理论公式。其机械性质随构成微胶囊壁材料的不同而不同。

微胶囊壁可以制成柔性壁、刚性壁、脆性壁或硬性壁。为了使壁强度在较大的范围内变化，可以改变壁的厚度、使用助剂（例如填充剂或增塑剂）、采用化学方法或物理方法对壁进行后处理。这样微胶囊具有一定的脆性，既便于在中等力量下能够破裂，又能承受生产、包装和运输过程中的作用力。耐用性可以通过控制固化度或控制柔韧性来提高。微胶囊壁强度的选择可根据微胶囊破裂的条件或心材释放的条件来确定。

5. 微胶囊心材的控制释放　控制释放技术的应用首先起源于制药工业，现在已逐渐被用于农药、肥料、兽药及食品工业。控制释放是指一种或多种活性物或成分以一定的速率在指定的时间和位置的释放。控制释放技术的出现使得一些对热、温度、pH 等环境敏感的材料能更方便、更有针对性地用于各种工业领域中。例如用一些糖类等对热敏感的物质制成特殊的微胶囊产品用于焙烤产品，它会在烘烤后期释放出来，这样就避免了烘烤过程中的焦糖化。另外在烘烤中，酸性试剂与碳酸钠混合会释放出二氧化碳。

心材的释放过程也就是微胶囊破裂的过程，微胶囊破裂的主要方法有：机械法，酶法，光、燃烧和加热的作用，以及水或溶剂的溶解。当微胶囊处于一定的液体环境中时，通过萃取的作用可以使心材释放。例如，如果水溶性心材被水可渗透的壁材（例如乙基纤维素）包裹后，水可以萃取微胶囊中的心材。这种释放机理常常用于控制释放或缓慢释放的情况。其过程为：在开始的时候水渗透到微胶囊壁中，开始溶解心材。这样所形成的心材的溶液会渗透到微胶囊以外，并进入连续的水相中。这种释放与微胶囊壁的水渗透性、壁材的溶解性以及微胶囊壁对于饱和溶液的渗透性有关。在微胶囊混合物中总释放速度是大量的单独的微胶囊释放速度的总和。

微胶囊壁材的性能和结构是影响心材释放速度的主要因素，主要包括微胶囊壁材的类型、壁的厚度和微胶囊尺寸等。通过选择适宜的壁材并伴以合适的微胶囊化方法，控制壁材在一定时期不破裂，而是当向微胶囊施以一定的力或者胶囊处于一定的条件时，壁材才发生破裂或具有渗透性，这样便可实现控释。

高强度超声波可用于破坏生物细胞膜。一般是将超声仪直接与组分接触，最好是浸入组分中，另外也可在超声仪内装入组分。超声时间及其输出功率根据所要求活性组分释放量决定。

二、常用的微胶囊化方法

（一）喷雾干燥法

喷雾干燥是最常用的微胶囊制备方法，制备微胶囊的基本过程可分为三个阶段，即囊壁材料的溶解、囊芯在囊壁溶液中的乳化和喷雾干燥。在喷雾干燥过程中，心材物质便被包埋在壁材之内，同时由心材和壁材组成的均匀物料被雾化成小液滴，在干燥室热交换过程中，液滴表面形成一层网状结构的半透膜，其筛网作用可将分子体积大的心材滞留在网内，小分子物质（溶剂）由于体积小，可顺利逸出网膜，从而完成包埋，成为粉末状的微胶囊粒。这种包埋可以是单核的，也可以是多核的。喷雾干燥过程的连续摄影显示，溶剂先从雾滴表面蒸发，在表面形成固相，逐步扩展形成固体壁膜，壁膜内包含的壁材溶液再进一步干燥。溶剂在透过壁膜蒸发时可使壁膜形成孔洞。溶剂的透过扩散速度对形成孔洞有很大影响。因此，囊壁的硬度、多孔性等性能不仅与使用的壁材性质有关，也与干燥温度有关。囊壁网径大小的控制可以采用选择不同物质或几种物质混合来实现，因此喷雾干燥可对不同分子大小的心材物质进行微胶囊化。

（二）喷雾冷却法

喷雾冷却法的工艺与喷雾干燥法相同。首先都是将心材均匀地分散于液化的壁材中，用喷雾方法使液滴雾化，在设定条件下使壁膜较快地固化。与喷雾干燥法不同的是，喷雾冷却法是通过加热手段使壁材呈熔融的液体状，在干燥室内通入循环冷风，使原来熔融状态的壁材（油脂类或蜡类）冷凝成微胶囊，或利用冷的有机溶剂脱溶剂作用而干燥来完成的。对于香料等易挥发或对热特别敏感的囊芯适合采用低温下脱除溶剂，使壁材凝聚成微胶囊的方法。在喷雾冷却法中所使用的典型壁材是熔点为 32～42℃ 的氢化油脂、脂肪酸酯、脂肪醇、低熔点蜡状材料，也可使用其他壁材，如熔点在 45～67℃ 的甘油单酸酯。

（三）粉末床法

粉末床法是利用细小的固体粉末可以黏附在液滴周围，形成一定厚度的壁膜的原理来制备微胶囊，利用这种方法制得的微胶囊颗粒在毫米级范围。该法中使用的成膜材料有邻二甲酸醋酸纤维酯（CAP）、硬脂酸钙、乙酰水杨酸铝、明胶、酪蛋白、糊精、葡萄糖等，都可以呈细粉末状态存在，惰性粉末包括二氧化硅、高岭土、淀粉等无机或有机粉末状物质，它们一般不溶于壁材溶剂，而是作为填料机械地嵌入壁壳中起到增强壁膜的作用，有时也有吸收溶剂加速液滴干燥的作用。

（四）空气悬浮成膜法

空气悬浮成膜法是由美国威斯康星大学药物学教授 D. E. Wurster 发明的，因此常称为 Wurster 法，又称为流化床法或喷雾包埋法。该方法是应用流化床技术把囊芯粉末悬浮在空气中，壁材以溶液或熔融状态喷雾到流化床上的固体颗粒上，在悬浮滚动的状态下重复对囊芯进行包埋、干燥或冷凝操作，直至得到一定厚壁的微胶囊。

（五）包结络合法

包结络合法是用 β-环糊精做微胶囊包覆材料、在分子水平上形成的微胶囊。β-环糊精有疏水性内腔，可利用其疏水作用以及空间体积匹配效应，与具有适当大小、形状和疏水性的分子通过非共价键的相互作用形成稳定的包合物，对于香料、色素及维生素等，在分子大小适合时都可以与环糊精形成包合物。形成包合物的反应一般只能在水存在时进行，当 β-环糊精溶于水时，其环形中心空洞部分也被水分子占据，当加入非极性外来分子时，由于疏水性的孔洞更易与非极性的外来分子结合，这些水分子很快被外来分子置换，形成比较稳定的包合物。

用 β-环糊精包结络合形成的微胶囊可使囊芯与外界环境隔绝，防止紫外线、氧气等外界因素的破坏，也可减少囊芯挥发的损失，并可使香料释放速度减慢，起到控制释放的作用，对苦味、臭味的药物也可起到掩盖不良味道的作用。形成的微胶囊具有吸湿性小的优点，在相对湿度为85%的环境中吸水率不到14%，因此微胶囊粉末不易吸潮结块，可以长期保存。一般囊芯含量占微胶囊总质量的6%~15%，在温湿条件下可以释放。β-环糊精本身为天然产品，具有无毒、可生物降解的优点，不足之处是原料价格较高，因而制备微胶囊的成本较高。

（六）锐孔凝固浴法

锐孔凝固浴法是用可溶性高聚物包覆囊心材料，然后通过注射器等具有锐孔的器具形成微小液滴，进入另一液相池，并在池中发生反应，使高分子材料凝结成固态囊壁，完成微胶囊包埋。锐孔凝固浴法不是通过单体聚合反应成膜的，而是在凝固浴中固化形成微胶囊，固化过程可能是化学反应，也可能是物理变化。

锐孔凝固浴法把包埋囊芯与壁材的过程分开进行，有利于控制微胶囊的大小、壁材的厚度。常用的壁材有海藻酸钠、聚乙烯醇、明胶、酪蛋白、琼脂、蜡和硬化油脂等。

（七）界面聚合法

界面聚合法是一种比较新颖的微胶囊造粒方法，它是利用分别溶解在不同溶剂中的两种活性单体，当一种溶液分散在另一种溶液中时，两种活性单体相互间在界面发生聚合反应从而形成了胶囊壁。利用界面聚合法，既可以使疏水材料的溶液或分散液微胶囊化，也可使亲水材料的水溶液或分散液微胶囊化。

（八）原位聚合法

在原位聚合法微胶囊造粒过程中，单体及催化剂全部位于心材液滴的内部或者外部。单体是可溶的，它仅由分散相或仅由连续相供给，而聚合物是不可溶的。聚合反应在心材液滴的表面发生，生成的薄膜覆盖住心材液滴的全部表面。

当心材为疏水性液体或非水溶性固体粉末时，单体经常位于该心材中。当心材是水溶液或亲水性材料时，可用有机溶剂作为原位聚合反应的介质，所用的有机溶剂与水不相溶或与水不发生反应。当在气体介质中进行微胶囊化时，聚合反应体系通常充满着惰性气体或被抽为真空。

（九）凝聚相分离法

这是一种采用改变温度，在溶液中加入无机盐电解质或成膜材料，创造条件诱发两种成膜材料间相互结合等措施，使壁材和心材混合液产生相分离的方法。分离后的混合液是一个壁材浓度高的富相，另一个是壁材浓度低的贫相，形成的富相具有流动性，能够稳定地环绕在囊芯的周围而形成微胶囊。

第三节 微胶囊化技术在食品工业中的应用

一、食品及原料中的应用

（一）粉末油脂微胶囊化

微胶囊化能够对油脂进行有效的保护，降低在保存过程中的氧化酸败，而且极大的提高了油脂的使用方便性，最广泛应用的粉末油脂是咖啡伴侣，产品的保质期可达一年。此外，深海鱼油、小麦胚芽油、γ-亚麻酸、DHA、EPA等含高度不饱和脂肪酸的油脂极易氧化变质，而且带有特殊腥味或异味。微胶囊化使其成为固体粉末，不仅有效降低其氧化变质的可能，而且异味也得到掩蔽。

1. 核桃油的微胶囊　壁材为海藻酸钠，浓度为1.5%，心材为核桃油，与壁材的配比为3.6∶1，乳化剂单甘酯浓度为0.2%，乳化温度为60～70℃，凝固浴$CaCl_2$的浓度为2%，包埋率为86.3%。

2. 棕榈油的微胶囊　壁材为麦芽糊精，采用酪蛋白酸钠为乳化剂，心材∶壁材＝35∶65，加水量（相对于固形物倍数）1.2倍，乳化剂用量（以固形物计）4%，乳化剂70～80℃，包埋率98.05%，产品含水量2.0%，溶解性和流动性能良好。

（二）粉末酒类微胶囊化

将酒类微胶囊化，去除酒中最大的组分——水，保留酒中有效成分——醇和酯，制成粉末状微胶囊形式，可以极大的降低酒类产品的贮藏和运输成本，只需在饮用前加水溶解复原即可，非常适合于作为旅行食品等。粉末酒类除了饮用作用外，也可用作食品以及化妆品、饲料的原料，起到着香、矫味、防腐等作用。如酒心糖巧克力的含酒量仅为1%左右，而且巧克力表面容易起霜，降低了产品品质。使用粉末酒类不仅可使巧克力含酒量达到5%，而且不起霜。在糕点及面包中加入1%～5%的粉末酒，不仅能使烘烤后的蛋糕组织细腻，没有鸡蛋腥味，而且有较好的防腐性能。

二、食品添加剂中的应用

（一）粉末香精微胶囊化

粉末香精已广泛用于固体饮料、固体汤料、快餐食品和休闲食品中，能起到减少香味损失、延长留香时间的作用。如焙烤制品在高温焙烤时香料易被破坏或蒸发，形成微胶囊后香料的损失大为减少，如果制成多层壁膜的微胶囊，而且外层为非水溶性壁材，那么在烘烤的前期香料会受到保护，仅在到达高温时才破解放出香料，因而可减少香料的分解损失。例如，微胶囊蒜味香料组分，该工艺将Bunte盐（G-烷基和/或S-烯基硫代硫酸盐）与碱金属硫酸盐反应制备蒜味香料。在不同组成、不同原料、不同反应条件下，可以制备洋葱、葱、大蒜、青葱、细青葱等香料。将所制备的香料组分，通过复凝聚法，用明胶—阿拉伯胶制备成微胶囊并将其喷雾干燥后使用。

（二）食用色素的微胶囊化

目前，国内外有关微胶囊化技术在食品色素中的应用研究报道较多。由乳化剂、乙醇、丙二醇等助剂加工所得的食用微胶囊色素，使用时计量很方便，且色素的稳定性提高及储藏期延长。利用微胶囊技术制成的成品，不仅增加了食用色素在水中的溶解性，而且提高了对光、热、氧的稳定性。

（三）抗氧化剂的微胶囊化

1. 维生素E的微胶囊化　近年来人们食用的饱和脂肪酸逐渐被不饱和脂肪酸所取代，但不饱和脂肪酸容易被氧化。维生素E可以作为抗氧剂，并在维生素C作用下再生为未被氧化的形式。但在食品工业中，维生素E被溶解于脂相且不能与水溶性的维生素C盐相互作用，因此需采用脂溶性的维生素C盐衍生物。然而脂溶性的维生素C盐衍生物需要在高温下才能发挥作用，这样增加了不饱和脂肪酸被氧化的危险。

维生素C盐的溶解性问题及近年来对合成抗氧化剂的取缔，使人们想到应用脂质体对天然抗氧化剂（例如维生素E）加以微胶囊化。

维生素E已经进入脂质体的屏壁内，而维生素C进入了脂质体中水相内部。将微胶囊系统加入到水相中，可以看到它聚集在水/油界面处。因此，可以保证抗氧剂聚集在氧化反应通常的发生处，并且会避免维生素C与其他食品成分的反应。

2. 抗氧化剂BHT的微胶囊化　BHT（2,6-二叔丁基对甲酚）是广泛使用的食品抗氧化剂之一，但因其耐热性较差，在高温时极易分解而酸败，给加工和保藏带来了困难，且BHT的毒性问题也越来越引起人们的关注。将BHT进行微胶囊化处理，可防止由于氧气、光照等造成的BHT本身的氧化，便于食品加工和保藏，延长食品保存期。

利用β-环糊精作壁材对BHT进行微胶囊化，可以得到较好的微胶囊化产品。其工艺条件：称取一定量的β-环糊精（心材与壁材比为12：88），加入少量水使β-环糊精形成均匀的糊状物，然后将有机溶剂溶解的BHT加入，进行超声波处理，时间为45min，干燥得产品。因为阻止或减缓油脂的氧化，BHT微胶囊化产品的效果明显优于未微胶囊化的BHT的效果，且BHT用量明显降低。

（四）甜味剂的微胶囊化

食品工业中广泛应用了调味剂，例如甜味剂和各种调味品。在某些情况下如烹调和烘焙时有些调味品不稳定，易被破坏。微胶囊化是一种稳定食品添加剂的方法。在大多数微胶囊中活性组分不仅在制备过程中被保护，而且会在最终被消费者食用的食品中仍然被包裹。然后食品添加剂会在口腔或胃肠中通过扩散或涂层溶解而释放出来。

人工甜味剂广泛应用于口香糖、糖果、药品、口腔卫生用品（例如牙膏、漱口水等）。阿斯巴甜作为一种甜味剂应用广泛，但是它对热和水组成的环境非常敏感。虽然阿斯巴甜在高温并非不稳定，但是在有水存在下，高温（例如在150～300℃）烘焙的阿斯巴甜会丧失甜味。通常将其以微胶囊的形式包裹在脂肪、油、聚乙酸乙烯、淀粉、玉米蛋白、虫胶等材料中。例如，将粒度为$20\mu m$的500g阿斯巴甜与150g聚乙烯吡咯烷酮混合，在30℃的粉末床中流化，并在10min内喷入250ml水造粒，然后干燥40min，将其中粒度在$50\mu m$～$350\mu m$部分颗粒进行涂层包埋，涂层材料是熔点为85℃的氢化蓖麻油，用量为500g颗粒喷涂1 400g熔融的氢化蓖麻油（熔点85℃），进口温度为45℃，总的喷涂时间为45min，在此过程中流化空气的流速要适当增加以保持材料良好流化。将所得材料过筛，粒度小于$500\mu m$的颗粒可用于烘焙。

（五）酸味剂的微胶囊化

酸味剂有增加风味、延长保质期的作用，但有时酸味剂会与食品中的某些成分发生化学作用，使食品的风味损失，色素分解，淀粉食品的货架期缩短。茶叶中加入酸味剂后会与茶叶中的单宁起反应，并使茶叶褪色。将酸味剂制成微胶囊，使其与食品中其他成分隔离，对酸敏感的成分便可不受影响。酸味剂的微胶囊通常使用氢化油脂、脂肪酸等蜡质材料为壁材，在食品加工的后期加入食品中，微胶囊受热融化后才释放。

（六）防腐剂的微胶囊化

食品防腐剂微胶囊化可以达到缓释、延长防腐作用时间、减少对人毒性的目的。如山梨酸的酸性对食品性能会有影响，而且长期暴露在空气中易于氧化变色。采用硬化油脂为壁材形成微胶囊后，即可避免山梨酸与食品直接接触，又可利用微胶囊的缓释作用，缓慢释放出防腐剂起到杀菌作用。又如乙醇在低pH条件下，即使量很低也有很好的防腐效果，例如

6％浓度的乙醇配合乳酸、磷酸等天然物质，相互间的协同作用可以起到与70％乙醇或3％过氧化氢相同的防腐杀菌效果。将这些物质微胶囊化，附在食品包装内，其缓慢释放的蒸汽有很好的杀菌作用，而且对人体无任何毒害作用。

三、其他方面的应用

（一）在烘烤食品中的应用

随着人们生活水平的提高，日常饮食向精、细、白发展，使城市中患高血压、冠心病、糖尿病等疾病的人数日趋增加。膳食纤维能预防便秘、憩室炎、大肠癌和高胆固醇，可防治高血压、肥胖、糖尿病，因此，研究和开发高膳食纤维食品就显得更为重要。但将膳食纤维直接添加至焙烤食品中，不仅影响食品外观，更主要的是影响食品的内在组织结构和口感，降低消费者的食欲，同时也影响食品的保质期。而膳食纤维经微胶囊化处理后用于烘烤食品可改善制品的品质。例如，微胶囊化的甘薯纤维在面包中添加5％（如果增加谷朊粉的质量分数为5％，纤维添加量可提高到10％）或在蛋糕中添加10％，产品质量基本无影响。

（二）在乳品加工业中的应用

微胶囊化技术在乳品加工业中主要用于新型乳制品的开发和干酪生产所用微胶囊酶制剂的制取等。

1. 果味奶粉的生产　把果汁等调味剂先包入微胶囊后再与奶粉等成分混合调配，可避免蛋白质与有机酸等物质的接触，从而也就克服了因为蛋白质的变性使奶粉结块等现象的发生，并且延长了果味奶粉的货架期。

2. 可乐奶粉的生产　可乐饮料中的香精和可乐膏剂等成分极易挥发，且磷酸又属液体。若将可乐饮料中的香精、膏剂及磷酸等先进行微胶囊化处理，再与奶粉及碳酸氢钠等发泡剂混合生产，则可既保存可乐奶粉的风味，防止奶粉结块，同时可使奶粉冲调后泡沫丰富、细腻、持久。

3. 啤酒奶粉的生产　将大麦芽和啤酒花、酸味剂和啤酒香精等进行微胶囊化处理，然后再将这种微胶囊与奶粉及碳酸氢钠等发泡剂按照设计好的配方，混合均匀后再干燥包装，可生产出具有啤酒风味、冲调性好、泡沫洁白细腻持久的奶粉。

4. 粉末乳酒的生产　将白酒、酸味剂及食用香精与微胶壁材料等按照一定比例混合均匀后进行微胶囊化处理，即可得到微胶囊化的粉末酒。然后再将这种粉末酒与奶粉、蔗糖等调味剂按配方调配均匀，进行干燥包装，即可得到粉末乳酒。该产品既克服了液体酒不易保存运输的缺点，又具有冲调性好和口感宜人、活血化瘀等特点。

5. 膨化乳制品的生产　将白酒、酸味剂、香精及壁材按照一定的比例混合均匀后进行微胶囊化处理，再将这种微胶囊与蔗糖、奶粉和适量的水混合均匀后进行膨化处理，即可制得膨化乳制品；若直接进行压片成型处理，还可制得酒味奶片。

6. 保护免疫球蛋白　采用乳化凝聚法对免疫球蛋白进行微胶囊化处理，即可提高其在加工储存过程中的抗热稳定性，并显著提高它的耐酸性及对胃消化酶的抵抗能力。

微胶囊化技术在乳品加工业中除了上述的一些应用外，近年来又被广泛地用在DHA（二十二碳六烯酸）和益生菌等的包埋处理中。DHA经过微胶囊化技术处理后，具有了不易氧化、质量稳定等特点，添加到乳制品中后可大大减轻乳品的腥味，从而提高了产品的口感。乳酸菌和双歧杆菌等益生菌经过蛋白质双层微胶囊化包裹处理后，保证了其在胃酸中不被溶解，而在肠液的弱碱性环境下经过 2min～3min 瞬时释放出来，保证了益生菌在肠道中的定植。经过微胶囊化处理后的益生菌可以帮助病人解除腹泻和便秘之苦。总之，微胶囊化技术正被广泛地应用于各种功能性乳制品的开发。

（三）在双歧杆菌中的应用

双歧杆菌是人体肠道菌群中的有益细菌，但双歧杆菌制品在储存过程中存在着活菌含量下降和服用时受胃酸影响而导致活性损失的问题，通过微胶囊化处理可解决这个问题。与双歧杆菌具有生物相容性及肠溶性的壁材有丙烯酸聚合物，这类材料中甲基丙烯酸和甲基丙烯酸甲酯或乙酯的共聚物在改变聚合比时，可得到不同溶解性能的囊衣材料。

（四）在酵母中的应用

酵母微胶囊可以看作构成表层的细胞壁成为微小容器，内部可封入各种有用素材，这是一种新概念的酵母利用方法，应用十分广泛。一般的微胶囊是直径为 $1\mu m$ 至数百微米的微粒子，内部封入固体、液体或气体。酵母的细胞构造特征之一是表层有坚固的细胞壁覆盖，酵母细胞壁由以葡聚糖为主的内层及以甘露聚糖为主的外层构成，以多糖为主的球状壳，可视为一种微小容器，内部封入各种有用物质，这些有用物质称为心材，酵母壳称为壁材。

（五）微量元素微胶囊

铁盐是重要的营养强化剂，主要使用硫酸亚铁、柠檬酸铁和富马酸亚铁。但是亚铁盐尤其是硫酸亚铁异味非常严重，难以直接入口，而且硫酸亚铁对胃壁有较强的刺激作用，一般需要硬化油脂包埋成微胶囊后食用。锌元素有提高味觉灵敏度、促进体内酶反应进行、帮助伤口愈合的作用，也有促进儿童生长发育、提高智力等作用，但锌盐有苦味和收敛作用，而且锌盐容易潮解，因此也需要包埋成微胶囊。

第四节　微胶囊化对食品品质及营养成分的影响

食品微胶囊化可将难以包装、运输及保藏的液体或气体变为容易处理的固体，能够保护食品中的敏感成分（如对热、光、氧气、湿度、辐射等外部条件敏感的成分），减少香气成分的损失，极大限度的保护食品所含营养成分，还可控制作为心材的目的食品的释放时机，是一种先进高效的食品生产新技术。但在微胶囊化过程中，由于微胶囊化设备和工艺的特性，其中必然会造成些许食品品质的变化或营养成分的损失。

一、微胶囊化对食品品质的影响

食品微胶囊化过程中，心材与壁材在微胶囊化设备中会经历挤压、高速滚动及流动、喷射、加热、冷却等加工过程，必然会导致少量心材或壁材物质的变形甚至变性。例如，通常在喷雾干燥粉末中发现的少量游离心材的现象可归因于溶剂的快速挥发和在干燥器中的剧烈流动。这会导致少量微胶囊出现小孔或破裂，通过这些小孔或裂痕，活性物质会渗溢出来。虽然这些因素会降低壁材的形成率，进而可能产生大小不一的微胶囊产品，而这些因素是不能被完全避免的。另外一个问题是由于温度的关系，雾化和干燥阶段存在易挥发物质的流失，这就会使微胶囊成品达不到所预期的所含成分的浓度，但影响不大。喷雾干燥法通常用于制备香料或香精油的微胶囊，其形成的粉末过细，不利于溶解，以致香味成分会有所散失。

二、微胶囊化对食品中营养成分的影响

微胶囊化是能将食品营养成分充分保留的一种新型加工手段,能够最大限度的保护蛋白质、脂肪、维生素及微量元素等营养成分,使之不易变质或流失。例如营养强化剂的微胶囊。

微胶囊食品的缓释性是利用壁材非水溶性,或是专门的脂溶性或酸溶性,在最适宜的时机也就是在某一特定的人体部位将心材释放出来,以达到预期的吸收效果,使营养成分充分被人体吸收利用,但若由于加工或壁材选材等问题使心材未能在最适宜的时机被释放出来,则会在很大程度上影响营养成分的吸收,使该微胶囊食品失去效果。

第五节 微胶囊化食品可能存在的卫生学问题

由于食品微胶囊化是将目的食品作为心材微粉并以相应壁材进行包裹的一种技术,所以可能影响到微胶囊食品卫生质量的因素包括以下几个方面:心材与壁材的卫生质量,微胶囊化加工过程中的污染及工艺本身缺陷所产生的不可避免的影响,以及在包装运输过程中的污染。

一、心材的污染

常用于微胶囊化的心材主要为油类、脂肪类、调味品类、香料和味素等。其中最易受污染的当属脂肪类,一旦被微生物污染或被空气氧化产生酸败则直接导致心材变质。

二、壁材的污染

常用于食品微胶囊化的壁材主要为多糖、脂肪、蛋白质、纤维及衍生物系和淀粉衍生物。其中脂肪、蛋白质两大类物质容易变性,多糖、脂肪与蛋白质易受多种微生物污染,例如属于多糖类的阿拉伯胶常做为食品香料的微胶囊壁材,其本身易潮解,且潮解后容易霉变,使整个微胶囊产品产生卫生安全隐患。

三、加工过程中的污染

微胶囊化法种类繁多,生产工艺及设备各不相同,而且在生产过程中也必然存在人为的污染。在喷雾干燥和喷雾冷却微胶囊化法中都存在温度的控制,如果控制不好则会导致一些热敏性的心材或壁材产生变化。例如在喷雾干燥微胶囊化法中,在物料的干燥阶段结束后,如不及时对物料实施冷却,容易引起蛋白质变性,如果囊芯是脂肪,则因脂肪处于超熔点状态,容易使微胶囊破裂,尤其在包装过程中经撞击与摩擦,脂肪容易渗出到表面而使游离脂肪量增多,在保藏阶段易发生氧化,从而引起脂肪的败坏,产生难闻的气味和味道。

四、包装过程中的污染

微胶囊食品为粉末状态,采用微胶囊化加工的食品主要为带有气味的物质,调味品、香料、香精等,其包装一定要密封、无污染,包装材料无毒无害,不与壁材物质发生化学反应,以保证香气物质的保留及产品使用的安全性。但包装材料较易发生真菌污染,特别是纸

质包装品和塑料包装材料,在包装容器制品的制造和储运过程期间,会受到环境空气中微生物的直接污染和器具的玷污。就外包装而言,由于被内包装物污染,包装操作过程的人工接触,黏附有机物,或吸湿或吸附空气中的灰尘等,都能导致真菌污染。因此,如果包装材料存放时间较长且环境较差,在包装操作前如不注意包装材料及容器的灭菌处理,包装材料的污染则成为包装的二次污染。

第六节 微胶囊化食品的卫生监督与管理

对于微胶囊食品,应严格按照《食品卫生法》等法律法规及监督管理办法针对微胶囊食品的心材、壁材、加工过程及工艺、包装材料等方面进行卫生监督与管理,防止一切可能的污染。

一、防止心材的污染

心材的污染主要是油脂的酸败和微生物污染。前者要注意选择隔氧性较好的壁材,以防止其与氧气过多的接触导致酸败而引起食品质量的变化;后者则要采用消毒的方法,杀灭微生物。尤其是加工油脂、蛋白质含量多的食品,要对加工器具进行定期的灭菌,以防微生物的过量繁殖。

二、防止壁材的污染

生产微胶囊化食品时,一方面,要根据食品的保存期限选择壁材,以防止心材的变质而导致食品的质量变化;另一方面,还要根据食品的性质选择合适的壁材,以防因壁材与食品的接触而发生化学变化而导致食品变质;第三,要尽量避免选择易受微生物影响的材料,以避免壁材的腐烂、潮解和霉变。

三、防止加工过程的污染

在喷雾干燥和喷雾冷却微胶囊化法过程中温度的控制要严格,因为温度过高会使一些热敏性的心材或壁材产生变化,严重的会导致壁材中油脂、蛋白质等成分的变性;而温度过低,会影响物料的加工效果。所以,在加工过程中要依据心材和壁材的材料以及加工食品的要求,选择合适的加工温度,并且在选择壁材时也应该考虑到它的耐热性。

(李次力)

复习题

1. 试述微胶囊化的概念及基本步骤。
2. 试述喷雾干燥微胶囊化法的原理、步骤以及工艺上与喷雾冷却法的相同点、不同点。
3. 简述微胶囊化法在食品工业中的应用。
4. 试述微胶囊化对食品品质及营养成分有何影响。
5. 试述微胶囊化食品可能存在的卫生学问题及如何预防。

第九章 纳米食品

第一节 纳米食品的概念及发展简史

一、纳米食品的概念

纳米食品是指运用纳米技术对人类可食的天然物、合成物、生物生成物等原料进行加工制成的粒径小于 100nm 的食品。

纳米食品是将生物技术、纳米技术和食品工程等技术结合起来,并综合这些学科的发展而运用于人类健康,提供给人类有效、准确、适宜营养的食品。纳米食品的存在形式,已不再是我们一日三餐进食的食物,而是以最方便被人体吸收的形式存在,如纳米级微胶囊等。随着科学技术的不断发展,还将有新的形式不断出现,它将给人类的饮食方式和结构带来巨大变化。

二、纳米食品的发展简史

纳米(10^{-9}m)是 nanometre 的译名,原称毫微米。纳米技术(nanotechnology)是指在 0.1nm~100nm 的空间尺度范围内操纵原子、分子或原子团和分子团,对材料进行加工,制造出具有特定功能的产品,或对某物质进行研究,掌握其原子和分子的运动规律和特性的高科技学科。

纳米科技的发展可以追溯到 20 世纪 80 年代,1981 年在瑞士苏黎世实验室工作的美国 IBM 公司的 G. Binning 和 H. Rohrer 博士发明了扫描隧道电子显微镜,从此,便开始了以 0.1nm~100nm 尺度大小为研究对象的纳米科技的发展。1990 年 7 月在美国 Baltimore 市召开的第一届国际纳米科学技术学术会议,标志着纳米技术的正式诞生。近年来,纳米技术在材料、冶金、化学化工、医药、环境等领域表现出空前的应用潜力,使几乎所有工业领域产生了一场革命性的变化。

随着纳米加工技术的迅速发展,纳米技术在食品工业上得到了广泛的应用,主要体现在食品保质、保鲜,食品的机械加工,食品包装,食品检测等领域,尤其是应用纳米技术和食品工程技术开发的纳米食品,既丰富了食品的种类,又能为食品的开发带来新的活力,对食品行业的发展产生了深远的影响。

20 世纪 80 年代~90 年代,纳米食品相继问世,如纳米钙、纳米硒、纳米茶、纳米芦荟等。食品工业中运用纳米技术开发纳米食品,可以大大提高人体的吸收能力,如维生素等做成纳米粉后更易被人体吸收;应用纳米技术研发的纳米保健品钙制剂的吸收利用率较普通钙明显增加,人们服用它可以增加钙的吸收,达到防治骨质疏松的目的;纳米硒可以提高人体免疫力,增强抗氧化能力,从而达到降低疾病发生率,延缓人体衰老的目的;我们知道,花粉是植物的生命精华,对人体和动物有着非常好的营养功效。然而,无论是植物花粉还是孢子粉，其单体都具有坚硬的外壳，直接摄入因无法完全吸收而影响它的利用，应用纳米技术可将植物花粉或孢子粉进行充分的粉碎或破壁，使其有效成分得以充分的释放，能使食品充分发挥其原料应有的价值，并可完全被吸收利用。

1995年9月联合国粮农组织（Food and Agriculture Organization，FAO）、世界卫生组织（World Health Organization，WHO）、国际生命科学研究所（International Life Sciences Institute，ILSI）本着人类对待疾病和保持健康应是"预防在先"的原则，从营养科学的角度正式开始对纳米食品进行了探讨，并制定了纳米食品的制造准则。

目前，英国制定了一个很庞大的纳米食品发展计划，美国、日本也投入了相当大的力量将纳米技术应用到纳米食品研究方面。我国在1995年就开始将纳米材料添加到传统原料中，对食品的功能进行改进，有的已获得中试研究成果，总体研究水平处于国际前列。

纳米食品对人类发展的重要意义：

1. 由于纳米食品的吸收率和生物利用率增加，将对人体发育过程带来根本性的质的改变，将使人类生命活动进入新的发展阶段。

2. 采用纳米食品技术将使农业和以农业产品为原料的食品加工业发生巨大改变。

3. 纳米食品将成为一个新的产业，改变我们现在的生活方式和社会结构，对社会的发展产生巨大影响。

4. 纳米技术可使许多传统食品"旧貌换新颜"，把纳米材料添加到传统的食品原料中，可改进或获得一系列的功能。

有人预测，未来的纳米食品将从根本上改变人类的生存条件，大量的各种类型的纳米食品陆续产生，可满足人类丰富多彩的需求。纳米食品将是21世纪新品种食品诞生的源泉，纳米食品生产技术将会引起新一轮的食品产业革命，必将推动生产力的发展，改善人类饮食条件。

第二节 纳米食品生产技术的原理、工艺及设备

纳米技术在纳米食品及纳米保健食品中的应用主要是纳米超微化技术和纳米微胶囊技术。利用纳米超微化技术将食品或保健品原料进行超细化，可使人体更易吸收或吸收更完全，而且还可利用其他纳米粒子的特殊功能提高和改善食品或保健品的功效，目前比较常用的是超微粉碎技术；而纳米微胶囊的制备主要应用纳米微胶囊技术。不同类型的纳米食品和纳米保健品具有不同的制备方法，本节重点介绍超微粉碎技术和纳米微胶囊技术。

一、超微粉碎技术的原理、工艺及设备

超微粉碎技术是利用机械或流体动力的途径将物料颗粒粉碎的过程。超微粉碎的机理一般包括对物料的冲击、碰撞、摩擦、剪切、研磨、同步断裂等作用。选择粉碎方法时，须视粉碎物料的性质和所要求的粉碎程度而定。一般来说，粒度较大或中等坚硬的物料采用压碎、冲击的方式；粒度较小而坚硬的物料采用压碎、冲击、碾磨的方式；粉状或泥状的物料采用剪切、压碎、碾磨的方式；韧性材料采用剪切或快速打击的方式。

（一）超微粉碎技术及设备

超微粉碎工艺依赖于超微粉碎设备，在食品加工中可根据超微粉碎的对象不同选择不同

的超微粉碎设备，目前应用于食品加工业中的超微粉碎设备主要有下面几种。

1. 旋转球（棒）磨式超微粉碎设备　常规球磨机是细磨过程中的主要加工设备，它主要靠冲击进行破碎；而搅拌式球磨机是超微粉碎机中能量利用率最高的超微粉碎设备，物料在研磨介质中利用摩擦和少量的冲击研磨粉碎。搅拌式球磨机通常采用高转速和高介质充填率，由于物料和介质之间产生相互碰撞和研磨双重作用，可将产品粉碎得更细小，并达到均匀分散的效果。

2. 胶磨机　胶磨机也称胶体磨，主要由一固定表面和一旋转表面组成，两表面间有可以微调的间隙，当物料通过间隙时，由于转动体高速旋转，使物料受到强烈的剪切从而产生破碎分散的作用。

3. 气流式超微粉碎设备　气流式粉碎设备是以压缩空气或过热蒸汽通过喷嘴产生的超音速高湍流气流作为颗粒的载体，在颗粒与颗粒之间或颗粒与固定板之间发生冲击性挤压、摩擦和剪切等作用，从而达到粉碎的目的。

4. 高频振动式超微粉碎设备　高频振动式超微粉碎是利用球形或棒形磨机作高频振动而产生的冲击、摩擦、剪切等作用力来实现对物料的超微粉碎。其特点是介质充填率高，单位时间内的作用次数高，振动磨的效率比普通磨高10～20倍，其粉磨速度比常规球磨机快得多，且可加工不同粒度组成的产品。

5. 冲击式超微粉碎设备　这种粉碎机利用围绕水平轴或垂直轴高速旋转的转子对物料进行强烈冲击、碰撞和剪切。其特点是结构简单、粉碎能力大、运转稳定性好、动力消耗低，适合于中等硬度物料的粉碎。

6. 超声波粉碎机　超声波发生器和换能器可产生高频超声波，在待处理的物料中引起超声空化效应，由于超声波传播时产生疏密区，而负压可在介质中产生许多空腔，这些空腔随振动的高频压力变化而膨胀、爆炸，从而将物料震碎。另一方面由于超声波在液体中传播时产生剧烈的扰动作用，使颗粒产生很大的速度，从而相互碰撞或与容器碰撞而击碎液体中的固体颗粒或生物组织。

7. 均质乳化机　如果需要对液状物料进行细化、均质，可以通过均质和乳化机来实现。其作用原理是通过机械作业或流体力学效应造成高压、挤压冲击和失压等使料液在高压下挤研，在强冲击下发生剪切，在失压下膨胀，而达到细化和均质的目的。

（二）超微粉体的分级

对超微粉体进行分级是根据粉体颗粒粒度大小与形状差异进行分级的操作。采用粉碎法制备超微粉体时，物料经过一次机械粉碎后，粉体中只有部分产品达到粒度要求，如果不将其及时分离，而是将其与尚未达标的粉体一起再被粉碎，则会出现能源动力浪费和部分粉体过粉碎的问题。因此，在操作过程中需对粉体适时地进行分离，并将合格产品及时排出。超微粉体的分级有以下三种。

1. 重力场分级　是利用不同粒径的粒子在重力场中沉降速率的不同而进行分级的。该设备只能对粒径较大的粉体进行分级，而对粒径较小的超微粉体则难以达到理想的分级效果。

2. 惯性分级　惯性分级法的原理是，颗粒运动时具有一定的功能，动能大小与其运动速率及颗粒质量有关。对超微粉体而言，颗粒在运动中受到改变方向的作用力时，会因粒子质量差异而造成惯性不同，并形成不同的运动轨迹，从而实现大小颗粒的分级。

3. 离心式分级　离心式分级机是使粉体颗粒受到离心力场的作用而使粒子分级。

（三）食品、保健品超微粉生产流程

食品、保健品超微粉生产流程如下：

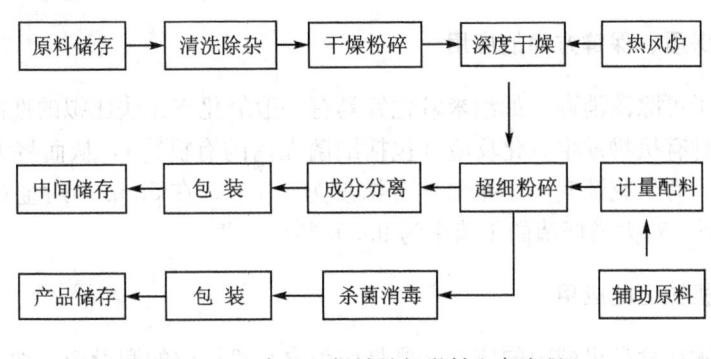

图 9-1　食品、保健品超微粉生产流程

二、纳米微胶囊技术的原理及工艺

纳米微胶囊技术是在微胶囊技术的基础上发展起来的新技术，纳米微胶囊以其独特的性质和特点在食品领域中得到很好的应用，目前主要应用于香料和食品调味剂的制备。其制备方法主要包括乳液聚合法、界面聚合法及干燥浴法，由于前一章已系统介绍了微胶囊的制备技术，以下仅对这些方法的原理和工艺进行简单的介绍。

（一）乳液聚合法

乳液聚合法是制备纳米微胶囊的重要方法。其原理是在表面活性剂、乳化剂存在的条件下，利用机械搅拌或剧烈振动的方法将不溶于溶剂的单体分散在溶剂中形成乳状液，再利用引发剂引发聚合反应。通常所利用的表面活性剂是分子中含有亲水基团和疏水基团两部分结构的化合物，在一定浓度下可相互聚结在一起形成棒状或球状的胶束。当向表面活性剂水溶液中加入难溶于水的液体单体时，在搅拌的作用下分散成单体液滴的同时，其表面也被表面活性剂乳化剂分子包覆。聚合反应引发后，胶束中存在的单体很快形成聚合物而被消耗，同时胶束外的单体会不断扩散补充进入胶束，继而发生聚合。当聚合物分子量大到一定程度时，它就会包覆在囊心周围，形成纳米微胶囊。

（二）界面聚合法

具体工艺为将分散液或溶解好的囊心、单体溶于一种溶剂，所得到的溶液加到注射器中，把一种单体溶解在一种与上述溶剂不相混溶的溶剂内放在注射器下的容器中，当注射器中的液体通过毛细管针头在电动马达的驱动下形成表面带电的均匀球形液滴滴入溶有第二种反应单体的溶液中时，即在纳米级大小的液滴表面引发缩聚反应形成的缩聚物将囊心液滴包覆，形成纳米微胶囊。

（三）干燥浴法（气相乳液法）

干燥浴法的原理是将壁材与心材的混合物以微滴状态分散到介质中，随后挥发性的分散介质快速从液滴中蒸除，形成囊壁，再通过加热、减压、搅拌、溶液萃取、冷却或冻结的手段将囊壁中的溶剂除去从而出现纳米微胶囊化。

第三节 纳米技术在食品领域中的应用

一、在食品保质、保鲜方面的应用

利用纳米粒子可除菌消毒。如纳米氧化锌具有一般氧化锌无法比拟的性能，有极强的化学活性，能与多种有机物发生氧化反应（包括细菌在内的有机物），从而将大部分食品中的细菌和病毒杀死。有研究证实，纳米氧化锌浓度为1%时，在5min内对金黄色葡萄球菌的杀菌率为98.86%，对大肠杆菌的杀菌率为99.93%。

二、在食品机械上的应用

目前纳米技术在食品机械中的应用主要是作为食品机械中的润滑剂、纳米磁致冷工艺和食品机械原材料中橡胶和塑料的改性。食品生产离不开机械的运作，因此对润滑剂的要求较高，普通的润滑剂易损耗并污染环境。采用纳米技术润滑剂——磁性液体，能使这一现象得以改善；纳米技术在食品制冷上的应用也为食品冷冻和冷藏设备的研发开辟了新的途径，它与通常的压缩气体式致冷方式比较具有耗能低、噪声小、体积小、效率高、无污染等优点；橡胶和塑料是食品机械上应用较多的原材料，纳米技术的应用使橡胶和塑料的各项指标得到有效改善，工艺性能好且成本较低。

三、纳米技术在食品加工中的应用

（一）纳米技术在果蔬汁中的应用

将苹果汁用天然脂类包装成纳米微粒，再添加到水中可制成纳米苹果汁，它进入人体后具有缓释功能，且不受胃肠道各种生物因子（酶、蛋白等）的破坏，极利于人体的吸收。

（二）纳米滤膜

纳米滤膜的孔径为几纳米，是介于超滤与反渗透之间的一种膜分离技术，采用纳米材料可开发出能分离仅在分子结构上有微小差别的多组分混合物的纳米滤膜。目前纳米滤膜多用于浓缩乳清及牛奶，调味液脱色，提取鸡蛋黄中免疫球蛋白，回收大豆低聚糖，浓缩果蔬汁，分离氨基酸等方面。

四、纳米技术在食品包装上的应用

通过在食品包装材料中添加一些纳米材料可提高包装材料的硬度、改善阻透性、提高杀菌性等。传统的食品保鲜多采用紫外线照射的方法，然而长期的紫外线照射不仅会导致肉类食品因自动氧化而变质，而且会破坏食品中的纤维素和芳香类化合物，降低食品的营养价值。如果用0.1%~0.5%的纳米TiO_2制成的包装材料包装食品，既可防止紫外线对食品的破坏作用，还可以使食品保持新鲜。

五、纳米技术在食品检测中的应用

食品在加工、储存和运输过程中，会由于外界环境及食品中微生物的活动而导致食品变质，而如何省时、省力、有效、方便地进行食品检测亦成为当务之急。纳米技术在食品检测中有理解和识别病原体、检测食物腐败等潜在应用。应用纳米技术与生物学、电子材料相结合，研制出生物纳米传感器在食品检测中发挥了主要的作用。如纳米"电子舌"味觉灵敏度高，可检测小含量化学物的污染，主要用于识别食物和水中的杂质、食物风味质量控制等方面；纳米传感器"电子鼻"主要用于识别食物中的病原体，判定食物是否腐败。

六、纳米技术在开发新型食品上的应用

食品工业是纳米技术应用的一大领域，作为一种新型食品的高新技术加工方法，在许多新型食品的开发加工上得到了广泛的应用。

（一）纳米微粒食品

采用纳米技术进一步细化食品，可开发新型食品。如广泛应用于食品工业的菊粉（一种低聚果糖），既可改善产品风味，又可增加产品的保健功能。每日摄食一定量的菊粉，对控制体重、改善肠胃功能、提高免疫力等均有帮助，若制成纳米级菊粉并将其添加到食品中去，将有益于人体的健康。

（二）纳米保健食品

保健食品在改善人体内环境、提高机体免疫力、抵抗疾病和延缓人体衰老等方面具有重要作用，如具有辅助治疗作用的特殊食品钙制剂、锌制剂、铁制剂等。然而在实际的食用过程中也遇到一些问题，如有些保健品难溶于水，不利于人体吸收；有些保健品存在着在体内的活性较低，保健功效不显著等问题，将纳米技术应用于其中可有效解决这些问题。此外，研究人员正在将生物技术、纳米技术和食品工程技术结合起来，研发各种新概念保健品。如口腔保健喷雾剂，即利用生物工程技术提取动植物中可食抗菌物质，经纳米化、食品化制成，具有清咽润喉、除味防蛀、消除口腔病菌、防止口腔溃疡等功效。该口腔喷雾剂采用纯天然成分，清新甘凉，且无任何毒副作用，安全可靠，效果显著。

（三）其他食品的开发

将纳米科技用于螺旋藻（一种最优质蛋白食品）的开发，对其进行破壁处理，不仅可以使资源得以最充分的利用（包括细胞壁的营养成分），而且其应用范围会更加广泛。另外，在饮用茶的过程中，常规的冲泡方法不能使茶叶中的营养成分全部被人体吸收，一些难溶或不溶成分如维生素A、E、K及绝大部分蛋白质、矿物质等仍留于茶渣中。若采用纳米技术将茶叶进行粉碎，制成纳米级茶叶粉，则可大大提高营养成分的利用率，并利于消化吸收。

第四节　纳米技术对食品品质及营养成分的影响

食品中的蛋白质、淀粉、膳食纤维、维生素和矿物元素等营养成分都是大分子颗粒物质，经纳米处理后，它们的物理性能与化学特性将会发生较大变化。纳米技术对食品品质及营养成分的影响主要表现在以下几个方面。

1. 纳米技术对食品感官性状的影响　食品经纳米化处理后其感观性状发生了变化，如纳米淀粉具有和脂肪类似的爽滑、细腻的口感；用普通米粉、面粉制成的压缩饼干，质地干硬粗糙，口感不细腻且难于下咽，而采用微粉特性的物料做成的饼干，其质地柔软均一、适口性好。

2. 纳米技术对食品理化性状的影响　食品纳米化后其理化性质发生了变化，许多纳米

食品的比表面积、吸水性和可溶性增加，如大豆纤维经纳米化处理后比表面积和可溶性显著增加，持水力、结合水力、膨胀力和离子交换能力大大提高，酶作用时间缩短数十倍，生物活性也显著增强，特别是降低血脂和血清总胆固醇水平的作用大大提高，成为一种高活性的膳食纤维；同样，纳米化的淀粉颗粒的比表面积、吸水性、流变学特性、糊化条件、返生条件、水解条件、可溶性、生理价值与热能等理化特性，都发生了较大改变。

3. 纳米技术对食品功效的影响　食品经纳米化处理后其功效可能会发生变化，可增强原有的功效，甚至会产生新的功效。如将花粉加工至纳米水平之后，其细胞内原有的不能被释放出来的某些活性成分由于破壁而被释放出来，还有可能使花粉具有新的功能。这些功效的变化可能对人体健康有益，也可能会产生危害。

4. 纳米技术对食品毒副作用的影响　有些食品经纳米化处理后其毒副作用可明显降低，如纳米硒对人体具有广泛的生理功能和药理作用，但若摄入量过高可对人体产生毒副作用，可引发皮肤癌，而采用纳米技术将硒制成纳米粒子后，既保持了硒原有的保健功效，又使其对人体的毒副作用明显降低。

5. 纳米技术对食品吸收率的影响　营养物质颗粒的大小是影响胃肠道对其吸收的一个关键因素。研究表明，粒径为100nm粒子的吸收率要比其他大粒子高10～250倍。其原因可能是由于纳米微粒具有小尺寸效应和表面效应，纳米化后的食品由于粒径小，滞留性增加，与肠道壁的接触时间延长，因而生物利用度提高。有些矿物元素因不易溶解于水而很难被人体吸收，如钙，对人体有广泛而重要的生理生化作用，可促进人体骨骼发育，维持细胞膜正常的构架，维护神经系统正常工作等，但却难溶于水而不易为人体吸收和利用，采用纳米技术制备碳酸钙的超微粉则具有很强的亲水性，易为人体吸收利用。通过类似的技术方法，可以将矿物质元素锰、中药人参、维生素等物质制备为超微粉，这样就可以大大提高其吸收利用率。

6. 纳米技术对食品生物利用率的影响　食品经纳米技术处理后生物利用度可提高，由于纳米技术对物质超微粒化作用，使纳米食品的比表面积和溶解度增加，纳米级粒子在人体内的传输更方便，增大了其在体内的分布；并且采用纳米技术加工食品将有可能使细胞破壁，使更多的有效成分被释放出来被人体吸收，从而大大提高了纳米食品的生物利用度。

第五节　纳米食品可能存在的卫生学问题

一、原料的主要卫生学问题

目前，常见的纳米食品和保健食品有纳米钙、纳米硒、纳米茶、纳米芦荟、纳米花粉、纳米海参、纳米人参、纳米西洋参、纳米胡萝卜等，其制备原料存在的常见的卫生问题主要表现在以下几个方面。

（一）微生物的污染

原料在储存、运输等过程中的各个环节均可受到微生物的污染，尤其是当环境湿度较大、温度较高时，微生物容易生长繁殖，不仅破坏营养成分，而且还可能会产生相应的毒素，对人体造成危害。如钙在人体的重要性使得钙源的开发成为食品工业急需解决的问题，如果制备纳米钙的原料畜骨、蛋壳、牡蛎壳等贝类保藏不当可引起微生物污染。

（二）农药残留

某些制备纳米食品的原料可被残留的农药污染，原料中农药的残留可能来自：①用于防治虫、病、除草时直接施用的农药；②农药的施用对环境造成一定的污染，环境中的农药通过水、空气、土壤等途径进入农作物。残留的农药随原料经纳米化处理后，吸收利用率增加，进入人体后可对健康产生更大的损害。

（三）有害毒物的污染

主要来自未经处理或处理不彻底的工业废水和生活污水对田地的灌溉，一般情况下，污水中的有害有机成分经过生物、物理和化学处理后可减轻甚至消除，但以重金属毒物为主的无机有毒成分或中间产物很难去除，可能对田地中的作物造成污染，如果这些有毒有害物质随原料经纳米化处理后，其吸收利用率增加，毒作用可明显增强，长期摄入必将对人类健康产生不良影响。

二、纳米食品性能稳定性问题

纳米食品，尤其是纳米保健品由于量子尺寸效应和表面效应，可能使其理化性质、生物活性等方面发生改变，可表现出常态下所没有的特性，其生理功效可发生改变。纳米状态下的保健食品功能有可能增强，也可能减弱，还有可能出现新功效，且其毒副作用程度亦可能有相应的变化，这种纳米化后保健食品有效成分和功能的不确定性，将给其质量控制带来隐患。

三、纳米食品的质量与储存

纳米食品由于粒度超细，其表面效应和量子效应显著增强，使它的有效成分具备高能级的氧化或还原潜力，可能与环境中和食品中的其他成分发生反应，从而影响其稳定性，因而增加了保质和储存的困难。

四、纳米食品的安全性

纳米技术作为引领下一代科技发展的崭新技术而备受期待，但是，当人们将宏观物体粉碎成纳米级超微颗粒后，虽然没有发生化学反应转变成其他物质，但是物质的强度、韧性、扩散率等很多方面的性质和宏观物质比较均发生根本性改变，具有许多与常规物质完全不同的性质。至少有两点需要引起重视，一是纳米颗粒甚小，它们有可能进入人体中那些大颗粒材料所不能抵达的区域，如健康细胞；二是在纳米量级，材料的性质会有所不同。越来越多的证据显示，某些纳米材料会对环境、人体健康和安全造成危害。同样，纳米食品也可能对接触人群和环境产生危害，可能表现在以下几个方面。

1. 与人体直接接触或直接进入人体的纳米食品可能会导致特殊的生物效应，这些效应对生命过程和人体健康可能有害。
2. 游离的纳米颗粒可能会穿透细胞，产生毒性。
3. 纳米食品在生产过程中可能进入呼吸道，对肺部产生影响。
4. 纳米食品在生产过程中可能经皮接触，被皮肤吸附，对皮肤产生危害。
5. 残留在环境中的纳米食品由于粒子较小，使它的有效成分具备较高的氧化或还原潜力，极容易与环境中的其他物质发生反应，从而导致其稳定性发生改变，产生不良影响。

6. 纳米食品（尤其是颗粒纳米食品）生产过程可能会对生物链、大气、水体等环境产生影响，因为一种物质被"打碎"成纳米材料后，其性能可能发生意想不到的变化。

第六节 纳米食品的卫生监督与管理

纳米技术应用于食品加工才不过二十几年的时间，由于同种物质的纳米级微粒和普通颗粒其性质在很多方面都不同，人们对纳米技术对健康和环境的影响还了解的很少。因此，纳米食品的卫生监督与管理也应不同于传统食品，目前对纳米食品的监控几乎是一片空白，政府部门应当对纳米食品进行安全检验和规范，并出台统一的安全检验标准，科学地管理纳米食品的研发、生产和应用。建议从以下几方面对纳米食品进行卫生监督与管理。

一、建立纳米食品的管理办法和食品卫生标准

建议应尽快建立纳米食品的管理办法和卫生标准，以便对纳米食品的生产和经营实行管理和监督，保证纳米食品的卫生质量，保障人们群众的身体健康和生命安全。

（一）建立纳米食品的管理办法

对纳米食品的监督管理内容应包括：纳米食品的审批、纳米食品的生产经营、纳米食品标签、说明书及广告宣传、纳米食品的监督管理等。对纳米食品从原料到产品、从生产到销售、从内在质量到外在宣传，均提出管理要求。

纳米食品的生产应该实行严格的审批制度，按照一定的审批程序，纳米食品生产企业需通过卫生部食品卫生监督检验部门完成功能性、安全性评价等各项检测工作，经卫生部有关管理部门审批及卫生部评审委员会技术评审，最后由卫生部审批，方可决定能否进行生产、经营。

对纳米食品的基本技术要求应包括：

1. **安全无害** 即各种原料及其产品必须符合《食品卫生法》要求，对人体不产生任何急性、亚急性、慢性危害以及遗传毒性危害。

2. **功效成分问题** 原料中的某些功效成分纳米化后由于吸收利用率增加，长期摄入可能对人类健康产生不良影响，要尽量制定这些功效成分的限量标准；而且对于功效成分不明确的纳米食品，应尽量提供与功能可能有关的成分。

3. 对于纳米保健食品应功能确切，配方科学，配方的组成和用量必须有科学根据。

4. **工艺合理** 选用的工艺应尽可能减少加工过程中功效成分的损失、破坏，并确保不产生有害的中间体。

（二）建立纳米食品的卫生标准

纳米食品卫生标准的主要技术指标应包括：

1. **严重危害人体健康的指标** 包括致病性微生物及其毒素、有毒有害的化学物质、放射性污染物等。尤其是如果纳米食品制备的原料中含有的有毒有害物质经纳米化后，其毒性作用可能会增加，因此制订标准应更加严格。

2. **对人体有一定威胁或危险性的指标** 表示食品可能被污染以及被污染程度；如细菌总数、大肠菌群等。

3. **间接反映食品卫生质量或与卫生质量相关的指标** 可影响或预示食品卫生质量发生

变化，如水分等。

4. 营养与保健作用的指标　表示食品的营养价值与保健功能。如蛋白质、维生素、矿物质等。

5. 纳米食品技术指标　纳米食品需经有关部门进行技术鉴定，粒子直径需小于100nm才能称之为纳米食品。

6. 纳米级矿物质及维生素等的供给量标准　由于纳米食品吸收率较普通食品大大增加，如长期摄入某些纳米级矿物质及维生素可能会给机体带来副作用，因此，应重新制订某些纳米级矿物质及维生素的每日供给量标准，适当降低供给量。

二、纳米食品的监督重点

(一) 对原料的要求

1995年9月联合国粮农组织、世界卫生组织、国际生命科学研究所从营养科学的角度对纳米食品的生产原料做了规定，目前纳米食品进行工业化生产时，其所用原料应符合：

1. 必须经过人类长期食用和证明其对于人类健康是有益的。
2. 必须含有丰富的人体代谢必需的营养物质。
3. 必须是天然物、合成物、生物生成物，并对人体无毒无害。
4. 原料可以充分供应，可以满足尖端工艺技术条件。
5. 可以使用自动化设备加工。
6. 与其他食品、药品、化妆品等与人类器官接触的物质不发生任何有害反应和禁忌，对与人体有益的营养成分有协同作用。
7. 可同时被人体消化系统和皮肤系统等吸收。
8. 可被加工为最简单的服用方式的产品。
9. 经过高新技术生产后，可以长期室温贮存。

(二) 生产过程的监督

良好的生产规范是为保障食品安全、卫生而制定的贯穿食品生产全过程的一系列措施、方法和技术要求，应特别注意纳米食品生产企业生产条件的审查，生产企业应具备良好的生产设备，合理的生产过程，完善的质量管理和严格的检测系统，确保终产品的质量符合标准。在严查生产条件的基础上，生产过程的监督重点应放在原料的质量要求和既定的生产工艺的执行上。

1. 从业人员上岗前必须经过卫生法规教育及相应技术培训，企业应建立培训考核制度。
2. 企业的设计与设施要符合要求。厂房环境无污染、厂房布局合理、生产车间规范、生产设备和辅助设施符合标准。
3. 食品企业必须建立相应的质量管理部门，并组织具备相应资格的专职或兼职的质量管理人员负责生产全过程的质量监督管理。
4. 成品的储存与运输　成品储存时应防止食品的成分、质量及纯度等受到不良影响；仓库应设有防鼠、防虫等设施，并定期进行清扫、消毒；运输工具应符合卫生要求。
5. 做好卫生管理工作　为了保证纳米食品卫生质量，防止食源性疾病的发生，食品生产企业必须实行全面的食品卫生质量管理，以确保每个环节的污染都能得到有效的控制和预防。

(三) 市场监督

要做好纳米食品的市场监督工作，尤其是对纳米保健食品要加强功效成分的监督检测及功能验证，加强对生产企业及产品说明书的监督力度，防止标签说明书虚假夸大的宣传。

（周晓蓉）

复习题

一、概念题

纳米食品

二、简答题

1. 纳米食品对人类发展的重要意义。
2. 纳米食品的安全性问题主要表现在哪些方面？
3. 制备纳米食品的原料可能存在哪些卫生问题？
4. 进行工业化生产的纳米食品所用原料应该符合哪些要求？

三、论述题

1. 纳米技术在食品领域中的应用。
2. 纳米技术对食品品质及营养成分的影响。
3. 纳米食品可能存在的卫生学问题。

第十章 膜分离食品

第一节 膜分离技术的概念及发展史

一、膜分离技术的概念

膜技术是用天然或人工合成的高分子薄膜，以外界能量或化学位差为推动力，对双组分或多组分的溶质和溶剂进行分离、分级、富集的方法。可用于液相和气相分离，对于液相分离，可用水溶液体系、水溶胶体系以及非水溶液体系等。膜技术是一种分子水平上的分离技术，利用膜技术生产的食品称为膜分离食品。

实践证明，当不能经济地用常规的分离方法得到较好的分离时，膜分离作为一种分离技术往往是非常有用的，并且膜分离技术还可以和常规的分离方法结合起来使用，使分离技术投资更为经济。

二、膜分离技术的发展史

分离技术的发展与人类的生产实践密切相关，随着生产力和科学技术的发展，分离的方法也从简到繁，从低级到高级，工艺从一种方法到多种联用。已由过去简单的蒸馏分离技术发展到现在复杂的超临界萃取技术、膜分离技术等。

200多年前，Abbe Nollet 在1748年观察到水可以通过覆盖在盛有酒精溶液瓶口的猪膀胱进入瓶中，发现了渗透现象。但是直到19世纪中叶 Gra-ham 发现了透析（Dialysis）现象，人们才开始对膜分离现象重视起来，并开始了膜分离的研究。

最初，许多生理学家使用的膜主要是动物膜。1867年 Moritz Taube 制成了人类历史上第一张合成膜——亚铁氰化钠膜，并以近代的观点予以论述。随后，Preffer 用这种膜在蔗糖和其他溶液中进行试验，把渗透压和温度及溶液浓度联系起来。1925年德国 Gottingen 公司成立了世界上第一个滤膜公司（Sartorius）。

20世纪50年代末期，加利福尼亚大学的 Yuster、Loeb、Sourirajan 等对膜材料进行了广泛的筛选工作，结果发现乙酸纤维素也具有特殊的半透性质。为了改进乙酸纤维素的透水性能，他们采用过氯酸镁水溶液为添加剂，经过反复试验，终于在1960年首次制成世界上具有历史意义的高性能非对称的乙酸纤维素反渗透膜，这使得 Allied-Singned 公司开创了反渗透膜工业应用的时代。随后，制膜技术不断机械化、自动化，膜的形式也从平板膜发展到管式膜及中空膜等。1971年 Du Pont 化学公司又推出三醋酸纤维素中空纤维透过器。微滤、反渗透、超滤、透析及气体分离等膜分离技术都在20世纪60年代~80年代相继得到迅速发展。

近10多年来世界各国对膜分离技术的重视，极大地促进膜技术的发展，20世纪90年代 Get Gmb H 公司推出了渗透蒸发。

我国膜技术的发展是从 1958 年离子交换膜的研究开始的。20 世纪 60 年代是开创阶段，1965 年开始了对反渗透的探索，1967 年开始的全国海水淡化会战为乙酸纤维素不对称反渗透膜的开发打下了良好基础，20 世纪 70 年代进入四大液体膜过程的开发阶段，电渗析、反渗透、超滤、微滤用膜及组件相应开发，20 世纪 80 年代进入推广应用阶段，目前已发展到数百个生产厂。虽然存在品种少、质量、性能不够完善等问题，但因价格低廉，不仅有效地阻挡了国外同类产品的大量流入，而且也扩大了应用范围。近几年开发的纳滤膜分离技术，其膜的孔径比反渗透膜稍大，截留粒子的直径为几个 nm，相对分子质量为 200~500，允许通过单价离子和低分子量有机溶剂。我国对纳滤技术的开发和应用也相当广泛。

随着新型膜材料的开发和膜过程的改进，膜分离技术将不仅可以替代某些单元操作，而且可以与许多单元操作相结合，以取得更好的分离效果。例如将膜分离技术与催化反应结合起来形成膜反应器。

第二节 膜分离技术原理、工艺及设备

一、膜分离技术原理

膜分离是以膜作为分离介质，以外界能量或化学位差作为推动力，凭借各组分在膜中传质的选择性差异，对双组分或多组分的流体进行分离、分级、纯化和浓缩的方法。由于分离膜的多样性，很难下一个精确、完整的定义，一般认为"膜"是两相之间的一个不连续区间。"区间"表明了膜是有一定厚度的物质，用以区别相界面的概念。因此，可以认为膜是分隔开两种流体的一个阻挡层，阻止了这两种流体间的自由流动，并以特定的形式限制和传递各种化学物质。渗透性是描述膜传递速率的性能指标，液体渗透是膜一侧的液相组分渗透至膜另一侧的液相或气相中，气体渗透是膜高压侧气体透过膜向低压侧扩散。在相同条件下，一种膜能以不同速率传递不同的分子样品，这种膜就是半透膜。膜可以为气相、液相和固相，或是它们的组合，可以是均相的或非均相的、对称型或非对称型的、中性的或荷电性的，厚度可以从不足一微米到几毫米。

膜分离的基本原理都是利用高分子膜的选择透过性，以浓差梯度，压力梯度或电势梯度作为推动力，在膜相际之间进行传递，以达到不同组分的分离目的。

下面介绍反渗透、超滤、纳滤、微滤、电渗析五种膜的主要原理。

（一）反渗透膜分离技术原理

在相同的外压下，当溶液与纯溶剂被半透膜隔开时，纯溶剂通过半透膜使溶液浓度变低的现象称为渗透。当在单位时间内，溶剂分子进入溶液内的数目要比溶液内的溶剂分子通过半透膜进入纯溶剂内的数目多时，溶剂通过半透膜渗透到溶液中，使得溶液体积增大，浓度变低。当单位时间内溶剂分子从两个相反的方向穿过半透膜的数目彼此相同时，称之为渗透平衡。渗透必须通过一种膜进行，这种膜只能允许溶剂分子通过，而不容许溶质分子通过，因此称为半透膜。

当半透膜隔开溶液与纯溶剂时，加在原溶液上的额外压力使原溶液恰好能阻止纯溶剂进入溶液，此压力称为渗透压。在通常情况下，溶液越浓，溶液的渗透压越大。如果加在溶液上的压力超过了渗透压，则溶液中的溶剂向纯溶剂方向流动，此过程叫做反渗透。在此过程中，溶

质也不是百分之百的不通过，也有少量溶质透向纯溶剂。渗透和反渗透过程见图10-1。

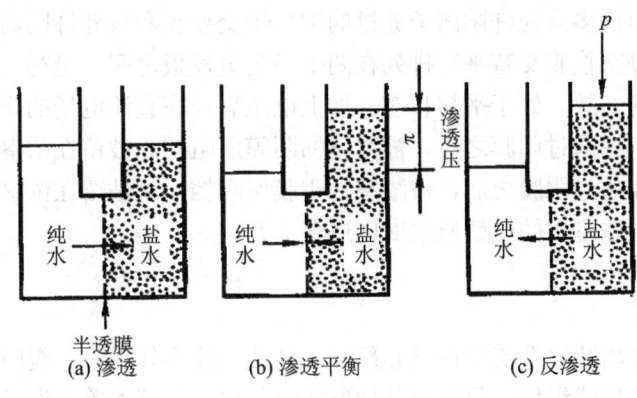

图10-1 渗透和反渗透

（二）超滤膜分离技术原理

超滤是一种筛分过程。溶液在静压力的作用下，通过超滤膜，在常压和常温下收集透过液，溶液中一个或几个组分在截留中富集，高浓度的溶液留在膜的高压端。超滤膜分离过程是按分离物质的大小来进行的。由于超滤膜的孔径在 $0.001\mu m \sim 0.02\mu m$ 之间，大于该范围的分子、微粒胶团、细菌等均截留在高压侧，反之，则透过膜存在于渗透液中。

虽然超滤的分离机理被认为是一种筛分分离过程，但是，其膜表面的化学性质也是影响超滤分离的重要因素。超滤过程中溶质的截留主要有以下三种：膜表面的机械截留、在膜孔中停留而被除去、在膜表面及膜孔内的吸附。

超滤膜的材料主要有醋酸纤维、聚砜、芳香聚酰胺、聚丙烯、聚乙烯、聚碳酸酯和尼龙等高分子材料。

（三）纳滤膜分离技术原理

1. 纳滤膜分离的特点　纳滤（NF）是介于反渗透与超滤之间的一种压力驱动型膜分离技术。它能从溶液中分离出相对分子质量为300～10 000的物质。纳滤膜在分离应用中表现出两个显著的特性：①对水中相对分子质量为数百的有机小分子成分具有分离性能；②对无机盐有一定的截留作用。物料的荷电性、离子的价数和浓度对膜的分离效果有较大影响。从结构上来看纳滤膜大多是复合膜，即膜的表面分离层和它的支撑层化学组成不同。根据其第一个特征，推测纳滤膜的表面分离层可能拥有1nm左右的微孔结构，故称为"纳滤"。

2. 纳滤膜分离机理　纳滤膜与反渗透膜均为无孔膜，通常认为其传递机理为溶解—扩散方式。但纳滤膜大多为荷电膜，其对无机盐的分离行为不仅由化学势梯度控制，同时也受电势梯度的影响，即纳滤膜的行为与其荷电性能，以及溶质荷电状态和相互作用都有关系。

（四）微滤膜分离技术原理

微滤是以多孔的细小薄膜为过滤介质，压力为推动力，使不溶物浓缩过滤的操作。微滤膜孔径为 $0.025\mu m \sim 4\mu m$。一般微滤膜孔分布均匀，可以将大于孔径的微粒、微生物截留在滤膜表面，适合于过滤悬浮的微生物和微粒。

一般认为微滤的分离机理为筛分机理，其过滤行为与膜的物理结构和过滤对象的物理化学特性有关。

（五）电渗析分离技术原理

电渗析的核心是离子交换膜，在直流电场的作用下，以电位差为推动力，利用离子交换膜的选择透过性，把电解质从溶液中分离出来，实现溶液的淡化、浓缩和钝化。

电渗析装置是由许多只允许阳离子通过的阳离子交换膜和只允许阴离子通过的阴离子交换膜组成的。这两种交换膜交替平行排列在两个正负电极板之间。最初，所有隔离室内，因阳离子的浓度都均匀一致，处于平衡状态。加上电压后，在直流电场的作用下，淡室中的全部阳离子趋向阴极，在通过阳膜之后，被浓室的阴膜所阻挡，被留在浓室中；淡室中的全部阴离子趋向阳极，在通过阴膜之后，被浓室的阳膜所阻挡，也被留在浓室中。于是淡室中的电解质浓度降低，而浓室中的电解质浓度则逐渐上升。

二、膜分离设备

膜分离器是膜分离装置系统中最核心部分，其他装置不外乎泵、阀门、管路、过滤器和仪表等。膜分离器又称膜组件。将膜以某种形式组装在一个基本单元设备内，以便在外界驱动力作用下实现对混合物中各组分的分离，这个基本单元设备就是膜分离器。工业上常用的膜分离器形式主要有板式、管式、卷式和中空纤维式四种类型。

一种性能良好的膜组件应具备下列条件：①对膜能提供足够的机械支撑并可使高压原料液和低压透过液严格分开；②在能耗最小的条件下，使料液在膜面上均匀流动，减少浓差极化；③具有尽可能高的装填密度（单体体积膜组件的有效膜面积），膜的安装和更换方便；④装置牢固安全，价格低廉。

（一）板式膜设备

这种膜主要用于结构与板框压滤机相似的设备上。半透膜张紧在一组多孔板上，用一块带槽的板来支持。支撑板的材料为聚砜，呈椭圆形，长径长度为35cm，由双层空心夹板组成。两个表面设计为弧形浅沟，即由多根凸起的弧形圈组成多条料液通道，适于处理黏性物料，不易形成膜面上的浓料沉积，能加快通过速度，改善流动状况。超滤膜紧贴于支撑板的两面。两端开圆孔，料液由一端进入，流过膜面，从另一端流出。清液透过膜层及支撑板沟槽上的长条孔隙，进入夹板空心，从支撑板边上的一个小管流出。

超滤膜紧贴于支撑板上，在两端圆孔处有锁圈将其固定。当两块支撑板叠合时，有一面的锁圈为流通圈，可将料液疏导至支撑板膜面。多块膜板重合，料液并流通过一定数量的并流膜板后，在流通孔上设一挡圈，使料液进入另一组并流膜板，两组连接，形成串联，两组流动方向相反。如此，多组膜板叠合，组成多次并流与串流，清液从每个膜面透过流出，超滤液不断地得到浓缩。

（二）管式膜设备

管式膜组件有内压式、外压式、单管式和管束式等几种。

管式组件的优点是：流动状态好，流速易控制；另外，安装、拆卸、换膜和维修均较方便，能够处理含有悬浮固体的溶液，机械清除杂质也较容易；而且，合适的流动状态还可以防止浓差极化和污染。

管式反渗透膜组件的不足之处是：与平板膜相比，管膜的制备比较难控制；如果采用普通的管径（1.27cm），则单位体积内有效膜面积的比率较低；此外，管口的密封也比较困难。

（三）中空纤维式膜设备

中空纤维是一种极细的空心分离膜管，本身即可耐受很高压力，因此不需支撑材料。纤维的外径有的细如人发,约为 $50\mu m \sim 200\mu m$,内径为 $25\mu m \sim 42\mu m$。使用这种极细的中空纤维束构成的膜组件可将极其庞大的膜表面积纳入很小的体积中,大大提高了单位体积膜渗设备的生产能力。中空纤维膜组件的外形为壳管状,把多达 $10^5 \sim 10^6$ 根中空纤维成束装入圆筒形耐压容器内,纤维束的开口端用环氧树脂浇铸加工成管板。

(四) 卷式膜设备

卷式膜组件为双层结构,中间为多孔支撑材料,两边是膜,其中三边被密封而粘贴成膜袋状,另一个开放在与一根多孔中心产品收集管密封联结,在膜袋外部的原水侧再垫一层网眼型材料,也就是把膜-多孔支撑体-膜-原水侧间隔材料一次叠合,绕中心产品水收集管紧密地卷起来形成一个膜卷,再装入圆柱形压力容器里,就成为一个卷式膜组件。

(五) 电渗析设备

电渗析器有立式和卧式两种形式,其基本部件均是浓淡水室的隔板、离子交换膜、电极、极水隔板、锁紧装置等。整体结构与片式热交换器相类似。

三、膜分离工艺流程

膜分离操作的分离目的各不相同,例如,制备纯水需要关注透过液的质量是否符合标准,废液的处理则需考虑透过液是否达到排放标准,浓缩液有无回用价值,因此需要以不同方式配置组件来满足不同要求。此外,膜元件的使用寿命也与配置相关,如果配置不合理,会使某一段内膜元件的水通量过大,膜元件的污染速度加快,而另一段内膜元件的水通量又太小,不能充分发挥其作用。在膜分离工艺流程中常以"段"与"级"为一个基本单元。所谓段,是指膜组件的浓缩液不经泵自动流到下一膜组件,每经一组膜组件为一段;所谓级,是指膜组件的产品经泵进入下一组膜组件处理。透过液产品经 n 次膜组件处理,称为 n 级。

(一) 一级一段连续式和一级一段循环式

这两种方式的示意图见图 10-2、图 10-3。一级一段连续式的回收率不高,实际较少采用。一级一段循环式将部分浓缩液返回进料液储槽,与原有的进料液混合后再次通过组件进行分离,这样可以提高水的回收率,但因为浓缩液中溶质浓度比原进料液要高,所以透过的水质有所下降。

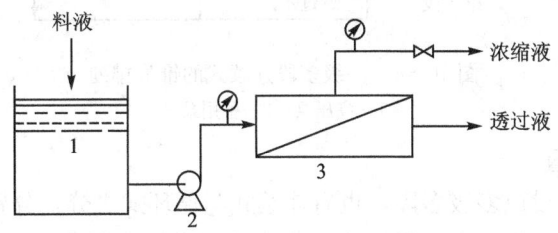

图 10-2　一级一段连续式
1—料液贮槽;2—泵;3—膜组件

(二) 一级多段连续式

简单的一级多段连续式如图 10-4 所示,它是把第一段的浓缩液作为第二段的进料液,再把第二段的浓缩液作为第三段的进料液,各段的透过水连续排出。这种方式的回收率高,浓缩液的量少,浓缩液中的溶质浓度较高,适合于处理量大的场合。

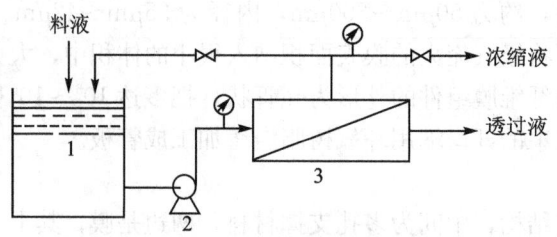

图 10-3 一级一段循环式
1—料液贮槽；2—泵；3—膜组件

（三）一级多段循环式

这种方式将第二段的透过液返回第一段作进料液，重新进行分离，浓缩液作为第三段的进料液，这样后一段的进料液浓度较前一段高，后一段透过水溶质的含量较前一段高。浓缩液经多段分离后，浓度得到很大提高，能获得很高浓度，因此一级多段循环式适用于以浓缩为主要目的分离。

（四）多段锥形排列

为了保持原料在装置内每个组件中的流量和状态大致相同，以减少浓差极化，并达到给定的回收率，装置内的组件必须分为多段锥形排列（见图10-4），段内并联，段间串联。由于锥形排列方式中浓缩液经过多段流动，压力损失较大，需要增设高压泵以防止效率下降。

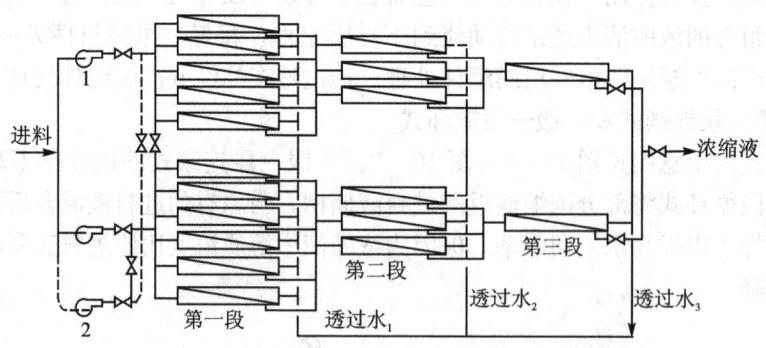

图 10-4 一级多段连续式的锥形排列
1—高压泵；2—备用泵

（五）多级多段配置

膜分离装置也可以设成多级多段，也有连续式与循环式之分，分别为二级五段连续式和多级多段循环式的流程。后一方式是将前一级的透过液作为下一级的进料液再次进行分离，经多级分离后将最后一级的透过水引出系统，浓缩液从后一级返回到前一级的进料液中，这种方式既提高了水的回收率，又提高了透过水的水质，但是泵的能耗将增大。对于如海水淡化之类的分离来说，由于一级脱盐淡化需要有很高的操作压力和高脱盐性能的膜，在技术上有很高的要求，而采用多级多段循环式分离，既可以降低操作压力和对设备的要求，又可以降低对膜脱盐性能的要求，因此有较高的实用价值。

第三节　膜分离技术在食品工业中的应用

膜分离技术是利用半渗透性聚合物膜，将液体中组分加以分离。该技术自20世纪70年代开始进入工业应用阶段，目前已成为一门新兴的化工分离单元操作。该技术具有下列特点：

1. 膜分离过程不发生相变化，在分离水分时，它的费用大约为蒸发浓缩法或冷冻浓缩法的1/2～1/5，故被称作节能技术。

2. 膜分离过程是在常温下进行的，因而特别适用于对热敏感的物质，如果汁、酶、药品等的分离、分级与浓缩。

3. 膜分离技术不仅适用于有机物和无机物，从病毒、细菌到微粒的广泛分离等范围，而且还适用于许多特殊溶液体系的分离，如溶液中大分子与无机盐的分离，一些共沸物或近沸点物质的分离等。

4. 由于只是用压力作为膜分离的推动力，因此分离装置简单，操作容易，易自控、维修。

由于膜分离技术具有这些优点，近20多年来，在各个领域得到很大发展。目前在食品工业中传统的分离和浓缩过程相继采用了膜分离技术，其优越性得到了愈来愈广泛的重视。

一、在乳品加工上的应用

（一）牛奶浓缩制奶粉

用超滤除去牛奶中70％～80％的水，余下的水用蒸发法将水脱到喷雾所需浓度，再用喷雾干燥，这样的流程最节省能源。

（二）乳清的分离

用牛奶制干酪，分离后得到乳清，其中含许多可溶蛋白质、矿物质等营养物质，但也含大量的难消化的乳糖。用超滤法回收其中的蛋白质，可使蛋白质含量从3％增加到50％以上，甚至高达80％。国外用反渗透处理干酪制造中产生的乳清。直接用反渗透处理，浓缩后再干燥成乳粉。

（三）软干酪的制造

直接将脱脂乳超滤浓缩，去除水分和一些小分子物质后再行凝固，制得软干酪，蛋白质回收率较高，整个流程能耗较低，且可节约多达50％的凝乳酶。

二、发酵上的应用

（一）微滤除菌

用微滤膜可对发酵工业中的用水和产品实现无菌化。目前各酒业公司已广泛使用$0.45\mu m$滤芯对成品酒进行终端过滤替代原有的热杀菌技术，节省能耗，避免高温给产品带来的煮熟味。

（二）超滤精制

用超滤膜能除去酒及酒精饮料中引起沉淀混浊的物质，如残存的酵母菌、杂菌及胶体等，从而使酒的澄清性得到改善，并获得良好的保存性。除此以外，还能使生酒具有成熟味,从而缩短了酒的熟化期,对一些酒经超过滤处理,酒的风味有所改善,变得清爽而又醇香延绵。因此,采用超过滤对酒和酒精饮料的精制已在美国、意大利、日本等国得到应用,所处理的酒类有啤酒(特别是扎啤)、葡萄酒、威士忌、果子酒、烧酒、清酒等。用超过滤法对酒和酒精饮料的精制,避免了酒的热杀菌而易形成的浑浊成分的析出,而这些浑浊成分通常是用硅藻土或纸板、棉饼过滤机除去的。

近年美国提出了硅藻土的毒性问题,而采用膜过滤可避免,同时简化了过滤设备。但是用超过滤膜对酒和酒精饮料的处理需要注意两个问题:一是膜材料的选择,由于酒是醇类,所以膜材料要有对醇的稳定性;二是膜要有适宜的孔径和孔分布,以便使酒的有效成分能通过膜,而有害成分被膜截留。

(三)低醇/无醇果酒制作

目前低醇/无醇果酒的开发在国外业已成功,产品很受欢迎。其生产方式主要有3种:三效蒸发、离心分子膜蒸发和常温膜分离技术。三效蒸发的方法由于高能耗和影响产品品质的缺陷而逐渐被膜技术所部分以至全部取代。

在美国,研究人员以葡萄为原料,进行完全发酵,过滤后,送入旋转蒸气加热槽内,由离心分子膜蒸发器进行处理,从而使发酵后的葡萄酒在酒槽内做旋转运动,使酒精在热空气的作用下蒸发。用此工艺制成的"雷金思"葡萄酒,色香味与白葡萄酒一样,酒精的最高含量仅0.49%。此外,科学家还发明了一种可透过乙醇而不透过水和其他成分的分离膜,只需在膜的透过侧抽取真空,几乎在常温下进行,能耗极低。透过膜的乙醇可以经冷凝后再回收,这种方法称为渗透汽化。目前普遍应用在制备纯净水方面的反渗透膜也可以达到脱除乙醇,截取酒体中有益成分的作用。需要注意的是,在乙醇与水共同透过膜之后酒体会被浓缩,有必要向其中补充适当的纯水,以保持酒体的平衡。

(四)控制酒的甜度

为了提高葡萄酒的甜度,日本酿酒业已应用反渗透膜设备生产葡萄酒,用于分离溶液成分中的水,使酒浓缩而达到所需的甜度,生产出优质天然葡萄酒。其优点是:不需加热,因而不会产生煮熟味,不发生色素分解和褐色现象;不经过蒸发过程,不损失营养成分,保持良好的酒质和香气;耗能低。

生产过程中调整酒中成分,提高酿酒效率和品质。用任何工艺酿制成的葡萄酒,都会或多或少地含有酚类、无机盐类、氧化酶等有害物质及不稳定成分。因此在酿制过程中和包装之前,必须提高并且稳定葡萄酒的质量,为此可采取如下技术:应用半透膜过滤装置,透过酒液成分中的水和无机盐类等较小分子,但不透过胶态分子和高分子物质,可大大缩短酿造时间并减少工序,不但节省能源,还能提高酒的质量。酒类及饮料用反渗透纯水机设备是将自来水(井水)通过合理、高效的预处理系统去除水中颗粒、杂质、胶体、余氯以后,再利用高科技的反渗透膜分离技术去除水中的细菌、病毒等微生物和绝大部分对人体有害的重金属等离子,直接用于酒类勾兑生产。使用这种纯水,不但可保留啤酒、葡萄酒特有的醇香,还可减少工艺流程。

三、饮料上的应用

（一）苹果汁加工

用一般的醋酸纤维素膜反渗透技术浓缩苹果汁，可以得到高质量 25Brix 的浓缩苹果汁。维生素 C、氨基酸及香气成分的损失比真空蒸馏浓缩要少得多。若用高脱盐率和低脱盐率两种复合膜螺旋式反渗透膜组件，采用多级浓缩工艺流程，则可以获得 4 045Brix 的高浓度苹果汁。

（二）橘子汁加工

用膜分离生产高质量浓缩橘子汁的技术已经成熟。美国 Du Pont 公司在上世纪 80 年代末已出售反渗透橘子汁浓缩装置，用的是中空纤维反渗透组件，操作压力为 10.514MPa。可以生产浓度为 45°Bx 的橘子汁。若用氮气保护，生产温度小于 10℃，则可以将浓度提高到 55°Bx。

（三）番茄汁加工

1984 年意大利建立了世界上第一条反渗透浓缩番茄汁生产线。把 4.5°Bx 番茄汁浓缩到 8.5°Bx，再用蒸发进一步去水到 28°Bx。

（四）山楂加工

山楂含果胶较高、色素（花色素）热稳定性差，用传统方法加工有一定难度。我国已成功研究出用反渗透和超滤技术对山楂进行加工的工艺流程。于 1997 年用于工业化生产。日处理山楂 22 吨，该工艺能从鲜果中获得 3% 的果胶干粉和 40% 的 20°Bx 的果汁。成本低、产量高、质量好。

（五）其他果汁加工

用膜分离浓缩葡萄汁、佛手柑汁，澄清柠檬汁等亦取得很好的效果。

四、其他食品中的应用

（一）茶叶

深圳用 DDS 公司板式反渗透装置（复合膜）建成了生产线，生产速溶乌龙茶等系列化产品远销日本。用超滤、反渗透联合工艺流程，在常温下从低档茶中浓缩分离得到的茶叶汁，保色保香好。它也可直接用作制造瓶装饮料或茶叶食品的原料，是解决我国滞销积压的低档茶的一个加工途径。

（二）甜菊糖

甜菊糖是一种广泛使用的食品添加剂。超滤工艺在甜菊糖生产中，对离子交换树脂脱色液的效果较好；压滤液经适当处理后进行超滤也能获得良好的效果。超滤脱水工艺的产品质量稳定，性能提高，能耗降低，成本减少，效益明显。

（三）大豆蛋白

传统的生产技术采用醇法和酸碱法。产品得率低，工艺复杂，废水污染环境。膜分离技术用于大豆蛋白的提取有以下优点：提取率高、工艺简单、投资少、酸碱消耗少、产品功能特性好、无废水污染。它的技术难点是膜的污染问题，美国已有少数工厂掌握，但其关键技术严格保密。

(四）酱油、醋

传统的酱油灭菌、澄清方法多采用巴氏消毒法辅之板框过滤。这种方法往往达不到国家规定的卫生指标，而且浊度高，随着时间延长，常有大量沉淀产生。利用超滤技术，可直接澄清来自发酵缸的酱油。不仅卫生达标且长期存放也不会有沉淀产生。酱油偏酸性，富含蛋白质。所以，选用氢氧化钠溶液加酶作为膜的清洗剂，可以有效地除去沉积在膜上的蛋白质，使膜的透量得到恢复。用膜分离技术对酱油进行脱色可制造白酱油，经脱色后的酱油，对热和氧的稳定性显著提高。Fe、Mn、Zn 含量有所降低。

醋的发酵液也可用膜技术直接过滤，除去酵母、细菌和杂质。与传统生产工艺相比，膜法制醋可以简化生产工艺，提高醋的透明度、延长保质期。柠檬酸是食品工业应用最多、最广泛的一种有机酸。过去主要由发酵法生产，工艺流程长，劳动强度大，环境污染严重，产品得率低（60%～70%）。我国 20 世纪 90 年代用电渗析技术改进柠檬酸的生产工艺，柠檬酸的平均得率为 92.71%，每千克柠檬酸平均耗电 0.75kwh，质量符合美国药典（1980 版）标准。

除此之外，膜分离技术在海水和苦咸水的淡化、矿泉水杀菌以及食品厂废水处理等方面都已得到广泛应用。

第四节 膜分离对食品品质及营养成分的影响

膜分离过程是在常温下进行的，因此对于热敏性物质的处理，如果汁等的分离、浓缩、富集，在经过膜处理前后，色泽、香气和风味基本无变化，营养物质损失也很少。同时，由于分离过程一般是在闭合的回路中运转，减少了氧气对食品成分的氧化作用，有利于食品成分和品质的保护。

在膜分离过程中只需由泵提供一定的能量，达到一定压力，被分离的物质就可透过分离膜而达到分离、提纯、浓缩的效果，与其他分离方法相比能耗少，其他操作费用也可以大为节省，因此，膜分离技术也被称为省能技术。膜分离过程是被分离物质加压输送下反复循环的过程，操作简单，容易控制，而且设备占地面积小，只需增加膜组件就可提高产量。此外，膜分离法适用于多种物质，并且不会造成稀释，对溶液中小分子和无机盐的分离，共沸物或近沸点物系的分离更显示出独到的优势。对食品加工需要的澄清操作，采用其他方法不但工艺复杂，而且损失率高，采用膜分离技术就可以得到高澄清度低损耗的分离液。

但是由于膜分离过程所使用的膜自身的特性，会使得少部分营养物质被截留在膜之外，从而造成食品品质的变化或营养物质的流失。

蛋白质是人体组织的构成成分，它构成体内重要的生理活性物质以及给人体供给能量。蛋白质是一种高分子化合物，超滤膜和微滤膜等膜能截留较大分子量的物质，因此，在使用其进行生产的时候，成品会损失一部分蛋白质，使食品的营养价值下降。

矿物质是构成人体组织的重要成分，可以调节细胞膜的通透性、维持神经和肌肉的兴奋性。在膜分离的过程可能会造成矿物质的流失。钙镁离子在水中一旦形成碳酸盐，其颗粒变大，被膜截留，并且会沉积在膜上。不仅会使产品中的钙镁离子含量减少，而且会在膜上形成污垢破坏膜的结构。膜的通流量下降会导致更多的营养成分流失。在将膜技术应用于生产食品的时候，一部分膜是带有电性的，再加上膜自身与溶质之间会产生表面化学键使膜吸附溶质，因此会吸附部分金属离子。从而使得膜的纯水渗透性不可逆的下降，同时也会造成成品中铁、锰等营养元素减少。

第五节　膜分离食品可能存在的卫生学问题

一、膜污染问题

膜的污染是造成膜分离食品质量变化的主要因素。膜在使用的时候，尽管操作条件保持不变，但其通量仍会逐渐下降。浓差极化和膜污染都会引起膜性能的变化，使膜的实用性能变坏。

膜污染可定义为：处理物料中的微粒、胶体离子或溶质大分子，由于与膜存在物理化学相互作用和机械作用而引起的在膜表面或膜孔内发生吸附沉积，造成膜孔径变小或堵塞，使膜产生透过通量与分离特性的不可逆变化现象。即当截留的污染物质没有从膜表面传质回主体流动（进水）中时，膜面上污染物质的沉积和积累就使水通过膜的阻力增大，妨碍了膜面上的溶解扩散，从而导致膜产水量和水质的下降。

实际上，对于膜污染来说，一旦料液与膜接触，污染就开始了，也就是说，由于溶质与膜之间相互作用而产生吸附，开始改变膜特性。在操作运行开始后，由于膜表面和膜孔内的选择透过性造成膜表面浓度高于处理液浓度，这种现象称之为浓差极化，在许多场合下，正是浓差极化导致了膜污染，由于膜表面局部溶质浓度增加引起边界层流体阻力增加，导致传质推动力下降而引起通量下降。

二、有毒物质的残留问题

当采用膜分离设备进行食品组分分离时，如果分离物质中含有有毒有害金属元素，有毒有害物质残留在膜表面，再继续分离操作时，就会对食品造成污染；随着工农业生产的发展，日常使用的化学物（包括含有有毒有害金属元素的物质）日益增多，对环境造成的污染亦日趋严重，对食品可造成直接或间接的污染；食品加工、储存、运输和销售过程中使用或接触的机械、管道、容器、以及添加剂中含有的有毒有害金属元素导致食品的污染。

三、农药的残留问题

农药一般呈酸性，若原料中残留有农药，则会在生产膜分离食品的时候腐蚀膜，造成膜的质量迅速下降，从而使得食品受到污染；农药中存在大分子的有机化合物，膜对这些物质具有截留作用，它们就沉积在膜面上，随着处理量的增加，造成难以清除的结垢，膜孔堵塞，从而导致食品质量严重下降。所以，使用农作物作为原料进行生产，若不进行预处理，则容易将残留的农药带入成品，致使产品存在安全隐患。

四、氯的残留问题

在使用膜的过程中，有时为了除去水中的微生物会使用氯进行消毒，但是，各种膜对于氯是有一定耐受程度的，一旦杀菌后的余氯过量，就会影响膜的质量，并且氯会沉积在膜上，沉积在膜上的氯可污染食品。人食入氯含量过多的食品，会有头晕、头疼、无力、心率快并有恶心、呕吐、腹泻等症状。

五、微生物污染问题

食品的生物性污染包括微生物、寄生虫及病毒的污染。微生物依靠吸附在膜上的腐殖质、聚糖脂群集和生长，在膜运行条件下依然能够利用细菌尸体即被浓缩吸附的溶解性有机营养物质进行新陈代谢活动，最后在膜的表面形成一层生物膜，对膜造成侵蚀，影响膜的质量。例如，微生物的存在会使醋酸纤维素膜的乙酰基含量下降，导致膜的质量下降。在膜被污染之后仍继续使用，会使食品的微生物指标上升。人食用这些食品，可能会发生呕吐、腹泻等现象，严重的会引起食物中毒。

六、包装材料的污染问题

利用膜技术处理的大部分是液态食品。在进行包装后，包装材料的气味渗透性使得食品中的挥发性芳香物质流失，导致风味变化；由于部分包装材料的透氧性、透气性会引发食品氧化、褐变以及微生物作用产生的腐败变质而产生异臭，从而导致食品变质；同时包装材料含有的小分子物质可向食品中转移。

第六节 膜分离食品的卫生监督和管理

一、防止原料的污染

原料的选择应符合相应的卫生标准。同时为了防止原料中的成分对膜造成污染，还应该对原料液进行预处理。预处理是指在原料液过滤前向其中加入一种或几种物质，使原料液的性质或溶质的特性发生改变，其方法包括预絮凝、预过滤、投加臭氧、活性炭吸附以及改变溶液 pH 等。

二、防止氯污染

每种膜对氯的耐受能力是有限的，当水中氯的含量超过规定值，膜的寿命就会受到影响，严重的会导致膜的损坏。因此，在对生产用水进行消毒之后，应该检测其中余氯的含量，若超过所使用膜的承受能力，则可用活性炭吸附或加入亚硫酸钠来降低余氯的含量。

三、防止微生物污染

微生物的存在会造成膜的损坏，对微生物的控制最常用的还是采用加氯的方法，浓度控制在 $(1\sim5)\times10^{-6}$ g/L，在前道工序中加入，以保证有足够的杀菌时间，同时还要注意加氯的量不能超过膜组件所能耐受的上限值。

四、防止悬浮物质、胶体物质及钙、镁离子污染

料液中的悬浮和胶体物质是产生膜表面孔隙机械阻塞的原因之一，在压力的作用下，它们沉积在膜面上，随着处理量的增加，膜面上的沉积物增多，膜孔被堵塞的情况会越来越严重，造成食品质量的严重下降；钙、镁离子易在水中形成难溶的碳酸盐，同样会在膜上沉

淀,造成难以清除的结垢。前者可以采用定期反冲的方法除去,反向冲洗就是从膜的透过物一侧通气体或液体,将膜面的堆积物除去的方法。这种处理方法简单,对于初期受有机物污染的膜的清洗是有效的;后者可以通过添加苏打水、酸或阻垢剂除去。

五、膜材料的选择

选择难以吸附污染物的膜材料,可通过物理或化学方法对膜表面进行改性使之更耐污染。如利用表面活性剂将膜面上具有吸附活性的结构部分覆盖住,在膜面上形成一层功能性预涂覆层,防止膜材料与料液中的组分发生作用,提高膜的抗污染性能。化学改性方法有:(1)在膜表面引入亲水或疏水基团;(2)将无机阳离子加入制膜液中,使其在成膜过程中均匀分布在膜内外表面以改变膜面压能,提高膜的抗污染性。

六、防止包装材料的污染

包装食品的香味变化主要是由于包装及内部食品变质因素产生的异味造成的。利用膜技术生产的绝大多数是液态食品,其中含有大量的挥发性芳香物质。应该用保香性较好的包装材料来包装,尽可能减少其透过包装的逸散。另一方面,应采用阻氧性较好的材料进行包装,以防止食品在储运过程中因色素或碳水化合物等食品成分的氧化或褐变而产生异味。

(李次力)

复习题

1. 常见的膜分离技术有哪些?试述反渗透和电渗析的基本原理。
2. 膜分离技术的特点是什么。
3. 简述膜分离技术主要应用于食品的哪些方面。
4. 试述在生产过程中膜分离技术对食品营养成分的影响。
5. 简述膜分离食品的卫生学问题。
6. 简述可以从哪些方面防止膜分离食品的污染。

第十一章 超临界萃取食品

第一节 超临界萃取食品的概念及发展简史

一、超临界萃取食品的概念

(一) 概念及解释

1. 临界 在掌握超临界概念之前，首先了解什么是"临界"。假设我们把某种液体物质放到一个密闭的容器中后，如果将容器不断地进行加热，这种液体分子获得能量后形成气体，由于容器是密闭的，聚集的气体分子的压力会不断增加，同时气体分子的密度不断加大。当温度升高到某一数值时，容器中的液体会全部汽化，液体消失，此时的压力也会达到某一数值。如果再继续增加这个体系的压力，使气体分子之间的距离进一步的缩小，是否随着压力的不断增加气体分子之间这种距离会继续缩小，最终变成液体呢？研究发现，系统温度达到某一数值后，汽化的分子就有足够的能量来抵抗压力升高的压迫，使分子之间保持一定的距离，也就是说它不会变成液体，此时，该物质处于临界状态。处于临界状态下的物质是一种特殊的气体，它的密度与其液相时密度相一致，而又保留了气体的性质，故被称为"稠密气体"，实际上超临界状态的物质既不是液体也不是气体，所以被称为"流体"。

2. 临界温度 (Critical temperature，Tc) 是指能被液化的最高温度。若气体的温度高于临界温度时，不论有多大压力都不能使之液化，只是随着压力增加而密度加大，处于超临界状态。

3. 临界压力 (Critical pressure，Pc) 与临界温度相对应的是临界压力，指在临界温度下气体被液化的最低压力，如二氧化碳的 Pc 为 7 398kPa，如果压力小于 Pc，无论温度如何降低，物质不能液化。在临界温度和临界压力状态下，压力和温度的微小变化，都会引起气体密度很大的变化，可使其溶解能力有 100~1 000 倍的变化。

4. 临界点 任何一种物质都存在三种相态——气相、液相、固相。三相呈平衡态共存的点叫三相点。液、气两相呈平衡状态的点叫临界点。在临界点时的温度和压力称为临界温度和临界压力。不同的物质其临界点所要求的压力和温度各不相同。

5. 超临界萃取食品 超临界流体萃取技术是利用超临界流体作为溶剂，在临界点附近某一区域（超临界区）内，与待分离混合物中的溶质具有异常相平衡行为和传递性能，且对溶质溶解能力随压力和温度改变而在相当宽的范围内变动这一特性而达到溶质分离，用这种超临界流体萃取技术生产的食品称为超临界萃取食品。

随着超临界流体萃取理论的完善，以及对超临界萃取技术研究的深入和对流体性质的掌握，超临界流体萃取在食品工业中的应用日益广泛，目前超临界流体萃取食品主要包括：①天然食用色素：如番茄红素、辣椒红色素、β-胡萝卜素；②食品香辛料有效成分：啤酒花、大蒜；③植物油：大豆油、米糠油、花生油、向日葵籽油、玉米油、洋葱油等；④动物油脂的提取与分离：鱼油、二十碳五烯酸（EPA）、二十二碳六烯酸（DHA）；⑤保健食品成分的萃取：蜂胶、天然维生素 E、植物甾醇；⑥超临界状态下酶法合成的食品：鱼油的酶催化转酯，油籽的甲酯化，植物油的硬化等；⑦其他：食品的脱色、脱臭、脱苦、脱酸、防腐和灭菌等。

（二）超临界流体特性

所谓超临界流体是物质处在临界温度和临界压力之上的状态，介于气态和液态之间，兼有气体和液体的某些物理性状，如类似于液体具有较大的密度和溶解度，类似于气体具有较强的穿透能力，称为超临界流体（supercritical fluid）或高密度气体（densegases）。

超临界流体是临界流体的自然延续，是指超出物质气液的临界温度、临界压力、临界容积状态的流体，如二氧化碳、氨、乙烯、丙烷、丙烯、水等。高于临界温度和临界压力而接近临界点的状态称为超临界状态。超临界流体、气体、液体的物理特性之间的比较见表 11-1。

表 11-1 气体、液体和超临界流体物理特征比较

物质状态	密度（g/cm³）	黏度（g/cm·s）	扩散系数（cm²/s）
气态	$(0.6～2)\times10^{-3}$	$(1～3)\times10^{-4}$	$0.1～0.4$
液态	$0.6～1.6$	$(0.2～3)\times10^{-2}$	$(0.2～2)\times10^{-5}$
超临界流体	$0.2～0.9$	$(1～9)\times10^{-4}$	$(2～7)\times10^{-4}$

用超临界流体作为萃取剂时，常表现出十几倍、甚至几十倍于通常条件下流体的萃取能力和良好的选择性。除此以外，它所具有的某些传递性质，也使之成为理想的萃取溶剂，这与其具有的特殊物理性质相关。

1. **超临界流体的溶解度** 溶质在一种溶剂中的溶解度取决于二种分子之间的作用力，这种溶剂—溶质之间的相互作用随着分子的靠近而显著地增加，也就是随着流体相密度的增加而增大。因此，超临界流体因具有较高的或类液体的密度而具有较高的溶解度，当该超临界流体因压力或温度变化汽化为气体时，其溶解度会明显地降低。物质在超临界流体中的溶解度 C 与超临界流体的密度 ρ 之间的关系可以用下式表示：

$$lnC = mln\rho + b$$

m 和 b 值与萃取剂及溶质的化学性质有关。选用的超临界流体与被萃取物质的化学性质越相似，溶解能力就越大。

2. **超临界流体的传递性质** 作为传递性质，必须对热和质量传递提供推动力，超临界流体显示出在传递性质上的独特性。超临界流体的密度近似于液相的密度，超临界流体传递性质介于气体和液体之间，例如在超临界流体中的扩散系数比在液相中要高出 10～100 倍，但是黏度就比其小 10～100 倍，这就是说超临界流体是一种低黏度、高扩散系数易流动的相，所以能又快又深地渗透到包含有被萃取物质的固相中去，使扩散传递更加容易并能减少泵送所需的能量。超临界流体的热传导性大大超过了浓缩气体的热传导性，与液体基本上在同一数量级。同时，超临界流体能溶于液相，从而降低了与之相平衡的液相黏度和表面张力，并且提高了平衡液相的扩散系数，有利于传质。另外，在临界点附近时超临界流体的热传导性对压力的变化很敏感。这种性能在对流热传递过程和热与质量传递过程同时发生的情况下有一个比较强的效应。

3. **超临界流体的选择性** 超临界流体萃取过程能否有效地分离产物或除去杂质，关键

是超临界流体萃取中使用的溶剂必须具有良好的选择性。提高溶剂选择性的基本原则，首先操作温度应和超临界流体的临界温度相接近；其次超临界流体的化学性质应和待分离溶质的化学性质相接近。若两条原则基本符合，效果就较理想，如果符合程度降低，效果就会递减。

4. 超临界流体的选定　超临界流体的选定是超临界流体萃取的关键。应按照分离对象与目的不同，选定超临界流体萃取中使用的溶剂，它可以分为非极性和极性溶剂两类。

作为萃取溶剂的超临界流体必须具备一定的条件，例如应具有化学稳定性，对设备没有腐蚀性；临界温度不能太低或太高，最好在室温附近或操作温度附近；操作温度应低于被萃取溶质的分解温度或变质温度；临界压力不能太高，可节约压缩动力费；选择性要好，容易得到高纯度制品；溶解度要高，可以减少溶剂的循环量；萃取溶剂要容易获取，价格要便宜。

5. 超临界流体夹带剂的使用　在超临界状态下，CO_2 具有选择性溶解。超临界 CO_2 对低分子、低极性、亲脂性、低沸点的成分如挥发油、烃、酯、内酯、醚、环氧化合物等表现出优异的溶解性，如天然植物与果实的香气成分。对具有极性集团（-OH，-COOH 等）的化合物，如糖、氨基酸等物质，极性集团愈多，就愈难萃取，故多元醇、多元酸及多羟基的芳香物质均难溶于超临界 CO_2。分子量越高，越难萃取，分子量超过 500 的高分子化合物也几乎不溶。因此单一组分的超临界溶剂有较大的局限性，而且单一组分的超临界溶剂选择性不高，导致分离效果不好；再次溶质溶解度对温度、压力的变化不够敏感，使溶质与超临界流体分离时耗费的能量增加。针对上述问题，在纯流体中加入少量与被萃取物亲和力强的组分，以提高其对被萃取组分的选择性和溶解度，添加的这类物质称为夹带剂，有时也称为改性剂（Modifer）或共溶剂（Cosolvert）。夹带剂的添加量一般不超过临界流体的 15%（物质的量比）。除了甲醇外，夹带剂还有水、丙酮、乙醇、苯、甲苯、二氯甲烷、四氯化碳、正己烷和环己烷等，夹带剂也不仅包括通常的液体溶剂，还包括溶解于超临界气体中的固态化合物，如萘也可作为夹带组分。

二、超临界萃取食品的发展简史

1822 年 Cagniard 将液体放到密闭的炮筒中加热，发现了超临界现象的存在。1879 年英国科学家 Hannay 和 Hogarth 发现当乙醇在略高于其临界温度（$T_c = 243.4℃$）的条件下，乙醇会变成一种"稠密气体"，将碘化钾加到该"稠密气体"中后会被溶解，若减小压力碘化钾又会从乙醇中析出来。于是，他们在英国皇家学会上报道了超临界流体有特别强的溶解能力这一现象。1943 年，Messmore 利用压缩气体作为流体进行物质分离，从此发展出一种新的分离法——超临界流体萃取（supercritical fluid extraction，简称 SFE）法。

到了 20 世纪 60 年代，随着超临界装置的出现，超临界萃取技术已开始应用于化工、石油等工业领域，人们对超临界流体性质及萃取理论有了进一步的了解。超临界流体萃取分离技术也被广泛应用于解决食品中的分离问题，特别是从天然植物中提取一些有价值的生物活性物质，如咖啡因、β-胡萝卜素、甘油酯、生物碱、不饱和脂肪酸、啤酒花、啤酒中的呈味物质等，已显示出巨大的优势。1978 年原西德 HAG 公司建立了世界上第一套用于脱出咖啡豆中咖啡因的工业化超临界流体萃取装置，可称为是现代超临界流体萃取技术开发的里程碑。其后超临界流体萃取技术的发展呈现前所未有的势头。

超临界流体萃取应用于食品工业中并得到迅猛发展主要是近 20 年的事情。1974 年 Zosel

最先研究了利用超临界流体萃取技术从咖啡中萃取咖啡因,仅在4年之后,德国的HAG公司就建立了超临界流体萃取的工业化设备和工艺,这标志着超临界流体萃取食品的诞生,并进行工业化生产。超临界流体萃取作为一种新型的分离技术已被人们所公认,与传统的萃取、精馏等操作相比,整个过程易于调节,操作温度较低,更为重要的是萃取的效率高。因为可进行特殊的分离效能,同时易于分离,从而对于节能和环保具有更重要的意义。由于超临界流体萃取在高附加值、热敏性、难分离物质的回收和微量杂质的脱除中有其明显的优越性,因此近年来在食品工业中得到迅速发展,并具有巨大的潜能。

我国20世纪80年代开始了超临界流体技术的开发和研究,在食品等领域还进行了初级应用。90年代初,我国开始了超临界萃取技术的产业化工作,发展速度很快。我国于1996年在石家庄市召开了第一届"全国超临界流体技术及应用研讨会",以后每隔一年举行一届,到2004年已召开了五届,由此推动了超临界流体技术在我国的快速发展。"八五"、"九五"期间,国家将超临界流体萃取技术在食品工业中的应用、推广及国产化生产装置的研制列为重点攻关项目。实现了超临界流体萃取技术从理论研究、中小型试验水平向大规模产业化的转变,使我国在该领域的研究、应用已同国际接轨,在某些方面达到了国际领先水平。超临界萃取技术现已越来越受到人们的重视,相信未来在我国食品工业中会发挥越来越重要的作用。

第二节 超临界流体萃取原理、工艺流程及设备

一、超临界流体萃取的基本原理

当对超临界流体的概念有了较清晰的认识后,我们也就不难理解超临界流体萃取技术的基本原理了。当气体处于超临界状态时成为超临界流体,其性质介于液体和气体之间的单一相态,具有和液体相近的密度,黏度虽高于气体但明显低于液体,扩散系数为液体的 $10 \sim 100$ 倍,因此对物料有较好的渗透性和较强的溶解能力,可以使其渗透进入样本基质内部和间隙,增加与萃取食品接触的几率和速度,加速溶解平衡,使分离物从基质中转移出来,可以提高萃取效率,还有助于所溶解的各成分之间的分离。改变超临界流体的密度达到分离的目的,如温度为37℃时,压力由7.2MPa上升到10.3MPa时,密度可增加2.8倍。另一方面,在压力一定的情况下,提高温度可以大大降低溶剂的密度。流体在临界区附近,压力和温度的微小变化,会引起流体的密度大幅度变化,而非挥发性溶质在超临界流体中的溶解度大致上和流体的密度成正比。超临界萃取原理就是利用在临界点附近温度、压力的微小变化可导致溶质溶解度发生几个数量级的变化,来控制温度和蒸汽压力这两个参数,使其有选择性地萃取食物中某一组分;由于超临界流体的密度和介电常数随着密闭体系压力的增加而增加,极性增大,人们也可利用程序升压有选择性地依次把不同极性、不同沸点和不同相对分子质量的成分进行分步萃取出来。当然,对应不同的压力范围所得到的萃取物不可能是单一的,但可以通过控制条件得到最佳比例的混合成分。然后借助减压、升温的方法使超临界流体变成普通气体,被萃取物质则自动完全析出或基本析出,并使超临界流体循环使用,从而达到分离提纯的目的,并将萃取分离两个过程合为一体,这就是超临界流体萃取分离的基本原理。

可以作为超临界流体的物质很多,如二氧化碳、一氧化亚氮、六氟化硫、乙烷、庚烷、氨、二氯二氟甲烷等。在食品工业中,常用的萃取剂是CO_2,这主要是因为超临界状态下的CO_2流体密度和介电常数较大,有很大的溶解度,并随压力和温度的变化而急剧变化,因此,不仅对某些物质的溶解度有选择性,且溶剂和萃取物非常容易分离。此外CO_2无毒、无味、无臭、不易燃,使用安全,不污染环境,价格低廉,无溶剂残留,无硝酸盐和重金属离子混杂物。而且超临界CO_2回收简单方便,节省能源。超临界CO_2操作温度接近室温,适合遇热分解的热敏性物质、脂溶性物质和高沸点物质的提取,同时也适用于不同组分的精细分离,即超临界精馏。

二、超临界流体萃取的主要设备及工艺流程

(一) 主要设备

以超临界CO_2流体萃取系统为例,主要包括:①溶剂压缩机;②萃取器;③温度及压力控制系统;④分离器。主要设备有压缩机、高压泵、阀门、换热设备、萃取釜、分离釜、加料器、储罐等。

1. 萃取釜　萃取釜是超临界流体萃取的核心装置,实验室用萃取釜容积一般在500ml以下,结构简单,承压能力可达到70MPa;工业化生产装置的萃取釜容积一般为50L～1 000L。萃取釜是超临界流体萃取技术的关键之一,所以该装置必须耐高压、耐腐蚀、密封性好、抗疲劳性能强、操作安全。

2. 分离器　分离器是溶质与超临界溶剂实现分离的装置,一般配备了温度和压力控制设备,通过升温或降压从而汽化超临界流体,分离器内应有足够的空间便于气固或气液分离,高效分离器还可避免分离中的雾化现象。

3. CO_2压缩机　应用压缩机可以使超临界CO_2流体萃取装置工艺流程简化,不必进行冷凝液化和加热汽化等多个相变过程,利于回收低压CO_2气体。但因压缩机能耗较大,工作效率低,压缩的气体流量较小等缺点,所以工业装置中一般不用压缩机设备。

4. CO_2高压泵　高压泵具有流量大,效率高,噪声低等优点。目前使用的高压泵主要是柱塞泵,其价格较低,结构简单,性能稳定。

(二) 工艺流程

由于被萃取物质的固有性质(热敏性、挥发性等)及其在流体中的溶解度受温度、压力变化而改变的热敏程度均有较大的差别,因此在实际萃取过程中需要针对这些差异采用不同的萃取工艺流程。其目的是使溶质在萃取段和分离段呈现较大的溶解度差,以达到萃取分离的经济合理性。

1. 常规超临界流体萃取法　通过控制系统的压力,改变溶质的溶解度以达到分离的目的。溶质在萃取段被流体萃取后,富含溶质的萃取液经减压阀降压,存在于分离段中含有溶质的流体,因其压力降低造成对溶质的溶解度下降而被沉淀出来,在分离器中被分离收集。减压后流体则汽化为CO_2气体,经再压缩循环使用或者直接排放。控压法超临界CO_2流体萃取流程是现在应用较为广泛的一种流程,适应于从固体物质中萃取脂溶性组分和热不稳定成分。

2. 控温法　通过调控系统的温度,达到理想萃取和分离的流程。超临界萃取是在流体对溶质溶解度为最大时的温度下进行的,溶质在萃取段被CO_2流体萃取后,再通过热交换器

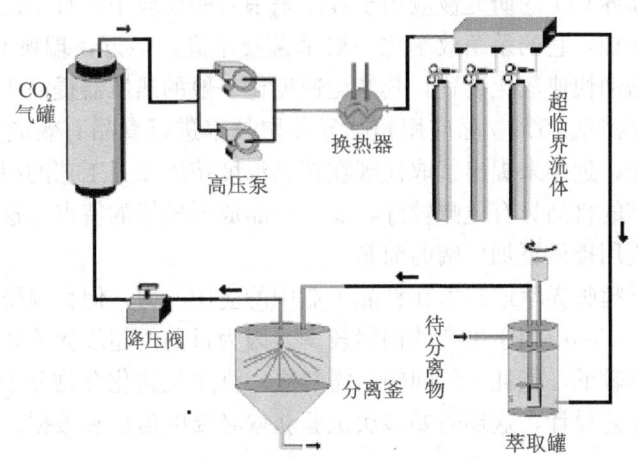

图 11-1 普通间歇式萃取系统的超临界萃取技术的工艺流程示意图

将温度调节至溶质在超临界相中的溶解度为最小，这样溶质便从溶剂中分离出来，并可以在分离器中加以收集，溶剂可经再压缩进入萃取器循环使用。该流程具有设备简单、造价低廉、操作简便、运行费用低等优点，适用于对温度变化较为敏感且不易热分解的物质。但该流程适应性不强，在研究或生产中应用较少。

3. 吸附法　等温等压条件下，溶剂在萃取器中萃取溶质，然后借助合适的吸附材料如活性炭等，以吸附萃取液中的溶剂。将萃取段溶解了溶质的 CO_2 流体在分离段通过吸附剂将溶质吸附，从而使溶质与 CO_2 流体分离。吸附剂可以是液体（如水、有机溶剂等），也可以是固体（如活性炭）。整个提取过程大致是一个等温和等压的过程，工艺流程比较简单，但必须选择廉价的，易于再生的吸附剂。

4. 超临界 CO_2 流体精馏流程　超临界流体萃取一般用于对固体物料的萃取，但对于一些脂溶性液体的分离，可采用超临界 CO_2 流体精馏的工艺流程。对于常规的超临界流体萃取，所萃取出来的物质绝大部分是混合成分。而有些情况下需要对萃取的混合物进行分离，得到单一的成分，这时可利用超临界 CO_2 流体精馏流程，不需在萃取完成后另外对萃取出来的混合物再次进行分离。而且同常规的精馏相比，其优点在于精馏过程可在不太高的温度下进行（一般小于 80℃），特别适合于热敏性物质的分离。超临界 CO_2 流体精馏装置中设置了精馏塔，塔内装有填料，并沿塔高的方向分成几段进行加热，以调节最优分离温度。在精馏柱中 CO_2 流体的温度逐渐升高，使 CO_2 的溶解度逐渐降低，溶解度小的组分会随着温度的降低最先析出而回流，溶解度越大的组分越后从流体中分离出来。随着时间的延长，不同的物质将依次在分离器中析出而达到分离的目的。

第三节　超临界萃取在食品工业中的应用

超临界萃取在食品工业中的应用始于上世纪 70 年代。近 20 年来该技术的研究取得了很大的进展，在食品工业中的应用日益广泛，如从食物中提取有效成分，如啤酒花、香辛料、植物色素和植物油等；还可去除食物中无益或有害物质，如咖啡及红茶脱咖啡因，食品及原料脱脂，动物食品脱油脂，醇类饮料的软化脱色、脱臭，油脂的精炼脱色、脱臭，烟草脱尼古丁等。此外，超临界CO_2的研究被应用于食品杀菌和酶反应中，日本已成功应用该技术进行酱油酵母的杀菌处理，它的杀菌效率比一般杀菌技术高。最近，瑞典Chalmers技术大学成功研制了一种植物油快速氢化装置，其氢化速度比一般的热压器提高1 000倍以上，而且该装置的造价比热压器低25%。除应用超临界萃取技术进行食品有效成分的提取与食品中有害物质的去除之外，近年来提出了取代现在较高温度挤压加工工艺的超临界流体挤压加工新工艺，该工艺生产的食品具有风味较好，而且产品成形较好的特点。这将为超临界萃取技术在食品工业中的应用提供更加广阔的前景。

现在各国均看好超临界萃取技术在食品工业中的应用潜力，但目前研究仍主要限于适用领域的开发和探讨，实际应用于生产的仍然较少。因为目前的超临界流体萃取设备投资费用仍然很高，设备产率较低、能耗大的问题尚需解决。许多生物化合物分子物理特性的资料甚缺乏，从而影响了工艺设计，这还需要多次试验获取必要的信息和数据。

一、超临界流体萃取技术从食品中提取有效组分

（一）超临界流体萃取植物油

1. 应用概论 在油料作物中最重要的是大豆，豆油的世界年产量达1 500万吨以上。豆油的脂肪酸含量很高，同时还含有维生素E、维生素A、亚油酸，不含胆固醇，其品质的好坏可以说与我们每个人都息息相关。近30年来，国内外在超临界CO_2萃取植物油脂的基础理论研究和应用开发上都取得了一定的进展，应用超临界流体萃取植物油和动物脂肪，是该技术在食品工业中最早应用的实例之一，现在应用超临界CO_2提取大豆油、小麦胚芽油、玉米胚芽油、葵花籽油、葡萄籽油、猕猴桃籽油等都做了系统的研究，并已用于工业化生产。

2. 植物油生产的传统工艺 传统提取植物油脂的方法主要为压榨法和溶剂（己烷）浸出法两种。用压榨法提取，得率较低，豆粕内残油较高，而且压榨后的蛋白质多已变性，不便于利用。现在人们更广泛应用的方法是用己烷等有机溶剂萃取，因为该法有产量大，油脂回收率高，蛋白质不变性等优点。溶剂浸出法最大的缺点是溶剂回收和油脂中残留有机溶剂的问题不易解决，现已证明己烷有毒性，而且对环境会造成严重污染。

3. 超临界萃取植物油 用超临界CO_2流体萃取植物油，提取率高、选择性好、工艺简单，克服了传统工艺的缺点，更重要的是无溶剂残留、无污染等优点。超临界流体萃取植物油在德国、美国、日本等发达国家已实现了工业化生产，适合于大豆、玉米胚芽、花生、棉花籽、油菜籽等油料，及向日葵籽、椰子壳、橄榄等。我国在此领域也做了大量的系统研究，因投资大、间歇式生产、生产成本高等缺点，现阶段在我国还不能广泛开展，但根据目前的研究进展我国将来大规模利用超临界流体萃取植物油将成为可能。

（二）天然食用色素和香辛料的萃取

1. 应用概论 食用色素不仅广泛用于食品工业以改善食品的色泽，而且还广泛应用于医药和化妆品。19世纪中叶以前，人们所使用的色素都是天然色素，自从1856年英国W. H. Perkins发明了第一个合成有机色素苯胺紫以后，许多人工合成色素相继问世。由于合成色素色泽鲜艳，成本低廉，性质稳定，很快就取代了天然色素。随着人工合成色素的广泛应用，人们发现许多合成色素对人体有害。除了其化合物本身性能危害人体健康外，还可能存在砷、铅等有害物质污染问题。因此，世界各国已先后禁止使用许多种合成色素，在挪威已完全禁止使用任何合成色素。我国现行批准使用的合成色素只有胭脂红、苋菜红、柠檬

黄、靛蓝、日落黄等几种。同样，人工香料也是经过化学反应获得的物质，原料通常是石油或松节油。自从由化学反应可以获得人工香料的技术产生以来，大量的人工香料随之诞生，与人工合成色素一样，也存在安全性问题。天然色素能更好地模仿天然物的颜色，色调比较自然；天然香辛料也具有独特、自然、舒适的香气和香韵，非人工所能调制。而且随着人类对合成色素的慢性毒性和致畸致癌性的认识，人们渴望健康，回归自然，近十几年来掀起了开发使用天然色素和香辛料的高潮。

2. 天然色素和天然香辛料的生理功能　天然 β-胡萝卜素具有防癌、抗癌和预防心血管疾病的作用；α-胡萝卜素对肾上腺癌、胃癌、子宫癌有良好的抗癌效果，且其作用比 β-胡萝卜素大得多；番茄红素是抗氧化性最强的类胡萝卜素，其清除单线态氧的速率显著高于有较强抗氧化功能的维生素 E，是 β-胡萝卜素的 2 倍。玉米黄色素属类胡萝卜素，其中含有维生素 A 的前体 β-胡萝卜素。大蒜最主要的生理活性成分是存在于大蒜精油中的大蒜辣素、大蒜新素，以及各种硫醚类化合物。蒜油具有抗疲劳、降血脂、降血压、抗凝血、抗病毒和防癌、抗癌，抗免疫功能缺乏等多种作用。姜辣素对人体的心血管中枢、心脏及呼吸中枢等均有兴奋作用，可以使心跳加速、血管扩张、血流加快，有利于改善心肌供血，对冠心病等心血管系统疾病有一定的辅助治疗作用。因而，生姜是传统养生的有益保健食品。功能性天然色素和香辛料不仅给予食品鲜艳、逼真的色泽和气味，而且具有保健功能，符合现代功能性食品发展的趋势，形成了发展天然色素和香辛料的新潮流。

3. 传统工艺　传统工艺主要包括：挥发性溶剂浸提法、榨磨法、水汽蒸馏法、吸附法等。传统提取方法尽管使用了各种方法控制温度，但在提取天然色素和香辛料时，加热处理仍是不可避免的加工工艺手段。如水汽蒸馏法和溶剂浸提法，加热可能造成某些热敏性或化学不稳定性成分被破坏，因而改变其独特色泽和香韵。由于产品质量差，纯度低，有异味和溶剂残留，严重影响了天然色素和香料的推广应用。随着提取技术的发展与提高，虽能获得与天然类同的芳香产物，但是植物的自然物质成分相当复杂，尤其是微量成分多，有些特殊的、有强烈香气的微量成分对香气的作用不可忽视。人们对食品的营养和色、香、味的要求越来越高，使得香辛料精油传统加工方法不足之处显得更为明显，因而寻找新的加工工艺技术极为重要。

4. 超临界萃取　与传统的萃取法相比，超临界 CO_2 萃取法具有操作温度接近室温，对有机物选择性能好，溶解能力强，无化学溶剂消耗和残留，无毒、无污染，避免萃取物在高温下的热劣化，保护生理活性物质的活性及保持萃取物的天然风味等。特别适合于天然产物的分离精制，而且此过程操作方便，只要通过改变 CO_2 超临界区域内的温度和压力，就可以选择性地萃取原料中的不同成分，更有效地保持了物质的天然风味和香气，因此近年来超临界 CO_2 萃取备受人们的青睐，已成为制备高品质色素和风味物质的首选技术。超临界 CO_2 的性质与正己烷的极性相似，因此特别适于萃取脂溶性色素成分，如 β-胡萝卜素、辣椒红素、胭脂树橙、叶黄素等的提取，以及香辛料的提取，如大蒜中的大蒜素、大蒜辣素，生姜中的姜辣素，胡椒中胡椒碱以及辣椒中的辣椒碱、辣椒红等有效成分的萃取。此外超临界 CO_2 萃取香辛料还应用在香兰素、水果、砂仁及甜橙皮油、山苍子油、八角茴香油香料的萃取等方面。用超临界 CO_2 流体法萃取香料不仅可以有效地提取芳香组分，而且还可以提高产品纯度，能保持其天然香味，如从桂花、茉莉花、菊花、梅花、米兰花、玫瑰花中提取花香精，从胡椒、肉桂、薄荷提取香辛料，从芹菜籽、生姜、莞荽籽、茴香、砂仁、八角、孜然等原料中提取精油，不仅可以用作调味香料，而且一些精油还具有较高的药用价值。

二、超临界流体萃取技术从食品中去除无益或有害成分

（一）超临界 CO_2 萃取咖啡因

1. 应用概论　咖啡因存在于茶叶和咖啡豆等多种植物组织中，为嘌呤族生物碱，有弱碱性。其中咖啡豆中约含有 0.6%～3% 的咖啡因，茶叶中约为 1%～5%，速溶茶中含量则更高，即便烘培后其含量也很少下降。适量的咖啡因可以刺激大脑皮层，促进感觉、记忆，活跃心肌的机能，并提高新陈代谢的效能。另外，咖啡因也有利尿的功能，但是过量的咖啡因会使人焦躁不安、心跳加速、血压上升等。越来越多的人认识到过多饮含有咖啡因的咖啡和茶对人体健康所带来的不利影响。美国食品与药物管理局（FDA）禁止孕妇食用含有咖啡因的一切食品，并且对饮料和食品中所含咖啡因的剂量都有安全规定。从咖啡豆和茶叶植株体中脱除下来的咖啡因可作药用，因此脱咖啡因的研究应运而生，受到人们的重视。

2. 传统工艺　传统方法用来萃取咖啡因的溶剂有液体二氯甲烷、一氧化氮、乙酸乙酯等，工业上传统的方法是用二氯乙烷来提取，二氯乙烷不仅提取咖啡因，也提取掉咖啡中的芳香物质。而且残存的二氯乙烷不易除净，因此溶剂残留影响咖啡质量。

3. 超临界萃取法　从咖啡豆中脱除咖啡因是超临界萃取的第一个工业化项目。德国、美国、英国进行了大量研究。现在已广泛应用超临界萃取技术从咖啡豆及茶叶中脱除咖啡因，效果很好，不仅工艺简单，并且选择性好。先用机械法清洗咖啡豆，去除灰尘和杂质，然后加蒸汽和水进行预处理，提高其水分含量达 30%～50%，再将泡过的咖啡豆装入萃取罐，不断往罐中送入 CO_2，操作温度为 70～90℃，压力 16MPa～20MPa，咖啡因就逐渐被萃取出来。带有咖啡因的 CO_2 被送往清洗罐，使咖啡因转入水相。水相中咖啡因用蒸馏法加以回收，CO_2 循环使用。萃取咖啡豆用水作为夹带剂，也可用活性炭直接吸附溶解于 CO_2 中的咖啡因的工艺流程。经过以上工艺只萃取咖啡因，不会带走芳香化合物，可以除去 98% 的咖啡因，使咖啡中含量仅为百分之几左右，符合食品法要求，生产出无兴奋剂咖啡。通常在咖啡豆新鲜时（绿咖啡豆）脱咖啡因，然后再焙烤等处理，焙炒可以增强与完善咖啡豆应有的独特香味，使咖啡豆的香气在后期制作过程中显现出来，因此其香味不受脱咖啡因的影响。

与咖啡豆脱咖啡因相比，茶叶脱咖啡因具有较大的难度。因为茶叶中咖啡因与茶叶中的芳香和风味物质的溶解度相近，在超临界 CO_2 流体脱除咖啡因的同时，茶中的芳香和风味物质也被脱除，使得所生产的脱咖啡因茶的品质明显下降。德国发明了一个多级过程，首先将芳香和风味物质进行预萃取，经过切换装置使不含香气和风味物质的茶叶接通到另外一个萃取器中，调解温度和超临界 CO_2 流体流量，并加水来吸收超临界 CO_2 流体中的咖啡因，经过改变压力和温度，咖啡因与超临界 CO_2 相分离并被收集。最后将最初被萃取出来的芳香和风味物质，由超临界 CO_2 流体携带，通过改变压力和温度使芳香和风味物质重新加回到茶叶中，从而保留了原来的香气、味道和形状。

（二）食品中脱除胆固醇

1. 应用概述　胆固醇也叫胆甾醇，在动物的胆汁、卵黄、脑和神经等组织中含量很高。胆固醇为白色晶体，不溶于水、酸或碱，溶于乙醚、醋酸、氯仿、丙酮等有机溶剂及油脂中。胆固醇在动物体中的存在形式有两种：游离的胆固醇或者与脂肪酸构成胆固醇酯。胆固

醇除人体自身合成外,主要从食物中获得,在食品加工过程中几乎不受破坏。胆固醇是生理必需的,但摄入过多对健康不利。因为它沉积在动脉血管的内壁上时,能引起心脏病和高血压;胆结石症的胆石成分,几乎全是胆固醇的结晶。所以必须控制膳食中胆固醇的摄入量。常见的富含胆固醇的食品有:鱼肝油、蛋黄和卵黄油,含量分别为1.0%、1.3%和5.0%。由于大多数畜禽产品含有较多的胆固醇,所以在国外有许多学者研究如何脱除畜禽产品中的胆固醇。

2. 传统工艺　目前,从动物性食品中脱除胆固醇的常规方法主要有:有机溶剂萃取法和β-环糊精包合法。常规方法中在除去胆固醇的同时,也会除去极性较大的磷脂。大部分磷脂与蛋白质或糖类以结合态形式存在。常规方法能够破坏磷脂与蛋白质或糖的结合,而使磷脂游离出来,大大降低其极性,从而使其易被溶解出来,能够造成磷脂的损失,影响食品的营养价值。而且因有机溶剂使蛋白质变性还会大大降低食品的功能特性。不仅如此,有机溶剂萃取法常常面临的主要问题就是有机溶剂的残留问题,影响食品的安全性。

3. 超临界萃取法　采用超临界CO_2流体萃取技术可以把胆固醇从动物性食品中萃取出来,而卵磷脂和蛋白质因不溶于超临界CO_2而留在萃取物中,从而保证了食品的原有营养成分。该方法无有机溶剂残留,不污染环境,符合当今绿色食品和绿色化工的发展趋势。

脱除食品中胆固醇的研究开始于上世纪80年代中叶,该研究虽然起步较晚,但发展快,特别是在90年代后,研究进展比较迅速。目前采用超临界CO_2流体脱除畜禽产品中的胆固醇的研究工作已经取得了一些成果。研究结果表明,胆固醇的溶解度随压力的升高而增加。当压力小于10.34MPa时,溶解度随温度的升高而减小。压力大于10.34MPa时,温度从25℃到40℃,溶解度也随之增加,但当温度进一步升高到55℃时,溶解度却随之减小,即所谓的逆转现象。通过利用超临界CO_2流体萃取法,对几种胆固醇含量较高的动物性食品进行胆固醇的萃取,研究结果见表11-2。

表11-2　用超临界CO_2流体萃取法从动物性食品中去除胆固醇

食品	压力(MPa)	温度(℃)	产率(%)	胆固醇(mg/g) 萃取前	胆固醇(mg/g) 萃取后	参考文献
干蛋黄	24.1~37.8	40~55	98.0	18.94	0.38	Bohan等,1998年
熟猪肉	7.3~34.4	50~150	70.1	0.80	0.22	Lin等,1999年
脱水牛肉	23.4~38.6	45~55	87.8	1.56	0.19	Lim等,1992年
干鸡肉	30.6~37.6	45~55	90.0	4.96	0.54	Froning等,1994年
乳脂	10.1~36.4	40~70	91.5	2.50	0.21	Mohamed等,1998年
乳脂*	8.0~24.0	40~70	93.4	2.50	0.20	Mohamed等,2000年

注:*指用乙烷作为溶剂

三、超临界流体中酶催化反应在食品工业中的应用

(一)超临界流体中植物油硬化反应

1. 应用概述　超临界流体中酶催化反应是指反应介质为超临界流体或反应物处于超临界状态。由于超临界反应可在接近室温的条件下进行,提高酶的活性和利用。而且超临界介质具有较高的选择性、传质速率和溶解度,还可通过改变反应温度和压力增加超临界反应的选择性,因此超临界反应与常规反应相比具有无可比拟的优势。随着研究的深入,超临界酶

反应开始在食品工业中得到应用,并具有广阔的发展前景。

目前超临界流体中酶催化反应主要应用于异构化反应、脂肪硬化、羰基化反应、聚合反应、Fischer-Tropsch 合成反应等领域。

2. 植物油硬化反应　在催化剂镍的存在下,油脂中不饱和脂肪酸的双键能与氢发生氢化反应,由于加氢后脂肪的熔点升高硬度增加,可以将液态的植物油转变成固态的脂,在食品工业中被用于制造人造黄油和半固体的烹调脂。

常规条件下进行的脂肪氢化反应具有产量低,不能连续生产,容易产生对健康不利的副产物,游离脂肪酸加氢时形成的镍皂易使催化剂失效,易造成镍的富集和残留,产品纯化导致成本升高等缺点。超临界流体中酶催化反应的优势,正好弥补了常规条件下酶催化反应的不足之处。超临界流体中脂肪氢化反应一般采用间歇式、半间歇式和连续式反应模式。以液态、亚临界和超临界 CO_2 流体以及 CO_2、丙烷混合气为介质,以金属(镍或钯)作为催化剂,在流动式反应器中连续进行催化加氢。研究表明,植物油硬化产量与氢的传递控制有很大的关系,一般情况下,氢气分压的增大会提高植物油硬化产量。在超临界 CO_2 流体中,由于反应介质的黏度较低,传质和扩散速度较快,因此,反应速率较高,并且对亚油酸酯的选择性也较大。

(二) 超临界流体中醇解鱼油反应

1. 应用概述　鱼油中含有大量的多不饱和脂肪酸,具有降低胆固醇、预防心脑血管疾病的功能。鱼油是 EPA 和 DHA 的最好来源,大约含 EPA 和 DHA 各 10%。EPA 被称为"血管清道夫",它具有疏导清理心脏血管的作用,从而防止多种心血管疾病。而 DHA 是大脑细胞形成发育及运作不可缺少的物质基础,同时也能对活化衰弱的视网膜细胞有帮助,从而起补脑健脑以及提高视力,防止近视眼的作用。此外,DHA 还能增强人体免疫能力。现在鱼油被作为保健品,广泛用于预防高血压、高胆固醇、高血脂、脑血管障碍、心肌梗塞、动脉硬化、青光眼、白内障等疾病。

2. 超临界流体中醇解鱼油反应　鱼油中的含有 EPA 和 DHA 的甘油三酸酯不能浓缩到所需的浓度,因此要用化学或酶催化法把不饱和脂肪酸从鱼油中分解出来。一般是用甲醇或乙醇在酯酶催化下将鱼油进行转酯反应,生成脂肪酸甲酯或脂肪酸乙酯,然后将不饱和脂肪酸甲酯或脂肪酸乙酯从反应混合物中分离出来。因超临界 CO_2 流体中的酶催化反应具有高选择性、产物易分离、反应条件温和、对反应产物无污染的特性而备受青睐。首先在反应器中加入鱼油、乙醇和固定化反应酶,经泵将超临界 CO_2 加压打入反应器中,在反应器中进行醇解反应后,再萃取反应产物并收集于冷阱中完成反应过程。

第四节　超临界萃取对食品品质及营养成分的影响

一、超临界 CO_2 流体萃取对食品品质及营养成分的影响

超临界 CO_2 流体萃取食品可以保证其品质高,并可以保留食品原有营养成分,这是由超临界萃取工艺原理和特点所决定的。

1. 提取的时间短　超临界 CO_2 流体具有很强的渗透能力,提取时间大大低于使用有机溶剂进行提取的时间,保证食品成分免遭破坏,从而具有更高的品质。

2. **选择性强** 超临界 CO_2 流体萃取取决于流体的密度,可以通过改变操作条件(压力和温度)进行选择性提取。

3. **操作温度低** 超临界 CO_2 流体萃取可以在接近室温下进行操作,可有效地防止食物中热敏性物质受热分解对食品品质的影响。在萃取天然物时,能取得风味逼真的萃取物,这是其他方法所不能替代的。

4. **产品利用率高** 副产品中无溶剂残留,料渣不必经过处理就可使用。

5. **萃取工艺安全** 流体主要为 CO_2 流体,CO_2 无味、无臭、无毒、化学惰性,不污染环境和产品。

二、超临界流体萃取对不同食品品质和营养成分影响

超临界流体萃取不同的食品其工艺不同,对每种食品的品质和营养成分的影响也不同,下面以油脂萃取和香辛料萃取为例进行介绍。

(一) 超临界萃取油脂对其质量的影响

超临界 CO_2 流体萃取植物油具有良好的质量,且不用脱胶,可减少脱胶过程的油损失;磷和铁含量低,已烷萃取油需经过脱胶精制才能达到如此低的含量。

超临界 CO_2 流体萃取豆油得率较高,接近已烷萃取法的80%～95%。超临界 CO_2 流体萃取的豆油色泽为浅黄色,而已烷和压榨法提取豆油的色泽为深红色;用超临界 CO_2 流体萃取豆油的粕内残油仅为2%左右,已烷萃取法残油率为1%以下,而压榨法残油率在5%以上;超临界 CO_2 流体萃取豆油,其游离脂肪酸为0.3%,已烷萃取法为0.6%;超临界 CO_2 流体萃取豆油,铁的含量为0.3 mg/kg,已烷萃取法为1.0 mg/kg左右;超临界 CO_2 流体萃取豆油,磷的含量为1mg/kg～3mg/kg,已烷萃取法为500mg/kg～600 mg/kg左右;超临界 CO_2 流体萃取豆油,维生素E含量为900$\mu g/g$～1 000$\mu g/g$,已烷萃取法为1 200$\mu g/g$～1 500$\mu g/g$。

由此可见,超临界 CO_2 流体萃取的豆油在色泽、磷、铁、维生素E含量和氧化稳定性等方面与已烷和压榨法有较大的差别。由于超临界 CO_2 流体萃取的豆油含磷少,色泽浅,后处理中可以省去脱胶、脱色。传统工艺利用碱炼脱酸,而超临界提取工艺是根据游离脂肪酸比甘油酯容易溶于 CO_2 的规律,调整工艺,分离出游离脂肪酸,直接或经简单的处理后就可得到合格的成品油。同时通过工艺调整,可除去大部分游离脂肪酸,从而省去脱酸这一步。但超临界 CO_2 流体提取的磷脂含量太低,磷脂又是抗氧化剂维生素E的显著增效剂,所以超临界萃取油的氧化稳定性显著低于传统方法生产的油。油料在储存过程中因脂肪酶的作用,油脂会发生酸败,使油脂的酸价升高,影响油脂的品质。为解决该问题,可对提取的植物油中加入磷脂防止油脂酸败,从而保证油脂具有良好的品质。

(二) 超临界萃取香辛料对其质量的影响

传统的提取香辛料加工工艺中加热、水蒸气蒸馏和溶剂萃取等工艺手段往往会造成天然产物中某些热敏性或化学性不稳定成分在加工过程中被破坏,因而改变了天然产物独特的风味和营养,而且在加工过程中溶剂残留物的污染也是不可避免的。超临界萃取香料成分得率明显高于索氏提取法和水蒸气蒸馏法,且分离得到的精油作为一种香料,其气味、色泽均优于后两种方法得到的产物。由于 CO_2 无毒,化学性为惰性,提取过程无化学溶剂消耗和残留、无毒,无污染,避免萃取物在高温下的热劣化,保持了原有的生理活性物质的活性及萃取物的天然风味等。

第五节 超临界萃取食品可能存在的卫生学问题

超临界萃取最常用的流体为 CO_2，CO_2 是一种不活泼的气体，萃取过程不发生化学反应，且属于不燃性气体，无味、无臭、无毒，故安全性好。超临界萃取对食品品质及营养成分的影响主要取决于超临界萃取技术的特性，该技术萃取食品可以在接近室温（35~40℃）及 CO_2 气体笼罩下进行，有效地防止了热敏性物质的氧化和逸散；使用超临界萃取是最干净的提取方法，由于全过程不用有机溶剂，因此萃取物绝无残留溶媒，同时也防止了提取过程对人体的毒害和对环境的污染，是100%的纯天然。超临界流体 CO_2 尤其适用于不稳定天然产物和生理活性物质的提取和分离。

然而，CO_2 是非极性分子，故主要用于萃取低极性和非极性的化合物。为了增加对极性分子的萃取能力或特定组分的选择性，向超临界流体中加入少量夹带剂。夹带剂的应用使超临界 CO_2 流体萃取没有溶剂残留这一大优点大打折扣，也是影响超临界萃取食品的主要卫生学问题。

第六节 超临界流体萃取食品的卫生监督与管理

对超临界流体萃取食品的卫生监督与管理，应掌握食品生产经营单位的食品生产经营条件和自身食品卫生管理水平，加强对食品生产经营单位实施监督管理，总结国外食品卫生安全监督管理经验，不断完善我国超临界流体萃取食品卫生监督模式。

一、超临界流体萃取食品的卫生监督

（一）法律依据

加强对超临界流体萃取食品生产企业的监督和技术指导，目前，尚没有针对超临界流体萃食品制定的相关法规，主要参照采用针对所生产的各类产品相关法律法规的原则。我国相关的法律法规有《中华人民共和国食品卫生法》以及各类食品的相关法规，如：《食品添加剂卫生管理办法》、《食品添加使用卫生标准》、《食品添加剂生产企业卫生规范》、《卫生部食品添加剂申报和受理规定》等。

（二）食品卫生许可证制度

食品卫生监督部门审查食品生产和经营单位的卫生许可证，食品卫生许可证是食品生产经营者取得合法生产食品的依据。

（三）食品生产人员的健康检查

食品生产和检验人员每年至少要进行一次健康检查，新进厂的人员必须经过体检合格后方可上岗。凡患有有碍食品卫生疾病者，必须调离加工、检验岗位，痊愈后经体检合格方可重新上岗。主要包括：病毒性肝炎、活动性肺结核、肠伤寒和肠伤寒带菌者、细菌性痢疾和痢疾带菌者、化脓性或渗出性脱屑性皮肤病、手有开放性创伤尚未愈合者等疾病。

二、超临界流体萃取食品的卫生管理

为了生产出高质量的超临界流体萃取产品，要从原料的质量、生产过程、人员的操作和

环境的卫生等各方面加以控制。制定严格、合理、科学的操作规范、质量管理规范，严格执行产品的质量监督。GMP、HACCP体系是食品企业参与国际竞争的必要条件。

(一) 建立良好生产规范

良好生产规范（good manufacturing practice，GMP）是一种具有专业特性的品质保证或制造管理体系。GMP也是一种具体的食品质量保证体系，其要求食品工厂在制造、包装及贮运食品等过程的有关人员以及建筑、设施、设备等的设置，生产制造过程、产品质量等管理均能符合良好生产规范，防止食品在不卫生条件或可能引起污染及品质变坏的环境下生产，减少生产事故的发生，确保食品安全卫生和品质稳定。

GMP的重点是：确认食品生产过程安全性；防止异物、毒物、微生物污染食品；有双重检验制度，防止出现人为的损失；标签的管理，生产记录、报告的存档以及建立完善的管理制度。

美国在食品GMP的执行和实施方面做了大量的工作，并制定有各类食品的GMP，如熏鱼、酸性食品、冻结原虾（经处理）以及辐照食品的GMP等。目前我国制定的具体的GMP只有《膨化食品良好生产规范》和《保健食品良好生产规范》，尚未制定超临界萃取食品的GMP，对超临界萃取食品管理主要依据根据《中华人民共和国食品卫生法》、《标准化管理条例》以及企业内部自己制定的GMP。

(二) 危害分析关键控制点

危害分析关键控制点（HACCP）表示危害分析的临界控制点。通过对加工过程的每一步可能发生问题的环节进行监视，并采取适当的控制措施防止危害的发生，确保食品在生产、加工、制造、准备和食用等过程中的安全，从而降低危害发生的概率。

HACCP体系提供了一种系统、科学、结构严谨、适应性强的控制食品生物、化学和物理性危害的手段。它是一种以预防为主的质量管理方法，可以最大限度地减少产生食品危害的风险，又避免了单纯依靠最终产品检验进行质量控制产生的问题，实际上是一种既经济又高效的质控方法。HACCP的基本原理和执行程序带有普遍性，适于不同类型的食品安全生产计划的制定。

GMP管理是对超临界萃取食品生产过程的各个环节、各个方面实行全面质量控制的具体技术要求和为保证产品质量必须采取的监控措施。HACCP系统则对超临界萃食品生产加工过程中可能造成食品污染的各种危害因素进行系统和全面地分析，确定需要重点控制的加工环节，通过一系列有效的控制手段达到消除食品污染的目的。从理论上讲，HACCP的有效实施应当建立在完善GMP的基础之上，GMP的实施可以消除影响产品的一般危害，HACCP则重点针对影响产品卫生质量的严重危害，二者的关系如同点与面的关系。

（李　颖）

复习题

一、名词解释

  1. 超临界萃取食品　2. 临界温度　3. 临界压力　4. 临界点　5. 夹带剂　6. 超临界流体

二、简答题
1. 超临界流体的特征。
2. 超临界流体萃取对油脂品质的影响。
3. 超临界流体萃取对香辛料产品的影响。

三、问答题
1. 为什么超临界萃取技术可以保证食品的高品质？
2. 超临界萃取食品可能存在哪些卫生问题？
3. 试述超临界萃取食品的卫生监督与管理。

第十二章 分子蒸馏食品

第一节 分子蒸馏食品的概念与发展简史

一、分子蒸馏食品的概念

利用加热分离液体混合物的基本操作是蒸馏和精馏。蒸馏和精馏是以液体混合物中各组分的挥发性的差异作为分离依据,如各种芳香成分的提取等。简单的蒸馏一般只能实现液体混合物的粗分离,分离效率较低。因为在通常的蒸馏过程中,存在着两种分子流:一种是被蒸发液体的汽化,由液相流向气相的蒸气分子流;另一种是由蒸气回流至液相的分子流。一般来说,这两种分子流量是不同的,前者大于后者。如果采取特别的措施,增大离开液相的分子流而减少返回液相的分子流,实现从液相到气相的单一分子流的流向,则可大大提高分离的效率。

分子蒸馏(Molecular Distillation,MD)也称短程蒸馏(Short-path Distillation),是在高真空下(0.133Pa~1Pa),使蒸发面和冷凝面的距离小于蒸馏物料的分子运动平均自由程,从而实现从液相到气相的单一分子流流向的连续蒸馏过程,应用分子蒸馏技术生产的食品称为分子蒸馏食品。

分子蒸馏食品特点:分子蒸馏食品具有无残留、无杂质、纯度高、品质好,并能保持食品纯天然的特性。

二、分子蒸馏食品的发展简史

分子蒸馏技术,作为一种对高沸点和热敏性物质进行分离的有效手段,上个世纪初就已经引起各国学者的广泛兴趣。1922年世界上第一台实验用分子蒸馏装置诞生,并蒸馏得到了水银同位素的提取物。1935年,美国设计出了世界第一套工业化生产的离心式分子蒸馏器,通过离心力使物料在旋转的蒸发器上形成很薄的膜,从而缩短了物料停留时间,大大地提高了分离效率,并逐步取代了降膜式分子蒸馏器。20世纪60年代,为适应浓缩鱼肝油中维生素A的需要,分子蒸馏技术在食品工业中得到了应用,并得到了前所未有的快速发展。日、英、美、德及前苏联相继设计制造了多套分子蒸馏装置,用于工业化生产浓缩维生素A等。但由于当时相关技术的发展相对落后,总体上还不够完善,应用面太窄,分离成本太高等制约了它的发展速度。

到了20世纪80年代,世界各国都在不断扩大和完善该项技术在工业化中的应用,发展至今,大部分设备相继被淘汰,目前应用较广的为转子刮膜式分子蒸馏器。分离装置也一直在不断改进和完善,特别是针对不同的产品,其装置结构与配套设备要有不同的特点,因此,分子蒸馏装置开发研究的内容十分丰富。特别是随着人们对天然物质的青睐,回归自然的潮流兴起,分子蒸馏食品得到了迅速的发展,现在国外已有近百种产品进行了工业化生产。

我国对分子蒸馏技术的研究起步较晚，20世纪80年代末期，国内引进了几套分子蒸馏生产线，用于硬脂酸单甘酯的生产。北京化工大学从20世纪90年代初开始对分子蒸馏技术进行开发研究，相继开发出了30余种分子蒸馏新产品，并开展了从鱼油中提取二十二碳六烯酸（DHA）和二十碳五烯酸（EPA）、天然维生素E（VE）、亚麻酸、高纯度二聚酸、角鲨烯、脂肪酸及其甲酯等的食品工业化生产。

第二节 分子蒸馏的原理、工艺及设备

一、分子蒸馏的原理

传统意义上的蒸馏是将液体加热后，根据其中不同成分的沸点不同，来进行分离提纯的一种技术。分子蒸馏基本原理与一般蒸馏完全不同，是在高真空（0.133Pa～1Pa）条件下进行的非平衡蒸馏。

分子平均自由程是分子蒸馏基本理论的核心。在分子蒸馏过程中，当液体加热后形成气体分子，气体分子在空间运动中存在着相互作用力。当两个分子离得较远时，分子之间的作用力表现为吸引力；但当两分子接近到一定程度后，分子之间的作用力就会变为排斥力，且这种排斥力随其接近程度的增加而迅速增加。当两分子接近到一定程度，排斥力的作用就会使两分子分开，这种由接近而至排斥分离的过程就是分子的碰撞过程。分子在碰撞过程中，两分子质心的最短距离，即发生斥离的质心距离称为分子有效直径。由于分子间作用力的存在，分子总是处于不停的运动变化中，从排斥到吸引，甚至碰撞，它们之间的距离也在不停地变化着。一个分子在相邻两次分子碰撞之间所走的路程称为该分子的分子运动自由程。不同的分子由于其运动速度和直径的不同，它们的平均自由程是不同的，质量小的分子平均自由程大，质量大的分子平均自由程小。任一分子在运动过程中自由程都在变化，而在一定的外界条件下，不同物质的分子其自由程各不相同。就某一种分子来说，在某时间间隔内自由程的平均值称为平均自由程。

由热力学原理可推导出：

$$\lambda_m = \frac{k}{\sqrt{2}\pi} \times \frac{T}{d^2 p}$$

公式中，λ_m：平均自由程；d：分子有效直径；p：分子所处环境压强；T：分子所处环境温度；k：波尔兹曼常数。

根据分子运动理论，液体混合物的分子受热后因获得能量而运动加剧，就会从液面逸出而成为气相分子。随着气相分子的增加，分子之间的碰撞几率增大，有一部分气体就会返回液体。随着温度、压力保持恒定，分子运动最终会达到动态平衡，即从液态进入气态的分子和从气态返回到液体中的分子数量达到了平衡。由分子平均自由程公式，也可以推断不同种类的分子，由于其分子有效直径不同，所以其平均自由程也不同，即不同种类分子，其逸出液面后不与其他分子碰撞的飞行距离是不相同的。分子蒸馏的分离作用就是利用液体分子受热会从液面逸出，而不同种类分子逸出后其平均自由程不同这一性质来实现的。分子蒸馏的关键技术是分子蒸馏装置。为分离液体混合物首先要进行加热，获得足够能量的分子逸出液

面，质量小的分子的平均自由程大，质量大的分子平均自由程小，若在离液面介于两种分子平均自由程之间的位置设置一捕集器，使得小质量分子不断被捕集，从而破坏了该分子的动平衡而不断地从混合液中逸出，而大分子因达不到捕集器很快趋于动态平衡，这样，液体混合物便达到了分离的目的。分子蒸馏装置在结构设计中，必须充分考虑液面内的传质效率及加热面与捕集面的间距。

分子蒸馏的分离原理如图 12-1 所示。

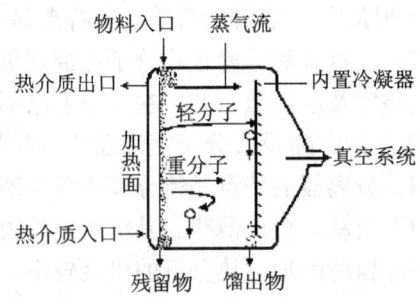

图 12-1　分子蒸馏分离原理示意图

二、分子蒸馏的工艺

在工业应用中，由于所生产的产品质量通常有多方面的要求，或因为混合物中含有两种以上的组分要分离出来，这样，通过单级的分离装置就难以达到要求，往往需要设计多级分子蒸馏装置。而在实际应用中，针对不同的产品，分子蒸馏装置结构、配套设备和工艺流程还要有其各自不同的特点。图 12-2 为四级分子蒸馏的简化工艺流程图。物料由原料罐进入一级薄膜蒸馏器，在薄膜蒸馏器中进行脱气处理；脱气后物料再经输送泵打入二级分子蒸馏器中进行蒸馏，蒸出物进入贮罐中；蒸余物经输送泵进入三级分子蒸馏器中继续蒸馏，蒸出物进入贮罐中；蒸余物经输送泵进入四级分子蒸馏器中蒸馏，蒸出物进入贮罐中，蒸余物进行收集。根据需要所有蒸出物、蒸余物均可作为产品或副产品。流程中每一级都设有独立的真空系统、加热系统、冷却系统，并由中央控制系统进行统一控制。

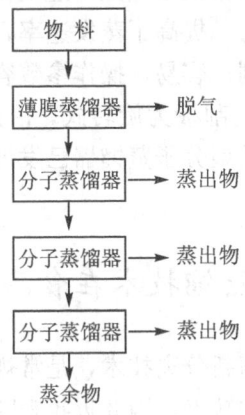

图 12-2　四级分子蒸馏简化工艺流程

三、分子蒸馏设备

一套完整的分子蒸馏设备主要包括分子蒸馏器、脱气系统、加热系统、冷却系统、真空系统、进料系统和控制系统。脱气系统的作用是将物料中所溶解的挥发气体组分尽量排出，避免由于高真空度下导致物料暴沸。根据分子蒸馏器的结构形式和操作特点，可以将分子蒸馏器分为：静止式、降膜式、刮膜式和离心式。

1. 静止式分子蒸馏器　出现最早，结构最简单，其特点是一个静止不动的水平蒸发表面，按其形状不同，可分为釜式、盘式等。静止式分子蒸馏器生产能力低，分离效果差，热分解程度高，一般只适用于实验室及小批量生产，在工业上已不采用。

2. 自由降膜式分子蒸馏器　自由降膜式分子蒸馏器也为早期形式，结构简单，曾在实验室及工业生产中有广泛应用。分离器的特点是待分离的混合液由上部入口进料，经液体分布器使混合液均匀地沿塔壁向下流动，形成薄膜。其优点是液膜厚度小，并且沿蒸发表面流动；被蒸馏物料在蒸馏温度下停留时间短，热分解的机会较小，蒸馏过程可以连续进行，生产能力大。缺点是液体分配装置难以完善，很难保证所有的蒸发表面都被液膜均匀覆盖，液体流动时常发生翻滚现象，所产生的雾沫也常溅到冷凝面上，降低分离效果。

3. 离心式蒸馏器　离心式蒸馏器具有旋转的加热面，液膜非常薄，情况好，生产能力大。离心式蒸馏器是利用离心力作用，所以液膜分布有规律，雾沫现象少，分离效果好。该装置是将物料送到高速旋转的转盘中央，并在旋转面扩展形成薄膜，同时加热蒸发，使之在对面的冷凝面中凝缩。与降膜式分子蒸馏器相比较，离心式分子蒸馏器液体物料加热时间非常短，可以得到极薄的均匀液膜，几乎没有压力损失，蒸发效率、热效率及分离度高，很少有发泡的危险，可处理高黏度的液体。与降膜式分子蒸馏器相比，蒸发面积小，虽然每一装置的处理量较小，但每单位蒸发面积的处理量大。因此离心式蒸馏器是目前较为理想的一种装置。但是，与其他形式相比，因为有高速转盘，需要相应的高真空的密封技术，其设备费用较高。

4. 旋转刮膜式分子蒸馏器　特点是在自由降膜式的基础上设置了转动刮板，混合液沿进料口进入，经导向盘将液体均匀分布在塔壁上，经刮板的旋转在塔壁上形成了薄而均匀的液膜，减少了液膜的传热、传质阻力，提高了蒸发速率，相应地提高了分离效率。其特点是形成的液膜薄，分离效率高，加工制造容易，操作参数容易控制，维修也较方便。但因增加了刮膜装置，使设备结构复杂，而且刮板为旋转式，因此对高真空下的密闭装置的要求很高。随着相关技术的不断发展，该类型分子蒸馏器已发展得比较成熟，而且是目前工业化应用最为广泛的型式。

第三节　分子蒸馏技术在食品工业中的应用

分子蒸馏技术作为一种特殊的高新分离技术，是常规真空蒸馏的发展和补充，它克服了常规蒸馏操作温度高、受热时间长的缺点，因此近年来随着相关配套技术的快速发展，分子蒸馏技术在食品工业上的应用进展十分迅速。特别是近几年，人们生活水平和保健意识提高，"天然、绿色、安全、健康"已成为食品消费的发展趋势，分子蒸馏食品因其保留食品的纯天然性、无残留物、无杂质、生产过程安全、环保等优点而备受青睐。

分子蒸馏食品主要有两大类：①从天然物质中提纯或提取有效成分的分子蒸馏食品，如从混合油脂中提取的单脂肪酸甘油酯；提取精制鱼油、米糠油、小麦胚芽油；从天然鱼肝油中提取维生素 A；从天然物质中提取 β-胡萝卜素等。②从天然物质中脱除部分组分的分子蒸馏食品，如脱臭、脱色并去除低萜的天然香料；脱臭大蒜油；脱臭姜油等。

一、单脂肪酸甘油酯

（一）应用概论

单脂肪酸甘油酯简称单甘酯，属于多用途乳化剂，在食品行业中是重要的食品乳化剂，其用量占食品乳化剂总用量的 2/3。在发达国家，分子蒸馏单甘酯已经广泛应用于食品行业。目前美国单甘酯产量已达 100 000 吨/年以上，日本也达到了 15 000 吨/年。单甘酯具有无毒、无味、改善食品风味、提高食品档次等特点，添加在食品中可起到乳化、起酥、膨松、保鲜等作用。可用于各种类型人造奶油、黄油、起酥油、涂抹油、花生酱，及饼干、面包、面条、糕点、硬奶糖、口香糖、巧克力、脱水土豆片；现在还广泛应用于面包保鲜乳化剂、蛋糕油、冰淇淋乳化稳定剂等专用食品添加剂中，用于饴糖可以降低熬糖时的黏度，防止食用时粘牙。纯度为 35%～48% 的普通单甘酯已不能满足工业发展的要求，因此目前主要采用分子蒸馏的手段，使高温酯化物中的单甘酯得到富集而制得的单甘酯纯度为 90%～96%。

（二）原材料来源

生产分子蒸馏单甘酯的主要原料可采用各种油脂、脂肪酸和甘油。例如：各种氢化油、牛羊油、猪油、乌桕脂、棕榈油、豆油、菜籽油、向日葵油、饱和脂肪酸硬脂酸、棕榈酸、油酸等。投入硬脂酸和甘油可以生产出 90%～96% 的分子蒸馏单甘酯，生产的蒸余物有双甘酯、三甘酯和甘油，上述物质可以循环使用。

（三）工艺流程

分子蒸馏单甘酯的生产工艺包括单甘酯合成、采用分子蒸馏技术分离出纯单甘酯及产品喷雾、冷凝包装 3 个部分。单甘酯合成工艺主要采用酯化反应和酯交换反应工艺。其中以天然油脂与甘油醇解反应生产单甘酯的工艺应用最为广泛，该工艺是在高温下应用催化剂催化油脂与甘油之间反应，产物主要为单甘酯、二甘酯和三甘酯的混合物（单甘酯占 45% 左右），应用分子蒸馏技术将单甘酯从中间产品中蒸馏提纯出来，从而得到纯度为 90%～96% 的分子蒸馏单甘酯和残渣（副产物）。

其工艺流程为：氢化动植物油脂与甘油先进行酯交换反应，反应混合物经过滤后被送入分子蒸馏装置；第一级为脱气初馏，在 140℃、500Pa 真空的条件下进行脱水、脱气，除去部分甘油；第二级为脱甘油，在 175℃、75Pa 真空的条件下除去剩余甘油和游离脂肪酸；第三级为主蒸馏，在 200～210℃、0.5Pa 真空的条件下蒸馏出单甘酯，蒸余物为二甘酯和三甘酯；最后将 90% 以上纯度的液态蒸馏单甘酯打入喷雾系统进行制粉。分子蒸馏单甘酯经喷雾冷凝包装工艺袋装细粉状分子蒸馏单甘酯产品，残渣返回到合成单甘酯工艺循环使用。

二、不饱和脂肪酸

(一) 应用概论

不饱和脂肪酸主要包括 EPA、DHA 及 α-亚麻酸,是人类必需脂肪酸,人类自身不能合成,必须从外界摄取,不仅如此,这些不饱和脂肪酸还具有许多重要的生理功能。DHA 可使心肌细胞膜流动性升高,稳定心肌细胞的膜电位,降低心肌兴奋性,减少异位节律的发生,具有明显的抗心律失常作用。EPA、DHA 可减轻胶原所致关节炎的症状,有抗皮炎的作用,使银屑病的发病率降低。流行病学研究证明,富含鱼油的膳食具有降低癌症发病率的作用,EPA、DHA 可使乳腺癌及肠癌死亡率下降。EPA、DHA 是构成脑磷脂的必需脂肪酸,在人脑的灰质、白质和神经组织中大量存在,与脑细胞功能密切相关,可提高青少年的记忆力,预防老年性痴呆症、预防心脑血管疾病、降低胆固醇浓度、提高人眼视敏度等作用。

(二) 分子蒸馏法提纯 EPA、DHA 的原理

鱼油乙酯混合物中含有 20 余种碳链长度不同的饱和脂肪酸及不饱和脂肪酸,由于不同脂肪酸分子量及分子结构的不同,其分子运动的平均自由程也不相同。因此,在一定的温度和压力下,分子蒸馏只能使特定链长的脂肪酸蒸馏出来。这样,经过多次蒸馏可将混合物按碳链的长短(即分子量大小)分成多个部分,从而可使 EPA 和 DHA 得到纯化。

(三) 分子蒸馏法提纯 EPA、DHA 的生产工艺

为获得高纯度的 EPA 和 DHA,可采用低温溶剂区分法、尿素沉淀法、硝酸银法、真空精馏法、超临界流体萃取法和分子蒸馏法等。硝酸银法和超临界流体萃取法由于技术及经济性的原因难以实现大规模工业化生产。尿素沉淀法存在处理时间长、产率低、有害杂质多、鱼腥味大和环境污染等缺点。而真空精馏法操作温度较高,会导致鱼油中 EPA 和 DHA 多个不饱和双键分解、聚合或异构化。因此,近年来人们更多研究的是将分子蒸馏法用于鱼油精制。

分子蒸馏法提纯 EPA 和 DHA 的生产工艺,主要包括三大工序:酯化、水洗及分子蒸馏。

1. **酯化** 由于 EPA 和 DHA 在高温下容易发生聚合、氧化等,且脂肪酸沸点较高,所以在进行分子蒸馏前需先进行乙酰化,然后对鱼油乙酯进行纯化。酯化有皂化酯化法和直接酯化法等。皂化酯化法由于处理时间长、工艺复杂,易使物料氧化变质及产生对人体不利的有害物质,所以现在多采用直接酯化法。直接酯化法也称交酯法,即甘油酯在碱性或酸性催化剂作用下直接与醇反应生成脂肪酸酯的方法。该方法工艺流程简单、成本低,其关键点是原料中游离脂肪酸、水分及胶体物质等杂质的含量必须达到要求。

工艺过程是:先将原料鱼油进行脱胶、脱酸、脱水等处理,然后加热至一定温度,在搅拌下缓慢加入氢氧化钠乙醇溶液,在恒温下反应一定时间,然后用盐水洗涤,得到鱼油乙酯。

2. **分子蒸馏** 分子蒸馏提取纯化 EPA 和 DHA 要经过多级的分子蒸馏,一方面可以提高产率,另一方面通过多级分馏可以获得 EPA 和 DHA 不同含量比例的产品。

首先,鱼油乙酯在薄膜蒸发器上进行脱水、脱臭;第一级分子蒸馏温度 116℃、20Pa,馏出物含 EPA 和 DHA 分别为 7.5% 和 1.9%,过氧化值为 4.2meq/kg;第二级分子蒸馏温

度120℃、3Pa，馏出物含EPA和DHA分别为26.1%和12.2%，过氧化值为1.5meq/kg；第三级分子蒸馏温度140℃、2Pa，馏出物含EPA和DHA分别为33.0%和29.4%，过氧化值为0.9meq/kg；第四级分子蒸馏温度160℃、1.5Pa，馏出物含EPA和DHA分别为27.9%和43.8%，过氧化值为0.4meq/kg。不同级蒸馏物的比例是不同的，可以根据要求选择不同级的馏出物，例如：希望得到高EPA的产品，就可以选择三级馏出物，如果希望得到高DHA产品就可以选择四级馏出物。

分子蒸馏法从鱼油中提取不饱和脂肪酸时，饱和脂肪酸和单不饱和脂肪酸首先馏出，而双键较多的多不饱和脂肪酸最后馏出。虽然分子蒸馏法与尿素沉淀法相比，最终纯度较低（尿素法可达到90%），但其工序简单、效率高、可以连续生产。经过多级分子蒸馏后，鱼油有效成分会逐步大幅度提高，产品中EPA和DHA总量可达70%以上。

3. 分子蒸馏精制鱼油对产品品质的影响

（1）较高的分离程度有效地保证了产品所要求的色泽、气味及纯度，从而极大地提高了产品质量；

（2）分子蒸馏可以将混合物分割成EPA和DHA不同含量比例的产品，从而可满足市场对EPA和DHA不同含量比例产品的需求；

（3）操作温度低、受热时间短的特点极好地预防了EPA和DHA氧化、降解及聚合，能保证EPA和DHA的天然品质；

（4）可彻底去除原料鱼油中的有害物质及易使产品变质的诱发因子，从而保证了产品质量的稳定性。

三、天然维生素E

（一）应用概论

维生素E又名生育酚，是一类具有生物活性的、化学结构相似的酚类化合物的总称，包括生育酚和生育三烯酚两类，自然界中已知的维生素E有8种，分别为生育酚和生育三烯酚的四种α、β、γ、δ同分异构体。

维生素E对各种动物在不同生长阶段都很重要，尤其对生殖、肌肉、神经及免疫等系统行使最佳功能状态是必不可少的。通常所说的维生素E即α-生育酚，其活性最高、分布最广、最具代表性，尤其是D-α-生育酚具有最高生物活性，通常被作为另外7种类型维生素E的生物效价比较的标准。然而，最近研究发现，生育三烯酚在抗氧化、抗癌和降低胆固醇等特性方面具有比α-生育酚更优良的功能。生育三烯酚的这些特殊功能与其本身的结构有关，由于生育三烯酚含有不饱和侧链，所以就能更有效地渗透于含有饱和脂肪酸层的组织中，如大脑和肝脏，同时也可较容易地分布在细胞膜脂质层内，从而起到了很好的抗氧化和清除自由基效能。

生育酚为呈金黄色或淡黄色的黏稠油状物，具有一种特殊的温和的气味，易溶于乙醇，几乎不溶于水。现在市面上销售的维生素E根据其来源的不同又分为合成维生素E与天然维生素E，前者是由化学物质合成而来，是8种α生育酚及其衍生物的混合物，为消旋体，因此也记为dl-α-生育酚；后者是从富含维生素E的天然物质中提取出来，主要成分为d-α-VE，为右旋体。天然维生素E有效克服了合成维生素E活性不够高、生物利用度低等缺点，且避免了中间体杂质残留等不足，在国际市场上已经逐步取代合成维生素E用于人类消费。

(二) 生产工艺

从天然物质中提取天然维生素 E 的方法很多，归纳起来有以下几种：①萃取法；②皂化法；③酯化法；④硅胶法；⑤酶法；⑥尿素络合法；⑦凝胶过滤法；⑧分子蒸馏法。不论采用何种方法，其关键技术在于后提取工艺。对天然维生素 E 的提取，既要提取率高，又要保持其有效成分不被破坏。目前国内外比较推崇的工业化提纯方法是分子蒸馏。

油脂脱臭馏出物是油脂加工的副产品，约占原料的 0.15%～0.45%，其维生素 E 含量高达 15%～20%，利用价值相当高。采用分子蒸馏法可从大豆油、小麦胚芽油等油脂及其脱臭馏出物中提取高纯度维生素 A、维生素 E。先用甲醇对馏出物进行甲酯化，经过水洗后，分离出甾醇结晶，在真空度相对较低环境下脱气脱水，之后余物在 0.133～1.33Pa 的高真空下，温度为 230～270℃ 中进行分子蒸馏，可得纯度达到 60% 以上的维生素 E，最高纯度可达 98%，回收率在 50%～60% 之间。用分子蒸馏法提取的维生素 E，有机农药残留量很低，食品加工应用的安全性和氧化稳定性相当高，成品附加值很高。

四、辣椒红色素中微量溶剂的脱除

1. 应用概论　辣椒红色素是存在于辣椒中的类胡萝卜素，为共轭多烯烃，其中因大量共轭键形成发色基而产生颜色。天然辣椒红色素越来越受到人们的青睐，这是因为它不仅是从廉价的干辣椒中所得，更重要的是它对人体安全、无毒，且具有一定营养价值，比合成红色素颜色明艳、热稳定性好，加热至 200℃ 颜色仍不改变，pH 为 3～12 之间颜色不变。因其具有良好的乳化分散性、耐光、耐碱、耐热和耐氧化性而广泛用于食品、医药及化妆品等产品的着色过程。特别是运用分子蒸馏技术提取的辣椒红色素，色泽更鲜艳，热稳定性更好，且无辣味，将会成为理想的产品。在用分子蒸馏技术提取辣椒红色素的同时，还可得到优质辣椒素，这是一种附加值很高的产品。由于在提取过程中加入了有机溶剂，在普通的真空精馏对其进行脱溶剂处理后，辣椒红色素中仍残存 1%～2% 的溶剂，不能满足产品的卫生标准。用分子蒸馏技术对辣椒红色素进行处理后，产品中溶剂残留体积分数仅为 $2×10^{-5}$，完全符合质量要求。

2. 生产工艺　传统的辣椒红色素提取方法是化学溶剂法或油溶法，生产的产品中存有各种杂质，尤其是有焦油味、辣味等。若将其进一步精制，一般方法是采用强碱、强酸或盐类进行洗涤，这种方法流程长、成本高，且易带入重金属离子，同时色调容易遭到破坏。

应用分子蒸馏法提取天然辣椒红色素，首先应有前处理工艺，利用化学溶剂提取含有辣椒红色素的辣椒红色素原油，其选择原则应是工艺简单、萃取率高，对产品损伤小，目前已经有多种前处理的工艺方法。随着前处理工艺的不同，分子蒸馏装置的配置也不相同。接下来选用薄膜蒸发器脱除溶剂，被脱除的溶剂经回流进行回收。脱除溶剂的原油进行分子蒸馏将辣椒红色素与辣椒素分离开，辣椒素也是很有价值的产品，在此作为副产品销售。为提高辣椒红色素的产品质量，在此设计了二级分子蒸馏装置，将残余的辣椒素去除，可以得到不含任何辣椒味的辣椒红色素产品。

第四节 分子蒸馏对食品品质和营养成分的影响

分子蒸馏技术是一项全新的现代化高新分离技术，克服了传统分离提取方法的种种缺陷，避免了传统方法易引起环境污染的潜在危险。

一、分子蒸馏对食品品质的影响

（一）分子蒸馏食品的品质高

天然食品如天然抗氧化剂等要求其活性高、稳定性强、无色无害。传统的分离方法直接在原料中加入有机溶剂、植物油或动物油来对原料进行萃取，萃取过程中使活性成分遭到破坏，另外用有机溶剂或油萃取也会把植物中的叶绿素、芳香类化合物等有色物质萃取出来，这就需要增加脱色、除臭处理，这些均会对食品的品质产生不良影响。分子蒸馏提取天然活性物质，因其操作温度低、时间短、无溶剂的损伤过程，可保证产品的天然品质。

（二）分子蒸馏食品的安全性高

传统的分离方法通过有机溶剂对原料进行萃取，这些有机溶剂一般都具有毒性，溶剂在产品中的残留一直是不能克服的难题，不仅如此，溶剂萃取过程对环境造成污染。分子蒸馏是利用不同物质分子的平均自由程的不同来进行分离，所以可保证产品无残留物、无污染，具有很高的安全性。

（三）分子蒸馏食品的纯度高

利用分子蒸馏技术可以使产品浓缩，通过多级分馏可进一步提高产品纯度以满足市场需要。利用分子蒸馏技术可把维生素 D 的质量分数由 30% 提高到 75%。常规分离方法获得的单甘酯的质量分数仅为 40%～50%。利用分子蒸馏技术，可以从粗产品中分离出纯度高达 95% 以上的单甘酯。

二、分子蒸馏对食品营养成分的影响

利用分子蒸馏技术可以保持食品原有的营养成分。

（一）操作温度低

传统的加工过程中，是在物料沸点温度下进行操作，利用不同物质的沸点差进行分离。天然食品原料往往受到高温的作用导致热敏性营养物质受到破坏。分子蒸馏是利用不同物质分子的平均自由程的不同来进行分离，可在远低于沸点的温度下进行操作，而且分子蒸馏的操作真空度高，因此该工艺操作温度比常规蒸馏的温度要低 50～100℃，有效地降低了对热敏性物质的热损伤。

（二）受热时间短

一般的真空蒸馏，被分离组分从沸腾的液面逸出到冷凝馏出要走较长的路程，因此受热的时间较长；分子蒸馏在蒸发过程中，物料被强制形成很薄的液膜，并被定向推动，气态分子从液面逸出到达捕集器所走的路径要小于其平均自由程，距离较短，所以物料处于气态这一受热状态的时间就短，一般仅为 0.1s～20s，而真空蒸馏中分离的物质需受热 1h。因此分子蒸馏中物料的受热损伤很小，特别对热敏性物质的提取提供了无法比拟的优越条件。

（三）蒸馏压强低

分子蒸馏可在 10^{-1} Pa 数量级的压强下进行操作，这是由于分子蒸馏装置独特的结构，从而可获得较高的真空度。从分子蒸馏工作原理可知，被分离物应该在其自由程内到达捕集器，保证分子在发生碰撞前就被分离，从而提高分离率。在操作中常常要降低蒸馏压强（真空度高），来获得足够大的平均自由程，降低压力利于较少碰撞，而且也可提高分离的速度。由于整个操作是在高真空度下基本绝氧，所以收集的产品质量、外观和收率都优于真空蒸馏产品。

然而，分子蒸馏技术在食品应用中有其局限性：①成本高　分子蒸馏整套设备为高真空设备，一次性投资大。分子蒸馏器耗能大，且对密封条件要求严格，连续化生产能力低，这在一定程度上限制了分子蒸馏技术在食品工业中应用。②产品应用范围小　由于分子蒸馏高成本性，所以现在主要用于高附加值产品的生产，限制了分子蒸馏食品的发展。③缺乏大量的基础数据　分子蒸馏技术属于近几十年发展起来的新型技术，其理论尚未完全成熟，分子蒸馏技术在应用中还缺乏关键数据，工艺设计与改进的盲目性较大。④生产能力小　由于分子蒸馏的加热面积受设备结构的局限，其生产能力不大；而且分子蒸馏是在远低于沸点的温度下进行操作，故其气化量相对于在沸腾状态下操作的常规蒸馏小得多。

由于这些局限性，分子蒸馏技术在食品工业中还不能得到广泛的应用，随着人们对高纯度产品和天然绿色食品需求的不断增多，分子蒸馏技术在食品工业中的应用将会得到快速发展。

（李　颖　田　堃）

复习题

一、名词解释

分子蒸馏食品

二、简答题

1. 分子蒸馏对食品的品质和营养成分的影响。
2. 分子蒸馏食品的特点。
3. 分子蒸馏食品的局限性。

三、问答题

试以一种产品为例比较分子蒸馏食品与传统方法相比的优势。

第十三章 转基因食品

第一节 转基因食品的概念及发展简史

一、转基因食品的概念及分类

（一）转基因食品的概念

1. 转基因生物 也称作基因修饰生物（Genetically modified organism，GMO），是指利用基因工程技术，将某些生物（包括动物、植物及微生物）的基因或人工合成基因转入某一特定的生物物种中去，从而达到改造或修饰这一特定生物的遗传物质-基因，使其有效地表达相应产物（多肽或蛋白质），并出现原物种不具备的性状或产物。用基因工程改造过的微生物称为"工程菌"，改造过的动物、植物则分别称为"转基因动物"和"转基因植物"。转基因动植物和微生物统称为转基因生物，是转基因食品的原料来源。

2. 转基因食品 也称作基因修饰食品（Genetically modified food，GMF），系指利用基因工程技术改变基因组构成的动物、植物和微生物生产的食品和食品添加剂，包括：①转基因动植物、微生物产品；②转基因动植物、微生物直接加工品；③以转基因动植物、微生物或以其直接加工品为原料生产的食品和食品添加剂。

（二）转基因食品的分类

根据转基因食品的原料来源将其分为转基因植物性食品、转基因动物性食品和转基因微生物性食品。

1. 转基因植物性食品 系指转基因植物原料及其加工生产的食品或食品添加剂，例如转基因大豆、玉米、水稻、马铃薯、番茄、西葫芦等。

2. 转基因动物性食品 系指转基因动物原料及其加工生产的食品或食品添加剂，例如转基因牛、转基因猪、转基因鱼等。

3. 转基因微生物性食品 以转基因微生物为原料、辅料生产的食品和食品添加剂，例如基因工程食用菌等。

其中转基因植物性食品发展最快，目前市场上转基因食品基本上是转基因植物性食品，其他两类转基因食品虽然也取得了突破性进展，但还没有获准进入市场应用。

二、转基因食品与传统食品的区别

目前的转基因食品主要是对传统的农作物进行基因改造后生产的产品，即食品原料，例如转基因番茄、转基因大豆等。《中华人民共和国食品卫生法》将食品定义为："各种供人食用或者饮用的成品和原料以及按照传统既是食品又是药品的物品，但是不包括以治疗为目的的物品。"传统食品包括已经加工能够直接食用的各种食物如饮料、酒类、豆制品、调味品、瓜果、茶叶等，还包括一切食品的半成品及原料，如粮食、糖类、肉类、禽类、蔬菜、水产等。转基因食品与传统食品相比，两者的根本区别在于转基因食品在传统的食品原料中引入了外源基因，这些外源基因虽然来自其他传统的食品原料或人工合成，但其与传统原料本身的原基因组核苷酸排列顺序不同，从而影响被改造的食品原料的基因组构成和特性，使食品中增加了某些原来不存在的成分，或消除、减少某些原来存在的成分，即改变了食品的组成成分及比例，因此可能具有与基因改造前原食品不同的特性。

三、转基因食品的发展简史

转基因食品的诞生有赖于基因工程（Genetic engineering）技术的发展。基因工程又称作 DNA 重组技术（DNA recombination），于 1973 年由美国斯坦福大学 Cohen 和 Boyer 等人创立。他们在体外构建了含四环素和链霉素两个抗性基因的重组质粒分子，将其导入大肠杆菌，得以稳定复制，从而使受体大肠杆菌产生相应的抗生素抗性。1978 年，美国 Genentch 公司开发利用重组大肠杆菌合成人胰岛素，将基因工程作为一种先进的生产工艺用于大规模生产与人类健康相关的生物大分子，即基因工程药物的研究开发。随着基因工程的发展，基因工程技术应用于微生物诱变育种，改变了经典的微生物诱变育种程序，使其在非自然的情况下推进了微生物种群向有益方向进化。

20 世纪 80 年代，基因工程开始向高等动植物物种的遗传特征改良方向发展。1982 年，培育出转入大鼠生长激素基因的转基因小鼠及其子代；1983 年又成功获得了携带细菌新霉素抗性的重组 Ti 质粒转化植物细胞，至此高等动植物转基因技术均已问世，基因工程技术在食品工业方面的应用成为可能。在 1983 年诞生了第一株转基因植物；1986 年转基因植物进入田间试验；1993 年，在美国延熟保鲜转基因番茄首次上市。此后，转基因植物的种植面积迅速扩大，从 1996 年～2000 年的 5 年间，转基因植物的种植面积增长了 25 倍；2000 年已有 15 个国家种植转基因植物，而且发展中国家也加入到种植转基因植物的行列。目前转基因植物种植面积的前 4 名分别是美国、阿根廷、加拿大和中国。

随着转基因作物商品化生产的不断发展，转基因农产品已经直接或间接的被生产加工为食品，这类转基因食品在传统食品市场所占的份额在不断增大。在美国，加工食品中含有转基因成分的食品大约在 60% 以上，与食品原料有关的转基因植物种类有大豆、玉米、油菜、马铃薯、番茄、甜椒、番木瓜、西葫芦等。我国转基因植物的种植始于 1997 年，主要有棉花、野天牛花、番茄、甜椒 4 种作物被批准商品化种植。事实上，早在 1984 年，我国就已研制成功了世界第一例转基因鱼，至今转基因鱼的研究有了许多重大突破，其中转入生长激素基因的黄河鲤鱼、黑龙江野鲤鱼已通过环境安全性评价，并开始进行食用安全性评价，极有希望成为我国第一例转基因动物性食品。目前我国市场上的转基因食品主要为进口食品，例如 2002 年后，我国转基因大豆的进口基本维持在 2 000 万吨左右，主要用作加工原料、生产豆油、豆腐、豆奶等制品。

转基因食品具有产量高、营养丰富、利于健康、口味及品质优良、生产成本低、商业化利润高等优点，给人类生活和社会进步带来巨大利益。然而，基因工程技术毕竟是一门新兴技术，并且改变了生物的遗传物质，可能对人类健康和生态环境的安全造成一定的风险。目前有关转基因产品安全性的争论，成为世界关心的焦点问题。

第二节 基因工程技术

一、基因工程概念及特征

（一）基因工程的概念

基因工程也称作DNA重组技术，是按照人们的意愿和设计方案，以分子生物学、分子遗传学、生物化学和微生物学为理论基础，通过将某一生物（供体）细胞的基因分离出来或人工合成新的基因，在体外进行酶切和连接并插入载体分子，使遗传物质基因重新组合，导入自身细胞或另一种生物（受体）细胞中进行复制和表达等实验手段，有目的地实现动物、植物和微生物等物种之间的DNA重组和转移，使现有物种在短时间内趋于完善或创造出新的生物特性。

（二）基因工程的特征

基因工程是一种定向改变生物的遗传特征、培育生物新品种的方法，有两个重要特征：①外源性基因可以在另外一种不同的受体生物细胞中进行繁殖，即可以跨越天然物种屏障，把来自任何一种生物的基因导入与其毫无亲缘关系的受体生物细胞中去繁殖；②一种确定的DNA片段在受体细胞中可以进行扩增。

二、基因工程基本过程

（一）DNA重组体的构建

1. 从生物基因组中，分离筛选出带有目的基因的DNA片段。获得含有目的基因DNA片段的方法主要有：①采用探针杂交法从DNA或cDNA文库中获取；②化学合成法合成目的基因；③采用聚合酶链反应法（Polymerase chain reaction，PCR）扩增目的基因。

2. 在体外，将带有目的基因的外源DNA片段连接到能够自我复制的并具有选择标记的载体分子上，形成重组DNA分子。目前应用的载体主要有质粒、噬菌体和病毒。

（二）DNA重组体的导入

将重组DNA分子转移到适当的受体细胞（亦称宿主细胞）中，并与之一起增殖。受体细胞主要有：①原核微生物，如大肠杆菌、枯草芽胞杆菌；②真核微生物，如酵母菌、霉菌；③动物和植物细胞。

（三）转基因细胞的筛选和培养

1. 大量的细胞繁殖群体中，筛选出获得了重组DNA分子的受体细胞克隆。筛选鉴定含有目的基因受体细胞的方法主要有：①采用探针杂交或核酸电泳等方法直接鉴定目的基因；②采用酶联免疫反应和蛋白质电泳等方法鉴定目的基因表达产物蛋白质。

2. 从这些筛选出来的受体细胞克隆中，提取出已经得到扩增的目的基因，供进一步分析研究使用。

（四）目的基因的表达和利用

将目的基因克隆到表达载体上，导入宿主细胞，使之在新的遗传背景下实现功能表达，生产出人类所需要的物质。

基因工程技术是转基因食品生产的核心技术，转基因食品的生产工艺除包括以上基因工程的基本操作过程外,还有转基因生物的种植、养殖或培植;转基因产品的加工、贮藏和包装等。

第三节 基因工程对食品及环境的影响

一、基因工程对食品的影响

基因工程对食品的影响主要表现在对转基因食品原料的影响。

(一) 对植物性食品原料的影响

1. 培育抗病毒、抗虫、抗除草剂的转基因植物　将编码植物病毒的外壳蛋白基因导入植物细胞中,并获得转基因植株。这些植株能够抑制侵染病毒的复制,有效地保护了植物;苏云金杆菌中的毒蛋白(结晶蛋白)对害虫具有毒害作用,把这些毒蛋白的基因转移到植物细胞中,获得抗虫的转基因植株。害虫侵害了这些植物后就会死亡;利用基因工程技术,将能抵抗除草剂的基因转移到植物中,获得抗除草剂植物。这些转基因植物在大田生产中如混有一些杂草,则可以通过使用除草剂,选择性地将杂草杀死而不影响转基因植物的生长,减少了劳动力和农药的使用量,提高了农作物产量。

2. 培育营养丰富、品种优良的农作物　采用基因工程技术可以将贮藏蛋白含量高的大豆种子相关基因转入谷物的种子中,能够克服其蛋白质、赖氨酸含量少的问题。目前已将谷物种子的蛋白质总量提高了1%左右。

3. 改良蔬菜水果品质,延长货架期　采用基因工程技术,将具有能使部分多聚半乳糖醛酸酶(PE)基因失活的反向核糖核酸序列的DNA转入番茄中,可获得耐贮藏番茄。由于传统番茄果实一般在绿熟期或转色期就要采下贮存或销售,风味较差。转基因番茄在完全红熟时采收,由于果实中PE减少,果实虽已经转红但仍坚硬,室温下可贮存2周,从而改善食品的品质。这种类似的技术也已应用其他水果和蔬菜中。

(二) 对动物性食品原料的影响

1. 培育品质优良的家畜、家禽　将猪的生长激素和大鼠金属硫蛋白基因融合,转入猪体内,培育出生长快、瘦肉率高的转基因猪;将生长激素基因转移给鸡,可生产适合烤鸡用、生长快的大型鸡。

2. 改善奶的质量或生产珍贵蛋白　把鼠乳清酸蛋白—第九因子融合基因、鼠乳清酸蛋白-α-抗胰蛋白酶融合基因和乳球蛋白-α-抗胰蛋白酶融合基因转入绵羊,可在绵羊乳房中获得组织特异性表达。同样用绵羊乳球蛋白基因启动子和人类抗胰蛋白酶因子基因的编码序列构建融合基因,将其转入绵羊中,转基因绵羊的抗胰蛋白酶因子的产量可达到35g/L。

(三) 对微生物食品原料的影响

利用基因工程技术对传统食品工业微生物进行基因改良,获得基因工程菌,从而改善食品或食品的功能成分、食品添加剂、食用酶。例如,基因工程改良的面包酵母和啤酒酵母分别可以提高面包烘焙的品质,改善啤酒酿造工艺;基因工程菌发酵可生产氨基酸、维生素、食用香精、食用色素和调味料等食品添加剂;基因工程菌发酵可以生产食品工业用的α-淀粉酶、葡萄糖淀粉酶、葡萄糖异构酶、葡萄糖氧化酶和酸性蛋白酶等。

二、基因工程对环境的影响

(一) 基因工程对生态环境的有益影响

1. 保护环境　传统农作物主要靠施用化肥、农药来增加产量和防治病虫害，其后果是造成了严重的环境污染和食品的农药残留等问题。基因工程技术可将抗病虫害、抗除草剂等基因转入农作物中，使其具有相应的抗性，从而减少或不用喷洒农药，使除草剂的使用总量减少，因而既保护了环境，又降低了生产成本。

2. 净化环境　基因工程技术可用于被污染环境的净化。例如，把中国仓鼠中的屏蔽基因（即可将重金属离子除去的基因）转入一种十字花科植物——芜菁中，该转基因植物可将土壤中的镉滞留在植物根部，阻止它到达植物的茎、叶、果实部位，从而防止镉污染，保护人畜的健康；将从抗DDT害虫中分离出的抗DDT基因转移到细菌中去，该基因工程菌可降解农田中残留的DDT，改善农药DDT残留问题。

(二) 基因工程对环境的有害影响

基因工程在生态环境方面的潜在危害主要是由于植物中被转入基因的漂移造成基因污染所致。植物中转基因的漂移途径有两种：①转基因种苗在野外的散失或残存组织的再生使其形成自我繁衍的种群；②通过花粉的传播。转基因的环境释放使基因借助花粉的传播在环境中漂移，从而造成环境的基因污染（遗传污染）和环境的基因产物污染（蛋白质污染）。一般来说，花粉的传播距离可达数公里，因此，国际上采用50米的距离作为防止基因污染的隔离线。

基因工程可能造成环境污染的危害主要表现在以下几个方面：

1. 产生超级杂草　转基因作物本身可能出现杂草化，或者由于基因漂移将外源基因的人工抗性转入野生近缘种，形成杂草或超级杂草，反而增加农药的使用量，例如耐除草剂的转基因油菜籽与杂草整合后可形成耐除草剂的杂草。

2. 破坏物种遗传多样性　转基因作物可与其亲缘相近的栽培种或野生种之间通过基因漂移发生基因交换，使外源基因漂移到亲缘相近的物种中，破坏作物遗传多样性，从而影响生物多样性，例如墨西哥玉米受到转基因污染后，破坏其原有的遗传性状，损害天然基因库。

3. 新病毒的产生　抗病毒转基因植物中转入的病毒基因与感染某植物病毒的基因在田野中发生重组，产生新的病毒，使原本不侵犯某植物的病毒转而感染该植物，影响植物的生长。

4. 对非靶标生物的不利影响　转基因作物可能导致非靶标害虫产生免疫耐受并遗传，从而产生难以消除的"超级害虫"，使田间非靶标害虫增加。

第四节　转基因食品可能对人体健康产生的影响

目前还没有足够科学依据表明转基因食品对人类无害，从转基因食品的安全性考虑，转基因食品的潜在危害主要表现在以下几个方面：

一、转基因食品可能导致人体过敏反应

外源基因产生新的蛋白质可能会引起人类的过敏反应。食物过敏是一个世界性的公共卫生问题,约有2%的成年人和4%~6%的儿童患有食物过敏症。几乎任何一种食物都可引起过敏,90%的过敏原来自奶、蛋、花生、坚果、长须鲸、贝类、大豆和小麦这8类食物。通常人和动物的过敏反应较低,只有少数人会有严重症状。由于转基因植物引入外源性目的基因后,会产生新的蛋白质,人类的免疫系统可能难以或无法适应转基因食品中新型蛋白质而诱发过敏症。例如转基因玉米和RR大豆(商品名为Roundup ready soybean,简称RR大豆)导致过敏症发生的频率增大;转基因花粉可能更易使人群过敏。

二、抗生素标记基因可能使人类产生抗药性

将抗生素标记基因与外源基因一起转入靶标作物中,以抗生素标记基因表现出来的特定抗生素抗性来确定外源性基因是否导入生物体内。抗生素标记基因在商业转基因植物中大量使用。例如,Syngenta公司的抗除草剂、抗昆虫的转基因玉米中含有氨苄青霉素抗性基因;安万特(Aventis)公司的抗除草剂油菜含有抗卡那霉素和抗新霉素基因。抗生素抗性基因会一直存在于植物中。抗生素是常用药物,而人类在食用了这种改良的食物后,食物可能在人体内将抗药性基因传给致病性细菌,从而使病菌产生抗药性。抗生素抗性基因可能进入人消化系统中的细菌体内,使其对抗生素药物产生抗性。

氨基丁卡霉素是国际医药界储备的应急"救危"药物,还没有启用,卡那霉素抗性基因突变可产生氨基丁卡霉素抗性。有些转基因植物的抗生素标记基因就是卡那霉素抗性基因,一旦在环境中释放,就有可能产生突变,导致氨基丁卡霉素抗性。如果氨基丁卡霉素抗性通过食物链中的标记基因传递给人体内的细菌,这对人类将是一个毁灭性的打击。虽然目前认为这种可能性较小,但是转基因植物中的抗生素抗性标记基因可能引发的医疗风险仍然是转基因食品对人体健康的潜在威胁。联合国食品法典委员会禁止在食物中使用抗生素,也包括含有抗抗生素标记基因的转基因农作物。

三、营养成分的变化,可能导致人类营养结构的失衡

在转基因食品中,外源基因可能会改变食物的营养成分。转基因食品营养成分的变化包括营养成分构成和抗营养因子的变化。例如,抗除草剂转基因大豆中具有防癌功能的异黄酮成分较传统大豆减少了14%;转基因油菜中类胡萝卜素、维生素E、叶绿素均发生变化;转基因玉米中抗营养素成分胰岛素抑制剂和肌醇六磷酸也发生变化。转基因食品中营养成分、微量营养成分及抗营养因子的变化会导致食品营养价值降低,营养结构失衡。人类食用这样的食品后,影响机体健康。

四、转基因食品的可能毒性作用

虽然目前还没有具有说服力的证据表明转基因食品具有毒性,但是由于不能完全有效地控制转基因后的结果,担心基因突变可能产生有毒物质,或者使原食品中的毒素增加、产生或增加致癌、致畸、致突变作用。例如马铃薯中的茄碱毒素,转基因后是消除还是增加尚不清楚,并且其中的毒性物质脱氧甘油碱的含量变化完全取决于插入的外源基因类型。正是由

于转基因作物这种无法预期的后果使其加工成的食品可能存在潜在的毒性，危害人类健康。

第五节　转基因食品的食用安全性和营养质量评价

目前世界上对转基因食品安全性的看法存在分歧，美国等一些国家认为转基因食品为新技术产品，是运用生物技术促进自然选择的结果，因而是安全的；欧洲等国家则担心转基因食品对健康和环境的可能危害，认为转基因食品不安全，其安全性必须用科学研究证明；大多数国家认为转基因食品安全性尚无法确定，需进一步探讨。因为转基因食品出现的时间尚短，大部分风险评估都只是短期的，对长远健康的潜在危害尚无定论。因此对转基因食品要采取谨慎的态度，对其进行食用安全性和营养质量评价。

一、转基因食品的食用安全性和营养质量评价原则

目前国际上转基因食品安全性评价遵循以科学为基础、个案分析、实质等同性及逐步完善的原则。我国《转基因食品卫生管理办法》第八条规定转基因食品食用安全性和营养学质量评价采用危险性评价、实质等同、个案处理等原则。这三个原则的作用相辅相成，单独使用均具有局限性，只有综合运用才能全面客观的对转基因食品安全性和营养质量进行评价。

（一）危险性评价原则

1. 危险性评价概念　系指按照一定的程序，对已知的危害人类健康的因素在食品中的存在、含量、来源和危害进行评价，确定其危险性，以制定相应的标准及预防控制措施。

2. 危险性评价的作用　其主要作用是分析和确定已知的危害因素对转基因食品安全性的影响。

3. 危险性评价原则的局限性　危险性评价结果的可靠性取决于数据的数量和质量，但在实际工作中数据数量的缺少和质量问题常导致危险性评价的不确定性和变异性。危险性评价在应用中遇到的问题主要是危害因素的确定及其特征的描述。例如，转基因食品中外源基因表达量极其微量，因受体内外因素的影响，其危险性描述难以用现成的技术和已有的数据来确定，必须通过个案处理分析找出危害因素，设计合理的实验和检测方案，收集所需要的各种数据，确定危害因素的危险性。

（二）实质等同性原则

1. 实质等同性概念　是指转基因食品在评价方法和安全性的可接受水平上应与传统对等物保持一致，是转基因食品安全性评价的关键。主要包括：①若某一转基因食品与其传统对等物实质等同，则认为该转基因食品是安全的；②若某一转基因食品与其相对应的传统对等物相比除了转入基因的新性状外，其余成分均具有实质等同性，则需对转基因产物进行严格的安全性评价；③若某一转基因食品没有相对应或相似的传统对等物进行比较，则应根据其自身的成分和特性从营养性和安全性角度进行全面的评价。

2. 实质等同性分析的作用　是发现和确定原有的食物性状及品质的改变对转基因食品安全性的影响。

3. 实质等同性原则的局限性　该原则的局限性主要体现在以下几个方面：

（1）实质等同性不等于安全性评价，食物成分的等同程度不能完全代表安全的等同程度，因而也不能确定某种转基因食品是否需要进行安全性评价，或者进行何种程度的安全性

评价。例如一种转基因食品与其相对应的传统对等物的食物成分基本相同,但却增加了微量的新成分,则不能说明该转基因食品与其传统对等物的安全性基本相同,必须对该新成分进行全面的安全性评价。然而当转基因食品与其相对应的传统对等物食品成分即使仅有70%相同,而其差异成分仅在于可被某种混合膳食替代的某些营养成分时,则其安全性评价也只需要进行较小程度的检验。

(2) 应用实质等同性分析比较某些已知的化学成分的异同不能完全预测某一转基因食品的安全性。由于机体内化学物质之间的相互作用、相互联系而使化学物质的生化和毒理学效应无法确定,因此即使已知转基因食品中的某个化学成分与其传统对等物相同,也不能代表其安全性。

(3) 应用实质等同性分析评价转基因食品时有时难以得到相应的传统参照物。此时则需要通过个案处理确定其危害因素,分析其危险性,确定转基因产品与其受体或供体进行实质等同分析项目。

(三) 个案处理原则

1. 个案处理的概念 根据某一转基因食品的生产原料、工艺、用途等方面的特点,用现有的已经通过评价的相应案例,经过科学分析,找出其潜在的危害因素,为安全性评价和检验提供目标和线索。

2. 个案处理原则的作用 其主要作用是发现和确定未知的危害因素对转基因食品安全性的影响。

3. 个案处理原则的局限性 个案处理原则为转基因食品安全性评价提供指导思想,而实际问题的解决则必须依赖实质等同和危险性分析原则。例如,应用个案处理找出转基因食品的危害因素所采用的方法就是实质等同分析方法;而确定的危害因素则必须根据危险性分析才能确定其危险性。

二、转基因食品的食用安全性和营养质量评价内容

根据以上原则对转基因食品的食用安全性和营养质量评价主要包括以下三个方面:

(一) 转基因食品的食用安全性和营养质量评价有关的技术资料

1. 转基因食品(物种)的名称。
2. 转基因食品的理化特性、用途与需要强调的功能。
3. 转基因食品可能的食品加工方式与终产品种类以及主要食物成分(包括营养和有害成分)。
4. 基因修饰的目的与预期技术效果,以及对食品产品特性的预期影响。
5. 基因供体的名称、特性、食用史;载体物质的来源、特性、功能、食用史;基因插入的位点及特性。
6. 引入基因所表达产物的名称、特性、功能及含量。
7. 表达产物的已知或可疑致敏性和毒性,以及含有此种表达产物食用安全性的依据。
8. 可能产生的非期望效应(包括代谢产物的评价)。

(二) 转基因食品的食用安全性评价

1. 毒理学评价 转基因食品除了传统的毒理学安全问题外,还应考虑外源基因的转入是否增加了食品的原有毒素或产生新的毒性物质,以及转基因食品在转基因过程中抗生素标

记基因的使用可能使人体产生对致病菌的耐药性。因此要对转基因食品中转基因产物的毒性、致突变性、抗生素标记基因是否转移等方面进行评价。毒理学评价试验范围与项目的选择应以转基因食品的分子生物学、化学分析数据为基础，结合其摄入量和在膳食中的作用进行确定。欧洲新食品领导小组建议对这类食品的毒理学评价试验项目为：①动物实验 包括毒物动力学和代谢试验、遗传毒性、增殖性、致病性、啮齿类动物90d喂养试验及其繁殖试验和致癌试验等；②人体实验 包括人体对该转基因食品的耐受性、转基因食品对人肠道正常菌群和生物学指标的影响等。

2. 过敏性评价 引起机体过敏反应是转基因食品对人体的潜在危害之一，因此有必要对转基因食品进行过敏性评价，FAO/WHO生物技术食品致敏性联合专家咨询会议公布转基因食品潜在致敏性评价可采用树状评价原则。该致敏性树状评价原则主要内容为：①了解被评价食品的遗传学背景与基因改造方法，确定外源目的基因所编码的蛋白质是否来自常见或不常见的过敏原；②如果确定外源目的基因编码蛋白质不是来自过敏原，则应对其进行蛋白质氨基酸序列分析，并将分析结果与已知的过敏原进行比较；③如果确定外源目的基因编码的蛋白质来自过敏原或者氨基酸序列分析结果显示有过敏的可能性，则需采取适当的检验手段用过敏者的血清对该蛋白质进行鉴别，确定其过敏性；④对非过敏性外源目的基因编码蛋白质经氨基酸序列分析确定不是过敏物质，可判定该蛋白质没有潜在的致敏性；⑤对致敏性树状评价无法确定过敏性的外源基因编码蛋白，则需进一步应用物理及化学试验确定该蛋白质对消化及加工的稳定性。如果该蛋白质对消化不稳定则说明不具有致敏性。

（三）转基因食品的营养学评价

转基因食品营养方面的变化主要包括营养成分构成的改变和不利营养素的产生。因此，转基因食品的营养学评价主要通过对转基因食品与其对应的传统对等物在营养成分、抗营养因子、加工烹调的稳定性、营养素的生物利用率和吸收率的对比来进行评价。

1. 营养成分及其含量 主要对转基因食品与其对应的传统对等物中总蛋白质、脂肪、碳水化合物、纤维素、维生素、矿物质等营养成分进行比较分析。例如对转基因低植酸玉米的营养成分进行测定分析，发现除了植酸的含量外，这种玉米的其他营养素含量与对应的传统玉米相比无差异。对转基因"超甜玉米"、"营养玉米"的营养成分进行分析并与其相对应的传统玉米比较，发现这两种转基因玉米中蛋白质含量升高，蛋白质量有所改善，脂质含量也增加，淀粉含量降低。虽然从目前的文献资料来看，转基因食品营养成分变化较小。但是对转基因食品与其对应的传统对等物中营养素进行更细致的分析比较仍是营养学研究的重要任务。

2. 抗营养因子 食品中除了含有大量的营养物质，也含有广泛的抗营养因子，如豆科植物中的蛋白酶抑制剂、脂肪氧化酶等。这些物质超过一定量时则是有害的。目前研究认为转基因食品中天然有毒物质和抗营养因子的含量范围与其相应的原始品种基本一致。然而由于转基因食品本身的多样性，抗营养因子和非期望效应，如潜在新成分的产生或原特性的丧失等，也是转基因食品营养学评价必须考虑的问题。

3. 加工烹调的稳定性及食物自动氧化 高压、高温等物理条件和酶解、发酵等化学变化对转基因食品的影响是不可忽视的问题。食物自动氧化性的强弱也是食品品质的一个重要方面，如脂肪的自动氧化可使蛋白质发生沉淀，作用于氨基酸则可产生一些氨类物质，从而降低食品的营养价值或产生毒性。所以转基因食品加工烹调的稳定性及食物自动氧化也是转基因食品营养学评价的内容之一。

4. 各种营养素的生物利用率　食物中营养素的生物利用率是指营养素被人体消化和吸收利用的部分，是评价营养素营养价值的指标。对传统食品进行基因修饰的目的就是提高食物中一些特定营养素的含量，减低抗营养因子，因此对转基因食品与其对应的传统食品中特定营养素生物利用率进行比较，也是转基因食品营养学评价不能忽视的问题。

三、转基因食品的食用安全性和营养质量评价目标

转基因食品生产的目的是提高食品性状、营养价值和消费品质，转基因食品的安全性是转基因生物安全的核心内容之一，备受消费者的关注。因此，转基因食品的食用安全性和营养质量评价的目标是使转基因食品与相对应的传统对等食品同样安全，且营养价值不低于该传统对等食品。

第六节　转基因食品的卫生监督与管理

鉴于转基因食品的安全性尚未确定，世界各国政府都加强了对转基因食品的监督管理。目前我国涉及转基因食品的监督管理规定有：1993年国家科学技术委员会颁发的《基因工程安全管理办法》；1996年农业部颁发的《农业生物基因工程安全管理实施办法》；2001年国务院颁发的《农业转基因生物安全管理条例》；2002年农业部发布的《农业转基因生物安全评价管理办法》、《农业转基因生物进口安全管理办法》、《农业转基因生物标识管理办法》；2002年卫生部发布的《转基因食品卫生管理办法》。

一、转基因食品的卫生监督

转基因食品的卫生监督重点在于转基因食品的食用安全性和营养质量评价体系的建立和完善，并加强对转基因食品生产经营企业和产品的监督与管理。我国《转基因食品卫生管理办法》规定对转基因食品的卫生监督从以下几个方面进行：

1. 对已经批准生产或者进口的转基因食品发现有下列情形之一的进行重新评价：

（1）对转基因食品食用安全性和营养质量的科学认识发生改变的。

（2）转基因食品食用安全性和营养质量受到质疑的。

（3）其他原因需要重新评价的。

2. 对转基因食品的生产经营组织定期或者不定期监督抽查，并向社会公布监督抽查结果。

3. 对已认定的转基因食品食用安全性和营养质量检验机构须按照卫生部制定的规程及有关标准进行评价。对出具虚假检验报告或者疏于管理难以保证检验质量的，由卫生部责令改正，并予以通报批评；情节严重的，收回认定资格。

4. 从事转基因食品检验、评审和监督工作的人员应当具备相应的专业素质和职业道德。

5. 转基因食品生产经营的经常性卫生监督管理，按照《食品卫生法》及有关规定执行。

二、转基因食品的卫生管理

我国《转基因食品卫生管理办法》对转基因食品卫生管理规定主要包括以下几个方面：

(一) 对转基因食品本身的管理

1. 转基因食品应当符合《食品卫生法》及其有关法规、规章、标准的规定，不得对人体造成急性、慢性或者其他潜在的健康危害。
2. 转基因食品的食用安全性和营养质量不得低于对应的传统对等物。

(二) 对转基因食品生产企业的管理

1. 转基因食品作为一类新资源食品，必须经过卫生部审查批准方可生产或者进口。未经审查批准的转基因食品不得生产或者进口，以及用作食品和食品原料。
2. 生产或者进口转基因食品必须向卫生部提出申请，并提交相关材料：①申请表；②国家有关部门颁发的批准文件；③企业标准；④食用安全性的保证措施；⑤设计包装及标识样稿；⑥与食品安全性和营养质量评价有关的技术资料；⑦申请单位对转基因食品食用安全性和营养质量评价报告和卫生部认定的检验机构出具的对转基因食品食用安全性和营养质量评价的验证报告；⑧其他有助于转基因食品食用安全性和营养质量评价的资料。
3. 转基因食品的生产企业须达到国家有关食品生产企业卫生规范的要求。
4. 转基因食品生产经营者应当保证所生产经营的转基因食品的食用安全性和营养质量。
5. 转基因食品的生产者应当保留转基因食品进（出）货纪录，包括进（出）货单位、地址、数量，相关纪录至少保留二年备查。

(三) 制定严格的安全性评价制度

1. 卫生部制定转基因食品食用安全性和营养质量评价原则、规程和有关标准。
2. 卫生部设立转基因食品专家委员会，负责转基因食品食用安全性与营养质量的评价工作。委员会由食品安全、营养和基因工程等方面的专家组成。
3. 卫生部根据转基因食品食用安全性和营养质量评价工作的需要，认定具备条件的机构承担对转基因食品食用安全性和营养质量评价的验证工作。

(四) 转基因食品的标识制度

1. 食品原料及加工食品中含有转基因修饰有机体或/和表达产物的，要标注"转基因××食品"或"以转基因××食品为原料"。
2. 转基因食品来自潜在致敏食物的，要标注"本品转××食物基因，对××食物过敏者注意"。
3. 转基因食品要采用下列方式标注：①定型包装的，在标签的明显位置上标注；②散装的，在价签上或另行设置的告示牌上标注；③转运的，在交运单上标注；④进口的，在贸易合同和报关单上标注。
4. 转基因食品的标签应当真实、客观，不得有如下内容：①明示或暗示可以治疗疾病；②虚假、夸大宣传产品的作用；③卫生部规定的禁止标识的其他内容。

在以上转基因食品的各项卫生监督管理规定中，执行严格的安全性评价制度及标识制度是转基因食品监督管理的主要原则。转基因食品的安全性评价是加强对转基因食品安全管理的核心和基础，其主要目的是从技术上分析转基因食品的潜在危险，防止其潜在危害的发生，维护消费者的安全权。转基因食品的标识制度是在转基因食品安全性尚未确定的情况下，维护消费者的知情权，尊重消费者的选择权。

（闻　颖）

复习题

名词解释题
1. 转基因食品 2. 转基因生物 3. 基因工程 4. 危险性评价 5. 实质等同性
6. 个案处理

简答题
1. 转基因食品有哪几类?
2. 转基因食品与传统食品的区别
3. 转基因食品对人体健康有哪些潜在危害?
4. 危险性评价、实质等同性分析和个案处理的作用是什么?
5. 转基因食品的食用安全性和营养质量评价目标是什么?
6. 我国从哪几个方面对转基因食品进行卫生监督?
7. 简述转基因食品主要有哪些生产工艺?

论述题
1. 阐述危险性评价、实质等同性和个案处理原则之间关系。
2. 简述转基因食品的食用安全性和营养质量评价的内容。
3. 论述我国转基因食品卫生管理的措施。

第十四章 酶工程食品

第一节 酶工程概述

酶是一种生物催化剂,其化学本质为蛋白质,能在常温常压和低浓度条件下进行复杂的生化反应,同时又具有催化效率高、专一性强等特点。现在我们已经知道,生物体内几乎所有的反应都是在酶的催化下进行的,几乎所有生物的生理现象都与酶的作用紧密相关。可以这样说,没有酶的存在,就没有生物体的一切生命活动;离开了酶,生命活动就一刻也不能维持;失去了酶,也就失去了整个生物世界。

一、酶工程的概念

酶工程又称酶反应技术,是生物技术的一个重要组成部分。酶工程是指在一定的生物反应器内,通过对酶制剂的改组、修饰、固定或创造新的酶类制品等途径,改善酶制剂的稳定性、催化能力、专一性、调节性及使用条件,寻求和开发耐极端条件(如耐高温、耐酸碱、耐盐、耐有机溶剂)的酶产品。酶工程是蛋白质化学与工程科学相互交叉渗透、相互结合并发展而形成的一门新的科学技术(图14-1)。

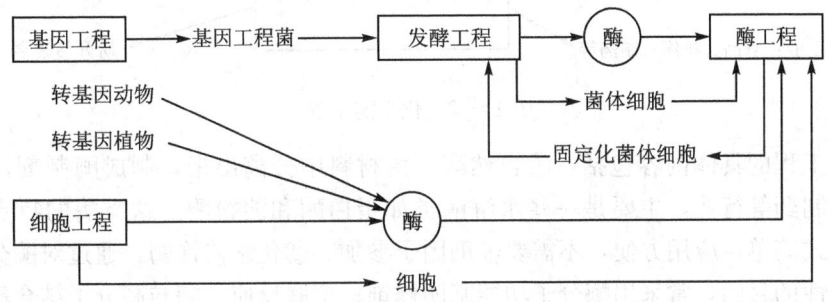

图14-1 酶工程与发酵工程、基因工程、细胞工程的关系

酶是生命活动的基础,因而也成为生物工程的核心。如果没有酶的作用,任何生物工程技术都是不能实现的,所以酶工程被看作是现代生物技术的重要组成部分。

二、酶工程的研究内容

迄今为止,已被鉴定的酶约2 500多种,有工业应用前景的有60多种,大规模生产应用的约16种,小批量生产的商品酶也只有100多种,酶的应用前景不是非常乐观。酶在工业上应用受到限制的主要原因为:①大多数酶脱离生理环境后极不稳定,而酶在生产和应用过程中的条件与其生理环境差别很大;②分离纯化酶的技术繁琐、复杂,酶制剂成本高,价格贵,不利于广泛应用。因此有人根据酶工程研究和解决问题的手段不同,将酶工程分为化学酶工程和生物酶工程。酶工程主要包括以下几个方面的研究内容:

(1) 酶的大量生产和分离纯化及它们在细胞外的应用。
(2) 新酶的发现、研究和应用。
(3) 酶的固定化作用和固定化酶反应器。
(4) 基因工程技术应用于酶制剂的生产及遗传修饰酶的研究。
(5) 酶分子改造与化学修饰以及酶的结构与功能之间关系的研究。
(6) 有机介质中酶反应的研究。
(7) 酶的抑制剂、激活剂开发及应用研究。
(8) 抗体酶、核酸酶的研究。
(9) 模拟酶、合成酶以及酶分子的人工设计、合成的研究。

(一) 化学酶工程

化学酶工程也称初级酶工程，是指自然酶、化学修饰酶、固定化酶及化学人工酶的研究和应用。它主要是由酶学原理与化工技术原理相互渗透和结合而形成的一门科学技术（图14-2）。

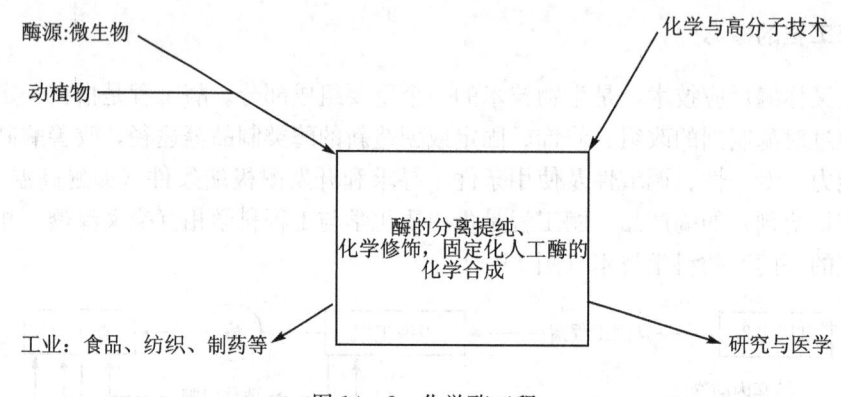

图14-2 化学酶工程

化学酶工程的具体内容包括：①自然酶：由材料中分离出来，制成酶制剂，应用于纺织、食品、制药等行业，主要是一些水解酶类如蛋白酶和淀粉酶。这类酶的特点是：价格低，生产方式简单；应用方便，不需要辅助因子参加。②化学修饰酶：通过对酶分子的化学修饰达到改性的目的，常采用酶分子功能基团修饰、交联反应、酶与高分子结合等方法，主要应用于酶学研究和疾病治疗。③固定化酶：酶分子通过吸附、交联、包埋及共价键结合等方法束缚于某种特定支持物上而发挥酶的作用。④人工合成酶：模拟酶的催化功能，用化学方法合成的催化剂，称之为人工酶。人工酶的制备有两种：半合成法和全合成法。这类酶目前尚未具备使用价值。

(二) 生物酶工程

生物酶工程是酶学和以基因重组技术为主的现代分子生物学技术相结合的产物，亦称高级酶工程图（14-3）。

生物酶工程主要包括三个方面：一是用基因工程技术生产的酶又称克隆酶，目前已经克隆成功的酶基因有100多种，其中尿激酶、纤溶酶原激活剂与凝乳酶等已获得有效的表达，已经或正在投入生产。二是修饰酶基因产生遗传修饰酶又称突变酶，这方面的研究，目前尚处于初始的阶段。三是设计新酶基因，合成自然界不曾有的酶（新酶），主要目的是创造优

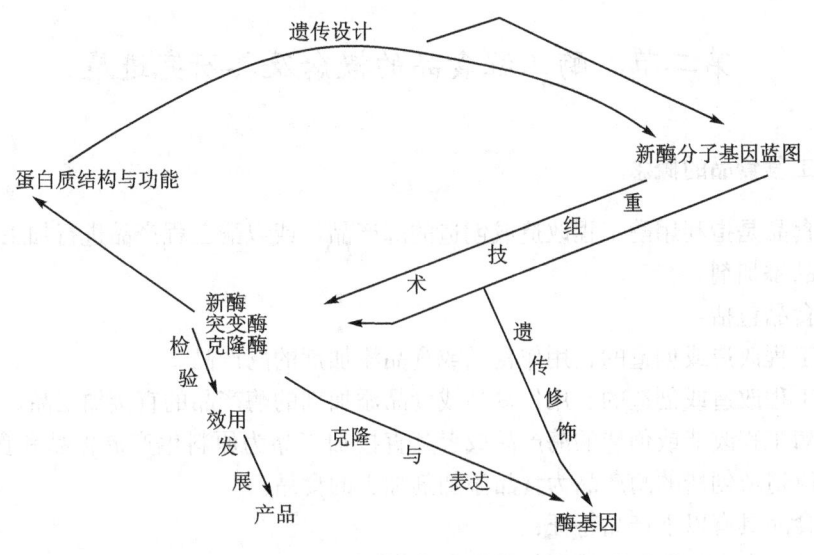

图 14-3 生物酶工程示意图

质酶,用于药品和生物制品的生产。

1. 非水相介质中的酶反应　近年来,酶在非水相介质中催化反应的研究,成为酶工程的一项新的重要内容。如蛋白水解酶类,在非水相中能催化肽键的形成,利用这一发现,便可以利用蛋白酶在非水相介质中的催化特性,合成某些肽类物质,用于制药、保健食品和食品添加剂。

2. 酶反应器和酶传感器

(1) 酶反应器:酶反应器是完成酶反应发生的装置。其研究的主要内容包括:酶反应器的类型及特性;酶反应器的设计、制造和选择等。

(2) 酶传感器:酶传感器又称酶电极。酶传感器是由感受器(如固定化酶)和换能器(如离子选择性电极)所组成的一种分析装置。用于测定混合液中某种物质的浓度。其研究内容包括:酶传感器的种类、结构与原理;酶传感器制备及应用。

三、酶工程的意义

酶工程的研究和应用,贯穿在国民经济的各个领域,具有广阔的发展前景。化学酶工程已在工业和医学领域中产生了巨大的经济效益。其中固定化酶具有强大的生命力,它吸引着生物化学、化学工程、微生物、高分子、医学等各领域的高度注视。以酶和活细胞固定化为基础的高效、专一、实用生物反应器的研究和应用不仅对生物工业革新具有实际意义,而且对推进生物化学、细胞生物学、生理学等基础生物科学的研究具有重要的理论意义。生物酶工程学尚处在初始阶段,它采用以基因工程技术为主的分子生物学技术改造酶,以生产满足人类需要的超自然的优质酶。它的研究和发展,将开创从分子水平根据遗传设计蓝图创造出超自然生物的新时代。在当今日新月异的技术革命中,酶工程具有广阔的发展前景。

第二节 酶工程食品的概念及其研究进展

一、酶工程食品的概念

酶工程食品是指利用酶工程改造或创造的酶产品，或以酶工程产品进行加工处理所获得的食品及食品添加剂。

酶工程食品包括：

(1) 酶工程改造或创造的、用作食品或食品添加剂的酶产品。

(2) 酶工程改造或创造的、用作食品或食品添加剂的酶产品的直接加工品。

(3) 以酶工程改造或创造的酶产品或者其直接加工品为原料生产的食品和食品添加剂，或以酶工程改造或创造的酶产品为食品添加剂加工的食品。

酶工程食品具有以下产品特征：

(1) 产品中存在着酶工程采用的基因改造序列。

(2) 产品中存在着酶工程采用的氨基酸序列修饰成分。

(3) 产品具有其本身的酶工程所设计的性状和功能。

二、酶工程食品的研究进展

Crubhofet 和 Schleith 从 1953 年开始研究酶的固定化。他们将胃蛋白酶、淀粉酶、羧肽酶和核糖核酸酶等结合在重氮化的树脂上，实现了酶的固定化。1969 年，日本学者首次应用固定化氨基酰化酶大规模生产 L-氨基酸。从此以后，固定化酶研究十分活跃，进展很快。现在已有十多种固定化酶用于工业生产。例如：利用固定化乳糖酶生产低乳糖牛奶；利用固定化葡萄糖异构酶生产高果糖浆。

20 世纪 50 年代末到 60 年代，已经有人采用酶修饰技术，使酶的性质得到了改善。从 70 年代开始，在修饰剂的选用、修饰方法上都取得了进展。现在，有些酶（如 L-天冬酰胺酶等）经过大分子修饰剂修饰之后，热稳定性提高，体内半衰期延长。酶化学修饰在一定程度上可以克服天然酶的缺点，使其更适合于工业生产和医疗上的需要。

自从 1967 年酶反应器问世以来，酶反应器的研究引起了人们的极大兴趣。现在，不少酶反应器已经实用化、商品化，用于测定混合物溶液中某种物质的浓度。例如：用葡萄糖氧化酶反应器测定血液、尿、发酵液中的葡萄糖浓度。酶反应器在临床化验、发酵生产、环境监测以及其他化学分析等方面，展示了广阔的前景。近年来，随着固定化酶的不断发展，人们可以研究、设计、制造各种新型的酶反应器，如多功能酶反应器、微型酶反应器、抗干扰酶反应器等，有的已应用于生产。当前酶工程的主要任务是：

(1) 利用基因工程技术开发新酶品种和提高酶产量。

(2) 固定化酶和细胞、固定化多酶体系，特定生物反应的研究和应用。

(3) 用微生物和动植物组织研究生物传感器。

(4) 非水系统的反应技术，酶分子的修饰与改造以及高效催化剂的人工合成研究。

(5) 注意研制分解纤维素和木质素的酶、使低分子有机物聚合的酶、检测用酶、能分解有毒物质的酶及废物综合利用酶。

第三节 酶工程食品的技术原理及工艺

随着现代科学技术的飞速发展，人们对酶工程技术的了解越来越深入，分离纯化得到的酶越来越多，酶工程的研究内容在不断地扩大和更新，酶工程技术也更广泛地应用于各个领域。

一、酶的改组技术

(一) 基本原理

酶的改组技术也称为酶的定向进化技术。酶的改组技术是基于对酶分子的空间结构、结构与功能之间关系等方面信息的认识，通过定点诱变的方法，改变酶的氨基酸序列，尤其是改变构成活性中心的氨基酸种类，以改变其稳定性、催化性和专一性。

(二) 技术路线

酶的改组技术是以一个或多个已经存在的天然酶的主链为蓝本，按照三种技术路线进行酶的改造：

(1) 定点突变：通过测定和分析，选定突变位点，设计带有相应突变信息的氨基酸残基及其突变基因，采用基因工程技术产生酶的突变体。

(2) 突变筛选：经过对酶基因的随机突变和重组，构建一个人工突变酶库。该突变酶库中含有该酶各种可能的突变体。通过测定、比较和分析，获得具有预期特性的改组酶。

(3) 分子杂合：采用不同的酶分子中的结构单元或是整个酶分子进行组合或交换，或将其他蛋白质分子的一段序列引入到酶的结构中，产生的新酶称为杂合酶。杂合酶往往能表现亲本酶的优点，还可能创造出新的酶。

蛋白质工程、基因工程与细胞工程技术的发展，使杂合酶技术得以顺利实施。杂合酶技术使酶工程的研究摒弃了烦琐的蛋白质序列、结构测定和漫长的筛选过程，为加快新酶的构建提供了一条新路线。

二、酶的修饰技术

(一) 基本原理

酶的修饰是通过对酶蛋白主链的剪接切割和侧链的化学修饰对酶分子进行改造的一种技术。所谓化学修饰，就是通过化学反应，在酶的侧链上接上某种基因，或改变酶侧链上原有基团的结构，导致酶蛋白构象发生改变，从而改变酶的特性，创造出天然酶不具备的某些优良性状，扩大酶的应用以达到较高的经济效益。

(二) 技术路线

(1) 酶的表面化学修饰：采用可溶性大分子，如聚乙二醇、聚乙烯吡咯烷酮等，通过共价键与酶的侧链基团相结合，在酶的表面形成覆盖层。这些覆盖层既可溶于水，又可溶于绝大部分的有机溶剂，扩大了酶制剂的使用范围。同时，又起到保护酶制剂的作用，提高了其稳定性。应用结果还表明，表面修饰的酶制剂的活性仍然能够保持不变。如用右旋糖酐修饰 α-淀粉酶、β-淀粉酶、胰蛋白酶和过氧化氢酶，能有效地提高酶的热稳定性。

(2) 酶分子的内部修饰：通过选择性修饰酶的氨基酸侧链成分，来达到氨基酸取代的效果，比采用蛋白质工程的酶改组技术更为简捷。酶分子的内部修饰包括对蛋白主链的修饰、对催化活性基团的修饰、对非催化活性基团的修饰等。虽然，化学修饰所产生的酶产品种类没有蛋白质工程多，但可以成为蛋白质工程的有效补充。

对蛋白主链的修饰就是将酶活性部位的某一种氨基酸变成另一种氨基酸。利用酶法修饰主链的成功例子是将猪胰岛素转变为人胰岛素。

通过选择性修饰氨基酸侧链的方法，实现对催化活性基团的修饰，较之采用蛋白质工程的化学突变法更为简捷。如将枯草杆菌蛋白酶活性部位的 Ser 残基转化为半胱氨酸残基，产生了催化特性与原来完全不同的新酶制剂。

(3) 酶分子的金属取代：对酶分子中所含的金属进行取代，可以改变酶的专一性、稳定性及抑制作用。例如，天然含铁超氧化物歧化酶中的铁原子被锰取代后，酶的稳定性和抑制作用发生显著改变。重组含锰酶对 H_2O_2 的稳定性显著增强。酰化氨基水解酶活性部位的锌被钴取代后，酶的底物专一性和最适 pH 都有改变。通过这种酶修饰技术，可产生出多种适用于不同底物和不同条件的金属酶制剂。

三、酶的固定技术

(一) 基本原理

酶的固定化是将酶固定于一定空间内，或连接于一定的支持物上，使其在使用中不能自由流动的技术。由于固定化酶能与反应的产物分开，因此，反应后的酶可以回收重复使用，并且产物中没有酶的残留，简化了产品提纯的工艺。由于固定化技术能提高酶的稳定性和使用效率，提高产物的收率和质量，所以固定化酶比游离酶更适合于多酶反应。

(二) 技术路线

酶的固定化技术主要包括酶制剂的固定技术和细胞的固定技术等。

(1) 酶的固定化：常用聚合基质或载体分子等作为酶的固定材料。通过非共价结合法、化学结合法或包埋法，将酶附着于固定材料的表面或包埋在固定材料内部。参与反应时，酶可以与底物充分接触，但不发生流动。反应可在流动状态下进行，底物不断流经固定的酶制剂，受其催化发生反应。产物通过流动不断排出反应体系，实现产物与酶制剂的有效分离。固定化酶按需要可制成颗粒、线条、薄膜和酶管等形状，其中颗粒状占绝大多数。

(2) 细胞的固定化：用于固定细胞的材料与固定酶的材料和方法十分相似。所有微生物、植物和动物的细胞均可进行固定化处理。而且，不仅活细胞可用于制备固定化细胞，死细胞（休止细胞）的整细胞、细胞碎片、细胞器亦可用于制备固定化细胞，固定化的死细胞可看作是一个充满酶的口袋。

由于固定化细胞中含有多种生物酶组成的完整的酶系统，也包含了反应所需的辅酶成分，故对于催化多步的连续反应尤为有利。与固定化酶相比，固定化细胞具有密度大、可增殖（固定化活细胞）、稳定性好、可较长时间连续使用等优势。固定化细胞技术可将基因工程、细胞工程和蛋白质工程等技术产生的工程菌或工程细胞直接用做酶制剂，大大简化了酶的表达、分离、纯化等步骤。因此，固定化细胞技术虽然是由固定化酶带动起来的，但其应用却后来居上，发展迅速。

四、酶的模拟技术

模拟酶，又称人工酶或酶模型。模拟酶技术就是采用有机化学、生物化学等方法，设计和合成一些较天然酶简单的，但又具有天然酶中起主导作用的结构和催化功能的非蛋白质分子或蛋白质分子。模拟酶的关键是在分子水平上模拟酶活性部位的形状、大小及其微环境等结构特征，达到从分子水平上模拟酶的生物功能。

设计的模拟酶除具有催化基团外，还要考虑到酶与底物的定向结合能力，即要求酶模型的催化基团与底物之间必须具有相互匹配的立体结构。模拟酶要像天然酶一样，能够在与底物的结合中，通过底物的定向化、键的扭曲和变形来降低反应的活化能。

第四节　酶工程食品的应用

一、酶在淀粉加工中的应用

以淀粉为原料，通过酶转化法生产低聚麦芽糖、低聚异麦芽糖，具有原料来源广、价格低、入口香甜、风味独特等优点。麦芽寡糖酶水解淀粉后，通过絮凝、脱色、离交、纯化制成 3～8 个葡萄糖分子组成的新型淀粉糖，它不仅是一种科学的、合理的、具有生物功效的高能营养品，还具有易消化、低甜度、低渗透等优点。转移葡萄糖苷酶是生产低聚异麦芽糖主要且必须使用的酶制剂。以淀粉为原料，经调乳、液化后，在液化液中添加真菌淀粉酶、葡萄糖苷转移酶进行糖化、转苷反应，经一定时间后，便产生以异麦芽糖、异麦芽三糖和潘糖为主要成分的糖液。以玉米淀粉为原料，在糊化时加入耐热 α-淀粉酶，采用酶脱支反应等手段改变淀粉原有的分子结构并重新结晶，可以提高产品中抗性淀粉的含量。

二、酶在面粉烘烤加工中的应用

酶应用在烘烤食品方面，可以增大面包体积，改善面包表皮色泽，改良面粉质量，延缓其变陈，提高柔软度，延长保存期限。经试验表明，向面粉中添加 0.1% 的淀粉酶，就可以使面粉变得完善，大大改进产品的质量，因此，国内外都把面粉中的淀粉酶活力作为面粉质量的指标之一。制作面包时，当面质很硬或需要面团具有特别的柔韧性和延伸时加入蛋白酶，能改善面团的物理性质和面包的质量，使面团易于延伸，较快成熟。脂肪氧化酶添加于面粉中，可以使面粉中的不饱和脂肪酸氧化，同胡萝卜素发生氧化作用而将面粉漂白。乳糖酶也可应用于加脱脂奶粉的面包制造中，它可以分解乳糖生成可发酵性的糖，促进酵母发酵，改善面包色泽。

三、酶在蛋白质加工中的应用

蛋白酶能将蛋白质水解为肽和氨基酸，提高和改善蛋白质的溶解性、乳化性、起泡性、黏度、风味等。利用蛋白酶制剂可以避免酸水解、碱水解对氨基酸的破坏作用，保证蛋白质的营养价值不受影响。在豆乳的生产中，传统工艺中存在着原材料利用率低、稳定性差、复溶性不好等缺点。利用蛋白酶的作用，豆乳中的蛋白质和碳水化合物被降解，这样就可以提高原材料利用率，增加产品的稳定性，改进产品的营养价值。

四、酶在乳品加工中的应用

酶应用于乳品加工主要有以下几个方面：乳糖酶分解乳糖、凝乳酶制造干酪、婴儿奶粉中添加溶菌酶杀菌消毒、多酶生物传感器等。将固定化酶系统与微电流计连接能快速准确的测定乳糖的含量，这对乳制品生产中质量控制具有重大意义。其中以乳糖酶和凝乳酶的应用最为重要，凝乳酶是生产干酪不可缺少的制剂，其产值占整个酶制剂总产值的15.5%；乳糖酶可以将乳品中含量较多的乳糖水解为半乳糖和葡萄糖，提高乳品的可消化性，防止引起乳糖不耐症。全世界大约有1/4牛奶用于生产干酪，生产用的凝乳酶主要由大肠杆菌来生产。脂肪酶的使用有助于乳制品特有香味的挥发和保持。因为脂肪酶能使乳品加工中产生的香味挥发物质，如脂肪酸、醇、醛、酮、脂、胺等增加。

五、酶在果蔬加工中的应用

水果蔬菜加工中最常用酶的有果胶酶、纤维素酶、葡萄糖氧化酶等。其中果胶酶已成为许多国家果汁、蔬菜汁加工的常用酶之一。利用果胶酶可以明显提高果汁澄清度，增加果汁出汁率，降低果汁相对黏度，提高果汁过滤效果。随着人们对天然健康食品的不断需求，近年来，采用果胶酶和其他的酶（如纤维素酶等）处理蔬菜可制得透明澄清的蔬菜汁，再经过调配就可以制成品种繁多的饮料食品，如胡萝卜汁、南瓜汁、番茄汁、洋葱汁饮料等。葡萄糖氧化酶可用于果汁脱氧化，国内外对其生产及固定化方法进行了深入的研究。

六、酶在食品保鲜中的应用

食品在运输、储藏保存过程中，氧的存在容易引发色、香、味的改变，如花生、奶粉、饼干、冰淇淋、油炸食品等富含油脂食品的氧化，导致油脂的酸败，降低营养价值，甚至产生有毒物质；使受伤的苹果、梨、马铃薯等水果蔬菜及草莓酱、苹果酱、肉类等变色，影响商品质量。

葡萄糖氧化酶（glucose oxidase）可有效防止氧化的发生，对于已经部分氧化变质的食品也可阻止其进一步氧化。葡萄糖氧化酶是一种氧化还原酶，它可催化葡萄糖与氧反应，生成葡萄糖酸和过氧化氢，有效地防止食品成分的氧化，起到食品保鲜作用。葡萄糖氧化酶可直接加入到啤酒及果汁、果酒和水果罐头中，不仅能起到防止食品氧化变质的作用，还可有效防止罐装容器的氧化腐蚀。特别是近年来，随着葡萄糖酸钙、酸锌、酸铁等葡萄糖酸系列产品的兴起，需求日益增加，因而开发性能优良的固定化葡萄糖氧化酶用以氧化葡萄糖生产葡萄糖酸，具有实际意义。

七、酶法生产L-氨基酸

目前，氨基酸在医药、食品以及工农业其他领域中的应用范围越来越广。各种必需氨基酸对人体的正常发育有很好的促进作用，有些氨基酸还可以作为药物，以适当比例配成的混合物可以直接注射到人体内，用以补充营养以及治疗某些疾病。此外，氨基酸还可用做增味剂和畜禽的饲料，并可用来制造可生物降解的高分子材料，如聚赖氨酸等。

化学合成法曾经是工业化生产氨基酸的主要方法之一，但是化学合成法生产的氨基酸都是消旋体。由于只有L-型氨基酸才具有生理活性，外消旋氨基酸必须转化为L-型氨基酸，主要的拆分方法有物理化学法、化学法和酶法等三种，其中以酶法最为有效，能够生产出纯度较高的L-氨基酸。

八、酶法生产高果糖浆

众所周知,食糖是日常生活的必需品,也是食品、医药等工业的基本原料之一。全世界食糖的年消耗量以 4% 的速度增加,而食糖的产量每年只增加 2%~3%,供不应求。果糖的分子式与葡萄糖完全相同,而果糖的甜度是葡萄糖的 1.7 倍,且甜味纯正。因此,利用酶使淀粉的水解产物葡萄糖的醛基转化为果糖的酮基,可以解决这一问题。利用固定化酶生产高果糖浆的工艺(如图 14-4)。

由于原料淀粉来自玉米,人们就把这种产品称为高果玉米糖浆(HFCS)。目前,全世界的 HFCS 产量已经高达 1 000 万吨以上,主要用于碳酸饮料、食品工业等作为甜味剂。HFCS 生产企业主要集中在北美粮食生产过剩地区,不但为农场主开辟了新的粮食销售市场,而且大大节约了原来用于进口蔗糖的外汇。

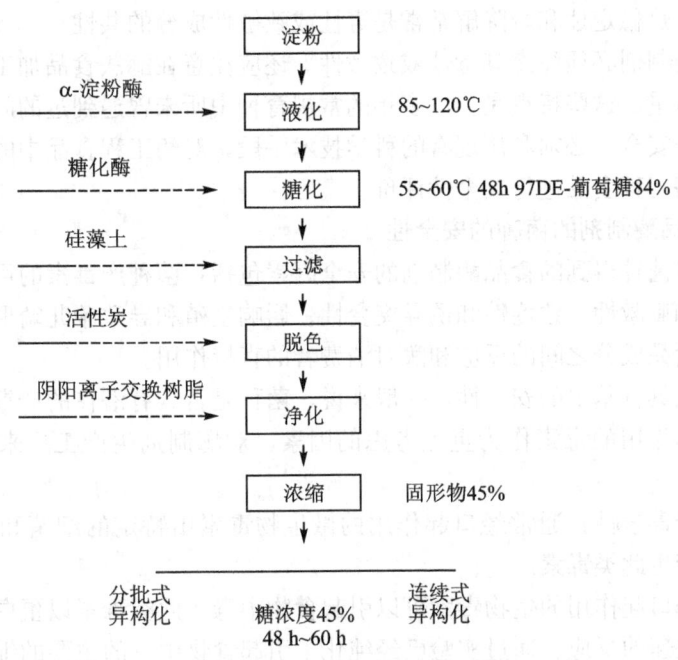

图 14-4 高果糖浆生产过程

第五节 酶工程食品可能存在的卫生学问题

酶工程所采用的操作技术基本上以基因工程技术和细胞工程技术为主,所以酶工程也无法摆脱由基因工程和细胞工程所带来的卫生安全问题。作为微生物来源的食品酶制剂,通常除了包括酶蛋白本身以外,还含有微生物的代谢产物,以及添加的稳定剂。酶制剂本身的食用安全性是首先应该注意的问题。

一、酶工程食品的安全评价因素

(一)酶工程食品潜在的卫生学问题

(1)产品中存在着酶工程采用的基因改造序列。外源基因表达产物为食物成分时,产物与已知的食物毒性成分、致敏性成分或抗营养因子的同源性,并且外源基因和受体基因有变异的危险性。

(2) 产品中存在着酶工程采用的氨基酸序列修饰成分。要重新修饰氨基酸时,不仅要注意新氨基酸与已知的毒性成分、致敏性成分的序列同源性、结构相似性,还必须注意新氨基酸的作用机制、与其他成分的亲和能力等因素,推测新的氨基酸序列对人体可能产生的危害,通过适当的毒理学试验确定其危害性。

(3) 产品具有酶工程本身所设计的性状和功能。酶的改组与修饰是对天然蛋白质的改造过程,改造的方向之一是增加其稳定性,即对抗环境各种因素的耐受力。以工程菌的活体为催化剂的酶工程食品,可能产生的另一安全问题是食品加工过程的副产物。副产物的产生既涉及工程菌的变异产物,也涉及多酶系统催化反应及多级代谢反应的复杂性。这一特性对于工程酶制剂来讲是非常重要的,而且也是非常必要的。但也为混入食品中的蛋白酶的消化和降解增加了难度。热稳定性和难降解常常是毒性或致敏性成分的共性。

因此,对新酶制剂必须注意其毒性或致敏性。还应注意在酶法食品加工中,酶制剂在食品中的状态及残留量。这些特点是100多年的常规育种中所未曾遇到过的问题。要使酶工程食品在应用上更加安全,必须利用现有的科学技术手段,对酶工程食品中的不利特性加以克服,因此必须对酶工程食品进行安全性评价。

(二) 生产食品酶制剂的菌种的安全性

常规方法改造菌种得到的食品酶制剂的安全因素包括:菌种产毒素的可能性和潜在的致病性、致过敏性和刺激性、致癌性和诱导突变性、影响生殖和导致胎儿畸形,以及酶反应的产率、酶与其他食品成分之间的反应和酶对消费者的直接作用。

作为菌种必须具备基本的安全性,一般来说,菌种是否具有潜在的产毒素的特性,尤其是那些通过口服起作用的毒素作为重点考虑的因素,对酶制剂生产工厂来说,这一点尤为注意。

(1) 潜在的产毒素性:通常经口起作用的微生物毒素由特定的细菌和特定的放线菌产生,酵母一般不产生此类毒素。

细菌产生的经口起作用的生物毒素可以引起食物中毒,此类毒素以蛋白质类物质的形式存在,能够引起快速的反应。通过实验已经纯化了引起食物中毒的主要的细菌毒素,与产毒素性质相关的基因序列也已确定,那些产毒素的细菌和放线菌的特征也被充分的研究,这些研究的成果都为获得新的用于生产食品酶制剂的菌种奠定了基础。

(2) 潜在的致病性:一般来说,明显的人类致病菌不能在食品酶制剂工厂的生产中应用,同时微生物也不可能在成品的酶制剂中存活。即便如此,作为常规的工业化操作规范,还是要通过动物模型来确定未知微生物的潜在的致病危害。

(3) 安全菌株:国际食品与饮料咨询委员会(IFBC)认为,已确定无致病性、不产毒素的菌种,尤其是那些在安全用于食品酶制造方面具有悠久历史的微生物,即便它们经过传统的或导入DNA的改造,仍然是产生安全菌种系属的最优选择。建立一个安全的菌种还需彻底搞清楚寄主机体的特征,确保所有导入寄主机体的DNA的安全,保证整个改造寄主机体的过程适合食品生产的应用。

二、相应的措施

（一）进行酶工程食品安全问题研究

到目前为止，虽未出现酶工程食品安全方面的严重事故，但也并不能说明酶工程食品的安全问题是不存在的。因为酶工程食品安全问题具有很大的不确定性，而且很多酶工程食品安全问题在短期内和发展的初期阶段不会造成明显的恶果，如同人们认识 DDT 的危害需要时间一样，酶工程食品安全问题很有可能随着时间的积累和生物技术的不断发展而逐渐显露出来。当前，对酶工程食品的安全研究的资金投入与生物技术研究的资金投入相比要少得多。以生物技术安全研究水平最高的美国为例，美国农业部每年投入大约 150 万美元用于生物技术安全研究，仅占其生物技术研究预算的 1%。

食品安全研究成果的缺乏已经产生了严重的后果。人们关心的食品安全问题得不到科学的解释，找不到解决食品安全问题的有效措施。对酶工程食品的安全问题持有不同甚至相反的观点，直接导致对酶工程食品安全问题的看法和政策陷入混乱状态，最终阻碍了生物技术的发展。只有通过科学研究，解决生物工程技术安全的基本问题，才可能从根本上保证现代生物工程技术的发展。

（二）进行酶工程食品安全性评价

目前，食品酶的改性方法很多，如：基因工程、酶工程、蛋白质工程、化学改性及新开发的环境分离等。因此，筛选更适合的酶工程食品的安全性评价是非常重要的。

（三）完善我国的生物技术安全的对策

我国的生物技术安全形势正面临着严峻的挑战。面对世界生物技术的迅速发展，尽快制定出我国生物安全的战略和对策是当务之急。

加强生物安全的国际合作与交流也是提高我国生物安全管理能力的重要措施。我国不仅需要吸收和借鉴其他国家在生物安全方面的经验和教训，了解世界生物安全的发展动态和趋势，而且需要让世界了解中国的生物安全管理实践，在国际上树立我国严格进行生物安全管理的良好形象和信誉。这有利于我国的生物技术产品进入国际市场。

（刘　颖）

复习题

1. 酶有何特性？何谓酶工程？
2. 酶工程食品的概念及特点。
3. 为什么要进行酶的修饰，简述它的技术路线。
4. 酶的固定化方法有哪些，各有何优缺点？
5. 简述酶在食品工业中的应用。
6. 简述酶工程食品可能存在的卫生问题。

第十五章　蛋白质工程食品

第一节　蛋白质工程概述

蛋白质（protein）属于生物有机大分子，可以说它是决定生命存在和运动的最重要的一类物质。各种生物功能、生命现象和生理活动往往是通过蛋白质来实现的。蛋白质执行着酶催化作用，使新陈代谢能有序进行，从而表现出各种生命的现象；通过激素的调节代谢作用，以确保人和动物正常的生理活动；产生相应的抗体蛋白，使人和动物具有防御疾病和抵抗外界病原侵袭的免疫能力；构建成的各种生物膜，形成生物体内物质和信息交流的通路和能量转换的场所。这一系列功能充分说明了蛋白质在生命活动中的重要作用，说明生命活动是不能离开蛋白质而存在的。

一、蛋白质工程的概念

随着蛋白质结晶学、分子遗传学、计算机辅助设计和蛋白质化学等诸多研究领域的发展以及相互交叉、渗透和融合，20世纪80年代逐渐形成了一个新型的应用技术领域——蛋白质工程。1981年，美国科学家厄尔默（Ulmer）率先提出了"蛋白质工程"（protein engineering）这一名词，之后，这一概念被广泛接受和普遍采用。蛋白质工程是指通过生物技术对蛋白质的分子结构或者编码蛋白质的基因进行改造以获得更符合人类需求的功能蛋白质。这是新一代的基因工程，因而蛋白质工程也被称为第二代基因工程。蛋白质工程与基因工程及其他生物工程之间的差别是：

（1）基因工程只涉及对生物现有基因的转移、修饰和调控，即便是人工合成的基因，也是按照生物现有基因的序列进行合成的。换句话说，基因工程只涉及对自然界中已存在的蛋白质种类进行改造；蛋白质工程虽也涉及已有的蛋白质种类，但其主要任务是根据需要设计并通过生物合成的方法生产出自然界中未有的蛋白质种类，已有的蛋白质往往只作为新蛋白质设计的参考和参数。

（2）基因工程只涉及蛋白质的一级结构，即通过改变基因的核酸序列，改变所合成的蛋白质产物的氨基酸序列；蛋白质工程也首先需要改造和合成蛋白质的氨基酸序列，但其对蛋白质氨基酸序列的改造的出发点是创造一个什么样的一级结构，才能使所合成的蛋白质能折叠成具有所需功能的三维结构。

（3）基因工程和细胞工程等技术只涉及蛋白质在原有生物细胞内的功能和作用，即只要求表达的蛋白质能在相应的生物体内体现相应的功能；蛋白质工程更注重蛋白质在体外条件下，尤其是要求新合成的蛋白质能在极端条件下和工业化生产条件下体现相应的功能。

（4）基因工程和细胞工程等技术只涉及对蛋白质现有生物功能的研究和揭示；蛋白质工程则注重对蛋白质未知功能的研究和开发，并更注重对蛋白质学习功能和记忆功能的研究和揭示。

显而易见，蛋白质工程是基因工程、细胞工程的延伸和拓展，不仅表现在研究广度上的扩展，还表现在研究深度上和研究层次上的扩展。因此，蛋白质工程被顺理成章地称为第二代遗传工程。然而，蛋白质工程与基因工程及其他现代生物工程之间又有着密不可分的联系。从严格意义上讲，蛋白质工程只是提供了一张新蛋白质的设计蓝图，新蛋白质的生物合成、功能验证和批量生产都完全是由其他生物工程技术完成的。因此，蛋白质工程的本质是新蛋白质分子的序列设计和结构设计。

二、蛋白质工程的研究和发展历史

20世纪80年代初，随着蛋白质晶体学和结构生物学的发展，人类可以通过对蛋白质结构与功能的了解，借助计算机辅助设计，利用基因定位诱变等高新技术改造基因，以达到改进蛋白质某些性质的目的。这些技术的融合，促使了蛋白质工程这一新兴生物技术领域的诞生，为认识和改造蛋白质分子提供了强有力的手段。1983年，《科学》杂志发表了以"Protein Engineering"（蛋白质工程）为题的专论，这标志着人们能按自己的意愿创造出适合人类需求的新基因，并能表达出具有不同功能的蛋白质。蛋白质工程的基本程序（如图15-1）。

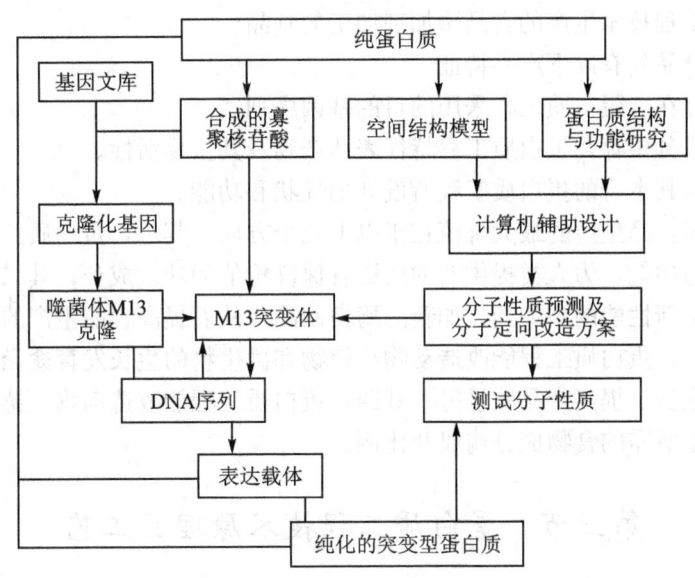

图15-1 蛋白质工程的程序

近年来，随着蛋白质结构测定技术的改进和先进仪器设备的采用，已经获得了大量蛋白质高级结构和一级结构的资料，使研究者能够从中寻找出有关蛋白质折叠方式、结构以及与其功能性相关的规律，加之DNA测序技术的发展，大大加速了蛋白质工程工作的研究进展。

实质上，自然界漫长的进化和选择过程会导致一系列天然突变的发生，即天然的蛋白质工程。这些天然突变对于机体可能是有害的。但值得我们学习和借鉴，并从中寻找和总结规律，满足人类自身的需要，蛋白质工程为此提供了强有力的工具。不仅如此，蛋白质工程还为人类能设计并创造出自然界不存在的优良蛋白质的可能性，从而为社会提供巨大的经济效益。

第二节 蛋白质工程食品的概念

食品中某种蛋白质的营养质量以及它的功能特征对于其在食品中的应用是非常重要的。蛋白质的功能特性决定了其理化特征，而这种理化特征又会赋予食品具有良好的溶解性、与水的结合能力、与脂肪的结合能力以及形成泡沫等特性。某些食品蛋白质由于其自身结构的限制，使它们缺少某种典型的理化特性，从而限制了它们在食品中发挥某种功能的作用。所以，有必要运用物理、化学、基因工程以及酶工程等方法对这类食品蛋白质的功能加以改善。

蛋白质工程食品系指利用蛋白质工程技术改造的动物、植物和微生物生产的食品和食品添加剂，包括：

（1）蛋白质工程动物、植物和微生物产品；

（2）蛋白质工程动物、植物和微生物直接加工品；

（3）以蛋白质工程动物、植物、微生物或者其直接加工品为原料生产的食品和食品添加剂，或以蛋白质工程技术生产的食品添加剂加工的食品。

蛋白质工程食品具有以下产品特征：

（1）产品中存在着蛋白质工程采用的目的基因序列。

（2）产品的成分中存在蛋白质工程特征表达产物及其生物活性。

（3）产品具有其本身的蛋白质工程所设计的性状和功能。

蛋白质工程对食品生产的最大价值在于以下几个方面：其一，蛋白质工程能改造生物活性蛋白质的结构与功能，为人类提供新的或更有保健价值的功效成分；其二，蛋白质工程能为食品生产提供全新性能的添加剂，如新的酶类制品，从而提高食品生产的效率，改善食品产品的性能；其三，蛋白质工程能改造动物、植物和微生物的生长发育途径，从而改良其目标性状，如加速生长、提高产品质量等；其四，蛋白质工程能改造动物、植物和微生物的代谢过程，从而产生所需的食物成分构成及比例。

第三节 蛋白质工程技术原理及工艺

一、蛋白质工程技术的基本原理

蛋白质工程以改造蛋白质的三维结构为手段，以获得优良的蛋白质功能为目的，其所依据的基本原理是：在一定的条件下，蛋白质的一级结构决定其高级结构，即蛋白质的氨基酸序列决定了蛋白质的二级、三级和更高级的构象，而蛋白质的构象决定其功能和性质。

按照新蛋白质分子设计的思路，蛋白质工程可以按"从功能到结构"的策略，也可按"从结构到功能"的策略予以实现。前者是改造天然蛋白质的技术路线，后者是重新构建蛋白质的技术路线。

二、改造天然蛋白质的技术路线

现存的天然蛋白质都有许多不尽如人意之处，甚至有些还具有毒害作用。有些蛋白质存在于原生物体内时，其结构与功能相得益彰，可以说是天衣无缝。但一旦离开原来的环境，或者外部条件稍有改变，其功能就大打折扣；有些蛋白质，如毒肽分子是某些生物与生俱来的物质。按照生物进化"需要决定存在"的观点，产生这些毒肽分子的生物肯定有对其功能的需要。但从人类利用的观点来看，毒素就必须设法除去。如此种种原因，引发了对天然蛋白质进行改造的研究和应用。天然蛋白质为蛋白质功能与结构的改造提供了许多相当稳定、能够耐受序列修饰改变的结构骨架，为蛋白质工程技术的实际应用奠定了重要的基础。改造天然蛋白质工程是从改造某些蛋白质的不良功能着手，研究和发现这些功能与结构的相关性，设计改造方案和技术路线，对其相关结构进行改造，创造出具有新性能的蛋白质的一门技术。

（一）天然蛋白质的功能与结构设计

对特定的天然蛋白质，进行功能改造的设计，内容包括：确定改造目标，如增加稳定性或活性，改变特性或专一性；研究和确定其所需改造的功能与结构的关系；对蛋白质特异结构位点进行定点诱变；诱变产物的结构与功能分析等。

确定改造后蛋白质的一级结构、可能构象、功能预测等内容相当复杂。由于蛋白质是生物大分子，且结构相当复杂，逐个构象进行分析显然是不可行的。一般先采用计算机模拟技术进行大范围的排查，以初步确定最有可能的构象。并利用计算机的专用设计和预测程序，模拟新蛋白质的构象和功能，帮助选取改造方向，预测改造效果。最后再通过对特异结构位点诱变的方法，确定与功能相关的构象。

定位诱变也是分析蛋白质功能与结构关系常用的方法。通过改变蛋白质中特定位点上的氨基酸，如以另一种氨基酸置换其中的一个氨基酸，或插入一个或多个氨基酸，或除去一个或多个氨基酸后，再对诱变后产生的蛋白质功能进行分析。如能得到所需蛋白质的新功能，则表明分析和判断的结果是正确的。不然，则需要继续进行新的位点的诱变，直到获得所需的功能为止。

（二）确定蛋白质改造的技术路线

根据上述分析结果，采用基因工程的基本技术，由得到的新蛋白质的目的基因，并为其选择合适的调控元件、载体系统和表达系统，构建新蛋白质的表达系统。

由于微生物表达系统操作简单，分裂时间短，生长速度快，常被用做蛋白质的表达系统。采用这一系统，在几天的时间内就可验证蛋白质改造产生的效果。

（三）新蛋白质的生产和鉴定

根据新蛋白质的表达系统，采用发酵工程或生化工程的技术进行新蛋白质的批量生产，包括对产品进行分离和纯化，必要时还需对产品进行复性处理，最后对产品的结构、功能进行鉴定。

三、修饰天然蛋白质的技术路线

应用基因重组表达技术对天然蛋白质结构与功能的改造，是一条非常有效的蛋白质改造途径。但其技术过程仍嫌繁琐和冗长。有时，应用化学方法直接对天然蛋白质分子进行修饰，往往可以得到所需要的蛋白质结构与功能，而且所用的技术要简单许多，开发成本也大大降低。化学修饰方法与基因重组方法结合，可以使蛋白质工程的实施更加有效。

一个蛋白质的三维结构在最大程度上依赖于侧链间的非共价键相互作用。蛋白质化学修饰的作用就是通过改变天然蛋白质的侧链基因，使其三维结构发生变化，产生有利的活性区域或活性位点。蛋白质化学修饰的基本策略是采用一个天然的多肽与一个人工合成的多肽相缔合，产生一个半合成的多肽结构。由人工合成的多肽部分将化学修饰带入多肽结构中，从而使新的多肽结构表现所设计的修饰蛋白质功能。对人工合成多肽部分进行化学修饰主要采用功能基团的特异性修饰、蛋白质片段的嵌合修饰和天然蛋白质的剪裁修饰等几种方法。

（一）功能基团的特异性修饰

在20种天然氨基酸的侧链中，大约有一半可以在足够温和的条件下产生化学取代而不使肽键受损，其中氨基、巯基和羧基特别容易产生有用的取代（即用另一个基团取代原有的基团）。取代的方式有多位点取代、单一或限制性取代、次级取代等。

特异性修饰的最大困难是对特定的基团进行修饰（取代），而对不希望修饰的基团予以保护。因为任何给定的氨基酸残基在蛋白质分子中可能出现不止一次，如果用化学方法对氨基酸进行修饰时，正常情况下所有相关的氨基酸侧链，包括相同的和相似的氨基酸侧链都可能被修饰。从而使修饰的特异性和效果受到损害。为此，常在多位点取代反应中采用基因临时保护剂的方法，或者通过控制反应条件及选择修饰试剂，实现对蛋白质单一位点及特种基团的化学修饰。

（二）蛋白质片段的嵌合修饰

蛋白质在变性剂作用下，可导致多肽链间非共价相互作用被破坏，而使原来结合在一起的两个或多个多肽链分开，因其三维结构遭受破坏而使其活性丧失。如果将分开的多肽链再混合到一起，在无变性剂存在时，多肽链仍可恢复原来的构型，活力也随之恢复。依据这一原理，设法将人工合成的、带有修饰性状的肽段连接在一起，构成一个嵌合多肽链，产生具有设计功能的新蛋白质。

较小肽段的连接主要是通过非共价键、二硫键、常规肽键或其他非肽共价键的作用。非共价键和二硫键的相互作用是产生于肽链间的侧链基团。肽键的形成则需要通过化学方法或酶连接反应产生。非肽键的连接是蛋白质-蛋白质分子间的连接，这种连接需要利用双功能试剂对两个蛋白质分子末端的特定的氨基酸残基（如赖氨酸残基）的结合力，将它们连接串联在一起形成头-尾相连的蛋白质嵌合体。

四、重新构建蛋白质的技术路线

构建新的生物材料，乃至于构建新的生物物种，是人类的夙愿，其中具有决定意义的，也是难度最大、最有挑战性的莫过于构建全新的蛋白质。为此，人类经历了对生物蛋白质的仿制（如人工胰岛素的合成等）、改造（如改造天然蛋白质）和创造等阶段。重新构建蛋白质就是创造自然界不存在的、具有纯粹的人为设计特性和功能的蛋白质品种。

人类在不断认识和利用天然蛋白质的同时，也逐步意识到单纯依赖改造天然蛋白质这一种方法所带来的局限性。例如，天然蛋白质的结构骨架所能够耐受的序列修饰和改变的程度是有限的，对其改造也必然会带来某些副作用；天然蛋白质的结构过于复杂，分子量过大，使材料的制备和生产成本过高；对天然蛋白质认识和了解的局限也阻碍了对其改造的精确度和成功率。

现代高科技产业对生物材料寄予了很高的期望，如具有学习功能和记忆功能的蛋白质芯片材料，促使人们尝试按照自己的意愿，创造新的蛋白质品种，期望能获得结构不像天然蛋白质那么复杂，制备更简单，生产成本更低，且性能更好、功能更奇特的蛋白质材料。

重新构建蛋白质并不等于凭空捏造。这一技术是建立在天然蛋白质的结构与功能的指导、巨大的蛋白质三维结构数据库的支持和大容量的蛋白质计算机模拟系统的帮助的基础之上的。

因此，改造天然蛋白质技术路线的起点成了重新构建蛋白质技术路线的终点，而后者的起点则是前者的终点。当然，两者之间技术路线的差异并不是绝对不变的。实际上，蛋白质的全新设计也包括了从结构出发的从头设计和从功能出发的从头设计两种路线。何况蛋白质的重新构建也离不开天然蛋白质的指导，甚至是以天然蛋白质的某一区段作为骨架。因此，两种技术方法的基本内容是大致相同的。

（一）蛋白质结构的从头设计

蛋白质的稳定及独特的三维结构序列是其具有稳定及独特功能的基础。因此，通过设计蛋白质的结构，可以获得所需要的蛋白质功能。但是，由于蛋白质大分子可能构象的数目巨大，给蛋白质结构的从头设计增加了巨大的难度。采用化繁为简的方法，将整个蛋白质的结构进行分段设计，分段合成，最后组装，是设计新的蛋白质结构的最简单、最直接的策略。如果选定的目标是一条多肽链组成的单分子，链上有 4 个 α 螺旋区，相互靠近形成一个四螺旋束，螺旋区之间通过伸展的肽链构成环区连接。

（二）蛋白质功能的从头设计

从需要的功能出发，设计具有相应功能的蛋白质结构，成为新蛋白酶构建的重要方法。应用蛋白酶功能设计的方法，已经合成了一些人工酶，也为一些新蛋白质添加了新的催化特性和催化活性。

第四节 蛋白质工程技术在食品工业中的应用

一、蛋白质工程技术的研究进展及其重要意义

蛋白质工程的产生从理论上和原则上实现了按人们的意志创造出适合人类需求的具有不同功能的蛋白质，创造出世界上原来并不存在的新基因、新蛋白质以及为数众多的新产品，其经济效益和社会效益是难以估量的。

在美国每年生产的 454 万吨豆油主要用于食品行业，其中大量的是作为烹饪用油，如使糕饼松脆的油和人造黄油等。经过脱色、除臭和精制处理的烹饪用豆油常常需被还原以延长其储藏时间及提高其在烹调时的稳定性；但是，这种还原作用却导致豆油中富含反式-脂肪酸，而反式-脂肪酸在摄入人体后，会增加人患冠心病的可能性。作为色拉油的精制豆油，虽然没有经过还原作用，但其中却富含软脂酸——软脂酸的摄入也能导致冠心病的发生。因此，人们经过选择，挑选出合乎需要的基因和启动子，再通过重组 DNA 技术来改造豆油的组分构成。现在，相应的多种基因工程产品已投放市场，其中，有的豆油不含有软脂酸，可用作色拉油；有的豆油富含 80% 油酸，可用于烹饪；有的豆油含 30% 以上的硬脂酸，适用于人造黄油以及使糕饼松脆的油。利用基因工程改造的豆油的品质和商品价值显然是大大提高了。

当今，保健食品的发展依赖基因工程这个新技术，可以采用转基因手段，在动、植物细

胞中得到基因表达而制造有益于人类健康的保健成分或有效因子。例如，将一种有助于心脏病患者溶解血栓作用的酶基因克隆至牛或羊中，便可以在牛乳或羊乳中产生这种酶。又例如，把人的血红蛋白基因克隆至猪中，最后，猪的血可以用做人类血液的代用品。

蛋白质工程在药物设计和开发中得到了较为广泛的应用。采用蛋白质结构或功能设计的方法进行药物设计，能节省 1/3 的时间和金钱。已设计开发的药物蛋白质有 500 个左右。如医用抗体、生物因子、艾滋病治疗药物、靶标药物等。人类基因组计划的完成发现了大约 30 000 个基因，约能表达 30 万～300 万个蛋白质，其中，数以万计可能是潜在的药物靶蛋白质。以这些药物靶蛋白质为线索，可以带动药物分子设计产生出数量巨大的新药。

二、蛋白质工程技术在食品生产中的应用

蛋白质工程在食品生产中的应用相对较少。目前，蛋白质工程在食品生产中的应用领域主要集中在对酶性质的改造方面。

1. 改变蛋白质的特性：1983 年，通过基因定位诱变获得改性酪氨酸 tRNA 酶被视为蛋白质工程诞生的标志。在这一研究和后续的研究中，科学家们对该酶多个位点的氨基酸进行置换，从而改变了其各种特性，并且揭示了过去难以解释的难题，如酶对底物专一性的认识等。

2. 改变蛋白质的生物活性：决定枯草杆菌蛋白酶的催化活性的氨基酸序列结构是催化三连体（Ser221，His64 和 Asp32）。将枯草杆菌蛋白酶中 Ser221 或 His64 用 Ala 取代时，酶的催化常数下降到 5×10^{-6}。而酪氨酸 tRNA 合成酶，其 Thr51 改成 Pro 后，催化活性提高了 25 倍。

3. 改变蛋白质的稳定性：枯草杆菌蛋白酶易氧化而失活，其中 Met222 最易被氧化，以 Ala 或 Ser 替代 Met222 后，突变体可耐受 $1mol/LH_2O_2$ 的氧化。用天门冬氨酸侧链替代 Gln86 以及 Ala92 引入钙结合位点，使金属-溶菌酶的活性和热稳定性都优于天然酶。

4. 改变蛋白酶的专一性：蛋白酶专一性的改造已在几个方面取得成功，包括改变 DNA 结合专一性、改变辅助因子的专一性、改变底物的专一性等。在改造中，除采用序列改造的方法改变蛋白酶的结构外，还采用了添加某些具有特殊作用的辅助基团的方法改变蛋白酶对催化反应参与物质的结合能力，以改变蛋白酶的专一性。

杂交酶是在蛋白质工程应用于酶学研究取得巨大成就的基础上，刚刚兴起的一项新技术。所谓杂交酶是指利用基因工程将来自两种或两种以上酶的不同结构片段构建成的新酶。杂交酶的出现及其相关技术的发展，为酶工程的研究和应用开创了一个新的领域。

人们可以利用高度同源的酶之间的杂交，将一种酶的耐热性、稳定性等非催化特性转接给另一种酶。这种杂交是通过相关酶同源区间残基或结构的交换来实现的。新获得的杂交酶的特性，通常介于其双亲酶的特性之间。人们还可以创造有新活性的杂交酶，其最便捷的途径就是调节现有酶的专一性或催化活性。

第五节　蛋白质工程可能存在的卫生学问题

蛋白质工程应用于食品工业已给人们带来了巨大的社会经济效益，但蛋白工程食品的食用安全性也越来越受到广泛的关注。蛋白工程食品除应有较高的营养价值，它必须安全，对

人体无毒副作用；其次，它的口味、气味和颜色，均应为食用者所接受。从本质上讲，转基因动物、植物、微生物和常规繁殖生长的品种是一样的，两者都是在原有品种的基础上对其部分性状进行修饰或增加新性状或消除原来的不利性状。但人们对可能出现的新组合、新性状会不会影响人类健康和生物环境还缺乏知识和经验，按目前的科学水平还不能完全精确地预测一个外源基因在新的遗传背景中会产生什么样的相互作用。

一、蛋白质工程食品潜在的安全性问题

全球普遍关注的蛋白质工程食品的安全性问题基本上可以归为4类。

（一）食品毒性

在生物的培植过程中，外源基因及其表达的蛋白质产物可能具有毒性，编码基因本身可能会发生改变，有时会丢失整个基因，有时会丢失基因的一段，有时会丢失基因序列上的一个核苷酸，或有时会由另一个核苷酸取代了原来的核苷酸等。编码基因发生改变的后果就是编码产物的改变。这种改变经常导致整个产物性质的根本改变。可能使原本无毒无害的产物变成了有毒有害的物质。外来的基因重组体导入生物体，对生物体原来基因组的某些基因的运作也会产生影响。可能会使原本沉默的基因活动起来，或使原本活动的基因沉默下去，这种现象经常导致某些重要成分的出现或消失。就是在外来基因和原来基因都正常的情况下，转基因生物还可能由于增加了新成分，特别是增加了某种数量较多的成分，而使产品中各种成分的比例发生了改变，导致整个食物营养价值下降。

（二）食品过敏性

导入基因的来源及序列或其表达的蛋白质的氨基酸序列与已知的致敏原有没有同源性、甚至有没有产生出新的致敏原。这是一种特殊的食品过敏性反应，这种反应能够激活免疫系统，导致过激的反应。免疫反应是对抗外来物质进入机体的反应。过敏原（往往是使人不悦食物中的蛋白质）能引起免疫系统一连串的反应，包括抗体的释放。而这些抗体又引起人体内一些化学物质的释放，例如组胺，引起的症状有皮肤发痒、流鼻涕、咳嗽或者呼吸困难。

（三）产生对抗生素的抗性

由于目前在蛋白质工程中选用的载体大多数为抗生素抗性标记。抗生素抗性通过转移或遗留转入食物而进入食物链，有可能进入人和动物体内外的微生物，从而产生耐药性的细菌或病毒。

（四）食物的营养价值下降或造成体内营养素紊乱

人为改变了蛋白质组成的食物是否能被人体有效地吸收利用，这是一个未知数。有人认为，导致蛋白质食品安全性问题的关键因素是外源基因的导入位点和外源蛋白质的表达。由于外源基因的来源、导入位点的不同，以及具有的随机性，极有可能产生基因缺失、错码等突变，使所表达的蛋白质产物的性状、数量及部位与期望值不符。

二、相应的措施

（一）进行蛋白质工程食品安全问题研究

当蛋白质工程是对天然存在的蛋白质进行改造或者修饰而获得新蛋白质产品时，除了赋予天然蛋白质新的目标性状外，不可避免地对天然蛋白质的安全性产生影响，对这种影响必须充分注意。当蛋白质工程是重新构建一个自然界不存在的蛋白质时，不仅要注意新蛋白质

与已知的毒性成分、致敏性成分的序列同源性、结构相似性，还必须注意新蛋白质作用机制、与其他成分的亲和能力等因素，推测新蛋白质对人体可能产生的危害，通过适当的毒理学试验确定其危害性。

（二）蛋白质工程食品安全性评价基本原则

1. 根据受体生物、生物技术工程操作和生物技术工程操作的安全等级，确定蛋白质工程食品的安全性等级，进行分类评价。

2. 根据蛋白质工程食品的类型和用途等特性，进行分类评价。

3. 对每个蛋白质工程食品应用个案处理的原则。

4. 参照"实质等同性"原则，对蛋白质工程食品的安全性进行评价。

5. 参照国际组织、国外相应机构对同一蛋白质工程食品的评价原则和方法进行评价。

（三）蛋白质工程食品安全性试验评价方法

1. 外源蛋白质的毒性试验评价方法——评价提取纯化后的被检外源蛋白质的急性毒性和蓄积毒性；或建立蛋白质分子的数据库检索比对方法确定被检外源蛋白质的急性毒性和蓄积毒性。

2. 外源蛋白质的致敏性试验评价方法——建立外源蛋白质致敏性的动物试验模型，检验提取纯化后的被检外源蛋白质的致敏性；或采用建立蛋白质分子的数据库检索比对方法确定被检外源蛋白质的致敏性。

3. 外源蛋白质的致突变性试验评价方法——评价提取纯化后的被检外源蛋白质的致突变性；或建立蛋白质分子的数据库检索比对方法确定被检外源蛋白质的致突变性。

4. 抗生素抗性标记基因转移试验评价方法——建立抗生素抗性标记基因转移试验模型，检验抗生素抗性标记基因向人和动物肠道微生物发生水平转移特性；或建立抗生素抗性标记基因的数据库检索比对方法确定被检抗生素抗性标记基因的水平转移特性。

（四）蛋白质工程食品营养成分检验评价方法

1. 食物营养成分的检验评价方法——检验蛋白质工程食品中蛋白质、氨基酸、脂肪酸、维生素等成分的含量和比例。

2. 抗营养因子的检验评价方法——采用高效液相色谱、薄层层析、毛细管电泳等技术，建立检验各种抗营养因子的含量和比例的方法。

3. 营养效价的试验评价方法——建立蛋白质工程食品营养效价动物试验模型，检验食物转化率、营养成分吸收利用率及促进生长发育作用。

国际上对蛋白质工程的安全性评价已积累了比较丰富的科学数据和经验。各国及国际机构均在制定相应的法规，以便在促进基因工程发展的同时，保护环境安全及人体健康。我国农业部于1996年7月颁布了《农业生物基因工程安全管理实施办法》。同传统的育种相比，基因工程食品的生产更有针对性，也更易控制，因此，人们不必过分担心。生物技术食品的食用安全性并不比传统的食品的安全性低。

第六节 蛋白质工程食品的卫生监督与管理

目前国际上尚无公认的或为各国较普遍接受的蛋白质工程食品标准。其主要原因是国际上对蛋白质工程食品的安全性存在着激烈的争论。主要表现为两种完全不同的管理模式：一种是以美国、加拿大等蛋白质工程食品生产和出口大国为代表,认为蛋白质工程产品的安全性与传统生物技术没有本质区别,管理应针对生物技术产品,而不是生物技术本身;另一种是以欧洲共同体及其成员国为代表,认为基因重组体技术本身具有潜在的危险性,只要与基因重组相关的活动,都应进行安全性评价并接受管理。出于学术和非学术等复杂因素考虑,直接影响到各个国家以及广大消费者对蛋白质工程食品的接受、准入、管理的政策和态度。

我国目前的蛋白质工程食品安全性评价和管理体制还处在起步阶段,主要表现在:(1)作为食品卫生和安全性监督主管部门的卫生部还未真正启动对蛋白质工程食品的专项管理;(2)还未制定出相应的管理程序和方法;(3)对食品中蛋白质成分及其安全性缺乏系统完整的检验技术,现有的检验技术无法对蛋白质工程食品中各种影响安全性的因素进行全面准确的测定。2000年3月,在日本召开了"国际食品法典委员会生物技术食品政府间特别工作组第一次会议",标志着制定蛋白质工程食品标准的工作已提到各国有关部门的议事日程。会议还确定将建立食品蛋白质成分检验方法纳入其工作范围,认为蛋白质工程食品的控制、监督和标识急需建立这些方法。参加会议的中国代表团建议加快引进、研究和开发蛋白质工程生物及其产品的检测技术,特别是定量检测技术。应该投入资金并购置必要的仪器设备,组织联合攻关,尽快研究出精确可靠的定量检测技术和方法。

(刘 颖)

复习题

1. 什么是蛋白质工程,蛋白质工程与基因工程及其他生物工程之间的差别?
2. 举例说明对现有蛋白质进行改造的主要方法。蛋白质工程对食品生产的最大价值?
3. 什么是蛋白质工程食品?其特征是什么?
4. 简述蛋白质工程技术在食品行业中的应用。
5. 蛋白质工程可能存在的卫生学问题及解决的办法。

第十六章 绿色食品

第一节 绿色食品的概念及分级

一、绿色食品（Green food）

绿色食品系指遵循可持续发展原则，按照特定生产方式生产，经专门机构认定，许可使用绿色食品标志的、无污染的安全、优质、营养类食品。由于与环境保护有关的事物国际上通常都冠之以"绿色"，为了更加突出这类食品出自良好生态环境，因此定名为绿色食品。

二、绿色食品的分级

绿色食品可分为 A 级绿色食品和 AA 级绿色食品。

1. A 级绿色食品　A 级绿色食品系指生产产地的环境质量符合 NY/T 391《绿色食品产地环境质量标准》。生产过程中严格按照绿色生产资料使用准则和生产操作规程要求，限量使用限定的化学合成生产资料。产品质量符合绿色食品产品标准，经专门机构认定，许可使用 A 级绿色食品标志的产品。

2. AA 级绿色食品　AA 级绿色食品系指生产产地的环境质量符合 NY/T 391《绿色食品产地环境质量标准》。生产过程中不使用任何化学合成的农药、肥料、兽药、食品添加剂、饲料添加剂及其他有害于环境和身体健康的物质。按有机生产方式生产，产品质量符合绿色产品标准，经专门机构认定，许可使用 AA 级绿色食品标志的产品。在 AA 级绿色食品生产中禁止使用基因工程技术。

3. 两者的区别在于

（1）为了和国际相关食品接轨，在标准上与其一致。目前 AA 级绿色食品标准已达到甚至超过国际有机农业运动联盟的有机食品基本标准的要求，AA 级绿色食品已具备了走向世界的条件，这是 AA 级与 A 级的根本区别。

（2）在 AA 级绿色食品生产操作规程上禁止使用任何化学合成物质。而在 A 级绿色食品生产中允许限量使用限定的化学合成物质。

（3）A 级绿色食品产品包装上以绿底印白色标志，其防伪标签的底色为绿色，产品包装上以绿底印白色标志。而 AA 级绿色食品包装上以白底印绿色标志，防伪标签的底色为蓝色。

第二节 绿色食品的发展和现状

20 世纪 80 年代后，"可持续发展"的呼声越来越强烈，世界各国开始着手积极探索农业可持续发展的模式，将经济、社会发展和环境、资源保护协调起来。"可持续发展"的要点是挪威前首相布伦特兰夫人1987年在联合国世界环境与发展委员会（WCED）上提出的。1991年4月，联合国粮农组织与荷兰政府联合召开了"农业与环境国际会议"，会议通过了著名的"关于可持续农业和乡村发展"的《登博斯宣言》。1992年6月，在巴西召开的联合国环境与发展大会（UNCED）将可持续发展规则固定下来，形成国际公约，由各国首脑签署后即生效实施。至此，可持续发展成为全球关注的热点。欧、美、日、澳等发达国家和一些发展中国家加快了有机农业、生态农业和自然农业替代常规农业生产方式的探讨与实践。

随着全球经济一体化进程和贸易的迅速发展，非关税"绿色"贸易壁垒的不断加强，我国农产品及其加工品必然走向国际市场，参与国际竞争，无污染、无公害的安全食品的生产开发应势而起。20世纪90年代初，我国政府正式决定开发无污染的安全、优质、营养食品，并定名为绿色食品。

我国绿色食品从无到有，从小到大，已经成为了我国绿色生态产业和可持续发展战略的成功运作的典范。10年来，我国绿色食品产业紧紧围绕产品开发，建立起"从土地到餐桌"的全程质量控制机制，对于增加农产品的附加值、提高质量和食品的安全性具有积极的带动作用；以质量证明商标管理为手段，依法规范农产品生产、加工、流通行为，面向市场，树立农产品的精品形象，起到了很好的示范作用。

截至2001年年底，全国有1 271家企业的2 400多个产品获得了绿色食品标志使用权；绿色食品实物总量达到2 000万吨；产品年销售收入总额500亿元，出口创汇4亿美元；绿色食品年销售额超过1亿元的企业已增加到50个。在参与绿色食品开发的企业中，上市公司超过15家。受监测和保护的农田、草场和水面370多万公顷，涉及粮油、果品、蔬菜、畜禽蛋奶、水产品、酒类、饮料等行业，其中初级产品和加工产品分别占25%和75%。产品开发覆盖了全国绝大部分省区，对于促进各地优质农产品基地建设、产品精深加工、农民增收以及区域经济发展发挥了重要作用。

第三节 绿色食品主要生产技术

绿色食品生产以生态学为理论依据，要求生产中充分合理地利用资源，保护生态环境，维护良好的生态平衡。生产技术措施着重围绕控制化学物质的投入，减少对产品和环境的污染，形成持续、综合的生产能力，达到农业生态系统良好的生态循环。绿色食品生产既不同于传统的农业生产，也不同于现代的"石油化"农业生产，而是综合运用现代农业的各种先进理论和科学技术，排除因高能量投入、大量使用化学物质带来的弊病，吸收传统农业的农艺精华，使之有机结合为全新的生产方式。

一、绿色食品的无公害栽培技术

（一）选育高产优质抗性品种

品种是农业生产中重要的生产资料，对绿色食品生产起着重要的作用。通过选育和推广优良品种，可以提高作物的产量和改善产品的品质，丰富农产品的种类，满足市场的需要，从而为绿色食品的开发提供充实的资源。

（二）绿色食品生产的耕作技术

耕作技术是一个地区或生产单位的作物种植制度以及与之相适应的养地制度的综合技术

体系。绿色食品生产要求基地逐步形成和建立良好的农业生态系统，提高综合生产能力，因此，必须建立一套合理的耕作制度。同时要求通过耕作措施改善生态环境，创造有利于作物生产、有益于微生物繁衍的条件，以防止病虫草害的发生。

二、绿色食品生产的肥料施用技术

合理施肥既能维持和提高土壤肥力，又能增加作物产量和改善品质。但目前农业生产中不合理施肥现象时有发生，影响了施肥效果，降低了施肥效益，而且还会造成环境污染。合理施肥，是生产绿色食品的基本措施之一。

（一）增施有机肥

有机肥主要是农家肥料，是一切含有有机质的肥源的总称。有机肥种类繁多、营养全面、来源广泛，便于就地取材、就地积制。

（二）有机肥施肥技术

粪尿类有机肥，包括人、畜、禽的粪尿。这类肥料来源广泛，易于积造，其氮素含量高，钾素偏低，养分多以有机态为主。有机物的分子结构简单，易降解，但大多带有恶臭、致病菌及各种虫卵等。施用时应检查是否完全腐熟，对未做无害化处理的粪肥，不得直接用于农田，更不能用于绿色食品生产地，以防止产品受污染。因此，粪尿类有机肥必须经过较长时间的堆沤、腐熟才能使用。

（三）科学合理使用化学肥料

化学肥料是利用化学方法合成或将矿石直接加工精制而成。生产 AA 级绿色食品禁止使用任何化学合成肥料，但在有必要的情况下允许使用无机（矿质）肥料，如矿物钾肥、矿物磷肥、煅烧磷酸盐、石灰、石膏等，或使用有机肥与无机肥通过机械混合或化学反应而成的肥料。生产 A 级绿色食品可以允许限定（品种）限量使用化学肥料，允许使用有机肥中掺合一定比例的化学肥料（硝态氮肥除外）。绿色食品生产者应该了解化肥的特点与存在的问题，以及在绿色食品生产中准确地理解《绿色食品肥料使用准则》的含义，在生产中科学合理地用好化学肥料。

三、绿色食品生产中的病虫草害综合防治技术

绿色食品生产中，作物的生长发育会遇到各种病虫杂草的危害。要保证作物高产优质，就必须防治好病虫杂草。病虫杂草防治实际上包括"防"与"治"两方面的含义。"防"是指预防，防患于未然。凡是能改变病菌、害虫和杂草生产发育繁殖的条件，使之不发生，或虽已发生，但尚未扩散蔓延造成危害之前加以控制，均属于"防"的范畴。"治"是指病虫杂草已普遍大量发生之后，采取措施加以除治，控制危害，挽回损失。这时，治是必要的，但在经济上或生态方面得付出代价，在战略上不如防的意义深远。因此，我国政府早在 20 世纪 70 年代就提出了"预防为主，综合防治"的植物保护方针。

（一）综合防治的基本概念

病虫杂草的综合防治（integrated pest control，IPC）是长期以来人们防治实践认识的经验总结，也是当今国际上普遍关注的重要问题。按其含义可以概括理解为：从生物与环境的整体观点出发，本着预防为主的指导思想和安全、经济、有效、适用的原则，以农业防治为基础，因时因地制宜，合理地运用生物的、物理的、机械的或化学的方法以及其他有效的

生态措施，把病虫杂草的种群密度控制在经济损失水平以下，并将对生态系统的有害副作用降到最低限度，以达到保护环境，保护人畜安全和保证作物高产、优质的目的。现在，综合防治的含义进一步加深为"综合治理（integrated pest management，IPM），更加强调理性上的病虫害管理，而不仅仅是简单的防治。

（二）综合防治的基础是以生态学为理论依据

农业生态系统是以栽培植物为中心的次生生态系统。在这样的生态系统中，栽培植物与非生物环境不断进行着物质与能量交换，同时存在栽培植物与杂草等其他植物的竞争和相互影响，又通过食物链、食物网与许多害虫、病菌、天敌发生联系。病虫与天敌更是相互依存、相互制约。如果没有人为干扰，作为一个自然生态系统（如原始森林），它会具有较好的自我调节能力，保持较好的生态平衡状态。但在人为干扰频繁的农业生态系统里，一切栽培管理措施都会引起农业生态环境的深刻变化，左右病虫杂草的发生。尤其是化学农药的大量使用，更会使病虫杂草与天敌的群落结构发生改变，导致病虫发生再猖獗，次要的、潜伏性病虫有可能上升为主要危害对象。因此，病虫草害的大发生与否是一个复杂的生态学问题，防治病虫草害也应从生态学的角度全面考虑，以维护和改善农业生态环境，增进对病虫草害的生态控制能力。

四、绿色食品畜禽、水产养殖技术

（一）绿色食品畜禽、水产品的养殖技术要点

随着科学技术的发展，国内外畜牧、水产工作研究人员和广大生产者在畜禽饲养和水产养殖方面做了大量的研究工作，在品种选育、饲养技术、疾病防治等方面具有很丰富的经验。在这方面的书籍、资料很多，这里不详细叙述。但由于绿色食品对畜禽、水产品的要求与普通产品有许多差别，质量要求更高一些，因此，绿色食品畜禽、水产品养殖除了吸收普通产品的生产技术精华外，还应该注意以下技术要点，包括选择适合于绿色食品畜禽生产的良好的生态环境；选育优良的畜禽品种；饲料原料应来源于绿色食品区域内的草场和种植基地；畜禽饲养过程中不能使用化学合成激素、生长素、有害重金属、化学农药等。

（二）绿色食品水产养殖要点

1. 养殖场要有良好的生态环境。
2. 饲料来源于绿色食品生产基地，或经有关部门检测，符合绿色食品饲料要求。
3. 养殖用水符合生产绿色食品水产品的水质要求。
4. 养殖水域不得使用毒性杀虫、灭菌、防腐药物。
5. 选择适合当地生态环境的水产优良品种。

（三）绿色食品畜禽饲养技术

1. 外环境　按照国家绿色食品发展中心的要求，评价和衡量绿色食品饲养场的环境质量有空气、土壤、水质指标。其评价方法与内容同农作物原料生产基地相似，均按绿色食品环境监测规范执行。不合格者，不具备申报绿色食品的条件。

2. 小环境　饲养小环境，要求所建的饲养场（舍）能根据所饲养动物的生理特点，以及当地的环境、地形、地势等选择适宜的位置，合理规划整个饲养场（舍）。要求能为这些畜、禽创造一个舒适的生活环境，便于饲养管理和卫生防疫，保证整个畜、禽群体能健康生长，提高其生产能力和劳动效率。

五、绿色食品加工技术

绿色食品加工是指采用绿色农、畜产品为原料，遵循绿色食品生产方式进行的食品加工过程。包括谷物制品、果蔬制品、肉食制品、水产制品、饮料制品等以动物源或植物源为原料的加工产品。食品加工是食品生产的最后一项重要环节，它直接关系到农畜产品的资源利用和增值。绿色食品产品要求安全、优质、营养、无污染，生产加工方式必须遵从有机生产方式，做到节约能源、持续发展、综合利用原料、清洁生产，尽量保持食品的天然营养特性，生产中既不污染产品，也不污染环境。

绿色食品加工企业的卫生要求

1. 外部环境 新建、扩建、改建的食品企业在厂（场）址选择时，为了保证产品在加工过程中不受外部环境的污染，须选择交通方便，水源充足，无有害气体、烟雾、灰尘、放射性物质及其他扩散性污染源的地区。一般要求厂址应远离重工业区，必须在重工业区选址时，要根据污染范围设 500m～1 000m 防护林带。在居民区选址，25m 内不得有排放尘、毒作业场所及暴露的垃圾堆、坑或露天厕所。500m 以内不得有畜牧场、医院、粪池等。加工厂应位于其他工厂或有潜在污染源全年主导风向的上风口，至少远离该污染源烟囱高度 50 倍距离以外。同时也要考虑食品加工厂对居民区和周围环境的影响，如屠宰厂、畜禽类加工厂等一般要远离居民区，其间隔距离要根据企业性质、规模大小，按《工业企业设计卫生标准》的规定执行，最好在 1km 以上。其位置应位于居民区的下风向和饮用水源的下游，同时应具备"三废"净化处理装置。

2. 厂区环境 要求厂址地势高，便于废水排放并防止地下水对建筑物墙基的浸泡。土壤清洁，便于绿化。绿化能改善小气候，美化环境，使人心情舒畅；又能减少灰尘，减弱噪声，是防止污染的天然屏障。为防止交通扬尘的污染，厂区内、庭院的主要道路应铺砌水泥或沥青路面。厂区内要求地势平坦、无积水坑洼、无蚊蝇孳生地。

3. 加工设备要求 国家允许铁、不锈钢、铜等金属的应用，但在机械设备选择上要注意以下几点：

（1）表面镀锡的铁管、挂釉陶瓷器皿、镀锡铜锅及焊锡焊接的薄铁皮盘等，都有可能导致食品含铅量大大提高，特别是在接触 pH 较低的原料或添加剂时，铅更容易溶出。

（2）铝可以损害人体神经系统、造血器官和肾脏，因此应尽量减少铝制品机具。

（3）镉和砷主要来自电镀制品，砷在陶瓷器具中有一定含量，在酸性条件下易溶出。

（4）铜、铁制品毒性小，但易被酸、碱、盐等物质腐蚀，且易生锈。

4. 生产人员要求 绿色食品加工人员尤其是直接接触原料、加工工艺、检验、销售的人员要做到：

（1）所有上岗人员必须经卫生知识培训和健康检查，并取得健康合格证后方能工作。

（2）建立职工健康档案，对于与生产操作有关的人员，至少每年进行一次体检，必要时还可接受临时检查。

（3）对于患有痢疾、伤寒、肝炎、消化道传染病、化脓性或渗出性皮肤病者，以及其他有碍食品卫生的疾病、传染病者，均不得从事绿色食品加工生产。

（4）职工要养成良好的卫生习惯，要勤洗澡、勤换衣、勤理发，不得留长指甲、涂指甲油，也不得将与生产无关的物品带入车间。

(5) 上岗人员在工作之前、上厕所之后以及从事与生产无关的其他活动之后，均要洗手。进车间时必须穿工作服、戴工作帽、穿工作鞋。

六、绿色食品贮藏、运输技术

（一）绿色食品的贮藏

1. 绿色食品要有专用仓库贮藏。贮藏仓库必须有相应的装卸、搬运等设施配套，防止产品在装卸、搬运过程中受到损坏和污染。

2. 食品在入库前应进行严格的检查，严禁受到污染和变质的产品与合格产品贮藏在一起。对标签、账号与货物不一致的产品要分开贮藏。绿色食品与非绿色食品、A级绿色食品与AA级绿色食品也要分开贮藏。

3. 食品必须按照入库先后、生产日期、批号分别存放，禁止不同生产日期的产品混放。建立严格的仓库管理情况记录档案，详细记载进入、搬出食品的种类、数量和时间。

4. 食品入库堆放时，必须留出一定的墙距、柱距、货距和顶距，不允许直接放在地面上，保证贮藏食品之间有足够的通风。

5. 根据不同食品的贮藏要求，做好仓库温度、湿度的管理，采取通风、密封、吸潮、降温等措施，并经常检查食品温湿度、水分以及虫害、霉变发生情况。

6. 食品贮藏不能超过保质期，包装上应有明确的生产日期和贮藏日期。对超过保质期的要另行处理。

（二）绿色食品的运输

绿色食品的运输除符合国家对食品运输的有关要求外，还必须注意以下几点。

1. 必须根据绿色食品的类型、特性、运输季节、距离以及产品保质贮藏的要求选择不同的运输工具。

2. 绿色食品的运输必须专车专用，在无专车的情况下，必须采用密闭的包装容器。容易腐烂的食品（如肉、蛋、鱼等）必须用专用密封冷藏车运输。运输鲜活禽、畜和肉制品的车辆应分开。

3. 用来运输绿色食品的工具（包括车辆、轮船、飞机等）在装运之前必须清扫干净，必要时进行灭菌消毒，消毒不能用有害的化学物质，可用物理的、生物的方法。对不清洁、不安全、装过有毒有气味化学品的工具不要用来装绿色食品。

4. 绿色食品在装运过程中，所有装运工具（包括容器、纸箱、麻袋、搬运物品等）都必须洁净卫生，不能对绿色食品造成污染。

第四节　绿色食品监督管理

一般来说，绿色食品生产企业经过严格的质量认证程序之后，质量体系普遍比较健全，产品质量通常比较稳定，尤其是经过几次认证的企业，已在全体职工中建立起完善的培养教育体系，企业干部和职工能够随时掌握绿色食品生产操作规程的更新情况，并平稳地贯彻到生产中去，因此，绿色食品质量普遍有保证。

但是，由于绿色食品是一个新生事物，加上我国市场经济体系还不完善，绿色食品在发展过程中也必然会出现一些不正常现象。如有的绿色食品企业对"一品一号"原则缺乏深刻认识，往往一种产品获得标志使用许可，便多种系列产品同时使用同一编号的标志。有的加工产品的非污染指标，诸如水分、净含量等不能稳定地达标。有些企业在获得标志使用许可后，不抓质量，不重管理，产品质量有所下降。因此，加强对绿色食品产品和市场的监督管理显得尤为重要。

对于市场上绿色食品产品质量的监督管理，通常有以下几种方式：

1. 由农业部绿色食品产品管理办公室和中国绿色食品发展中心指定经过国家计量认证的权威监测机构执行不定期的监督抽查检验，每年1～2次。监测中心在事先不通知企业的情况下，到生产企业抽取样品或直接从市场上获得样品。

2. 专职监督员队伍。由中国绿色食品协会在全社会范围内组织监督员队伍，随时监督企业生产条件的变化情况及产品流通情况。监督员须由既熟悉绿色食品质量体系又与绿色食品生产及认证方无利害关系的专家担当，并通过协会及时向中国绿色食品发展中心反馈有关信息。

3. 国家专职监督。全国各级工商行政部门是监督注册商标使用情况的职能部门，既有完善的网络，又有打击、查处假冒注册商标的职能，还有直接查处假冒伪劣产品的权力，是净化绿色食品市场环境的重要保证力量。

4. 社会化监督。包括舆论和新闻媒体的监督、相关行业进行的抽查监督以及经营者和消费者的自觉监督等。

对绿色食品产品出现质量问题者，视情节轻重分别采取不同的处理措施。情节轻者，给予警示性通知，并责成企业限时整改。整改后抽查合格者，继续保留绿色食品标志商标的使用权。整改不合格者，取消其使用权。对于情节严重者，直接取消其绿色食品标志使用权。

（王世平　张玉梅）

复习题

一、填空题

1. 绿色食品分几级（　　），分别是（　　）、（　　）。
2. 绿色食品生产的肥料施用技术包括（　　）、（　　）、（　　）。

二、名词解释

1. 绿色食品　2. A级绿色食品　3. AA级绿色食品

三、简答题

A级绿色食品与AA级绿色食品的区别。

四、论述题

绿色食品主要生产技术。

第十七章 有机食品

第一节 有机农业与有机食品的概念

一、有机农业（organic farming）

有机农业是指在农业生产中按照生态学原理和自然规律，遵循土壤、植物、动物、微生物、人类、生态系统和环境之间动态相互作用的原则，协调种植业和养殖业的平衡，采用一系列可持续发展的农业技术，维持持续稳定的农业生产过程的一种农业生产方式。

二、有机食品（organic food）

"有机食品"是指以获得有机认证的农产品或野生产品为原料，按照有机食品生产、加工标准生产加工出来，并经有资质的有机认证机构认证的食品。

有机食品种类包括谷物、蔬菜、水果、饮料、奶类、畜禽产品、调料、油类、食用菌、蜂蜜、水产品等。

有机食品的最大特点是在原料生产与产品加工过程中不使用任何人工合成的农药、化肥、除草剂、生长激素、防腐剂和合成添加剂等化学物质。

有机食品通常需要具备以下4个条件：

（1）原料必须来自于已建立的有机农业生产体系，或是采用有机方式采集的野生天然产品；

（2）在整个产品生产过程中严格遵循有机食品的加工、包装、储藏、运输标准；

（3）生产者在有机食品生产和流通过程中，有完善的质量控制和跟踪审查体系，有完整的生产和销售记录档案；

（4）必须通过有资质的有机认证机构的认证。

当然除了有机食品外，还有有机化妆品、有机林产品、有机农业生产投入物质（生物农药、有机肥等）、有机纺织品、有机皮革产品等非食品类的有机产品。在国外甚至已经有了获得有机认证的餐厅和旅馆。

第二节 我国有机农业与有机食品的发展简史

从20世纪50年代开始至20世纪末，中国农业经历了40多年的快速现代化的过程。在中国多数地方曾经存在的适宜于持续发展的传统农业逐渐消失。人们深受农村生态环境被破坏之害，迫切要求改变当时的现状。从20世纪80年代开始，在众多研究机构、大学和地方政府的帮助下，中国各地的相关部门启动并组织了生态农业运动。生态农业在全国各地的推广和发展为中国的有机农业发展奠定了很好的基础。从20世纪80年代末到90年代初短短几年中，中国浙江、江苏、安徽、北京和辽宁先后有 8 个村因为在生态农业方面所做出的显著贡献而获得了联合国环境规划署颁发的"全球环境保护 500 佳"荣誉称号。

1989 年，多年积极从事生态农业研究、实践和推广的国家环境保护局南京环境科学研究所农村生态研究室加入了国际有机农业运动联盟（IFOAM），成为中国第一个 IFOAM 成员。到 2004 年，中国的 IFOAM 成员已经发展到 40 多个。

1990 年，根据浙江省茶叶进出口公司和荷兰阿姆斯特丹茶叶贸易公司的申请，国际有机认证检查员 Joe Smille 先生受荷兰有机认证机构的委托，对位于浙江省和安徽省的 2 个茶园和 2 个茶叶加工厂实施了有机认证检查。此后，浙江省临安县的裴后茶园和临安茶厂获得了荷兰 SKAL 的有机颁证。

1994 年，经国家环境保护局批准，国家环境保护局南京环境科学研究所的农村生态研究室改组成为"国家环境保护局有机食品发展中心"，后改称为"国家环境保护总局有机食品发展中心"（organic food development center of SEPA，OFDC），并积极投入推动中国有机食品事业发展的工作。在 IFOAM 和其他国际有机认证和咨询机构提供的帮助下，OFDC 的成员得到了很好的培训，并有了自己的有机认证检查员和具备了一系列的相关条件，从 1995 年开始进行 OFDC 有机检查和认证工作。这是中国成立的第一个有机认证机构。OFDC 十分积极地参加了 IFOAM 的几乎所有的重要国际活动。OFDC 的主任还担任了多年的 IFOAM 标准委员会委员。OFDC 与世界各地有机界的同行们建立了广泛的合作关系。从 1998 年开始，为期 5 年的中德合作"中国有机农业的发展"项目为推动中国有机事业的发展做出了相当大的贡献。OFDC 通过不懈的努力，终于在 2003 年初正式获得了 IFOAM 的国际认可，成为亚洲数十家有机认证机构中继泰国 ACT 及日本 JONA 后的第三家获得 IFOAM 认可的机构，也是到 2004 年为止中国惟一的一家获得国际认可的有机认证机构。OFDC 获得 IFOAM 认可有助于中国有机认证与国际的接轨，有助于与获得 IFOAM 认可的其他国家的有机认证机构实施互认，因而有利于打破发达国家在国际贸易上设置的"绿色壁垒"。

第三节 有机农业生产技术要求

有机农业生产过程中禁止使用化学合成的农药、化肥、生产调节剂等农用化学品，而是强调使用有机肥、种植绿肥、作物轮作和生物、物理防治措施为作物提供养分和防治作物的病虫害发生。因此，有机农业与常规农业生产技术上的最大差别是土壤培肥和植物保护技术。有机农业生产如果不能建立起一套完整的技术体系，就很难确保有机食品的产量和质量。生产技术保障是产品质量保障的前提条件。

一、有机农业土壤培肥技术

有机农业理论认为土壤是一个活的生命系统，施肥首先是喂土壤，再通过土壤微生物的作用来供给作物养分，而不是像现代农业那样使用化学肥料直接为作物提供养分。因此，有机农业要求利用有机肥和合理的轮作来培肥土壤，培育健康肥沃的土壤是有机农业的核心，各种农事活动都要围绕着这一目标进行。根据有机生产为一相对封闭的养分循环系统的原理，一方面有机肥应尽可能地来自本系统，即要尽可能地将系统内的有机物质归还土壤；另一方面是在轮作计划中一定要包括豆科作物或豆科绿肥在内，作为补充氮源的重要手段；另外，有机生产过程中还要尽可能地减少土壤养分的流失，提高养分的利用率。在常规农业生产中，养分的损失是非常严重的，据报道，谷类作物生产中肥料氮的损失量在20%～50%之间。

有机肥是有机种植的主要肥源，按其来源、特性和积制方法可分为四类：粪尿肥，包括人粪尿、畜粪尿、禽粪、厩肥等；堆沤肥，包括秸秆还田、堆肥、沤肥和沼气肥；绿肥，包括栽培绿肥和野生绿肥；杂肥，包括腐殖酸类肥料，油粕类肥料等，它们各具自身特点。我国自古就有"用粪犹用药"，"用药得理"的古训，这意味着要用好有机肥就要根据有机肥的特性，根据作物生长需要和生长规律及土壤性质，并结合土壤学、作物栽培学、作物生理学的知识科学合理地施用有机肥，从而做到优质高产，改良土壤和保护环境。

二、有机生产病虫害防治技术

（一）有机农业病虫防治的原理

有机农业与常规农业具有不同的病虫害控制观。有机农业认为农业生产过程是一种人与自然协调相处的过程，人类应该尊重自然而决不能充当自然的主宰者，病虫害也是自然界固有的组成部分，对它们的控制是要充分发挥农业生态系统的自我调节功能，利用生物间的相生相克原理，以抑制它们的暴发，将其控制在经济危害水平之下即可。因此，作物生产中的病虫害防治首先在于采取适当的农艺措施建立合理的作物生产体系和健康的生态环境，提高系统的自然生物防治能力，而并非像现代农业那样利用化学农药力求彻底消灭病虫害。所以，有机生产的病虫防治要以农业生产系统为中心，以生态学原理为指导建立起一个生态平衡的作物生产系统，并充分掌握作物以及危害其生长的病虫的生物学、生态学与物候学知识，加强生产过程各个环节的管理，做到既能预防、避开又可抵抗病虫的侵袭，从而保证作物的健康生长。

（二）有机农业病虫防治采取的主要措施

基于常规农业存在的弊病，尤其是使用农药引起的各种害处，有机农业本着尊重自然的原则，倡导应用综合的生态学方法和进行健康栽培控制作物病虫害，要以农艺措施为主，辅之于适当的生物、物理防治技术，并可利用一些植物性农药和有机农业生产标准中允许使用的矿物源农药。一般说来，一个良好建立的有机生产系统是不会有严重的病虫害问题的，尽管有时会出现一些特殊情况确实需要采取防治措施。

1. 建立合理的轮作体系，抑制专性寄生性病虫害的发生。
2. 选用抗病虫的品种，通过种子精选，淘汰病虫粒，选择无病、健康的种子或种苗。
3. 可以用物理方法处理种子，如温水、盐水、石灰水浸种，能有效地杀死病菌和虫卵。
4. 加强垄作与施肥技术，减少病害的发生。
5. 翻地灭茬，减少病虫来源。秋翻将植株残体翻入地下，可大大减少田间越冬菌源，减轻病害发生的程度，又可将土壤内越冬的害虫翻转到地面，破坏了害虫越冬的环境，促使害虫死亡，减少第二年虫源。
6. 适期、适度地播种，不能盲目早播，播种要掌握深度，不宜过深。否则，幼苗出土时间拖长，消耗大量养分，幼苗长势弱，易遭受病菌侵染。
7. 有些害虫直接寄生于杂草，采用苗前除草、中耕除草的方法，能有效破坏病虫寄生的条件，直接杀死一些害虫。

8. 可以用物理的方法引诱、捕杀、驱除害虫，从而达到控制害虫的目的。

9. 利用生物天敌相克的生物防治方法，来达到防治害虫的目的。

三、有机农业生产中杂草的防治

杂草是指那些生长在它们不被希望生长的地方的植物。它们往往较作物植物更易适应不良的环境条件，更易在田地上生长。

（一）在生态上杂草具备的特性

1. 杂草的发生是以群体的方式出现，很少只有一种杂草单独产生，这样使得杂草可更加有效地利用可获得性资源；

2. 杂草间的竞争可引起其种群结构的变化，也即人为地控制某种杂草可能会使另一种杂草变为优势种。如在田间使用对单子叶杂草有杀伤能力的除草剂很可能助长双子叶杂草的生长；

3. 杂草具有高的遗传变异性，使得其能迅速地适应不利的环境条件；

4. 许多杂草生长迅速，种子产生量大，再生能力强；

5. 杂草种子往往具有传播辅助器官，如刺、绒毛、羽翅等，使杂草种子可远距离传播，而且有的杂草种子存活期长，被深埋于土中也可长时间保存活力；

6. 杂草一般较作物具更强的抗病能力，与作物竞争有更强的优势。

因此，杂草一直被认为是作物生产的大敌，尤其是那些与作物生长周期同步并能很好地适应此种作物的耕作方式的杂草，如水稻生产中的稗草，小麦生产中的黑麦草，草莓生产中的看麦娘等，如果不清除则会导致减产，甚至作物全被杂草所取代。因此，人们普遍以敌对的态度对待杂草，生产的除草剂也尽可能地要杀灭所有的杂草，但结果往往是事与愿违，不仅增加了杂草的抗性，而且影响了有些作物的生长，污染了环境。

（二）有机农业生产中杂草的防治

有机农业生产中禁止使用化学除草剂控制杂草，倡导采用耕作措施、生物防治、机械除草的方式来控制杂草的生长。通常有以下手段：

1. 防止杂草种子的传播。播种前，清除作物种子中夹杂的杂草种子。

2. 作物种植前清除杂草。通过深翻地，杀灭多年生杂草的根系，并将地表杂草翻入地下，使草籽无滋生条件而死亡。

3. 利用轮作减少伴生性杂草的繁殖与蔓延。

4. 采取播前镇压等手段，诱发杂草出土，再采取播前耙地整地等措施，达到播前灭草的目的。

5. 应用堆肥作为控制杂草和病虫害的重要手段。施用的有机肥通过高温沤制或腐熟发酵的方法，能有效地消灭有机粪肥中的杂草种子。

6. 采用机械除草的方法，减轻杂草的滋生。

7. 有机地块较小，也可用人工田间除草的方法。

第四节　有机认证的程序及操作

一、认证程序与认证范围

有机认证是一项十分严谨的工作，必须按照严格的程序进行。一般的有机认证程序包括填写申请表，填写调查表，认证机构预审核，签订认证检查合同，选派检查员，检查员实施现场检查，检查员编写检查报告，认证机构的颁证委员会审核检查报告和相关材料，颁证委员会做出认证决议。一般程序到这里就结束了。但如果申请者不接受决议并提出申诉，则还要进行如下程序：颁证委员会接受申诉并进行复议，颁证委员会做出最后认证决议，申请者接受最后决议或向认证机构的申诉处理小组提出投诉，处理小组评议并做出最终决议。如果申请者仍不接受处理小组的最终决议，则可向该认证机构实施认可的机构或其他监督机构提起投诉，监督机构进行评议并提出处理意见。如果到这一步仍没有解决问题，则可以进入国家的法律诉讼程序。

国际上的有机认证类型包括种植、畜禽养殖、水产养殖、野生植物采集、蜂产品生产、加工、贸易、小农户集体（即具有相似种植或养殖生产体系的小规模生产者的组合）、有机农业投入物质、有机餐饮业以及证书认证等。国家和国际认可部门在对每一个有机认证机构实施认可评估后都会确认该认证机构可以开展的认证工作的类型。因此，有机认证机构应该清楚地向申请认证者说明其获准开展的认证工作的类型及范围，不能超范围开展认证工作。还有一种情况是，国际和国内的认可机构批准认证机构开展认证的类型并不完全相同，例如，国际有机农业运动联盟（IFOAM）的国际基本标准中的有机水产标准到 2004 年仍处于草拟阶段，没有正式通过实施，因此 IFOAM 国际认可的范围不包括有机水产，而中国的国家有机认证标准中则有有机水产标准。如果一个中国的有机认证机构同时获得了国内和国际认可，则在其认证的水产品上只能使用中国的认证标志而不能使用国际的标志。反之亦然。为此，在申请者有要求时，认证机构应主动向申请者出示相关的材料和文件，如在有效期内的国际认可证书、国内认可证书、相关的认证标准等。并要求获证者遵守相关规定，不可超范围宣传和使用证书。

二、对申请者的要求

有机认证机构应向申请者提供最新的适用于各种认证方案的评价和认证程序的详细说明，以及包括认证的要求、申请者的权利和按照合同交付相应费用等申请者责任在内的各类文件。有机认证机构应在如下几个方面对申请认证的生产者、加工者和贸易者提出要求：

（一）承诺保持持续性

持续遵守所申请的认证机构的标准和所有相关规定。也就是说，申请者必须长期坚持遵守这些标准和规定，不允许在有机与常规之间反复交替。几乎世界各国所有的有机认证机构都执行一年至少检查一次和认证证书一年有效的制度，目的就是要确保申请者在遵守标准和规定方面的持续性。在看似重复的年度检查工作中，往往可以发现申请者的一些不符合点，有些还是重大不符合点。

(二) 做好充分准备

为认证机构实施认证检查和评估做好必要和充分的准备,包括:准备好应提供的各类备审查的文件,准备向认证机构开放所有的场所,为检查人员查阅所有相关记录提供条件,为测试、检查、审核、监督、复评等认证机构的评价工作,以及为认证机构处理申诉、投诉和争议等准备好相应的人员和材料等。

(三) 承诺在规定范围内使用证书

申请者应承诺在获得认证后将严格在证书规定的范围内开展工作,对外声明和宣传的内容将限制在认证机构批准的范围内,未经认证机构授权,绝不超越范围宣传和声明。例如,有些申请者获得的是"有机转换认证",但他们在标志上却使用"有机认证"字样,这是一种故意夸大认证结果的做假行为,因此将会受到相关认证机构和其他管理部门的处理。

(四) 承诺不采取误导行为

不扩大宣传认证证书的作用,保证在使用认证结果开展业务时不做任何将有可能损害有机认证机构声誉的事,也不采取任何有可能误导贸易对象及消费者的任何措施,即使是误导证书和报告中的某一项内容也不允许。有机认证证书只是对基地、加工厂和贸易行为符合有机认证标准的一种证明,而不是对产品的质量等其他方面的证明。有些宣传在介绍有机食品时除了产品的安全性外,往往还要加上"高质量"、"富营养"等。实际上,有机产品认证是在产品首先满足了国家在质量(包括营养)、卫生等方面要求的基础上的进一步认证,获得有机认证并不表示认证机构对该产品的质量和营养成分含量等的担保,这方面的监督是由工商、质检等政府部门负责的。因此那样的宣传显然是不合适的。例如,有些申请者在生产原料的合作农场尚未获得有机认证或根本没有申请有机认证的情况下,却主动申请对加工厂的认证,在加工厂获得认证后,该加工厂因为没有有机原料,根本不可能生产出有机产品来,但其对外却模糊地宣传公司的加工厂已获得有机认证,虽说该公司的产品并没有打上认证标志,但其宣传往往会因此误导消费者,使他们误认为该公司的产品已经是有机产品了。

(五) 承诺遵守暂停和撤销证书的规定

如果认证证书被有机认证机构暂停或撤销,应立即停止任何涉及原认证内容的广告宣传,并按有机认证机构的要求交回所有认证文件;有些被处理的申请者辩护说,"我的证书还在有效期,所以我仍可以在有效期内以有机的名义销售我的产品"。这是一种完全错误的理解,因为被暂停或撤销证书表明申请者已不再符合认证要求,而有机生产体系是一个有机的联合体,一个环节出了问题,就表明其产品的有机完整性已经得不到保证,因此,在认证机构与申请者签订的检查认证合同中必须强调一旦认证证书被暂停或撤销,持证者就不可再继续使用认证机构的认证标志,其产品和宣传品上的关于认证的内容也都必须立即撤除。

(六) 保证准确利用媒体宣传

保证在传播媒体(如文件、小册子、电视、广播或广告等)上宣传被认证的产品时,完全符合认证机构的要求。宣传媒体的一些从业人员常常有意或无意地在面积、产品品种、水平、质量、数量等方面夸大被宣传对象的功效、成绩,有时在对报道对象尚处于一知半解的情况下就开始宣传,误导读者和消费者,有些则是将认证机构与政府职能部门相混淆,使读者和消费者误以为是政府认证等,不一而足。这些宣传有时还是在获证企业的配合下做出的,其所产生的负面影响是显而易见的。虚假的宣传实际上只能取得一时的功效,一旦读者和消费者了解真相,则相关企业的真实的、好的方面也都无法使人信任了,损失最大的还是申请者和这些企业。

三、有机认证的申请

申请是有机认证程序中的第一步。申请者应向认证机构递交一份由其授权代表签名的正式申请表。申请表与调查表不同，其要求的是最基本的信息，因此一般都比较简单。

（一）要明确申请者

因为申请者和认证对象往往不是同一个实体，例如，在公司加农户或农场的情况下，申请者往往是公司，而申请认证的对象往往就是小农户集体或农场，因此有机认证的申请书应明确申请者是谁，申请认证的对象是谁。

（二）申请表的内容

申请表及其附件一般应包括：申请认证的范围（类型）、申请者同意遵守认证标准和要求的声明，以及向认证机构提供检查认证所需的信息的承诺。申请表中的一般信息包括：申请认证单位实体的性质（农场、小农户集体、加工厂、养殖场、农用物资等）、名称、地址和法律地位（个体、集体、国有、外资、合资等）、申请认证的产品、申请认证的类别（转换、有机等）、申请认证的体系（国内、国际等）、申请认证的各种产品所依据的标准等。认证机构的网页上一般都有可以直接下载的申请表，申请者在下载申请表并填写后一般都应通过传真或邮寄的方式正式提出申请。在填写申请表前，申请者应十分了解国家的有机认证标准以及所申请认证的机构或地区的标准和具体要求，多数认证机构的网页上都有相应的标准可以直接下载。

（三）适用的标准

有机认证机构应确保每个申请者在申请前即可获得适用标准的现行有效版本，从而可以对照标准来判断自己所申请认证的单元是否基本符合标准。认证机构不应该在申请后，尤其是在申请者交纳了申请费后再提供相应标准。有机认证机构还应当向申请者就检查、认证和申诉的程序作清晰的介绍，向申请者出示认证合同、标志准用证和协议的样本，还应该向申请者提供认证收费标准，这些文件都可以利用网页予以公布。

（四）准确的信息

申请认证对象的信息是申请书中最为重要的部分，应对其所有权的性质、面积（农场）、产品类型、生产能力（加工厂）、产量、地域范围、生产体系等进行描述。由于认证机构的检查员的背景情况各异，有些检查员擅长做某种类型的检查，而另一些则擅长其他类型的检查。为了能使认证机构选派最合适的检查员，并针对检查对象做好各种检查前的准备，申请书所提供的信息一定要准确。申请书还应说明申请认证的对象是否也在同时申请其他机构的有机认证，或已经获得其他机构的有机认证，即双重或多重认证。如果申请认证对象曾经被其他机构拒绝认证过，则必须说明情况，并提交有关信息。在双重或多重认证情况下，必须将申请者针对其他认证机构的整改要求所采取的整改措施及其结果如实填写在申请书中。

第五节 有机生产的管理

有机质量保证体系中，有机生产的管理是非常重要的一个环节。有机认证主要是针对有机生产方法和过程的认证，而科学有效的有机生产管理就是有机生产方法和过程的重要体现和依据。有机生产管理包括管理机构的建立，制定有机生产计划和建立质量控制体系。

一、有机生产管理组织

每一个有机农业生产基地都必须建立一个管理组织，对有机生产过程实施全面的管理。随着我国有机农业的发展，不同形式的有机农业开发方式不断涌现，包括公司自主经营、公司＋基地＋农户、公司租赁式经营、农民生产协会、政府示范基地等。各种有机农业开发形式的管理组织及其作用也不尽相同。

（一）公司＋基地＋农户模式

公司采取定单农业的方式与一批农户签定协议，建立有机生产基地。在有机农业生产中起主导作用的是公司，农户只要照章行事即可。这种方式中，管理机构由"公司有机生产负责人＋常驻基地管理人员＋农民代表"组成，负责制定有机食品生产计划，培训农户，提供有机生产所需种子、有机肥等物质，监督有机生产的进行，做好文档记录工作，联系有机认证。常驻基地管理人员责任重大，对有机生产和质量控制起到非常关键的作用。

（二）公司自主经营或租赁经营模式

公司自己拥有的农场或公司对某一地块进行承包，雇佣农户按公司的要求进行操作，农民在生产中充当农业工人的角色。公司全权负责有机生产的进行，通常是建立包括总经理在内的有机生产领导小组或成立一个有机生产开发办公室，要包括有技术人员和文档管理人员。农业工人可分为生产小组，小组组长可作为领导小组的成员。这种形式成本较高但易于统一管理，如果公司认真按照有机农业标准操作，则有机产品的质量就能够得到保证。

（三）有机生产协会

由一些小农户自主发起的有机生产，他们联合起来形成一个有机生产协会或生产合作社，作为一个农场进行操作，实行"五个统一"式的管理，即统一组织形式，统一技术规范，统一物料的投入和使用，统一人员培训，统一销售环节，同时与各个农户签定质量保证书，执行内部检查员的检查制度。这种形式是典型的小农户团体认证的形式，如中德合作项目示范点建立起来的安徽岳西县皖奇有机猕猴桃协会和石佛有机茶生产协会。组织管理机构由协会负责人和农民代表组成，负责制定协会章程和有机生产技术操作规程，建立内部质量控制体系，实施内部检查。我国的有机生产协会与西方国家的有机生产协会具有很大的不同，例如在德国有9个大型的有机农业协会，各个协会实力雄厚，制定自己的有机生产标准，有协会的标志，对会员进行认证，同时为会员提供技术服务和营销服务。

（四）政府机构的示范基地

在有机农业发展初期，当地政府为了促进有机农业在本地区的发展，筹划建立有机农业示范基地。管理机构由政府领导、相应的技术推广机构如农技推广站负责人、基地承包经营负责人组成。这种方式一般都有一定的政府项目经费支持。如果基地承包经营人具有较强的有机农业发展意识，则基地比较容易转换成功。但如果仅将其作为政绩工程或是当作任务来做，则往往会处于被动应付的状况，很难达到预期的示范效果。

二、有机生产计划

制定有机农业生产基地发展规划能够使有机食品开发有步骤、有计划地进行。规划中要包括发展的目标与步骤，发展的主导产品与布局，主要采用的作物生产技术，作物轮作计划，生产物质与生产工具的准备，有机生产质量管理体系的建立，产品的收购、储存、加工、运输与销售计划，基地建设的投资概算，以及效益分析等内容。

1. 发展目标与步骤　分析清楚生产基地发展的战略目标和具体目标。战略目标主要是确定生产基地的发展定位和产品品牌的树立问题。有机生产基地根据规模和所处的地理条件不同具有不同的定位，有综合生产、观光、消费、示范于一体的发展模式，也有针对出口市场的少数品种的规模化生产模式和针对当地市场的多样化种植的经营模式。具体目标则要描述清楚每一年度要转换的地块和面积，各种作物的生产面积和预期产量及预期经济效益。发展步骤要确定基地建设主要内容的发展步骤和时间安排。

2. 发展的主导产品与布局　根据生产基地的地理条件和当地的生产技术基础与市场需求确定发展的主导产品和种植作物的布局。

3. 有机生产的关键技术　调查清楚选定种植的作物在当地常年发生的主要病虫草害，按照有机农业生产的原理与技术方法制定有机生产的病虫草害防治方案和土壤培肥计划，制定作物的轮作计划，按照有机认证标准的要求，应采用包括豆科作物或绿肥在内的至少三种作物进行轮作。而且还要制定基地的生态保护计划，包括基地的绿化与美化，控制水土流失，建立天敌的栖息地和保护带，保护生物多样性。

4. 有机生产的保障措施　制定基地发展规划要特别重视实施规划的保障措施，包括组织保障，技术保障、物质保障、资金保障和质量保障。组织保障如上所述，要根据基地的经营管理模式建立不同形式的有机生产组织管理机构；技术保障即要匹配专业技术人员或邀请相关领域的专家负责有机生产技术操作规程的制定与实施；物质保障包括生产的种子、有机肥、生物农药、物理防治措施、农业机械等，要掌握所需各种物质的资源和价格；资金保障则要预算有机生产基地建设需要投入的资金总量和资金的来源或筹措方式；质量保障即要建立起有机生产全过程的质量保证措施和质量跟踪审查体系，保证有机产品的质量和产品的可追溯性。

5. 有机产品的营销　制定有机产品的收获、储存、运输、加工、包装和销售计划。定位有机产品的市场和价格范围，创立有机产品的品牌。

6. 基地建设资金概算　对有机生产基地建设的各项投入进行细致的测算，计算需要投入的经费总量。有机生产基地建设往往会出现对所需要投入的经费估算不足的现象，这是事先没有认真对建设经费进行概算的结果。

7. 效益分析　从经济、社会和环境三方面对有机生产基地建设进行效益分析。有机农业生产要求转换期，而且有机农业的产业化经营模式的建立与完善和有机产品的市场开拓一般需要几年的时间，因此要充分预测有机生产基地建设投入的回报期问题。

三、有机生产内部质量控制体系

有机生产内部质量控制体系是整个有机生产、供应链质量控制系统的源头。主要是农场的质量跟踪审查系统即文档记录系统和组织管理系统。组织管理系统主要是确定管理人员和制定、执行有机生产的各项管理制度；质量跟踪审查系统是确保有机生产的每个环节都遵守的有机生产标准，保证产品的可审核性、可追溯性的重要手段，也是有机检查认证的有力证据。生产基地要按照有机认证机构的具体规定准备好以下相关材料。

1. 有机生产基地的种植史
2. 生产基地地块分布图
3. 生产基地有机生产管理手册
4. 轮作计划
5. 有机生产管理全过程农事记录
6. 保留相关证据

上述材料最好要有专人负责，长期保存，以备复检。有机生产内部质量控制体系是整个有机生产的根本保证。

（王世平　王　玉）

复习题

一、名词解释
1. 有机农业
2. 有机食品

二、简答题
1. 有机食品的种类及特点。
2. 有机食品需要具备的条件。
3. 简述有机农业都有哪些生产技术。

三、论述题
1. 有机农业病虫防治采取的主要措施。
2. 有机农业中杂草防治采取的主要措施。

第十八章 保健食品

第一节 保健食品的概念及发展历史

一、保健食品的概念

保健食品是指表明具有特定保健功能或者以补充维生素、矿物质为目的的食品。即适宜于特定人群食用，具有调节机体功能，不以治疗疾病为目的，并且对人体不产生任何急性、亚急性或者慢性危害的食品。

保健食品属于食品，必须具备食品的基本特征。即应当无毒无害，符合应有的营养和卫生要求；具有相应的色、香、味等感官性状，保健食品应当含有一种或数种营养素并达到一定含量水平，但不能要求保健食品等同于普通食品，为人体提供各种营养素，更不能将保健食品视为正常膳食，作为各种营养素来源的主要途径。

1. 保健食品必须具有特定的保健功能

保健食品除具有食品的一般特征外，还必须具有特定的保健功能。即这种保健功能必须是明确的、具体的、有针对性的，经科学验证是肯定的。

2. 保健食品是针对需要调整某方面机体功能的特定人群而设计的，有相应的适宜人群。

3. 保健食品是以调节机体功能为主要目的，而不是以治疗疾病为目的。

4. 保健食品的产品属性既可以是传统的食品属性，也可以是胶囊、片剂等新的食品属性。

5. 保健食品的成分构成主要是功效成分和营养素或主要由营养素构成。

营养素的种类和含量，目前没有统一规定。建议要求至少含一种营养素，且摄入量应达到相应营养素每日推荐供给量的30%以上。同时不能违背现代营养学的准则，即不能含有过多的脂肪、饱和脂肪酸、胆固醇、盐以及不能含有抗营养因子等。

二、保健食品的发展历史

在我国，由于传统的饮食文化，特别是中医中药学的传统观念，如医食同源、药食同源、药补不如食补、医病必先问饮食等，可以说营养保健食品从古至今在广泛的社会人群中，有着较强的认同与共识。我国在1984年就有了群众团体性质的学术组织，称为中国保健食品协会，积极主张发展保健食品，但在国家卫生主管部门却一直未见行政或法制性规范出台，采取了不加可否的态度。1982年《食品卫生法（试行）》颁布，此时正是我国保健食品向着规模化发展的初级阶段，也是赋予保健食品更多的技术含量并形成工业化生产的发展阶段，更是保健食品的健康效应普遍受到消费者关注并重视的阶段。而当时的国家卫生主管部门对保健食品所持的态度是有条件的认可保健食品的客观存在。《食品卫生法（试行）》中虽没有有关保健食品的条文，但规定了"食品中不得加入药物，但按照传统既是食品又是药品以及作为原料、调料或者营养强化剂加入的除外"。其实既是食品又是药品的物品在很大程度上是具有保健作用的。另外，从1987年8月卫生部发布的《食品新资源卫生管理办法》中，可以清楚地看到国家对保健食品的存在予以有条件的认同，承认保健食品的存在并将其纳入了新资源食品的管理范畴。政府管理部门在不宣传保健作用、不命名为保健食品的前提下，允许保健食品作为食品的一种形式存在，并以新资源食品的名义进行管理。

面对保健食品可观的发展前景及发展中存在的诸多问题，一些有识之士在20世纪80年代中期就提出了要通过立法对保健食品进行管理，并提出了管理的基本原则应该是"允许存在，允许宣传，科学依据，严格审批。"1991年，在全国食品卫生监督检验所所长会议上，专家们提出了制定"保健食品管理办法"的建议。进入90年代后，保健食品市场良莠不齐、鱼龙混杂、真伪难辨的状况十分突出。据此，在1995年10月颁布的《食品卫生法》里正式列入了保健食品管理的条款；1996年6月1日，我国的《保健食品管理办法》正式实施，以后又相继出台了一系列的规章性文件，使我国的保健食品进入了法制化、规范化管理的轨道。

第二节　保健食品可能存在的卫生问题

根据近年来卫生行政部门对保健食品生产经营的监督管理情况，保健食品存在的主要问题有以下几个方面。

一、非法保健食品仍然充斥市场

《食品卫生法》规定我国对保健食品实行审查批准制度。凡声称具有保健功能的食品必须经政府卫生行政部门审查许可，凡未经审查批准的食品，不得以保健食品的名义生产经营。

当前保健食品市场上仍有一些未经政府卫生行政部门批准的食品，却冠以各种保健功能在销售，严重的扰乱了保健食品市场。据中国保健协会健康产品检测中心2005年市场调查结果，市场公开销售的声称具有保健作用的食品中有30％未获批准。这些非法保健食品的经营方式有：

1. 盗用保健食品批准文号　主要是该产品没有取得保健食品批准证书而盗用其他保健食品的批准文号；

2. 冒用保健食品标志　产品外包装标示的保健食品批准文号不存在；

3. 普通食品宣传功能作用　普通食品打着保健食品的旗号宣传功能作用；

4. 未经卫生许可审查擅自生产保健食品　有的企业取得保健食品批准证书后，在没有取得卫生许可证的前提下，擅自生产保健食品；

5. 产品外包装标示的产品名称与国家审批文件不符　产品包装上产品名称与保健食品批准证书不一致；

6. 产品外包装无批准文号　保健食品的批准文号应当印在产品的外包装上，有的产品在外包装上根本找不到批准文号。

二、虚假广告和夸大宣传问题严重

虽然所有的合法保健食品的产品说明书都经过审批,但少数企业为了吸引消费者,经常在标签、说明书和广告宣传上擅自夸大功能宣传,这些夸大宣传主要有以下形式:

1. 利用报刊、电视、电台、网络等媒体夸大宣传产品的功效,以所谓的"科普宣传"、甚至"病例介绍"误导消费者。

2. 产品说明书和标签不按批准的内容印刷,擅自增加保健功能、扩大适用人群、变更食用方法和食用量。甚至直接或暗示可使疾病痊愈。

3. 采取坐堂行医、保健讲座、免费试用、"直销"等形式,进行疗效等违法宣传。

中国消费者协会与中国保健科技学会的调查表明,目前保健品的宣传内容不符合有关法律法规的占73.5%,其中对产品功能进行虚假宣传、擅自宣称产品具有保健功能的占31.4%。

三、不按批准的产品配方组织生产,擅自改变配方投料,甚至加违禁药物,擅自更改经过批准的产品配方

部分保健食品生产企业为了增强产品的功效或降低产品成本,不按卫生部或国家食品药品监督管理局批准的产品配方组织生产,更改原配方中原料的品种、比例,甚至在产品中加入药物以增强功效作用。截至目前为止,经卫生部查证,在保健食品中加入违禁药品的有二十余种,如在减肥产品中添加中枢神经抑制剂芬氟拉明,在调节血糖类保健食品中添加格列本脲,在抗疲劳产品中加枸橼酸西地那非(万艾可即伟哥)。为的是快速产生药品作用,进行不正当竞争,达到减肥、降血糖、抗疲劳的作用。对消费者的身体健康造成极大损害。

常添加的几种违禁药物:

1. 减肥类 芬氟拉明、麻黄碱、吗吲哚、双氢克尿噻、西布曲明、去氢表雄酮;
2. 抗疲劳类 西地那非、雄性激素、枸橼酸西地那非(伟哥的主要成分)等;
3. 促进生长发育类 生长激素;
4. 调节血糖类 格列本脲(优降糖)、盐酸二甲双胍、盐酸苯乙双胍(降糖灵);
5. 改善睡眠 安眠药物;
6. 美容类 雌性激素。

四、保健食品企业生产条件差的问题尚未得到根本性改变

生产工艺落后、管理水平不高、产品质量得不到保证,少数保健食品生产企业既生产条件落后,又缺乏有效的管理手段,使生产的产品卫生指标或质量达不到要求。对保健食品生产过程的管理要求概括起来主要有:保健食品生产必须符合相应的食品生产企业卫生规范或其他有关卫生要求;选用的工艺应能保持产品功效成分的稳定性;加工过程中功效成分不损失、不破坏、不转化和不产生有害的中间体。我国于1998年发布了《保健食品良好生产规范》,该规范属于强制性标准,所有保健食品生产企业必须达到该规范所要求的标准才能生产加工。对保健食品生产过程的管理主要在于提高准入条件,严格按GMP的要求审查合格后方可发放卫生许可证。另外,我国保健食品行业整体水平不高,表现在:

1. 我国保健食品企业大多规模较小,据国家统计局对中国保健食品企业经营现状的调

查显示，注册资本在500万元以下的企业，占总数的62.0%；

2. 许多企业不符合《保健食品良好生产规范》的要求，不具备保健食品自检能力；

3. 许多企业片面重视广告宣传和市场营销，而忽视生产设备的更新、改造，使产品质量难以保证；

4. 有些生产企业目光短浅，缺乏长期发展规划，不对生产设备投资，在生产条件较差的环境下生产保健食品；

5. 有的申报单位在取得了保健食品批准证书后，不按有关法规要求向省级卫生行政部门申请对其生产条件进行审查，擅自生产。

五、保健食品科技含量低，普遍存在低水平重复

1. 有的生产企业一旦发现市场上有热销的产品马上仿效，结果出现批准的雷同产品很多。

2. 从保健食品功能分类来看，其中以免疫调节、抗疲劳和调节血脂功能最多，分别占28.4%、13.7%、13.3%。这说明企业对容易做的、见效快的产品一拥而上，造成大同小异的同类产品过于集中。

六、检测监督管理存在薄弱环节

（一）功效成分的研究滞后，缺乏相应标准和检验方法

1. 储备性研究不够：储备性研究不够有两个主要原因，一是保健食品较传统食品是新事物，研究方面空白较多，无基础、无积累。二是企业在开发保健食品时对研究测定方法认识不足，认为审批时，无功效成分也能通过审批，因此不愿意投入人力、物力研究功效成分及其测定方法，这样当检测机构靠政府的投入无法满足研究需要时，就导致了我国的保健食品功效成分检测方法远远滞后于保健食品的开发。

2. 基质干扰严重：现行的分析方法大多出自药典、药学文献报道或厂家提供的方法。药品检验与保健食品检验有很大的不同，药品检验主要是检验药品成分，在成分确定后，按GMP生产，从而确保有效成分的含量和产品的质量，因此药品检验干扰成分很少，甚至没有。而由于我国大多数保健食品未实施GMP生产，或功效成分与原料一体，而且实施的是终产品检验，保健食品中蛋白质、脂肪、糖类对测定有干扰，使功效成分的分析难度增加。

3. 缺乏统一的对照标准和对照标准品：一些以中草药为原料的保健食品，含有多种功效成分，以什么作为对照及对照所用标准品质量，决定其检测的结果，以测定人参皂甙为例，在检测有效成分时，Re、Rb、Rg均曾被单独或共同作为标准品，从而导致检测重现性差。影响检测质量。

4. 无法进行有效的质量控制：一些保健食品功效成分具有多种结构，生理活性不一，以天然植物为原料开发的保健食品尤为突出，如总皂甙、总黄酮、粗多糖等。这类保健食品以总皂甙、总黄酮、粗多糖作为功效成分针对性不强，测定结果不稳定，因此分析质量控制也无法开展。

（二）监督力度不够

1. 地方保护主义：一些地方由于考虑地方经济发展的需要，对企业的生产条件并未严格按照《保健食品良好生产规范》的要求进行审查。

2. 监督人员素质有待提高。
3. 法律不完备、政出多门、多头管理、执法不严。

(三) 对产品违法宣传查处难度大

按照我国现行广告管理的规定,食品广告的管理权不在卫生部门,而在工商部门,违法广告的查处也在工商部门。所以,卫生部对保健食品违法夸大宣传的处罚没有法律依据,难以从根本上解决问题。宣传的管理缺乏具体规定。

第三节 几种常见保健食品可能存在的卫生问题及其管理

一、抗疲劳类保健食品

(一) 原辅料的卫生问题

中国几千年来"药食同源"的实践和习惯对现代保健食品生产有着巨大的影响。抗疲劳类保健食品的原料主要是一些中草药和蜂蜜等,残留在中草药中的农药可转移到人体而损害机体健康。中草药残留的农药可来自:(1)防治病虫害和除草时直接施用的农药,这类原料易受到农药的污染。(2)农药的施用对环境造成一定的污染,环境中的农药又通过水、空气、土壤等途径进入中草药。蜂蜜中易残留抗生素,易受到金属锌的污染。《保健食品良好生产规范》规定,原材料进厂前必须按照相关标准经检验合格后才能使用。

(二) 违禁加药的卫生问题

自古以来,人们就设法寻找一种能恢复精神与体力疲劳,延长劳动与运动耐力的物质。这种物质国外文献中称为生力物质,我们称之为抗疲劳物质。这种物质当然不是对人体有害的一切毒品,如海洛因、印度大麻等,也不是类固醇类激素,如睾丸酮等兴奋剂。2003年5月1日,卫生部颁布的《保健食品检验与评价技术规范》开始实施,将原来的抗疲劳功能更名为减缓体力疲劳功能。疲劳分为两种:一种是指躯体性疲劳,即身体的能量消耗;另一种是指精神性疲劳,即大脑神经中枢的迟钝。近年来,国家卫生部连续组织各地卫生监督机构对市场上销售的抗疲劳类的保健食品进行了抽检,发现一些不法生产企业见利忘义,在抗疲劳产品大量加入枸橼酸西地那非(伟哥的主要成分)及激素、兴奋剂等国家违禁药物,有关专家指出:枸橼酸西地那非属于医生处方药,具有扩张血管、加速血液循环的作用,人服用后有可能直接造成心脏病、高血压乃至猝死,还可能导致男性缺血性视神经疲劳,甚至永久性失明等,对消费者的身体健康构成极大威胁。应加大力度打击这些违法生产经营行为。

二、减肥类保健食品可能存在的卫生问题

(一) 原辅料的卫生问题

目前,市场上运用于减肥保健食品的原料主要是使用膳食纤维、L-肉碱、茶多酚以及一些有降脂作用的传统中草药。这些原料营养丰富,是微生物繁殖的温床。

(二) 违禁加药的卫生问题

西布曲明作为国际公认的安全有效减肥药,其效果是显著的。但是,不能因为它安全有效就可以随意添加,例如鸦片,在医学正常使用范围内它是很好的麻醉药品,而一旦过量使用,它就成为毒品。减肥类保健食品添加中药成分也是一个灰色地带,十分普遍。如在减肥

产品中加入"西布曲明",该药能引起血压升高,心率加快,对心血管疾病患者和有中风史的病人有很大危险性。还有的生产企业在添加物上做手脚,试图用残留物掩盖非法添加药物的行为,在一种减肥类保健食品中检出了一种叫"酚酞"的化学物质。企业称是生产过程中调pH的指示剂残留物,但经检测发现,酚酞平均含量为20.2mg/片。市场上销售的酚酞片是50mg/片,每次服用1~2片。而该保健食品是20mg/片,每次服用2~4片。用量正好相当。"这是有目的加入,根本不是指示剂的残留物"。一些减肥类保健食品添加了禁止使用的甲状腺激素,甲状腺激素可以增加代谢率,但会有心率增快、心慌等不良影响;有些添加某种中草药,清热、去湿,实质是"利尿",通过"减水"使体重很快下降,表面看"减肥"效果很好,但容易引起电解质紊乱,影响糖分的代谢,甚至影响肾功能。还有的含有大黄类成分,使大便次数增多,减少身体水分而减重,停用后反弹迅速,并会扰乱人体平衡,产生贫血和胃肠道疾病,这些药物成分的副作用会对消费者产生重大影响,甚至严重后果。

三、调节血脂类保健食品存在的卫生问题

(一) 原料和辅料的卫生问题

调节血脂类保健食品主要是以动植物为原料,例如蜂蜜、枸杞、鱼精蛋白等,这些原料极易受到微生物、农药的污染。

(二) 工艺用水的卫生问题

在调节血脂类保健食品中,口服液剂型占相当一部分比例,工艺用水量较大。纯化水是保健食品生产的重要原料,而纯化水系统是个冷水系统,容易受到微生物的污染。美国药典26版在纯化水一节中有这样的阐述:"在制水及此后的储存过程中,应采取有效措施,对细菌总数加以监控。应加强适当的警戒纠偏措施标准,以及时发现系统的各种不良趋势。"……"纯化水的储存及分配均应有防止微生物污染及其他污染的措施"。《中华人民共和国药典》(2000年版)没有规定纯化水的微生物控制指标,但在2001年卫生部生活饮用水卫生规范中规定,细菌总数不超过100cfu/ml;总大肠菌群为每100ml水样中不得检出;粪大肠菌群在水样中不得检出。作为工艺用水的纯化水,其卫生学指标当然不应低于饮用水的标准。

四、调节血糖类保健食品存在的卫生问题

格列本脲和苯乙双胍俗称优降糖和降糖灵,可用于成人非胰岛素依赖型糖尿病及部分胰岛素依赖型糖尿病患者。以这两种物质为主要成分的药物一般为处方药,肝、肾功能不全的病人必须慎用,而严重肾功能不全、糖尿病伴酮症酸中毒昏迷、胰岛素依赖型糖尿病患者及孕妇等则须禁用。因这两种药物具有很大的副作用,美国食品和药物管理局已将降糖灵列为禁药,国内内分泌科医生也很少使用降糖灵,而优降糖则可能会引起低血糖等副作用。如果保健食品中含有这两种成分,糖尿病患者在不知情的情况下服用,就可能会出现低血糖、休克等症状,甚至可能导致死亡。正常人长期服用含有这两种成分的保健食品,也会出现低血糖等症状。这两种药物必须在专业医生的指导下对症服用,否则会产生不良后果,特别是健康人群长期服用可导致体内胰岛素代谢紊乱。

第四节　保健食品的卫生监督与管理

一、保健食品的审批

保健食品的审批应严格按照国家食品药品监督管理局颁布的《保健食品注册管理办法（试行）》执行。《保健食品注册管理办法（试行）》第一章第四条规定：保健食品注册，是指国家食品药品监督管理局根据申请人的申请，依照法定程序、条件和要求，对申请注册的保健食品的安全性、有效性、质量可控性以及标签说明书内容等进行系统评价和审查，并决定是否准予其注册的审批过程；包括对产品注册申请、变更申请和技术转让产品注册申请的审批。

第五条规定：国家食品药品监督管理局主管全国保健食品注册管理工作，负责对保健食品的审批。

省、自治区、直辖市（食品）药品监督管理部门受国家食品药品监督管理局委托，负责对国产保健食品注册申请资料的受理和形式审查，对申请注册的保健食品试验和样品试制的现场进行核查，组织对样品进行检验。

国家食品药品监督管理局确定的检验机构负责申请注册的保健食品的安全性毒理学试验、功能学试验（包括动物试验和/或人体试食试验）、功效成分或标志性成分检测、卫生学试验、稳定性试验等；承担样品检验和复核检验等具体工作。

《保健食品注册管理办法（试行）》还对申请人、受理期限等做出了具体要求。

产品注册申请包括国产保健食品注册申请和进口保健食品注册申请。

国产保健食品注册申请，是指申请人拟在中国境内生产销售保健食品的注册申请。

进口保健食品注册申请，是指已在中国境外生产销售一年以上的保健食品拟在中国境内上市销售的注册申请。

《保健食品注册管理办法（试行）》第二十三条规定：申请国产保健食品注册，申请人应当按照规定填写《国产保健食品注册申请表》，并将申报资料和样品报送样品试制所在地的省、自治区、直辖市（食品）药品监督管理部门。

我国还将进一步提高保健食品入市的门槛，从 2005 年 7 月 1 日起，取消了保健食品注册终身制，开始实行五年一审批的动态管理，这将有效提高保健食品质量，方便消费者鉴别保健食品的真假。《保健食品注册管理办法（试行）》规定：允许注册的国产、进口保健食品将获得保健食品批准证书，有效期为五年，到期后申请人应当对现有保健食品进行再注册。

二、保健食品生产环节的监督

（一）生产审批

对保健食品来说，应特别注意生产条件的审查，国家已制定保健食品良好生产规范（GMP），要求生产企业以此规范为基础，制定本企业的生产技术规范及危害分析与关键控制点（HACCP）。此外，考虑到我国保健食品生产企业的技术现状及经济水平，应鼓励不具备生产条件的企业委托技术水平高、符合条件的企业代其加工生产，并在政策上鼓励和支持建立专门类别的保健食品加工生产企业。这样，不仅有利于提高整个保健食品行业的生产技术水平，带动生产加工高新技术的研究，为生产高质量的保健食品奠定基础；同时也有利于在生产保健食品的企业里推广实施 GMP 与 HACCP。

保健食品生产经营的申请：生产保健食品的企业必须具备食品生产企业的条件，首先要取得食品生产企业的卫生许可证。在生产保健食品前，食品生产企业必须向所在地的省级卫生行政部门提出申请，经省级卫生行政部门审查同意并在申请者的卫生许可证上加注"××保健食品"的许可项目后方可进行生产。

申请生产保健食品时，必须提交下列资料：(1) 有直接管辖权的卫生行政部门发放的有效食品生产经营卫生许可证；(2)《保健食品批准证书》正本或副本；(3) 生产企业制定的保健食品企业标准、生产企业卫生规范及制定说明；(4) 技术转让或合作生产的，应提交与《保健食品批准证书》的持有者签订的技术转让或合作生产的有效合同书；(5) 生产条件、生产技术人员、质量保证体系的情况介绍；(6) 三批产品的质量与卫生检验报告；(7) 保健食品标签和说明书样本：保健食品标签和说明书的内容必须符合国家有关标准和要求，并标明下列内容：①保健作用和适宜人群；②食用方法和适宜的食用量；③贮藏方法；④功效成分的名称及含量。因在现有技术条件下，不能明确功效成分的，则须标明与保健功能有关的原料名称；⑤保健食品批准文号；⑥保健食品标志；⑦有关标准或要求所规定的其他标签内容。

保健食品的名称应当准确、科学，不得使用人名、地名、代号及夸大容易误解的名称，不得使用产品中非主要功效成分的名称。

未经卫生部审查批准的食品，不得以保健食品名义生产经营；未经省级卫生行政部门审查批准的企业，不得生产保健食品。

(二) 生产过程监督

在严格审查生产条件的基础上，生产过程监督的重点应放在原料的质量要求及既定生产工艺的执行上。由于保健食品所使用的原料品种较普通食品广，质量等级要求相对较高，识别和熟悉这些原料就显得十分重要。另外，同一类植物不同的品种存在着明显的功效差异，而且同一品种不同产地也存在着功效的差异，所以，原料的品种及产地的确认是我们监督工作中不可忽视的环节。对生产工艺执行情况的监督要着眼于原料的投放，包括是否按配方提供品种及数量，尤其要关注贵重或稀有原料的使用情况以及有无滥加违禁物质的现象；其次在原料的提取频次、时间等具体生产环节中是否严格依照原设计工艺进行等。

因目前我国有相当一部分保健食品未能确定功效成分或功效成分清楚但没有检测方法，故无法通过功效成分的检测来确定产品功能的存在，从而缺乏有效的市场监督手段。因此，与普通食品相比，生产环节的监督显得更为重要。

保健食品管理办法规定，保健食品生产者必须按照批准的内容组织生产，不得改变产品的配方、生产工艺、企业产品质量标准以及产品名称、标签、说明书等。

保健食品的生产过程、生产条件除必须符合相应的食品生产企业卫生规范或其他有关卫生规范或其他卫生要求外，还必须达到其特殊的生产工艺和条件，以满足加工过程中功效成分不损失、不破坏、不转化和不产生有害的中间体的要求。国家已制定《保健食品企业良好生产规范》，保健食品的生产企业应按此规范要求组织生产和管理，并逐步建立危害分析与关键控制点（HACCP）质量保证体系，以确保产品应当有的保健功能和卫生质量。

保健食品应采用定型包装。直接与保健食品接触的包装材料或容器必须符合有关卫生标准或卫生要求。包装材料或容器及其包装方式应有利于保持保健食品功效成分的稳定。

三、保健食品销售市场的监督

(一) 加强对保健食品功能宣传的监督

保健食品的标签、说明书等是消费者了解产品功能作用、指导合理选购和科学使用保健食品的重要媒介。如果传达错误信息，将导致消费者误用或滥用保健食品。因此，《保健食品注册管理办法（试行）》规定，国家食品药品监督管理局应当根据国家有关的标准、规定、产品申报资料和样品检验的情况，对标签、说明书样稿的内容进行审查。保健食品管理办法规定，保健食品的标签、说明书和广告内容必须真实，符合其产品质量要求，不得有暗示可使疾病痊愈的宣传。严禁利用封建迷信进行保健食品的宣传。未经国家食品药品监督管理局审查批准的食品、不得以保健食品名义进行宣传。

(二) 加强保健食品市场的抽样监测

保健食品的市场抽样监测也是保健食品监督管理的一个重要环节，主要包括以下几方面：

1. 功效成分的监督检测 功效成分是保健食品保健功能的关键所在，也是产品质量的主要指标，故应建立和完善保健食品功效成分的检测方法，对其进行经常性的监督检测，以保证产品质量。

2. 保健功能的验证 因目前我国有相当一部分保健食品功效成分不明，无法通过功效成分的检测来确定其产品功能，故功能验证也是有效的市场监督的手段之一。

3. 对违禁药物的检测 为防止在保健食品中出现添加药物和违禁物质的现象，应加强这方面的监督检测，对违法滥加药物和违禁物质的行为依法给予处罚，以确保消费者健康。

4. 对标签、说明书和广告宣传的监督 监督检查的重点是有无虚假夸大的功能宣传，标注的项目是否齐全、内容是否符合审批时的要求等。

（石　华）

复习题

一、名词解释
1. 保健食品的概念　2. GMP　3. HACCP

二、论述题
1. 试述保健食品可能存在的卫生学问题。
2. 如何做好保健食品的卫生监督管理工作。

后　记

经全国高等教育自学考试指导委员会同意，由全国高等教育自学考试指导委员会医药学类专业委员会负责高等教育自学考试医药学类专业教材的组编工作。

《新型食品概论》教材由哈尔滨医科大学孙长颢教授担任主编。参加编写的人员有，兰州大学王玉（第十七章），哈尔滨市疾病预防控制中心王世平（第十六章、第十七章），哈尔滨医科大学王舒然（第三章、第六章），黑龙江省卫生厅卢江（第五章），黑龙江省卫生监督所石华（第四章、第十八章），哈尔滨医科大学孙文广（第七章），哈尔滨商业大学刘颖（第十四章、第十五章），哈尔滨医科大学那立欣（第一章、第二章），北京大学张玉梅（第十六章），哈尔滨商业大学李次力（第七章、第八章、第十章），青岛大学医学院宋扬（第一章），哈尔滨医科大学李颖（第十一章、第十二章），哈尔滨医科大学周晓蓉（第九章），哈尔滨医科大学闻颖（第十三章），哈尔滨市南岗区卫生监督所田埜（第十二章）。最后由孙长颢教授统稿。

全国高等教育自学考试指导委员会医药学类专业委员会组织该教材的审稿会。哈尔滨医科大学陈炳卿教授担任主审，哈尔滨商业大学石彦国教授、东北农业大学迟玉杰教授参加审稿并提出改进意见。

全国高等教育自学考试指导委员会医药学类专业委员会最后审定通过本教材。

全国高等教育自学考试指导委员会
医药学类专业委员会
2006 年 5 月

附

全国高等教育自学考试
营养、食品与健康专业（独立本科段）

新型食品概论自学考试大纲

（含考核目标）

全国高等教育自学考试指导委员会　制定

新型食品概论课程自学考试大纲出版前言

为了适应社会主义现代化建设事业对培养人才的需要，我国在20世纪80年代初建立了高等教育自学考试制度；经过20多年的发展，高等教育自学考试已成为我国高等教育基本制度之一。高等教育自学考试是个人自学、社会助学和国家考试相结合的一种高等教育形式，是我国高等教育体系的一个重要组成部分。实行高等教育自学考试制度，是落实宪法规定的"鼓励自学成才"的重要措施，是提高中华民族思想道德和科学文化素质的需要，也是造就和选拔人才的一种途径。应考者通过规定的专业考试课程并经思想品德鉴定达到毕业要求的，可以获得毕业证书；国家承认学历并按照规定享有与普通高等学校毕业生同等的有关待遇。

从20世纪80年代初期开始，各省、自治区、直辖市先后成立了高等教育自学考试委员会，开展了高等教育自学考试工作，多年来为国家培养造就了大批专门人才。为科学、合理地制定高等教育自学考试标准，提高教育质量，全国高等教育自学考试指导委员会（以下简称"全国考委"）组织各方面的专家对高等教育自学考试专业设置进行了调整，统一了专业设置标准。全国考委陆续制定了200多个专业考试计划。在此基础上，各专业委员会按照专业考试计划的要求，从造就和选拔人才的需要出发，编写了相应专业的课程自学考试大纲，进一步规定了课程学习和考试的内容与范围，有利于社会助学，使个人自学要求明确，考试标准规范化、具体化。

全国考委按照国务院发布的《高等教育自学考试暂行条例》的规定，根据教育测量学的要求，对高等教育自学考试课程的自学考试大纲进行了探索、研究与建设。目前，为更好地贯彻党的十六大和全国考委五届二次会议精神，以"三个代表"重要思想为指导，全国考委办公室及其各个专业委员会在2003年开始较大幅度地对新一轮的课程自学考试大纲组织修订或重编。

全国考委医药学类专业委员会在考试大纲建设过程中结合高等教育自学考试工作的实践，参照全日制普通高等学校相关课程的教学基本要求，并力图反映学科内容的发展变化、体现自学考试的特点，组织制定了《新型食品概论自学考试大纲》，现经教育部批准，颁发施行。

《新型食品概论自学考试大纲》是该课程编写教材和自学辅导书的依据，也是个人自学、社会助学和国家考试的依据，各地教育部门、考试机构应认真贯彻执行。

全国高等教育自学考试指导委员会
2006年7月

目 录

- Ⅰ 课程性质与设置目的 …………………………………………………………… (241)
- Ⅱ 课程内容与考核目标 …………………………………………………………… (242)
  - 第一章 速冻食品 ……………………………………………………………… (242)
  - 第二章 冷冻干燥食品 ………………………………………………………… (243)
  - 第三章 超高温杀菌食品 ……………………………………………………… (245)
  - 第四章 微波食品 ……………………………………………………………… (246)
  - 第五章 辐照食品 ……………………………………………………………… (248)
  - 第六章 超高压食品 …………………………………………………………… (250)
  - 第七章 膨化食品 ……………………………………………………………… (252)
  - 第八章 微胶囊食品 …………………………………………………………… (253)
  - 第九章 纳米食品 ……………………………………………………………… (255)
  - 第十章 膜分离食品 …………………………………………………………… (256)
  - 第十一章 超临界萃取食品 …………………………………………………… (258)
  - 第十二章 分子蒸馏食品 ……………………………………………………… (259)
  - 第十三章 转基因食品 ………………………………………………………… (260)
  - 第十四章 酶工程食品 ………………………………………………………… (262)
  - 第十五章 蛋白质工程食品 …………………………………………………… (263)
  - 第十六章 绿色食品 …………………………………………………………… (265)
  - 第十七章 有机食品 …………………………………………………………… (266)
  - 第十八章 保健食品 …………………………………………………………… (267)
- Ⅲ 有关说明与实施要求 …………………………………………………………… (269)
- 附录 试题类型举例 ………………………………………………………………… (271)
- 后 记 ………………………………………………………………………………… (272)

Ⅰ 课程性质与设置目的

《新型食品概论》是全国高等教育自学考试"营养、食品与健康"专业（独立本科段）开设的选修课程。

新型食品概论是现代食品工业新技术与营养和食品卫生学相结合的一门交叉学科。新型食品呈快速发展，而对其进行营养评价和相应的卫生标准却发展滞后。设置本课程的目的是提高该专业考生对新型食品的认识，将相关的专业理论和知识应用于对新型食品的监督和检验的实践工作中。新型食品概论的任务是以新技术的理论和工艺为基础，掌握新技术、新工艺对食品的营养成分的影响和可能存在的卫生学问题，从而提高该专业考生解决问题的能力。

本课程的基本要求是：系统掌握新型食品生产的基础理论、基础知识、基本概念和工艺、设备；并将本课程的基础理论、知识和生产方法应用于具体的食品卫生监督和检测工作中。要求考生具备扎实的基础知识、具备较强的实践能力。学习本课程注重理论知识的学习；注重对所学理论、知识、相关的法律法规等的实际应用能力。

新型食品概论的基础理论、基础知识具有综合性，应该在完成《营养与食品卫生学》的基础上开设。新型食品技术与食品营养和卫生的结合具有前沿性，是从事营养、食品和健康专业应该具备的基本技能。新型食品的概念，新技术对食品营养成分的影响，新型食品可能存在的食品卫生学问题是本课程的重点；对新型食品进行的监督和检测工作是本课程的难点。学习本课程应该具有大学专科以上文化程度；具备营养与食品卫生学密切相关的学科理论和知识基础；具备与食品监督和检测工作密切相关的基本常识和技能。

Ⅱ 课程内容与考核目标

第一章 速冻食品

一、学习目的与要求

本章是对速冻食品进行概述，重点是速冻食品的概念、与速冻食品相关的营养学和卫生学问题。

学习本章要求了解速冻食品的国内外发展情况、生产工艺及设备；掌握速冻原理、速冻食品的卫生监督与管理；重点掌握速冻食品的概念、速冻对食品品质和营养成分的影响、速冻食品可能存在的卫生学问题以及速冻食品解冻过程及可能存在的营养学与卫生学问题。

二、课程内容

第一节 速冻食品的概念及发展简史
1. 速冻食品的概念
2. 速冻食品的发展简史

第二节 速冻食品的原理、生产工艺及设备
1. 速冻食品的生产原理
2. 速冻食品的生产工艺
3. 速冻方法与设备

第三节 速冻对食品品质、营养成分的影响
1. 延长食品贮藏期
2. 对食品外观的影响
3. 对食品风味的影响
4. 对食品营养成分的影响

第四节 速冻食品可能存在的卫生学问题
1. 原料卫生质量不合格
2. 冻结过程中发生污染
3. 包装材料卫生问题
4. 食品氧化变质和变色
5. 反复冻结导致的食品品质下降

第五节 速冻食品解冻过程及可能存在的营养学与卫生学问题
1. 解冻过程和解冻曲线
2. 解冻过程中可能存在的营养学与卫生学问题

第六节 速冻食品的卫生监督与管理

1. 速冻食品的相关标准和卫生监督管理条例
2. 速冻食品卫生监督管理的内容

三、考核知识点

1. 速冻食品的概念
2. 速冻的生产原理、生产工艺及设备
3. 速冻对食品品质、营养成分的影响
4. 速冻食品可能存在的卫生学问题
5. 速冻食品解冻过程及可能存在的营养学与卫生学问题
6. 速冻食品的卫生监督与管理

四、考核要求

（一）速冻食品的概念及发展简史

识记：速冻食品的概念

领会：速冻食品的特点

（二）速冻食品的原理、生产工艺及设备

识记：1. 概念：自由水，结合水，水分活度，冰点，最大冰结晶生成带，速冻曲线，干耗；2. 结晶条件；3. 速冻方法及设备的分类

领会：1. 速冻原理；2. 冻结速率对冰结晶生成的影响；3. 速冻食品的生产工艺；4. 冻结过程温度下降经历的三个阶段

应用：冻结条件下食品内微生物和酶反应的变化

（三）速冻对食品品质、营养成分的影响

应用：速冻对食品品质、营养成分的影响

（四）速冻食品可能存在的卫生学问题

应用：速冻食品可能存在的卫生学问题

（五）速冻食品解冻过程及可能存在的营养学与卫生学问题

识记：解冻和有效解冻温度带的概念

领会：解冻过程的要求

应用：速冻食品解冻过程可能存在的营养学与卫生学问题

（六）速冻食品的卫生监督与管理

识记：1. 速冻食品的相关标准和卫生监督管理条例；2. 概念：速冻食品 T.T.T.，HQL，PSL

应用：速冻食品卫生监督管理的内容

第二章　冷冻干燥食品

一、学习目的与要求

本章是对冷冻干燥食品进行概述，重点是冷冻干燥食品的概念、与冷冻干燥食品相关的

营养学和卫生学问题。

学习本章要求了解冷冻干燥食品的国内外发展情况、生产工艺及设备；掌握冷冻干燥原理、冷冻干燥食品的卫生监督与管理；重点掌握冷冻干燥食品的概念、冷冻干燥对食品品质、营养成分的影响、冷冻干燥食品可能存在的营养学和卫生学问题。

二、课程内容

第一节　冷冻干燥食品的概念及发展简史

1. 冷冻干燥食品的概念
2. 冷冻干燥食品的发展简史

第二节　冷冻干燥食品的原理、生产工艺及设备

1. 冷冻干燥食品的原理
2. 冷冻干燥食品的生产工艺
3. 冷冻干燥的设备

第三节　冷冻干燥对食品品质、营养成分的影响

1. 冷冻干燥对食品品质的影响
2. 冷冻干燥对食品营养成分的影响

第四节　冷冻干燥食品可能存在的营养学和卫生学问题

1. 复水能力对食品品质的影响
2. 食品氧化
3. 水分含量过高引起食品品质变化
4. 吸湿
5. 微生物对食品的影响
6. 营养成分损失和感官风味的变化
7. 运输的损失

第五节　冷冻干燥食品的卫生监督与管理

1. 冷冻干燥食品的卫生监督
2. 冷冻干燥食品的卫生管理

三、考核知识点

1. 冷冻干燥食品的概念
2. 冷冻干燥的原理、生产工艺及设备
3. 冷冻干燥对食品品质、营养成分的影响
4. 冷冻干燥食品可能存在的营养学与卫生学问题
5. 冷冻干燥食品的卫生监督与管理

四、考核要求

（一）冷冻干燥食品的概念及发展简史

识记：1. 冷冻干燥食品的概念；2. 冷冻干燥食品的分类

领会：冷冻干燥食品的特点

（二）冷冻干燥食品的原理、生产工艺及设备
识记：1. 概念：塌陷温度，解析干燥，共熔点；2. 冷冻干燥设备的类型
领会：1. 升华的原理；2. 维持升华的条件；3. 冷冻干燥食品的生产工艺；4. 干燥过程热量和水蒸气的传递
（三）冷冻干燥对食品品质、营养成分的影响
应用：1. 冷冻干燥对食品品质的影响；2. 冷冻干燥对食品营养成分的影响
（四）冷冻干燥食品可能存在的营养学和卫生学问题
应用：冷冻干燥食品可能存在的营养学和卫生学问题
（五）冷冻干燥食品的卫生监督与管理
应用：冷冻干燥食品卫生监督与管理的内容

第三章　超高温杀菌食品

一、学习目的和要求

本章重点是超高温杀菌对微生物的杀灭作用和对食品营养成分的影响。学习本章要求了解超高温杀菌技术的发展简史，世界各国正在使用的 UHT 杀菌装置，无菌包装的特点，超高温杀菌的基本原理，超高温的工艺过程；掌握 UHT 技术在食品工业中的应用，超高温杀菌食品中可能存在的污染物种类，超高温杀菌乳可能混入的化学污染物，超高温杀菌食品的企业自身卫生管理；熟练掌握超高温杀菌食品的概念，超高温杀菌对食品品质的影响，超高温杀菌对食品营养成分的影响以及存在食品卫生问题，超高温乳的变化。

二、课程内容

第一节　超高温杀菌的概念及发展简史
1. 超高温杀菌食品的概念
2. 超高温杀菌的发展简史
第二节　超高温杀菌的基本原理、方法及设备
1. 超高温杀菌的基本原理和工艺过程
2. 超高温杀菌的方法及设备
第三节　超高温杀菌技术在食品工业中的应用
第四节　超高温杀菌对食品品质和营养成分的影响
1. 超高温杀菌对食品品质的影响
2. 超高温杀菌对食品营养成分的影响
第五节　超高温杀菌食品可能存在的卫生学问题
1. 食品的微生物污染
2. 食品的化学性污染
3. 食品的物理性污染
第六节　常见超高温杀菌食品存在的营养学和卫生学问题
1. 乳的微生物污染

2. 乳的外来物质残留

3. 存在食品卫生问题的超高温乳的变化

第七节　超高温杀菌食品的卫生监督与管理

1. 超高温食品的卫生监督

2. 超高温杀菌食品的卫生管理

三、考核知识点

1. 超高温杀菌的概念
2. 超高温杀菌的基本原理、工艺过程
3. 超高温杀菌技术在食品工业中的应用
4. 超高温杀菌对食品品质和营养成分的影响
5. 超高温杀菌食品可能存在的卫生学问题
6. 常见超高温杀菌食品存在的营养学和食品卫生学问题
7. 超高温杀菌食品的卫生监督与管理

四、考核要求

（一）超高温杀菌的概念及发展简史

识记：超高温杀菌食品的概念

（二）超高温杀菌的基本原理、方法及设备

识记：1. 超高温杀菌的基本原理；2. 超高温杀菌的工艺过程

（三）超高温杀菌技术在食品工业中的应用

领会：目前市场上存在的超高温杀菌食品种类

（四）超高温杀菌对食品品质和营养成分的影响

领会：1. 超高温杀菌对食品营养成分的影响；2. UHT 杀菌对食品品质的影响

（五）超高温杀菌食品可能存在的卫生学问题

识记：1. 超高温杀菌食品的微生物污染；2. 超高温杀菌食品的化学性污染

（六）常见超高温杀菌食品存在的营养学和食品卫生学问题

领会：超高温杀菌乳的外来物质残留

应用：1. 超高温杀菌乳的微生物污染；2. 存在食品卫生问题的超高温乳的变化

（七）超高温杀菌食品的卫生监督与管理

领会：超高温杀菌食品企业自身的卫生管理

第四章　微波食品

一、学习目的和要求

本章介绍的是微波、微波食品的基础知识，重点是微波食品可能存在的卫生学问题和微波食品的卫生监督与管理。学习本章要求了解微波食品的发展简史，微波加热的原理、工艺及设备；掌握微波加热在食品工业中的应用，微波加热对食品风味及营养成分的影响；重点掌握微波食品的概念、微波食品可能存在的卫生学问题和微波食品的卫生监督与管理。以便为今后实际应用微波食品知识奠定基础。

二、课程内容

第一节　微波食品的概述

1. 概况
2. 微波食品的概念
3. 微波食品的种类
4. 微波食品的发展简史

第二节　微波加热的原理、工艺及设备

1. 微波加热原理
2. 微波食品加工工艺
3. 微波食品加工设备

第三节　微波加热在食品工业中的应用

1. 微波干燥
2. 微波膨化
3. 微波焙烤
4. 微波杀菌
5. 微波解冻
6. 微波灭酶

第四节　微波加热对食品风味及营养成分的影响

1. 微波加热与食品风味
2. 微波加热与食品营养

第五节　微波食品可能存在的卫生学问题

1. 微波食品中农药、兽药残留问题
2. 外包装物对微波食品的污染问题
3. 微波烹调食品微生物残留问题
4. 微波加热过程中产生有毒有害物质问题
5. 微波食品在生产和销售过程中存在的卫生问题

第六节　几种常见微波食品可能存在的营养及卫生学问题

1. 微波爆玉米花
2. 冷藏、冷冻等预制微波食品
3. 微波烤面包

第七节　微波食品的卫生监督与管理

1. 加强微波食品生产企业、经营单位的卫生监督管理
2. 加强市场上微波熟制品的卫生安全检验、监测工作
3. 加强微波食品合理烹调技术和微波炉正确使用等相关知识宣传
4. 尽快建立健全微波食品相关法律、法规、卫生标准体系

三、考核知识点

1. 微波食品的概念
2. 微波加热的原理、工艺及设备
3. 微波加热在食品工业中的应用
4. 微波加热对食品风味及营养成分的影响
5. 微波食品可能存在的卫生学问题
6. 几种常见微波食品可能存在的营养及卫生学问题
7. 微波食品的卫生监督与管理

四、考核要求

（一）微波食品的概述

识记：微波、微波食品的概念、微波食品的种类

（二）微波加热的原理、工艺及设备

领会：1. 微波加热与其他加热的区别；2. 微波加工特点；3. 影响微波加热的因素

（三）微波加热在食品工业中的应用

识记：1. 微波干燥的概念；2. 微波膨化的概念；3. 微波焙烤的概念；4. 微波解冻的概念；5. 微波杀菌的概念；6. 微波灭酶的概念

领会：1. 微波干燥的优点；2. 微波膨化的优点；3. 微波焙烤的优点；4. 微波解冻的优点；5. 微波杀菌的优点

（四）微波加热对食品风味及营养成分的影响

识记：微波食品导致风味改变的类型

领会：1. 食品中一些组分在微波加热中对食品风味的影响；2. 微波加热对食品营养成分的影响

（五）微波食品可能存在的卫生学问题

应用：微波食品可能存在的卫生学问题

（六）几种常见微波食品可能存在的营养及卫生学问题

应用：1. 微波爆玉米花可能存在的营养及卫生学问题；2. 冷藏、冷冻等预制微波食品可能存在的营养及卫生学问题；3. 微波烤面包可能存在的营养及卫生学问题

（七）微波食品的卫生监督与管理

应用：微波食品的卫生监督与管理

第五章　辐照食品

一、学习目的和要求

本章介绍的是辐照食品的基础知识，重点是辐照食品可能存在的卫生学问题。学习本章要求了解辐照食品的发展简史，辐照原理和工艺。掌握辐照食品安全性问题，辐照技术在食品工业中的应用，与辐照食品有关法规、标准及组织机构。重点掌握辐照食品的概念，辐照

食品的安全性问题，辐照加工对感官性质的影响，辐照加工对食品营养成分的影响，我国辐照食品卫生管理原则及措施。

二、课程内容

第一节　辐照食品的概述及发展简史

1. 辐照食品的概念及剂量单位
2. 辐照食品发展简史
3. 辐照食品的安全性问题
4. 辐照工艺的特点

第二节　辐照原理、工艺及设备

1. 辐照原理
2. 辐照工艺
3. 辐照设备

第三节　辐照技术在食品工业中的应用

1. 低剂量辐照
2. 中剂量辐照
3. 高剂量辐照

第四节　辐照对食品品质、营养成分的影响

1. 对感官性质的影响
2. 对食品营养成分的影响

第五节　辐照食品可能存在的卫生学问题

1. 对伪劣食品进行辐照处理
2. 辐照处理超出规定的剂量范围
3. 再辐照问题
4. 包装问题
5. 检测问题
6. 标志问题

第六节　辐照食品的卫生监督与管理

1. 有关法规、标准及组织机构
2. 我国辐照食品卫生管理原则及措施

第七节　目前辐照食品研究的重点和问题

1. 目前辐照食品研究的重点
2. 目前辐照食品存在的问题
3. 对策和建议

三、考核知识点

1. 辐照食品的概念
2. 辐照原理、工艺及设备
3. 辐照技术在食品工业中的应用

4. 辐照对食品品质、营养成分的影响

5. 辐照食品可能存在的卫生学问题

6. 辐照食品的卫生监督与管理

7. 目前辐照食品方面研究的重点和问题

四、考核要求

（一）辐照食品的概念及发展简史

识记：辐照食品的概念及剂量测量

领会：1. 辐照食品的安全性问题；2. 辐照工艺的特点

（二）辐照原理、工艺及设备

领会：辐照原理

（三）辐照技术在食品工业中的应用

识记：1. 低剂量辐照加工；2. 中剂量辐照加工；3. 高剂量辐照加工

（四）辐照对食品品质、营养成分的影响

识记：1. 辐照加工对感官性质的影响；2. 辐照加工对食品营养成分的影响

（五）辐照食品可能存在的卫生学问题

识记：再辐照的概念

领会：1. 对伪劣食品进行辐照的问题；2. 辐照处理超越剂量范围问题；3. 再辐照问题；4. 辐照食品包装问题；5. 辐照食品检测问题；6. 辐照食品标志问题

（六）辐照食品的卫生监督与管理

应用：我国辐照食品卫生管理原则及措施

（七）目前辐照食品方面研究的重点和问题

应用：辐照食品方面研究的重点和问题

第六章 超高压食品

一、学习目的和要求

本章重点是超高压杀菌对微生物的杀灭作用和对食品营养成分的影响。学习本章要求了解超高压食品的发展简史、我国超高压食品的发展现况、超高压所应用的设备；理解超高压技术的原理、超高压食品包装材料和容器的特点、超高压的工艺过程；掌握超高压技术在食品工业中的应用、超高压食品可能存在的卫生学问题、超高压杀菌食品的卫生监督与企业自身卫生管理；熟练掌握超高压食品的概念、超高压对食品营养成分的影响、超高压对食品品质的影响。

二、课程内容

第一节 超高压食品的概念及发展简史

1. 超高压食品的概念

2. 超高压食品的发展简史

第二节　超高压技术的原理、工艺及设备

1. 超高压技术的原理及杀菌研究

2. 超高压技术的工艺及设备

第三节　超高压技术在食品工业中的应用

1. 水果蔬菜类

2. 肉类、鱼类

3. 其他食品

第四节　超高压对食品品质和营养成分的影响

1. 超高压对食品品质的影响

2. 超高压对食品营养成分的影响

第五节　超高压食品可能存在的卫生学问题

第六节　超高压食品的卫生监督与管理

1. 超高压食品的卫生监督

2. 超高压食品的卫生管理

三、考核知识点

1. 超高压食品的概念

2. 超高压技术的原理、工艺及设备

3. 超高压技术在食品工业中的应用

4. 超高压对食品品质和营养成分的影响

5. 超高压食品可能存在的卫生学问题

6. 超高压食品的卫生监督与管理

四、考核要求

（一）超高压食品的概念及发展简史

识记：超高压食品的概念

（二）超高压技术的原理、工艺及设备

领会：1. 超高压技术的工艺过程；2. 超高压杀菌技术的原理及影响因素

（三）超高压技术在食品工业中的应用

领会：1. 超高压技术在水果蔬菜类应用；2. 超高压技术在肉类、鱼类应用；3. 超高压技术在其他类食品应用

（四）超高压对食品品质和营养成分的影响

领会：超高压对食品营养成分的影响

应用：超高压对食品品质的影响

（五）超高压食品可能存在的卫生学问题

领会：超高压食品可能存在的生物污染和化学污染

（六）超高压食品的卫生监督与管理

领会：1. 超高压食品的卫生监督；2. 超高压食品的企业自身卫生管理

第七章 膨化食品

一、学习目的和要求

本章主要讲述了膨化技术原理和膨化技术在食品中的应用。学习本章内容要求学生了解膨化食品的发展、膨化食品分类和膨化食品所需的机械设备；掌握膨化技术原理、膨化食品的工艺流程要点、膨化技术在食品中的应用，膨化食品的卫生监督和管理；重点掌握膨化食品的概念、膨化对食品品质及营养成分的影响和膨化食品的卫生学问题。

二、课程内容

第一节　膨化食品的概念及发展史

1. 膨化食品的分类
2. 膨化食品的发展

第二节　膨化技术原理、工艺及设备

1. 膨化技术原理
2. 膨化食品生产的工艺流程
3. 膨化食品生产的主要设备

第三节　膨化技术在食品工业中的应用

第四节　膨化对食品品质及营养成分的影响

1. 蛋白质
2. 碳水化合物
3. 脂肪
4. 维生素
5. 矿物质和植酸盐
6. 食物纤维的变化

第五节　膨化食品中可能存在的卫生学问题

1. 微生物污染
2. 农药残留
3. 铅和铝的残留
4. 油脂氧化污染
5. 美拉德反应

第六节　几种常见的膨化食品可能存在的营养学与卫生学问题

1. 丙烯酰胺的产生
2. 食品添加剂超标
3. 油脂氧化

第七节　膨化食品的卫生监督和管理

1. 控制微生物的污染
2. 防止农药污染

3. 防止有害金属污染
4. 油脂氧化的控制

三、考核知识点

1. 膨化食品的概念及发展史
2. 膨化技术原理、工艺及设备
3. 膨化技术在食品工业中的应用
4. 膨化对食品品质及营养成分的影响
5. 膨化食品中可能存在的卫生学问题
6. 几种常见的膨化食品可能存在的营养学与卫生学问题
7. 膨化食品的卫生监督和管理

四、考核要求

（一）膨化食品的概念
识记：1. 膨化食品的概念；2. 膨化食品的分类
（二）膨化食品技术原理、工艺及设备
领会：1. 膨化食品操作要点；2. 膨化技术的基本原理
应用：1. 膨化食品主要工艺流程；2. 淀粉和蛋白质在膨化中的作用
（三）膨化技术在食品工业中的应用
识记：膨化技术在食品工业中的应用分类
领会：休闲小食品和大豆蛋白组织化的加工过程
（四）膨化对食品品质及营养成分的影响
领会：1. 膨化技术对食品品质的影响；2. 膨化技术对食品营养成分的影响
（五）膨化食品中可能存在的卫生学问题
领会：膨化食品可能存在的卫生学问题
（六）几种常见的膨化食品可能存在的营养学与卫生学问题
领会：几种膨化食品可能存在的卫生学问题
（七）膨化食品的卫生监督和管理
应用：1. 控制膨化食品污染的一些方法；2. 膨化食品的卫生监督和管理

第八章 微胶囊食品

一、学习目的和要求

本章是对微胶囊食品的原理、微胶囊化方法及其应用进行了介绍。学习本章要求学生理解微胶囊化法、心材、壁材及微胶囊食品的概念、几种基本微胶囊化法的原理、步骤及一些食品微胶囊化的机械构造和卫生学等问题；重点掌握微胶囊化的原理、微胶囊化方法、微胶囊化对食品品质及营养成分的影响、微胶囊化食品可能存在的卫生学问题。

二、课程内容

第一节 微胶囊食品的概念及发展简史

1. 微胶囊食品的概念
2. 微胶囊食品的发展简史
3. 微胶囊化的目的

第二节 微胶囊化技术原理方法

1. 微胶囊技术原理和性质
2. 常用的微胶囊化方法

第三节 微胶囊化技术在食品工业中的应用

1. 食品及原料中的应用
2. 食品添加剂中的应用
3. 其他方面的应用

第四节 微胶囊化对食品品质及营养成分的影响

1. 微胶囊化对食品品质的影响
2. 微胶囊化对食品中营养成分的影响

第五节 微胶囊化食品可能存在的卫生学问题

1. 心材的污染
2. 壁材的污染
3. 加工过程中的污染
4. 包装过程中的污染

第六节 微胶囊化食品的卫生监督与管理

1. 防止心材的污染
2. 防止壁材的污染
3. 防止加工过程的污染

三、考核知识点

1. 微胶囊食品的概念及发展简史
2. 微胶囊技术原理方法
3. 微胶囊化技术在食品工业中的应用
4. 微胶囊化对食品品质及营养成分的影响
5. 微胶囊化食品可能存在的卫生学问题
6. 微胶囊化食品的卫生监督与管理

四、考核要求

（一）微胶囊食品的概念及发展简史

识记：微胶囊化和微胶囊食品的概念

（二）微胶囊技术原理方法

领会：1. 微胶囊技术原理和性质；2. 常用的微胶囊化方法

（三）微胶囊化技术在食品工业中的应用

领会：微胶囊技术在食品其他方面的应用

应用：1. 微胶囊化技术在食品及原料中的应用；2. 微胶囊化技术在食品添加剂中的应用

（四）微胶囊化对食品品质及营养成分的影响

领会：1. 微胶囊化对食品品质的影响；2. 微胶囊化对食品中营养成分的影响

（五）微胶囊化食品可能存在的卫生学问题

领会：微胶囊化食品可能存在的卫生学问题

（六）微胶囊化食品的卫生监督与管理

应用：微胶囊化食品的卫生监督与管理

第九章　纳米食品

一、学习目的和要求

本章重点是纳米食品的概念、纳米食品相关的营养学和卫生学问题。

学习本章要求了解纳米食品的发展状况，主要纳米食品生产技术的原理及设备；掌握纳米食品的生产工艺，纳米技术在食品领域中的应用，纳米技术对食品品质及营养成分的影响，纳米食品可能存在的卫生学问题，以及纳米食品的卫生监督与管理。

二、课程内容

第一节　纳米食品的概念及发展简史

1. 纳米食品的概念
2. 纳米食品的发展简史

第二节　纳米食品生产技术的原理、工艺及设备

1. 超微粉碎技术的原理、工艺及设备
2. 纳米微胶囊技术的原理及工艺

第三节　纳米技术在食品领域中的应用

1. 在食品保质、保鲜方面的应用
2. 在食品机械上的应用
3. 纳米技术在食品加工中的应用
4. 纳米技术在食品包装上的应用
5. 纳米技术在食品检测中的应用
6. 纳米技术在开发新型食品上的应用

第四节　纳米技术对食品品质及营养成分的影响

第五节　纳米食品可能存在的卫生学问题

1. 原料的主要卫生学问题
2. 纳米食品性能稳定性问题
3. 纳米食品的质量与储存

4. 纳米食品的安全性

第六节 纳米食品的卫生监督与管理

1. 建立纳米食品的管理办法和食品卫生标准
2. 纳米食品的监督重点

三、考核知识点

1. 纳米食品的概念及发展简史
2. 纳米食品生产技术的原理、工艺及设备
3. 纳米技术在食品领域中的应用
4. 纳米技术对食品品质及营养成分的影响
5. 纳米食品可能存在的卫生学问题
6. 纳米食品的卫生监督与管理

四、考核要求

（一）纳米食品的概念及发展简史
识记：纳米食品的概念
（二）纳米食品生产技术的原理、工艺及设备
领会：纳米食品生产技术的生产工艺
应用：纳米食品生产技术的原理及设备
（三）纳米技术在食品领域中的应用
应用：纳米技术在食品领域中的应用
（四）纳米技术对食品品质及营养成分的影响
领会：纳米技术对食品品质及营养成分的影响
（五）纳米食品可能存在的卫生学问题
领会：纳米食品可能存在的卫生学问题
（六）纳米食品的卫生监督与管理
识记：对纳米食品生产所用原料的要求
应用：纳米食品生产过程的监督及市场监督

第十章 膜分离食品

一、学习目的和要求

本章主要讲述了膜分离技术以及膜分离技术在食品中的应用。学习本章要求学生了解膜分离的概念、膜的种类、膜分离技术在食品中的应用和各种膜组件的构成；掌握膜分离对食品品质及营养成分的影响、膜分离食品可能存在的卫生问题、膜分离食品的卫生监督和管理；重点掌握常见的膜分离技术的基本原理。

二、课程内容

第一节　膜分离技术的概念及发展史

1. 膜分离技术的概念
2. 膜分离技术的发展史

第二节　膜分离技术原理、工艺及设备

1. 膜分离技术原理
2. 膜分离设备
3. 膜分离工艺流程

第三节　膜分离技术在食品工业中的应用
第四节　膜分离对食品品质及营养成分的影响
第五节　膜分离食品可能存在的卫生学问题

1. 膜污染问题
2. 有毒物质的残留问题
3. 农药的残留问题
4. 氯的残留问题
5. 微生物污染问题
6. 包装材料的污染问题

第六节　膜分离食品的卫生监督和管理

1. 防止原料的污染
2. 防止氯的污染
3. 防止微生物的污染
4. 防止悬浮物质、胶体物质及钙、镁离子的污染
5. 膜材料的选择
6. 防止包装材料的污染

三、考核知识点

1. 膜分离技术的概念
2. 膜分离技术原理、工艺及设备
3. 膜分离技术在食品工业中的应用
4. 膜分离对食品品质及营养成分的影响
5. 膜分离食品可能存在的卫生学问题
6. 膜分离食品的卫生监督和管理

四、考核要求

（一）膜分离技术的概念
识记：膜分离技术及膜分离食品的概念
（二）膜分离技术原理、工艺及设备
领会：常见的膜分离技术的基本原理

（三）膜分离技术在食品工业中的应用
识记：1. 膜分离技术在食品工业上的优点；2. 膜分离技术在食品工业中的应用
应用：膜分离技术在其他食品中的应用
（四）膜分离对食品品质及营养成分的影响
领会：1. 膜分离技术对食品品质的影响；2. 膜分离技术对食品营养成分的影响
（五）膜分离食品可能存在的卫生学问题
应用：膜分离食品可能存在的卫生学问题
（六）膜分离食品的卫生监督和管理
应用：1. 防止膜分离食品的污染的一些方法；2. 膜分离食品的卫生监督和管理

第十一章　超临界萃取食品

一、学习目的与要求

本章是对超临界萃取食品进行概述，重点是超临界萃取食品的概念、超临界萃取对食品品质及营养成分的影响以及可能存在的卫生学问题。

学习本章要求了解超临界萃取食品的国内外发展情况、超临界流体萃取工艺流程及设备；掌握超临界流体萃取原理、超临界流体的特性，超临界萃取在食品工业中的应用，超临界流体萃取食品的卫生监督与管理；重点掌握超临界萃取食品和超临界流体的概念、超临界萃取对食品品质及营养成分的影响以及可能存在的卫生学问题。

二、课程内容

第一节　超临界萃取食品的概念及发展简史
1. 超临界萃取食品的概念
2. 超临界流体特性
3. 超临界萃取食品的发展简史

第二节　超临界流体萃取原理、工艺流程及设备
1. 超临界流体萃取的基本原理
2. 超临界流体萃取的主要设备及工艺流程

第三节　超临界萃取在食品工业中的应用
1. 超临界流体萃取技术从食品中提取有效组分
2. 超临界萃取技术从食品中去除无益或有害成分
3. 超临界流体中酶催化反应在食品工业中的应用

第四节　超临界萃取对食品品质及营养成分的影响

第五节　超临界萃取食品可能存在的卫生学问题

第六节　超临界萃取食品的卫生监督与管理
1. 超临界流体萃取食品的卫生监督
2. 超临界流体萃取食品的卫生管理

三、考核知识点

1. 超临界流体萃取食品的概念
2. 超临界流体的特性
3. 超临界流体萃取的原理
4. 超临界流体萃取对食品品质及营养成分的影响
5. 超临界流体萃取食品可能存在的卫生学问题
6. 超临界流体萃取食品的卫生监督与管理

四、考核要求

（一）超临界萃取食品的概念

识记：1. 超临界萃取食品的概念；2. 超临界流体的概念；3. 临界温度；4. 临界压力；5. 临界点；6. 夹带剂

（二）超临界流体萃取原理、工业流程

领会：1. 超临界流体萃取原理；2. 超临界流体萃取的工艺流程

（三）超临界萃取在食品工业中的应用

应用：1. 超临界萃取在各类食品中的应用；2. 超临界萃取与传统工艺比较的优势

（四）超临界萃取对食品品质及营养成分的影响

领会：超临界萃取可保证食品的高品质

应用：超临界萃取对油脂和香辛料品质的影响

（五）超临界萃取食品可能存在的卫生学问题

应用：超临界萃取食品可能存在的卫生学问题

（六）超临界流体萃取食品的卫生监督与管理

应用：1. 超临界流体萃取食品的卫生监督；2. 超临界流体萃取食品的卫生管理

第十二章 分子蒸馏食品

一、学习目的与要求

本章重点是分子蒸馏食品的概念和特点。学习本章要求了解分子蒸馏食品的国内外发展情况、生产工艺、设备条件；掌握分子蒸馏的原理，分子蒸馏技术在食品工业中的应用，分子蒸馏技术在食品应用中的局限性；重点掌握分子蒸馏食品的概念、分子蒸馏食品的特点和分子蒸馏对食品品质和营养成分的影响。

二、课程内容

第一节 分子蒸馏食品的概念与发展简史

1. 分子蒸馏食品的概念
2. 分子蒸馏食品的特点
3. 分子蒸馏食品的发展简史

第二节　分子蒸馏的原理、工艺及设备

1. 分子蒸馏的原理
2. 分子蒸馏的工艺
3. 分子蒸馏的设备

第三节　分子蒸馏技术在食品工业中的应用

第四节　分子蒸馏对食品品质和营养成分的影响

1. 分子蒸馏对食品品质的影响
2. 分子蒸馏对食品营养成分的影响
3. 分子蒸馏技术在食品应用中的局限性

三、考核知识点

1. 分子蒸馏食品的概念定义
2. 分子蒸馏食品的特点
3. 分子蒸馏的原理
4. 分子蒸馏对食品品质和营养成分的影响

四、考核要求

（一）分子蒸馏食品

识记：1. 分子蒸馏食品的概念；2. 分子蒸馏食品的主要特点

（二）分子蒸馏的原理、工艺

领会：1. 分子蒸馏的原理；2. 分子蒸馏的工艺流程

（三）分子蒸馏技术在食品工业中的应用

领会：各类分子蒸馏食品的生产工艺、特点

（四）分子蒸馏对食品品质和营养成分的影响

应用：1. 分子蒸馏对食品的品质和营养成分的影响；2. 分子蒸馏食品的局限性

第十三章　转基因食品

一、学习目的与要求

本章重点是转基因食品对人体健康可能存在的影响、转基因食品的营养与安全性评价及卫生监督管理。学习本章要求了解转基因食品的发展简史、基因工程技术；掌握转基因生物的概念、基因工程对食品及环境的影响、转基因食品对人体健康可能产生的影响；重点掌握转基因食品的概念及分类、转基因食品的营养学和安全性评价、转基因食品的卫生监督与管理。

二、课程内容

第一节　转基因食品的概念及发展简史

1. 转基因食品的概念及分类

2. 转基因食品与传统食品的区别
3. 转基因食品的发展简史

第二节　基因工程技术

1. 基因工程的概念及特征
2. 基因工程的基本过程

第三节　基因工程对食品及环境的影响

1. 基因工程对食品的影响
2. 基因工程对环境的影响

第四节　转基因食品可能对人体健康产生的影响

1. 转基因食品可能导致人体的过敏反应
2. 抗生素标记基因可能使人类产生抗药性
3. 转基因食品的可能毒性作用

第五节　转基因食品的食用安全性和营养质量评价

1. 转基因食品的食用安全性和营养质量评价原则
2. 转基因食品的食用安全性和营养质量评价内容
3. 转基因食品的食用安全性和营养质量评价目标

第六节　转基因食品的卫生监督与管理

1. 转基因食品的卫生监督
2. 转基因食品的卫生管理

三、考核知识点

1. 转基因食品的概念及分类
2. 基因工程技术
3. 基因工程对食品及环境的影响
4. 转基因食品可能对人体健康产生的影响
5. 转基因食品的食用安全性和营养质量评价
6. 转基因食品的卫生监督与管理

四、考核要求

（一）转基因食品的概念及发展简史

识记：1. 转基因生物的概念；2. 转基因食品的概念

领会：1. 转基因食品的分类；2. 转基因食品与传统食品的区别

（二）基因工程技术

识记：基因工程概念

领会：基因工程基本过程

（三）基因工程对食品及环境的影响

领会：1. 基因工程对食品的影响；2. 基因工程对环境的影响

（四）转基因食品可能对人体健康产生的影响

领会：转基因食品的潜在危害，即转基因食品可能对人体健康产生的影响

（五）转基因食品营养学与安全性评价

识记：1. 危险性评价的概念；2. 实质等同性的概念；3. 个案处理的概念

领会：1. 危险性评价、实质等同性分析和个案处理的作用；2. 转基因食品的食用安全性和营养质量评价目标

应用：1. 危险性评价、实质等同性和个案处理的局限性；2. 转基因食品的食用安全性和营养质量评价的内容

（六）转基因食品的卫生监督与管理

领会：转基因食品的卫生监督

应用：转基因食品的卫生管理

第十四章　酶工程食品

一、学习目的和要求

学习本章要求了解酶工程的研究内容与意义，酶工程食品的研究进展，熟悉酶工程食品的基本技术原理。掌握酶工程食品潜在的卫生学问题，酶工程食品的应用。重点掌握酶工程食品的概念与特征，化学酶工程的概念，生物酶工程的概念。

二、课程内容

第一节　酶工程概述

1. 酶工程的概念
2. 酶工程的研究内容
3. 酶工程的意义

第二节　酶工程食品的概念及其研究进展

1. 酶工程食品的概念
2. 酶工程食品的研究进展

第三节　酶工程食品的技术原理及工艺

1. 酶的改组技术
2. 酶的修饰技术
3. 酶的固定技术
4. 酶的模拟技术

第四节　酶工程食品的应用

1. 酶在淀粉加工中的应用
2. 酶在面粉烘烤加工中的应用
3. 酶在蛋白质加工中的应用
4. 酶在乳品加工中的应用
5. 酶在果蔬加工中的应用
6. 酶在食品保鲜中的应用
7. 酶法生产 L-氨基酸

8. 酶法生产高果糖浆

第五节　酶工程食品可能存在的卫生学问题

1. 酶工程食品的安全评价因素
2. 相应的措施

三、考核知识点

1. 酶工程概述
2. 酶工程食品的概念及特征
3. 酶工程食品的技术原理及工艺
4. 酶工程食品的应用
5. 酶工程食品可能存在的卫生学问题

四、考核要求

（一）酶工程概述

识记：1. 酶工程；2. 化学酶工程；3. 生物酶工程

领会：1. 酶工程研究的内容；2. 酶工程的意义

（二）酶工程食品的概念及特征

识记：酶工程食品

领会：酶工程食品的特征

（三）酶工程食品的技术原理

识记：模拟酶

领会：1. 酶的改组技术的基本原理；2. 酶的修饰技术的基本原理；3. 酶的固定技术基本原理

（四）酶工程食品的应用

应用：酶工程食品的应用

（五）酶工程食品可能存在的卫生学问题

领会：1. 酶工程食品的可能存在的卫生学问题；2. 解决酶工程食品的卫生学问题的相应措施

第十五章　蛋白质工程食品

一、学习目的和要求

学习本章要求了解蛋白质工程的研究与发展历史，熟悉蛋白质工程与基因工程及其他生物工程之间的差别，蛋白质工程对食品生产的价值。掌握蛋白质工程技术在食品生产中的应用，蛋白质工程食品潜在的安全性问题。重点掌握蛋白质工程食品的概念与特征。

二、课程内容

第一节　蛋白质工程概述

1. 蛋白质工程的概念
2. 蛋白质工程的研究和发展历史
第二节　蛋白质工程食品的概念
第三节　蛋白工程技术原理及工艺
1. 蛋白质工程技术的基本原理
2. 改造天然蛋白质的技术路线
3. 修饰天然蛋白质的技术路线
4. 重新构建蛋白质的技术路线
第四节　蛋白质工程技术在食品工业中的应用
1. 蛋白质工程技术的研究进展及其重要意义
2. 蛋白质工程技术在食品生产中的应用
第五节　蛋白质工程可能存在的卫生学问题
1. 蛋白质工程食品潜在的安全性问题
2. 相应的措施
第六节　蛋白质工程食品的卫生监督与管理

三、考核知识点

1. 蛋白质工程的概念
2. 蛋白质工程食品的概念
3. 蛋白工程技术原理及工艺
4. 蛋白质工程技术在食品工业中的应用
5. 蛋白质工程可能存在的卫生学问题
6. 蛋白质工程食品的卫生监督与管理

四、考核要求

（一）蛋白质工程的概念

识记：蛋白质工程

（二）蛋白质工程食品的概念

识记：1. 蛋白质工程食品；2. 蛋白质工程食品的特征

领会：蛋白质工程对食品生产的价值

（三）蛋白质工程技术在食品工业中的应用

领会：蛋白质工程技术在食品工业中的应用

（四）蛋白质工程可能存在的卫生学问题

领会：1. 蛋白质工程可能存在的卫生学问题；2. 解决蛋白质工程食品的卫生学问题的相应措施

（五）蛋白质工程食品的卫生监督与管理

应用：蛋白质工程食品的卫生监督与管理

第十六章　绿色食品

一、学习目的与要求

本章重点是绿色食品的概念、绿色食品的分级；学习本章要求了解绿色食品的国内外发展情况；掌握绿色食品生产的工艺条件、绿色食品的主要生产技术和绿色食品的相关法规；重点掌握绿色食品的概念，绿色食品的分级，绿色食品的主要监督管理方式。

二、课程内容

第一节　绿色食品的概念及分级
1. 绿色食品
2. 绿色食品的分级

第二节　绿色食品的发展及现状

第三节　绿色食品主要生产技术
1. 绿色食品的无公害栽培技术
2. 绿色食品生产的肥料施用技术
3. 绿色食品生产中的病虫草害综合防治技术
4. 绿色食品畜禽、水产养殖技术
5. 绿色食品加工技术
6. 绿色食品贮藏、运输技术

第四节　绿色食品监督管理

三、考核知识点

1. 绿色食品的概念
2. 绿色食品的分级
3. 绿色食品主要生产技术
4. 绿色食品市场上主要管理方式

四、考核要求

（一）绿色食品的概念及标志
识记：绿色食品的概念
领会：绿色食品的分级
应用：A 级和 AA 级绿色食品的区分

（二）绿色食品主要生产技术
识记：综合防治的概念
应用：1. 绿色食品生产的肥料施用技术；2. 绿色食品畜禽、水产品养殖的主要要点；3. 绿色食品的加工技术要求；4. 绿色食品贮藏、运输技术

（三）绿色食品的监督管理

领会：市场上绿色食品产品质量监督管理的方式

第十七章　有机食品

一、学习目的与要求

本章学习重点是掌握有机农业和有机食品的概念、有机食品的种类和特点以及有机食品具备的条件。学习本章要求了解有机农业和有机食品的发展情况，了解有机认证的程序和操作；掌握有机农业生产技术和注意事项，有机生产的管理。

二、课程内容

第一节　有机农业与有机食品的概念
1. 有机农业
2. 有机食品
第二节　我国有机农业和有机食品的发展简史
第三节　有机农业生产技术要求
1. 有机农业土壤培肥技术
2. 有机生产病虫害防治技术
3. 有机农业生产中杂草防治
第四节　有机认证的程序及操作
1. 认证程序和认证范围
2. 对申请者的要求
3. 有机认证的申请
第五节　有机生产的管理
1. 有机生产管理组织
2. 有机生产计划
3. 有机生产内部质量控制体系

三、考核知识点

1. 有机农业和有机食品的概念
2. 有机食品的种类、特点和需要具备的条件
3. 有机认证的要求和条件
4. 有机农业生产技术
5. 有机认证的程序和操作
6. 有机生产的管理

四、考核要求

（一）有机农业与有机食品概念

识记：1. 有机农业概念；2. 有机食品概念；3. 有机食品的种类和特点；4. 有机食品

通常具备的条件

（二）有机农业生产技术

领会：1. 有机种植中有机肥的种类；2. 有机农业病虫防治的原理

应用：1. 有机农业病虫防治采取的主要措施；2. 有机农业中杂草防治采取的主要措施

（三）有机认证程序及操作

应用：1. 有机认证的程序与认证范围；2. 对申请者的要求

（四）有机生产的管理

领会：1. 有机生产的管理组织形式；2. 有机生产计划；3. 有机生产内部质量控制体系

第十八章　保健食品

一、学习目的和要求

本章介绍的是保健食品的基础知识，重点是保健食品可能存在的卫生问题。学习本章要求了解保健食品的发展历史，保健食品的审批；掌握保健食品生产环节的监督，保健食品销售市场的监督；重点掌握保健食品的概念，保健食品可能存在的卫生问题，以便在实际工作中解决保健食品存在的卫生学问题。

二、课程内容

第一节　保健食品的概念及发展历史

1. 保健食品的概念
2. 保健食品的发展历史

第二节　保健食品可能存在的卫生问题

第三节　几种常见的保健食品可能存在的卫生问题及其管理

1. 抗疲劳类保健食品
2. 减肥类保健食品可能存在的卫生问题
3. 调节血脂类保健食品存在的卫生问题
4. 调节血糖类保健食品存在的卫生问题

第四节　保健食品的卫生监督与管理

1. 保健食品的审批
2. 保健食品生产环节的监督
3. 保健食品销售市场的监督

三、考核知识点

1. 保健食品的概念
2. 保健食品可能存在的卫生问题
3. 几种常见的保健食品可能存在的卫生问题及其管理
4. 保健食品的卫生监督与管理

四、考核要求

（一）保健食品的概念

识记：1. 保健食品的概念；2. 保健食品的基本特征

（二）保健食品可能存在的卫生问题

领会：保健食品生产经营中存在的主要卫生问题

（三）几种常见的保健食品可能存在的卫生问题及其管理

领会：1. 抗疲劳类保健食品可能存在的卫生问题；2. 减肥类保健食品可能存在的卫生问题；3. 调节血脂类保健食品存在的卫生问题；4. 调节血糖类保健食品存在的卫生问题

（四）保健食品的卫生监督与管理

应用：1. 保健食品的审批；2. 保健食品生产环节的监督；3. 保健食品销售市场的监督

Ⅲ 有关说明与实施要求

（一）自学考试大纲的目的和作用

课程自学考试大纲是根据专业自学考试计划的要求，结合自学考试的特点而确定。其目的是对个人自学、社会助学和课程考试命题进行指导和规定。

课程自学考试大纲明确了课程学习的内容以及深广度，规定了课程自学考试的范围和标准。因此，它是编写自学考试教材和辅导书的依据，是社会助学组织进行自学辅导的依据，是自学者学习教材、掌握课程内容知识范围和程度的依据，也是进行自学考试命题的依据。

（二）课程自学考试大纲与教材的关系

课程自学考试大纲是进行学习和考核的依据，教材是学习掌握课程知识的基本内容与范围，教材的内容是大纲所规定的课程知识和内容的扩展与发挥。课程内容在教材中可以体现一定的深度或难度，但在大纲中对考核的要求一定要适当。

大纲与教材所体现的课程内容应基本一致；大纲里面的课程内容和考核知识点，教材里一般也要有。反过来教材里有的内容，大纲里就不一定体现。

（三）关于自学教材

《新型食品概论》，全国高等教育自学考试指导委员会组编，孙长颢主编，北京大学医学出版社，2006年版。

（四）关于自学要求和自学方法的指导

本大纲的课程基本要求是依据专业考试计划和专业培养目标而确定的。课程基本要求还明确了课程的基本内容，以及对基本内容掌握的程度。基本要求中的知识点构成了课程内容的主体部分。因此，课程基本内容掌握程度、课程考核知识点是高等教育自学考试考核的主要内容。

在自学要求中，对各部分内容掌握程度的要求由低到高提出要求。针对《新型食品概论》，应该对每种新型食品的生产原理和生产工艺有所了解。在此基础上，要掌握由生产原理和生产工艺决定了每种新型食品其特殊的营养学问题和食品卫生学问题，应能够将这些知识应用于对新型食品的卫生监督、管理和监测的实践工作中。对每种新型食品的概念、特性、优点必须熟练掌握。

为有效地指导个人自学和社会助学，本大纲已指明了课程的重点和难点，在各章的基本要求中也指明了各章内容的重点。

（五）对社会助学的要求

要针对重点章、次重点章和一般章节分别提出自学或助学的基本学时建议和要求，在助学活动中应注意突出课程重点、难点内容的辅导，兼顾一般。力戒猜题压题与死记硬背。强调注意正确引导、把握好助学方向，正确处理学习知识和提高能力的关系。

（六）对考核内容和考核目标的说明

1. 本课程要求考生学习和掌握的知识点内容都作为考核的内容。课程中各章的内容均由若干知识点组成，在自学考试中成为考核知识点。因此，课程自学考试大纲中所规定的考试内容是以分解为考核知识点的方式给出的。由于各知识点在课程中的地位、作用及知识自身的特点不同，自学考试将对各知识点分别按三个认知层次确定其考核要求。

2. 三个能力层次从低到高依次是：识记、领会、应用。

识记：要求考生能够对大纲中的知识点，如概念、性质、特点、法规等有清晰准确的认识，并能做出正确的判断和选择。

领会：要求考生能够对大纲中的概念、性质、原理和工艺等有一定的理解，清楚它与有关知识点的联系与区别，并能做出正确的表述和解释。

应用：要求考生能够运用本大纲中概念、性质、原理及工艺，在熟悉和理解的基础上，会运用各部分的相关知识点，解决实际的应用问题。

3. 在考试之日起 6 个月前，由全国人民代表大会和国务院颁布或修订的法律、法规都将列入相应课程的考试范围。凡大纲、教材内容与现行法律、法规不符的，应以现行法律法规为准。命题时也会对我国经济建设和科技文化发展的重大方针政策的变化予以体现。

（七）关于考试命题的若干规定

1. 本课程为 4 学分，考试的方法为笔试，考试时间为 150 分钟。

2. 本大纲各章所规定的基本要求、知识点及知识点下的知识细目，都属于考核的内容。考试命题既要覆盖到章，又要避免面面俱到。要注意突出课程的重点、章节重点，加大重点内容的覆盖度。

3. 命题不应有超出大纲中考核知识点范围的题，考核目标不得高于大纲中所规定的相应的最高能力层次要求。命题应着重考核自学者对基本概念、基本知识和基本理论是否了解或掌握，对基本方法是否会用或熟练。不应出与基本要求不符的偏题和怪题。

4. 本课程在试卷中对不同能力层次要求的分数比例大致为：识记占 20%，领会占 40%，应用占 40%。

5. 要合理安排试题的难易程度，试题的难度可分为：易、较易、较难和难四个等级。每份试卷中不同难度试题的分数比例一般为 2：3：3：2。

必须注意试题的难易程度与能力层次有一定的联系，但二者不是等同的概念。在各个能力层次中对于不同的考生都存在着不同的难度。

6. 课程考试命题的主要题型一般有单项选择题、多项选择题、名词解释题、简答题、论述题等题型。

在命题工作中必须按照本课程大纲所规定的题型命制，考试试卷使用的题型可以略少，但不能超出规定。

附录　试题类型举例

一、单项选择题（下列四个备选答案中只有一个是正确的，请选出并将其代码写在题干后面的括号内。）

1. 以下哪种食品生产技术可能会产生食品卫生学问题 [　　]
   A. 分子蒸馏过程　　B. 超临界 CO_2 萃取过程　　C. 超高压过程　　D. 微胶囊化过程

2. 新型加工工艺本身不会影响食品的营养成分的有 [　　]
   A. 微波食品　　B. 辐照食品　　C. 超高温食品　　D. 分子蒸馏食品

二、名词解释题

1. 转基因食品　　2. 膨化食品

三、简答题

1. 什么是蛋白质工程食品？其特征是什么？
2. 简述酶工程食品可能存在的卫生问题。

四、论述题

1. 食品的组成对超高压杀菌有哪些影响？
2. 为什么超临界萃取技术可以保证食品的高品质？

后 记

《新型食品概论自学考试大纲》是根据全国高等教育自学考试营养、食品与健康专业（独立本科段）考试计划的要求，由全国考委医药学类专业委员会组织编写。2006年4月，全国考委医药学类专业委员会对本大纲组织审稿。

本大纲由哈尔滨医科大学公共卫生学院孙长颢教授编写。参加本大纲审定的有哈尔滨医科大学陈炳卿教授、哈尔滨商业大学食品工程学院院长石彦国教授和东北农业大学食品科学院副院长迟玉杰教授。

大纲的编审人员付出了辛勤劳动，特此表示感谢。

全国高等教育自学考试指导委员会
医药学类专业委员会
2006年5月